GOLDMANN

DAS GROSSE LESEBUCH DER FEMME FATALE

Charles Bukowski · Angela Carter
Marguerite Duras · Carlos Fuentes
Henry Miller · Anaïs Nin u.v.a.

Herausgegeben
von Lydia Fischer

GOLDMANN VERLAG

Originalausgabe

Die Quellennachweise zu den einzelnen
Texten befinden sich am Ende des Bandes

Der Goldmann Verlag
ist ein Unternehmen der Verlagsgruppe Bertelsmann

Copyright © dieser Ausgabe 1994
beim Wilhelm Goldmann Verlag, München
Umschlaggestaltung: Design Team München
Umschlagfoto: AKG/D, Berlin
Satz: IBV Satz- und Datentechnik GmbH, Berlin
Druck: Elsnerdruck, Berlin
Verlagsnummer: 42364
AR · Herstellung: Sebastian Strohmaier
Made in Germany
ISBN 3-442-42364-3

1 3 5 7 9 10 8 6 4 2

Inhalt

Die schwarze Witwe

Gefangen im Netz

Ein Bild und ein Gleichnis

Mythen – Circe, Lilith, Nemesis

Aura – die Magie der Verführung

Ein Echo

Die schwarze Witwe

ANGELA CARTER

Schwarze Venus

Traurig; so traurig die rosig-rauchigen, mauve-rauchigen Abende im Spätherbst, traurig genug, einem das Herz zu brechen. Die Sonne verläßt den Himmel in Leichentüchern von bunten Wolken; die Qual erobert die Stadt, ein Gefühl bitterster Reue, eine Sehnsucht nach nie Gekanntem, die Qual des endenden Jahres, der untröstlichen Zeit. In Amerika nennt man den Herbst *the fall*, was an den Fall Adams denken läßt, als müßte das fatale Drama des urzeitlichen Obstdiebstahles wiederkehren und immer wiederkehren, in regelmäßigem Zyklus, zu jener Jahreszeit, wo die Schuljungen die Obstgärten plündern, damit im alltäglichsten Bilde ein Kind, irgendeines, jedes, sichtbar wird, das vor der Wahl zwischen Tugend und Erkenntnis immer die Erkenntnis wählt, immer den schweren Weg. Obwohl sie die Bedeutung des Wortes »Reue« nicht kennt, seufzt die Frau auf, ohne besonderen Grund.

Weiche Nebelwirbel dringen in die Gassen ein, steigen wie der Atem eines erschöpften Geistes aus dem trägen Fluß auf, sickern durch die Ritzen der Fensterrahmen, daß die Umrisse ihrer hohen, einsamen Wohnung wanken und verschwimmen. An solchen Abenden sieht man alles so, als wollten einem die Augen gleich vor Tränen übergehen.

Sie seufzt.

Sie hat in den Zuckerapfel ihres stinkenden Eden gebissen, diese verlorene Eva – und wurde sogleich hierher entführt, wie im Traum; und trotzdem ist sie noch tabula rasa. Nie hat sie ihre Erfahrungen *als* Erfahrung gemacht, das Leben hat ihrem

Wissen nichts hinzugefügt; eher etwas weggenommen. Wenn man mit nichts beginnt, wird einem auch das noch genommen, steht ja schon in der Bibel.

Tatsächlich glaube ich, daß sie sich nie die Mühe machte, in irgendeinen Apfel zu beißen. Sie hätte doch nie gewußt, wozu die Erkenntnis gut sein sollte! Sie lebte weder im Stand der Unschuld noch im Stand der Gnade. Ich will euch sagen, wie es mit Jeanne stand. Sie war wie ein Klavier in einem Land, wo allen Bewohnern die Hände abgehackt worden sind.

An jenen traurigen Tagen, zu jenen melancholischen Zeiten, wenn das Zimmer in der Abenddämmerung versinkt, da plappert er – anstatt die Lampe anzuzünden, etwas zu trinken zu holen, alles behaglich zu machen – fort und fort: »Mein Kind… laß mich mit dir dorthin reisen, wohin du gehörst, laß dich zurückbringen zu deinem lieblichen, trägen Eiland, wo der juwelenglitzernde Papagei sich in den emailleglänzenden Zweigen wiegt, wo du das Zuckerrohr zwischen deinen starken weißen Zähnen zerquetschen kannst, wie du als Kind es tatest, mein Kleines. Und wenn wir dort sind, unter den sanft schwankenden Palmen, zwischen den purpurroten Blumen, dann will ich dich zu Tode lieben. Wir werden dorthin zurückgehen und in einem Haus mit einem Blätterdach und einer mit Blütenranken überwachsenen Veranda wohnen, und ein kleines Mädchen in kurzem weißem Rock, mit einer gelben Seidenschleife in ihrem krummen Zöpfchen, wird einen großen Federfächer über uns schwingen und die schwere, ruhige Luft bewegen, während wir in unserer Hängematte schaukeln, hin und her und her und hin… Das Schiff, das Schiff wartet schon im Hafen, mein Kind. Mein Äffchen, mein Kätzchen, mein Tierchen… denk doch, wie schön es wäre, dort zu leben…«

Aber an jenen Tagen, fröstelnd und mürrisch, kein Kätzchen, kein Äffchen, da sieht sie eher wie eine alte Krähe aus, die mit rostigem Gefieder, elend in sich zusammengesunken, an dem qualmenden Feuer kauert, das sie mit widerspenstigen Scheiten schürt. Sie hustet und murrt, stets ist ihr kalt, stets nagt der Zug an ihrem Nacken oder kneift ihr in die Knöchel.

Fortgehen, wohin? *Nicht dorthin!* Die grelle gelbe Küste, der harte blaue Himmel, hingemalt in groben, ungemischten Farben, wie man sie aus der Tube drückt, mit Perspektiven so abrupt wie in einer Kinderzeichnung, daß die Augen schmerzen, wenn man sie betrachtet. Fliegensummende dreckige Städte. Nichts zu essen außer grünen Bananen und Yamwurzeln und einem Spieß gummizähen Ziegenfleisches, auf dem es herumkauen heißt. Sie schaudert so theatralisch, daß es die indignierte Katze von ihrem Schoß wirft. Die Katze ist ihr ohnehin verhaßt. Sie kann sie nicht ansehen, ohne den Wunsch zu verspüren, sie zu erwürgen. Jetzt braucht sie etwas zu trinken. Rum, das ginge. Sie dreht sich aus einem im Papierkorb gelandeten Manuskriptblatt einen Fidibus für ihre kurze, stinkende schwarze Zigarre.

Die Nacht kommt auf pelzigen Pfoten, und wundervolle Wolken ziehen an den Fenstern vorbei, die Wolkenphantome des Nachthimmels, die mit unheimlicher Deutlichkeit zu sehen sind, wenn kein Licht da ist. Die Laune des Hausherrn hat vor den Fenstern nicht haltgemacht: alle Scheiben außer denen ganz oben hat er durch Milchglas ersetzen lassen, so daß den Bewohnern ein ungestörter Blick auf den Himmel zuteil wird, als lebten sie in der Gondel eines Ballons, wie jener, in dem sein Freund Nadar triumphale Aufstiege erlebt.

Auf einen inspirierenden Windstoß hin, wie er jetzt mit den Dachziegeln über uns klappert, wird dieses schöne Zimmer mit seinen Perserteppichen, seinem Nußbaumtisch, auf dem einst die Borgias Gifte serviert haben, seinen reichgeschnitzten Lehnstühlen, von deren knolligen Beinen Cinquecentofratzen grinsen, seiner Phalanx falscher Tintorettos an den Wänden (er ist ein unermüdlicher Connoisseur, wenn auch noch zu jung für jenen sechsten Sinn, der einem sagt, wann man übers Ohr gehauen wird) – auf die Einladung der geheimnisvollen Luftströmung des Himmels hin wird dieses reich eingerichtete Zimmer den Anker lichten, sich von der Straße unten lösen und aufbrechen, abfahren, davonschnellen durch das dunkle Gewölbe der Nacht, eine totgeborene Mondsichel wird sich in seiner Takelage verfangen, einen kleinen Stern wird es bei der Ausfahrt berühren, und es wird uns absetzen in –

»*Nein!*« sagt sie. »Nicht der verdammte Papageienwald! Nimm mich nicht mit auf die Sklavenhändlerroute nach Westindien, Herrgott! Und laß die verdammte Katze raus, eh sie dir auf deinen kostbaren Buchara scheißt!«

Sie haben das gemeinsam, daß beide kein Heimatland haben, wenn er auch gerne so tut, als hätte sie ein sagenumwobenes Heim im Busen eines blauen Ozeans, er wird ihr eine Heimat aufdrängen, ob sie eine hat oder nicht, er kann es nicht glauben, daß sie ebenso enteignet ist wie er selbst... Doch sind sie nur zusammen zu Hause, wenn sie ihre Flucht planen; sie warten beide auf das Wehen des Windes, der sie in ein wundervolles Anderswo tragen wird, ein glückliches Land, weit, weit fort, das Land herrlicher Ruhe und Lust.

Wenn sie ein, zwei Gläser getrunken hat, dann hört sie auf zu husten, wird ein wenig umgänglicher, wird sich herablassen, ihr Haar zu lösen, und er darf damit spielen, wie er es gern tut. Und wenn ihre angeborene Trägheit sie nicht überwältigt – denn sie kann in einer pflanzenhaften Trance Stunden und Tage in dem dämmrigen Zimmer vor dem qualmenden Feuer hingestreckt liegen –, dann schleudert sie manchmal ihren Zigarrenstummel ins Feuer, läßt sich überreden, ihre Kleider auszuziehen, und tanzt für Papa, der, wie sie widerwillig zugibt, wenn man sie drängt, ein guter Papa ist, der ihr hübsche Sachen kauft, ihr gelegentlich ein Klümpchen Haschisch zuteilt, sorgt, daß sie von der Straße weg ist.

Nächte des Oktober, der schwächlichen Mondsicheln, wenn die Erde den glänzenden Komplizen der Mordgesellen in ihrem Schatten verbirgt, damit alles noch geheimnisvoller wird – in einer solchen Nacht könnte man sagen: der Mond ist schwarz.

Dieser Tanz, den er sie so gerne vorführen sehen wollte und den er eigens für sie ersonnen hatte, bestand aus einer Reihe von wollüstigen Posen, eine nach der anderen – à la Bordell-Séparée, jedoch geschmackvoll, er zog es vor, daß sie eher rhythmisch sich wand anstatt Sprünge zu machen und die Beine zu werfen. Er sah es gern, wenn sie all ihre Armbänder und Ketten anlegte, um zu tanzen, sie behängte sich mit dem ganzen klirrenden Schmuck, den er ihr geschenkt hatte, Glas, nichts, was man hätte verkaufen können, oder sie hätte es schon verkauft. Inzwischen summte sie ein kreolisches Lied vor sich hin, sie mochte die Lieder mit derben Texten, die von dem erzählten, was des Schusters Weib am Mardi Gras tat oder vom ungeheuren Schwanz eines legendären Fischers. Papa jedoch gab nicht acht, welches Lied seine Sirene sang, er hielt den Blick seiner raschen, glänzenden, dunklen Augen auf ihre geschmückte Haut gerichtet, als sei er – armer Pinsel – wirklich verzaubert.

»Dummkopf!« sagte sie, beinah zärtlich, aber er hörte sie nicht.

Sie warf einen langen Schatten im Licht des Feuers. Sie war eine Frau von außerordentlicher Größe, der Typ jener wunderbaren Riesinnen, die hundert Jahre später die Bühne des Crazy Horse oder des Casino de Paris zieren würden – im paillettenbesetzten *cache-sexe* und mit Flitterflecken auf den Brustwarzen, göttlich großgewachsen, von der Farbe und Glätte des Wildleders. Josephine Baker! Aber Lebhaftigkeit und Überschwang zählten nicht zu Jeannes Eigenschaften. Ein schläfriger Abscheu gegen alles, was man nicht essen, trinken oder rauchen – das heißt: verbrennen – konnte, war ihr herausragender Charakterzug. Verzehren, Verbrennen, das war ihr Beruf.

Mit sardonischem Mißmut tanzte sie Papas Tanz der Lust und beobachtete gelangweilt und fasziniert die komplizierten Lichtreflexe, welche die vielen Glasperlenketten, die er ihr gegeben hatte, an die Decke über ihr warfen. Sie wirkte wie die Quelle des Lichts, doch das war ein Trug – sie leuchtete nur, weil das ersterbende Feuer seine Geschenke an ihr beschien. Wenn auch sein betrachtender Blick sie erstrahlen ließ, so machte sein Schatten sie schwärzer, als sie war, sein Schatten konnte sie ganz und gar verfinstern. Ob sie im Grunde ein gutes Herz hatte oder nicht – wer weiß? Sie war durch die harte Schule des Lebens gegangen, und das Leben ist hart genug, um jedem das Herz aus dem Leib zu prügeln.

Wenn Jeanne auch nicht nachdenklich veranlagt war, so fragte sie sich doch manchmal, wenn sie sich tanzend durch das dunkle, nach oben strebende, an seinen Leinen zerrende Zimmer wand, das sich sehnte, eine Luftfahrt nach dem von den Dichtern geliebten Cythera anzutreten, was denn nun der Unterschied zwischen einem nackten Tanz vor *einem* Mann, der bezahlte, und einem nackten Tanz vor einer Menge von zahlenden Männern war. Es war ihr, als ob irgendwo in diesem Unterschied die Moral läge. Lehrerinnen in der harten Schule des Lebens – das heißt: andere Cabaret-Tänzerinnen in dem Etablissement, wo sie in ihrem sechzehnten Sommer mit ton-los-rauher Stimme dieselben Kreolenliedchen gesungen hatte, welche sie nun summte – hatten ihr versichert, daß es ein immenser Unterschied war, und mit sechzehn gab es für sie keinen größeren Ehrgeiz, als von Einem ausgehalten zu wer-den, das heißt: so gehalten, daß sie nicht mehr auf die Straße gehen mußte. Sich zu prostituieren war eine Frage der Anzahl – sich von mehr als einer Person gleichzeitig bezahlen zu lassen. Das war schlecht. Ein schlechtes Mädchen war sie nicht. Wenn sie mit irgend jemand anderem als Papa schlief, nahm sie nie-mals Geld. Eine Ehrensache, eine Frage der Treue. (In diesen ethischen Spekulationen schlummerte eine Ironie, wenn auch ihr Liebhaber annahm, daß sie die Partner wechselte, weil der Wechsel ihre Natur war.)

Nun aber, nach einigen verrückten Jahren in den Wolken, mit ihm zusammen, fragte sie sich gelegentlich, ob sie keinen Fehler gemacht hatte. Wenn sie nackt tanzen mußte, um sich durchzubringen, warum dann nicht gleich für Bares auf die Hand, und genug verdienen, um allein fortzukommen? Hm? Warum nicht?

Doch allein der Gedanke an die Mühe, sich eine neue Kar-riere aufzubauen, ließ sie gähnen. Sich von einer Madame zur nächsten, von einem Variété zum anderen zu schleppen und so weiter… welch eine Anstrengung. Und wieviel sollte sie ver-langen? Sie hatte nur eine höchst unklare Vorstellung von ihrem eigenen Wert.

Sie tanzte nackt. Ihre Halsketten und Ohrringe klirrten. Wie immer, wenn sie endlich ihren Hintern hochkriegte und zu tanzen anfing, genoß sie es durchaus. Sie empfand beinahe zärtliche Gefühle für ihn – ihr Glück, daß er jung war und gut-aussehend. Ihr Pech, daß seine Finanzen in Unordnung waren, das Opium, die Kritzelei, daß er... doch bei diesem »daß« schaltete sie mit einem Ruck ihre Gedanken ab.

Sie dachte entschlossen an ihr Glück und streckte ihrem Geliebten die Arme entgegen, ließ die Zähne aufblitzen – die Backenzähne mochten schwarze Stummel sein, doch die spitzen Reißzähnchen waren noch weiß wie Vampirfänge – und lud ihn ein, mit ihr zu tanzen. Aber das wollte er nicht, niemals. Hatte Angst, daß sein Hemd Falten bekam oder sein Kragen platzte oder was, selbst wenn er berauscht war und mit den Händen den Takt klatschte. Das mochte sie. Sie hatte das Gefühl, daß er sie dann zu schätzen wußte. Nach ein paar Gläsern vergaß sie das andere ganz, wenn sie es auch natürlich ahnte. Die Mädchen sagten sich gegenseitig in den Garderoben die makabere Litanei der Symptome vor, mit leiser, angstvoller Stimme, blickten in das Spieglein an der Wand, welches einem das Schicksal enthüllte, und sahen statt ihrer rosigen Gesichter die eigenen geschminkten Schädel.

Wenn sie allein war und vor dem Feuer ein paar Gläser trank und darüber nachdachte, mußte sie laut auflachen, in entsetzlichem Hexengelächter, als wäre sie schon die alte Hexe, die sie einst werden sollte, und amüsierte sich auf Kosten des hübschen, insgeheim verrottenden jungen Dings, das sie noch war. In der Walpurgisnacht prahlt die junge Hexe vor der alten: »Nackt auf einem Bock zeige ich meinen schönen jungen Leib.« Wie die Alte lachte! »Du wirst verfaulen!« Ich werde verfaulen, dachte Jeanne, und lachte. Dies greisenhaft-zynische Kichern paßte schlecht zu einem für die Lust geschaffenen Wesen wie Jeanne, doch war nicht die Syph das Emblem des für die Lust geschaffenen Wesens, der Preis, den man für die Vermengung von Verderbnis und Unschuld bezahlte, die dieses Kind der Sonne von den Antillen mitbrachte?

Was sie selbst betraf, so kam sie rein an, erreichte Paris mit nichts Schlimmerem als Krätze, Grind und chronischer Unterernährung. Insofern war es ein schlechter Scherz, daß einige Jahrhunderte vor Jeannes Geburt die aztekische Göttin Nanahuatzin ein Füllhorn voller Rollstühle, dunkler Brillen, Krükken und Quecksilberpillen über die heimkehrenden Schiffe der Conquistadoren ausgeleert hatte, die ihre verseuchte Beute von der Neuen in die Alte Welt schafften – die Rache des vergewaltigten Kontinents, die sich in den Betten Europas vollzog. Jeanne folgte unschuldig der Spur Nanahuatzins über den Atlantik, aber sie brachte keine erotische Rache – sie holte sich selbst die Spirochäte von ihrem ersten Beschützer. Dem Mann, dem sie zugetraut hatte, sie von allem Elend zu retten – man könnte sich krank lachen. Aber sie war voll fatalistischer Gleichgültigkeit.

Sie lehnte sich weit zurück, bis das dichte Vlies eines schwarzen Schafs, ihr gelöstes Haar, sich über den Bucharateppich ergoß. Sie war eine gelenkige Akrobatin, sie konnte ihren Rücken zu einem Mahagoniregenbogen werden lassen. (Seht ihre großen Füße und langen starken Hände, geschickt genug, die Hände einer Krankenschwester zu sein.) Wenn er ein Connoisseur der Schönheit war, so war sie eine Kennerin der erlesensten Demütigungen, doch war sie immer zu arm gewesen, sich den Luxus zu gestatten, auf eine Demütigung als eine solche zu reagieren. Sie nahm, was kam. Sie krümmte ihren Rükken, so daß ein kleiner Junge unter ihr hätte hindurchlaufen können. Ihr umgestürztes Blut sang in ihren Ohren.

So umgekehrt, wie sie stand, konnte sie in der obersten rechten Fensterscheibe, die er ohne Milchglas gelassen hatte, die Mondsichel sehen, scharf umrissen, wie auf den Himmel geklebt. Dieser Mond war so groß wie ein breiter abgeschnittener Fingernagel – man konnte den Rest der Mondoberfläche schwach erkennen, verdunkelt vom Schatten der Erde, als hinge die Erde zwischen den glänzenden Krallenspitzen des Mondes festgeklammert, daß man sagen konnte, der Mond halte die Erde in den Armen. Ein außergewöhnlich helleuchtender Stern hing von der unteren Klaue an einem straffen, unsichtbaren Strick.

Die basaltne Katze, der Stolz des Hauses, hatte ihren Defäkationsspaziergang den Quai entlang beendet und maunzte nun draußen vor der Tür. Der Dichter ließ die Miezekatze ein. Sie sprang ihm in die wartenden Arme und füllte das Zimmer mit glücklichem Schnurren. Das Mädchen überlegte sich, wie sie die Katze mit ihren langen, agilen Zehen erwürgen würde, doch bald – großzügig nach der Sinnlichkeit ihrer Bewegungen – lachte sie bei dem Anblick, wie er die Katze mit denselben Gesten, denselben Liebkosungen streichelte wie sie selbst. Sie verzieh der Katze ihre Existenz – beide hatten vieles gemeinsam. Sie löste den Bogen ihres Rückens mit einem federnden Ruck und ließ sich auf den Teppich fallen, wo sie ihre gedehnten Sehnen massierte.

Er sagte, sie tanze wie eine Schlange, und sie erwiderte: Schlangen können nicht tanzen, die haben keine Beine, und er sagte freundlich: Du bist dumm, Jeanne; aber sie wußte, daß er niemals je eine Schlange auch nur *gesehen* hatte, niemand, der eine Schlange sich hatte bewegen sehen – diese rasche Abfolge von schrägen Stößen, wie sie sich vorwärts peitschte wie eine Geißel, so daß eine Schlangenlinienzeichnung im Sand zurückblieb, schrecklich schnell –, wenn er je eine Schlange sich hätte bewegen sehen, dann würde er so etwas nicht sagen. Sie zog sich verärgert zurück und betrachtete ihre schwitzenden Brüste – sie hätte ohnedies gerne ein Bad genommen, ein hartnäckiger, nach Mäusen riechender Ausfluß aus ihrer Scheide machte ihr Sorgen, etwas Neues, etwas Ominöses, etwas Schlimmes. Aber nein – kein heißes Wasser, nicht um diese Zeit.

»Sie bringen heißes Wasser hoch, wenn du bezahlst.«

Nun war es an ihm, sich mürrisch zurückzuziehen. Er fing wieder an, seine Nägel zu reinigen.

»Du glaubst, ich brauch' mich nicht zu waschen, weil man an mir den Schmutz nicht sieht.«

Doch indem sie noch die ersten Pfeile eines zänkischen

Angriffs abschoß, den sie bei Stimmung auf eine angespannte, kratzbürstige Stunde oder länger hätte ausdehnen können, verlor sie bereits die Lust daran. Plötzliche Gleichgültigkeit überkam sie. Was lag daran? Wir müssen alle sterben; wir sind schon so gut wie tot. Sie zog die Füße unters Kinn und kauerte sich vor das Feuer, abwesend in die Glut starrend. Ihr Gesicht war in mürrischem Ärger erstarrt. Die Katze strich stumm vorbei, wie absichtlich, und lieh der Szene einen Zug satanischen Glanzes, so daß man sich vorstellen mochte, beide hielten schweigende Zwiesprache mit den Dämonen in den Flammen. Solange die Katze sie in Ruhe ließ, ließ sie die Katze in Ruhe. Sie saßen zusammen in Ruhe da. Die jeweilige Selbstvergessenheit von Katze und Frau hatte etwas so Privates, daß der Dichter sich geschlagen gab und sich zum Bücherregal zurückzog, um zu blättern, in den seltenen, kostbaren Bänden, den Stundenbüchern mit ihren juwelenglitzernden Illustrationen, den Inkunabeln, jenen Büchern aus besonderen Läden, die in die Verdammnis führten, wenn man sie auch nur aufschlug. Er hütete seine angefachte sexuelle Glut, bis sie bereit sein würde, ihn wieder zur Kenntnis zu nehmen.

Er denkt: Sie ist ein Gefäß der Dunkelheit – wenn er sie umstößt, fließt schwarzes Licht hervor. Sie ist nicht Eva, sie ist die verbotene Frucht in Person, und er hat von ihr gekostet!

> Bizarre Göttin, dunkel wie die Nächte,
> Dein Duft mischt sich aus Moschus und Havanna,
> Zaubergeschöpf des Magiers der Savana,
> Du Ebenholzkind mitternächtiger Mächte.

Der Faustus, der sie aus dem Abgrund heraufbeschworen hat, dessen fürchterliches Andenken ihre Augen bewahren, muß ihre Ankunft mit seiner Seele bezahlt haben – die Lippen der schwarzen Helena saugen dem Geist des Dichters das Mark aus, obwohl dies durchaus nicht ihre Absicht ist. Von ihren Mahlzeiten und ein paar Gläsern Alkohol abgesehen hat sie nicht viele bewußte Wünsche. Wäre sie eine Buddhistin,

befände sie sich schon auf halbem Wege zur Heiligkeit, da sie
so wenig begehrt, doch leider wird sie trotz allem von Bedürf-
nissen gestachelt.

Die Katze gähnte und streckte sich. Jeanne erwachte aus
ihrer Trance. Sie kniff sich noch einen Fidibus aus einem zer-
legten Sonett, um eine frische Zigarre anzuzünden, und drehte
sich – ihr Lätzchen aus Kristallglas klirrte und klang – zu dem
Dichter, um mit ihrer unnachahmlichen, halb heiseren, halb
liebkosenden Stimme, der Stimme einer honiggenährten
Krähe, mit ihrem immer noch nachklingenden Antillenak-
zent, ein wenig Geld zu verlangen.

Anscheinend weiß niemand, in welchem Jahr Jeanne Duval
geboren wurde, obwohl das Jahr, in dem sie Charles Baudelaire
kennenlernte (1842), genau verzeichnet ist und die Biographien
seiner anderen Geliebten, Aglaé-Josephine Sabatier und Marie
Daubrun, gut dokumentiert sind. Außer »Duval« gebrauchte
sie auch die Namen Prosper und Lemer, als käme es auf ihren
Namen nicht an. Woher sie kam, ist umstritten – die Bücher
schlagen Mauritius im Indischen Ozean oder Santo Domingo
in der Karibik vor. Man kann sich eine von zwei verschiedenen
Seiten der Welt aussuchen. (Ihr *pays d'origine* ist von geringe-
rer Bedeutung, als wenn sie ein Wein gewesen wäre.) Mauritius
klingt wie eine kühne Spekulation, die sich die Tatsache
zunutze macht, daß Baudelaire auf seiner abgebrochenen
Indienreise 1841 eine Zeitlang auf der Insel war. Santo
Domingo, das Hispaniola des Kolumbus, heute die Dominikanische Republik – eine unruhige Geschichte – grenzt an Haiti.
Hier führte Toussaint L'Ouverture einen erfolgreichen Skla-
venaufstand gegen die französischen Plantagenbesitzer an, zur
Zeit der Französischen Revolution.

Obwohl die Nationalversammlung die Sklaverei 1794 ohne
Debatte für alle französischen Besitzungen aufgehoben hatte,
führte Napoleon sie auf Martinique und Guadeloupe – nicht
jedoch in Haiti – wieder ein. Diese Sklaven wurden erst 1848
endgültig emanzipiert. Afrikanische Mätressen französischer

Bewohner jedoch wurden schon zuvor häufig freigelassen, mit ihren Kindern zusammen, und Mischehen waren durchaus nicht selten. Eine kreolische Mittelschicht bildete sich – zu dieser Klasse gehörte jene Josephine, die bei ihrer zweiten Heirat mit Napoleon Kaiserin der Franzosen wurde.

Es ist unwahrscheinlich, daß Jeanne Duval zu dieser Klasse gehörte, falls sie tatsächlich von Martinique kam, was – da ihre Muttersprache anscheinend Französisch war – immerhin möglich bleibt.

Er notierte in ›Mon Coeur Mis à Nu‹: »Vom Haß des Volkes auf die Schönheit. Beispiele: Jeanne und Mme. Muller.« (Wer war Mme. Muller?)

Kinder auf der Straße schmissen Steine nach ihr, sie war so groß und hexendunkel, und wenn sie einen in der Krone hatte, dann stakte sie mit der verletzlichen und befangenen Würde der Trunkenheit daher, die immer den Spott herausfordert – und stets hielt sie ihr verwirrtes Haupt mit dem riesenhaften, sich auflösenden Haarmantel so stolz gerade, als trüge sie einen riesigen Krug mit all den Wassern der Lethe. Vielleicht fand er sie in Tränen, weil die Straßenkinder Steine nach ihr warfen, ihr »schwarze Nutte!« oder Schlimmeres hinterherriefen und die schönen weißen Rüschen ihrer Krinoline mit Händen voll Schlamm bespritzten, die sie aus der Gosse klaubten, in die sie ihrer Ansicht nach gehörte. Weil sie eine Hure war, welche die Frechheit besaß, zum Laden an der Ecke zu scharwenzeln, nach Zigarren, *ordinaire* oder Rum, und dabei die Nase in die Luft zu strecken, als sei sie die Kaiserin des ganzen Afrika.

Und sie war die abgesetzte Kaiserin, die Potentatin im Exil, denn der ganze vielfältige Reichtum all dieser Länder – war er nicht ihr genommen worden?

Beraubt der Bronzetorte von Benin, der ehernen Brüste der Amazonen am Hofe des Königs von Dahomey, der esoterischen Weisheit der großen Universität von Timbuktu, der Urbanität glanzvoller Wüstenstädte, vor deren Mauern die Reiter galoppieren und schwenken, die Nacht mit Trompeten willkommen heißend, die doppelt so lang sind wie ihr eigener Leib. Das Abyssinien der schwarzen Heiligen und frommen Löwen war nicht einmal eine Legende für sie. Von den Savannen, auf denen Männer mit Leoparden ringen, ahnte sie nichts. Der herrliche Kontinent, mit dem ihre Haut sie verband, war aus ihrem Gedächtnis gelöscht worden. Man hatte ihr die eigene Geschichte genommen, sie war ein reines Kind der Kolonie. Die Kolonie – weiß, herrscherlich – hatte sie erzeugt. Ihre Mutter ging fort mit den Matrosen, und die Großmama zog sie auf, in einem einzigen Raum mit einem lumpenbedeckten Bett.

Großmama sagte zu Jeanne: »Ich bin auf dem Schiff geboren worden, wo meine Mutter gestorben ist und ins Meer geworfen wurde. Die Haie fraßen sie. Eine andere Frau aus einem anderen Stamme, die ein totes Kind geboren hatte, säugte mich. Ich weiß nichts von meinem Vater, noch wo ich gezeugt worden bin, an welcher Küste, unter welchen Umständen. Meine Ziehmutter starb bald am Fieber auf der Pflanzung. Ich war schon entwöhnt. Ich bin groß geworden.«

Trotzdem besaß Jeanne ein negatives Erbteil – wenn man sie dazu bringen wollte, irgend etwas zu tun, was sie nicht wollte, wenn man den kleinen stählernen Kern ihres freien Willens abschleifen wollte, der sich in ihrer Lethargie zeigte, dann konnte man sehen, wie sich die Geduld der Missionare an ihr erschöpft hatte und sie zum Erbe nicht einmal Selbstmitleid, sondern nur die neunundzwanzig gesetzlich zulässigen Peitschenschläge bekommen hatte.

Ihre Großmama sprach das kreolische Patois, kannte keine andere Sprache, sprach es schlecht und lehrte es Jeanne schlecht, die ihr Bestes tat, um gutes Französisch draus zu machen, als sie nach Paris kam und anfing, mit den Stutzern zu verkehren, doch es gelang ihr nicht, ihr Herz war nicht dabei, kein Wunder. Es war, als hätte man ihr die Zunge abgeschnitten und eine andere angenäht, die nicht besonders gut paßte. Man könnte insofern nicht so sehr sagen, daß Jeanne die lapidare, unruhige Heiterkeit der Dichtung ihres Liebhabers nicht begriff, als vielmehr, daß diese eine ständige Provokation für sie war. Er trug sie ihr stundenlang vor, und sie litt, wütete und stand Qualen aus, weil seine Beredsamkeit ihr die Sprache versagte. Sie wurde stumm dabei, eine um so endgültigere Stummheit, insofern sie sich in einem heiseren Schwall grammatisch fragwürdiger Vorwürfe und Forderungen äußerte, die sich weniger an ihren Liebhaber richteten – ihn mochte sie ganz gern – als an ihren eigenen Zustand, ach, langes ungeschicktes schwarzes Gestell, unwissend, zu nichts gut, halt: gut nur zu einem, wenn auch die Spirochäten bereits gewissenhaft an ihrem Rückgrat nagten, während sie das Riesengewicht des Vergessens auf ihrem Amazonenhaupt trug.

Der größte Dichter der Entfremdung traf eines Tages zufällig die vollkommen Fremde – diese Ehe ward im Himmel geschlossen. Tief im Herzen muß er das gewußt haben.

Die Göttin seines Herzens, das Ideal des Poeten, lag erstrahlend auf dem Bett in einem Zimmer mit mürrischen roten und schwarzen Tapeten; er mochte es, wenn sie ein Schauspiel bot, ein üppiges Fest für seine glänzenden Augen, die stets größer waren als der Mond.

Venus liegt auf dem Bett und wartet, daß der Wind sich erhebt; der rußschwarze Albatros verlangt nach dem Sturm. Wirbelwind!

Den Albatros kannte sie. Auf einer großen Muschel glitt sie nackt über den Atlantik, eine gewaltige Fülle krauser schwarzer Haarsträhnen an ihren Schamhügel pressend. Albatrosse ritten auf den Sturmwinden, die kleine schwarze Putti für sie bliesen.

Der Albatros kann in achtzig Tagen um die Welt fliegen, wenn er sich an die stürmischen Zonen hält. Die Matrosen schimpften die großen Vögel mit häßlichen Namen, Tölpel, Ganskopf, wegen ihrer törichten Unbeholfenheit auf dem festen Boden, doch der Wind, der Wind ist ihr Element, über das sie absolute Gewalt haben.

Dort drunten, tief drunten, wo die Hinterbacken der Welt sich wieder verschlanken, da kommt man, wenn man weit genug nach Süden vorstößt, wieder zum Reich der ewigen Kälte, mit welcher unsere Erfahrung auf Erden beginnt und endet – jene Gebirgsketten aus Eisbergen, wo die wie Stiere brüllenden Winde rasen und heulen und wo keine Menschen sind, nur der stattliche Pinguin in seinem Bratenrock, der deinem, Papa, nicht unähnlich sieht, der schätzenswerte, doch – hierin dir unähnlich – unter dem ehelichen Pantoffel stehende Pinguin, der das kostbare Ei auf seinen Füßen balanciert, während seine liebe Gattin ausgeht und sich amüsiert, soweit dies in der Antarktis möglich ist.

Wenn Papa wie ein Pinguin wäre, wieviel glücklicher wären wir dann – es ist kein Platz für zwei Albatrosse in *diesem* Haus.

Wind ist das Element der Albatrosse, wie das des Pinguins Häuslichkeit. In den Brüllenden Vierzigern und den Fauchenden Fünfzigern, wo die Stürme unablässig von Westen nach Osten zwischen den äußersten Zipfeln der bewohnten Kontinente und dem blauen Alptraum des unbewohnbaren Eises blasen, da gleiten diese großen Vögel entzückt dahin, nach Süden, weit nach Süden, so weit südlich, daß die Chiffre des poetischen Südens umkippt – Papageienwald und glänzender Strand; hier unten, unten im Süden, bilden nur die phlegmatischen, schwarzweißen, des Fluges nicht mächtigen Vögel das Publikum für die wunderbaren Flugkünstler, die im Herzen des Sturms leben – wie die Bourgeoisie, Papa, die brav und ruhig mit ihren Eiern auf den Füßen dasitzt und beobachtet, wie solche Künstler wie wir auf dem höchsten Trapez dem Tod trotzen.

Die Frau und ihr Liebhaber warten auf das Aufkommen des Windes, mit dessen Kraft sie das düstere Zimmer verlassen werden. Sie glauben, sie könnten auf ihm hinaufsteigen und schweben. Dieser Wind wird wie der Wind von einem neuen Planeten sein.

Der junge Mann atmet das Aroma des Kokosnußöls ein, das sie sich ins Haar reibt, damit es glänzt. Seine angestrengte

Romantik erzwingt die Verwandlung dieses karibischen Küchengeruchs in den Duft der Lüfte jener tropischen Inseln, die, wie er sich manchmal einreden kann, das Land des Glücks sind, nach dem er sich sehnt. Seine lebhafte Phantasie führt an der gesunden Ausdünstung ihres vom Tanz geweckten Schweißes eine alchimistische Verwandlung durch: Er glaubt, ihr Schweiß rieche nach Zimt, denn in ihren Poren nisten Gewürze. Er glaubt, sie sei aus einem anderen Fleisch gemacht als er.

Es ist für ihre Verbindung wesentlich, daß sie zwar das Privatkostüm der Nacktheit mit seinem hüllenlosen Staat aus Schmuck und Rouge anlegt, er jedoch die für den Mann des neunzehnten Jahrhunderts in der Öffentlichkeit vorgeschriebenen Hemmnisse anbehält: Gehrock (hervorragend elegant geschnitten), weißes Hemd (reine Seide, vom Londoner Schneider), ochsenblutrote Krawatte, makellose Hosen. Es verbirgt sich mehr im ›Déjeuner sur l'Herbe‹, als man auf den ersten Blick meinen sollte. (Manet, auch ein Freund von ihm.) Der Mann unternimmt etwas und ist dafür angezogen – seine Haut ist seine eigene Angelegenheit. Er ist kunstreich, künstlich, die Schöpfung der Kultur. Die Frau ist; und ist, deshalb, auch voll bekleidet, wenn sie gar nichts trägt, ihre Haut ist Gemeingut, sie ist ein Wesen, das mit der Natur eins ist, in einer fleischlichen Einfachheit, die – wie er immer behaupten wird – von schändlichster Künstlichkeit ist.

Einmal, ehe sie zur Mätresse wurde, gelang es ihm und einer Gruppe anderer Bohemiens, sie ihren Kunden im Varieté zu entführen, und sie zogen mit ihr davon, während sie zuerst protestierte, dann lachte, fort durch die Straßen in den frühen Morgenstunden, und sie suchten nach einem Lokal, wo sie mit ihrer Trophäe auf ein weiteres Glas einkehren konnten, und sie pinkelte auf die Straße, wo sie stand, ohne in eine Gasse beiseite zu gehen, um allein zu sein, sie ließ nicht einmal seinen Arm los, sondern spreizte sich über die Gosse, die Beine breit, und pißte, als wäre es das Natürlichste auf der Welt. Ach, die unerwarteten chinesischen Glöckchen dieser Kaskade!

(Und an diesem Punkt erhob sich sein Lazarus und pochte ungefragt an den Sargdeckel der Dichterhose.)

Jeanne hob ihre Röcke mit der freien Hand auf, als sie über die von ihr geschaffene Pfütze stieg, so daß er die Stelle sah, wo sie ihre weißen Strümpfe an den Knöcheln bespritzt hatte. Es erschien seiner entsetzten, geschärften Sensibilität, als wäre die Flüssigkeit eine Art von Körpersäure, welche die gestrickte Baumwolle wegbrannte, ihren Unterrock zersetzte, ihr Mieder, ihr Hemd, das Kleid, das sie trug, ihre Jacke, so daß sie nun wie ein wandelnder Fetisch neben ihm einherging, wild, obszön, schreckenerregend.

Er selbst trug stets Handschuhe aus blaßrosa Ziegenleder, die sich so zärtlich knapp anschmiegten wie die Gummihandschuhe, die einst die Frauenärzte tragen werden. Sie sah zu, wie er mit ihrem Haar spielte, und erinnerte sich abgeklärt einer rothaarigen Freundin im Variété, die einst eine kurze Lehrzeit in einem Bordell absolviert hatte, sich jedoch von diesem Beruf zurückzog, als ihr klar wurde, daß ein bedeutender Teil der Kunden nichts anderes von ihr wollte als die Erlaubnis, in ihre prächtige tizianrote Mähne ejakulieren zu dürfen. (Wie die Mädchen bei dieser Geschichte kicherten!) Die Rothaarige meinte, daß insgesamt diese klebrige Angelegenheit weniger unangenehm und hygienischer war als der gewöhnliche Verkehr, doch es bedeutete, daß sie ihr Haar so häufig waschen mußte, daß ihr schönster, in der Tat – sie war ein schieläugiges kleines Ding – einziger Reiz seinen Glanz verlor. Verkäufer und Ware in einem, ist eine Hure ihre eigene Investition und muß auf sich achtgeben in der Welt: das schielende rothaarige Mädchen entschied, daß sie es nicht riskieren konnte, ihr Kapital so tollkühn zu verschleudern, doch Jeanne kannte nie die händlerische Perspektive, sie hatte nicht das Gefühl, ihr eigenes Eigentum zu sein, und schenkte sich demgemäß an jeden fort, den Dichter ausgenommen, vor dem sie zu große Achtung hatte, um ihm ein so ambivalentes Geschenk umsonst anzubieten.

»Hol ihn mir hoch«, sagte der Dichter.

»Albatrosse sind berühmt für die Balzrituale, welche die ganze
Paarungszeit hindurch andauern. Es kommt dabei zu grotes-
ken, unbeholfenen Tänzen, begleitet von Verneigungen, Schar-
ren, Schnabelknacken und ausgedehnten nasalen Seufzern.«
   (Oliver L. Austin Jr., ›Birds of the World‹)

Große Nestbauer sind sie nicht. Eine leichte Höhlung im
Boden tut's schon. Oder sie kratzen in einen kleinen Schmutz-
hügel eine Art Loch. Sie machen nur die schäbigsten Zuge-
ständnisse an die Erde. Er sah ihr gemeinsames Bett, das Alba-
trosnest, als solch eine vorübergehende Behausung, in der das
Schicksal, die größte Madame von allen, diese beiden seltsamen Vögel zusammen einquartiert hatte. In diesem flüchtigen
Exil ist alles möglich.
   »Jeanne, hol ihn mir hoch.«
Nichts ist einfach bei diesem Burschen! Er macht eine Insze-
nierung aus einem Fick, die der Comédie Française würdig
wäre, es ihm zu besorgen ist ein Fünf-Akte-Drama mit komischen Zwischenspielen und anderen Szenen, die einen weinen
machen, und er weint dann auch anschließend, er schämt sich,
er redet von seiner Mutter, aber Jeanne kann sich nicht an ihre
Mutter erinnern, und ihre Großmama hat sie gegen ein paar
Flaschen an einen Schiffsmaat getauscht, ein Geschäft, mit
dem Großmama sehr zufrieden war, wie sie sagte, denn Jeanne
kam langsam schon in Schwierigkeiten und wuchs aus ihren
Kleidern heraus und aß soviel.
   Während sie zusammen die Geschichte der Übertretung ent-
wirrt hatten, war das Feuer ausgegangen; auch hatte der kleine,
weiße, leuchtende Wintermond in der oberen linken Ecke der
oberen linken Fensterscheibe – einer der wenigen, die noch
klares Glas hatten – von seinem Stern begleitet den letzten
Abschnitt seines Bogens über den schwarzen Himmel beendet.
Während Jeanne am Vergnügen ihres Liebhabers arbeitete, als
sei er ihr Weinberg, als sammele sie sich Schätze im Himmel
für ihre unbedankte Mühe, kamen Mond und Stern zusammen
in der rechten unteren Fensterscheibe an.

Wenn ihr sie sehen könntet, wenn es nicht so dunkel wäre, so sähe sie aus wie das Opfer eines Raubüberfalls; ihre bestohlenen Augen sind wie Abgründe, doch sie drückt ihn an die Brust und tröstet ihn, wenn er in seiner Selbstverachtung jene Spurenelemente gewöhnlicher Menschlichkeit an sie verrät, die er in ihrem Körper zurückgelassen hat, wofür er sie bitter beschimpft, wofür er sie rühmen und preisen wird, ihr die Ewigkeit verleihen, die der Dichter versprochen hat.

Mond und Stern verschwinden.

Nadar berichtet, daß er sie ein Jahr oder so gesehen hat, nachdem Baudelaire – taub, stumm, gelähmt – gestorben war. Der Dichter war sich am Ende selbst so fremd geworden, daß er in den letzten Monaten, ehe die Seuche ganz über ihn triumphierte, sich vor seinem Spiegelbild, das man ihm zeigte, höflich wie vor einem Fremden verbeugte. Er sagte seiner Mutter, sie solle auf jeden Fall dafür sorgen, daß Jeanne versorgt würde, aber seine Mutter gab ihr nichts. Nadar sagt, daß er Jeanne auf Krücken zum Ausschank stolpern sah – ihre Zähne hatte sie verloren, sie hatte ein Negertuch um den Kopf geschlungen, doch man konnte trotzdem sehen, daß ihr das wundervolle Haar ausgefallen war. Ihr Gesicht erschreckte die kleinen Kinder. Er blieb nicht stehen, um mit ihr zu sprechen.

Das Schiff nach Martinique lief aus.

Man kann Zähne kaufen, wißt ihr; Haar kann man kaufen. Die besten Perücken macht man aus den abgeschorenen Locken der Novizinnen in den Klöstern.

Der Mann, der sich ihren Bruder nannte, vielleicht *hatten* sie sogar dieselbe Mutter, warum nicht? Sie hatte nicht die geringste Idee, was mit ihrer Mutter geschehen war, und dieser hypothetische, hellhäutige Mulattenbruder stand plötzlich in letzter Minute da, um ihre chaotischen Finanzen mit dem Geschick des geborenen Unternehmers in die Hand zu nehmen – es mochte Mephistopheles persönlich sein, ihr war es gleich. Ihr Bruder. Sie hatten beiseite gebracht, was der Dichter ihr heimlich zukommen ließ, die ganze Zeit, als er im Sterben lag, immer wenn die Mutter nicht herschaute. Fünfzig Francs für Jeanne hier, dreißig Francs für Jeanne da. Es kommt was zusammen.

Sie war überrascht, wieviel sie wert war.

Fügen wir noch den Verkauf von ein, zwei Manuskripten hinzu, derjenigen, die sie nicht zum Zigarrenanzünden verbraucht hatte. Ein paar Bücher, vor allem die mit den blumigen Widmungen. Verkauf von Manschettenknöpfen und von Schubladen nach Schubladen rosafarbener Ziegenlederhandschuhe, kaum gebraucht. Ihr Bruder wußte, wo man die los wurde. Später würden alle Andenken an den Dichter, selbst seine ungeschickten Zeichnungen, erstaunliche Summen erzielen. Sie ließen eine Mappe bei einem unternehmungslustigen Agenten zurück.

In einem neuen Kleid aus schwarzer Tussahseide, ihr einigermaßen verwüstetes, doch sorgfältig ausgebessertes Gesicht teilweise von einem schmeichelhaften Schleier verdeckt, dampfte sie auf einem in die Karibik fahrenden Schiff wie eine respektable Witwe ab aus Europa und war noch nicht einmal fünfzig, immerhin. Sie hätte die kreolische Gattin eines kleineren Beamten sein können, die nach seinem Tode in ihre Heimat reist. Ihr Bruder fuhr voraus, um das Haus auszusuchen, das sie kaufen würden.

Ihre Reise wurde von keinem Albatros unterbrochen. Wenn sie je an die Route der Sklavenschiffe dachte, dann nur, um den Vergleich zwischen der Überfahrt ihrer Großmutter mit der eigenen bequemen Reise anzustellen. Man könnte sagen, daß Jeanne sich gefunden hatte – sie war auf den Erdboden zurückgekehrt, und sie bewegte sich dort, mit Hilfe ihres Elfenbeinstocks, mit vollkommener Sicherheit. Die Seeluft tat ihr gut. Sie beschloß, den Rum aufzugeben, von einem einzigen Gläschen abgesehen, das sie als Allerletztes in der Nacht, wenn die Buchhaltung in Ordnung gebracht war, zu sich nehmen würde.

Seht sie nun in den Jahren ihres Alters, jeden Morgen in anständiges Schwarz gekleidet, ein wenig auf ihren Stock gestützt, doch würdevoll, wie nur jemand sein kann, der dem Löwenrachen aus eigener Kraft entronnen ist. Sie verläßt das reizende Haus mit seiner von blühenden Ranken überwachsenen Veranda. »Guten Morgen, Madame Duval!« ruft der Gärtner servil. Wie süß das klingt. Sie bringt die Einnahmen der letzten Nacht zur Bank. »Haben Sie vielen Dank, Madame Duval.« Von Unterwürfigkeit – sie war sofort auf den Geschmack gekommen – bekam sie nie genug.

Bis sie schließlich in hohem Alter dem Nagen in ihren Knochen unterliegt und eine Prozession trauernder Mädchen sie zum Friedhof geleitet, wird sie fortfahren, den Privilegiertesten der Kolonialverwaltung zu einem nicht übertriebenen Preis die genuine, die veritable, die wahre Baudelairesche Syphilis zu vermitteln.

Aus dem Englischen von Joachim Kalka

Die Zeilen auf S. 20 sind aus folgendem Gedicht:

Sed non satiata

Bizarre déité, brune comme les nuits,
Au parfum mélangé de musc et de havane,
Oeuvre de quelque obi, le Faust de la savane,
Sorcière au flanc d'ébène, enfant des noirs minuits,

Je préfère au constance, à l'opium, au nuits,
L'élixir de ta bouche où l'amour se pavane;
Quand vers toi mes désirs partent en caravane,
Tes yeux sont la citerne où boivent mes ennuis.

Par ces deux grands yeux noirs, soupiraux de ton âme,
Ô démon sans pitié! verse-moi moins de flamme;
Je ne suis pas le Styx pour t'embrasser neuf fois,

Hélas! et je ne puis, Mégère libertine,
Pour briser ton courage et te mettre aux abois,
Dans l'enfer de ton lit devenir Proserpine!

›Les Fleurs du Mal‹, Charles Baudelaire

Die Gedichte in ›Les Fleurs du Mal‹, von denen man annimmt, daß sie sich auf Jeanne Duval beziehen, werden häufig als »Schwarze Venus«-Zyklus bezeichnet. Es sind neben diesem u. a. ›Les Bijoux‹, ›La Chevelure‹, ›Le Serpent qui danse‹, ›Parfum Exotique‹, ›Le Chat‹, ›Je t'adore à l'égal de la voûte nocturne‹.

JORGE LUIS BORGES

Die Witwe Tsching, Seeräuberin

Das Wort »Korsarin« läuft Gefahr, eine etwas unbehagliche Erinnerung zu wecken: die Erinnerung nämlich an eine schon verblaßte Operette, mit ihren Aufzügen unverkennbarer Dienstmädchen, die sich als choreographische Piratinnen auf ausgesprochen pappenen Meeren tummelten. Gleichwohl hat es Korsarinnen gegeben: Frauen, die sich im Matrosenhandwerk auskannten, die viehische Besatzungen zu regieren und hochbordige Schiffe zu jagen und zu plündern verstanden. Eine von ihnen war Mary Read, die einmal erklärte, daß der Piratenberuf nicht für jedermann tauge und daß man, um ihn würdig auszuüben, ein beherzter Mann sein müsse, wie sie. In den rauhen Anfängen ihrer Laufbahn, als sie noch nicht Kapitän war, wurde einer ihrer Liebhaber von einem Raufbold an Bord beschimpft. Mary forderte ihn zum Duell und schlug sich mit ihm zweihändig, wie es auf den Inseln des Karibischen Meeres seit alters der Brauch ist: die eindringliche, unsichere Reiterpistole in der Linken, den treuen Säbel in der Rechten. Die Pistole versagte, aber der Degen hielt sich wacker... Um das Jahr 1720 machte ein spanischer Galgen der riskanten Laufbahn Mary Reads ein Ende, und zwar in Santiago de la Vega (Jamaica).

Eine andere Piratin dieser Meere war Anne Bonney, eine prachtvolle Irin mit hohen Brüsten und unbändigem Haar, die mehr als einmal beim Entern von Schiffen ihre Haut zu Markte trug. Sie war eine Waffengefährtin von Mary Read und am Ende ihre Galgengefährtin. Ihr Liebhaber, der Kapitän John Rackam, hatte bei dieser Verrichtung ebenfalls seinen Hals in der

Schlinge. Anne bedachte ihn verächtlich mit der bitterbösen Variante jener Anschuldigung, die Aixa gegen Boabdil erhob: »Wenn du dich geschlagen hättest wie ein Mann, würden sie dich nicht henken wie einen Hund.«

Mehr Glück und längeres Leben hatte eine Piratin, die in den Gewässern Asiens operierte, vom Gelben Meer bis zu den Flüssen an der Grenze von Annam. Ich spreche von der kriegerischen Witwe Tsching.

Die Lehrjahre

Um das Jahr 1797 gründeten die Aktionäre der zahlreichen Piratengeschwader dieses Meeres ein Konsortium und ernannten zum Admiral einen gewissen Tsching, einen redlichen und bewährten Mann. Dieser verfuhr bei der Plünderung der Küsten derart streng und mustergültig, daß die entsetzten Bewohner mit Geschenken und Tränen kaiserliche Hilfe erflehten. Ihr klägliches Bittgesuch blieb nicht ungehört: sie erhielten Befehl, ihre Dörfer in Brand zu stecken, ihr Fischerhandwerk zu vergessen, landeinwärts zu ziehen und eine unbekannte Wissenschaft mit Namen Ackerbau zu erlernen. So taten sie, und die geprellten Eindringlinge fanden nur noch verödete Küsten. Sie mußten sich infolgedessen auf Schiffsüberfälle umstellen: ein Raubgeschäft, das noch schädigender war als das vorhergehende, da es den Handel ernstlich beeinträchtigte. Die kaiserliche Regierung handelte unverzüglich: sie wies die ehemaligen Fischer an, Pflug und Joch aufzugeben und Ruder und Netze wieder instand zu setzen. Die Fischer empörten sich, worauf sich die Behörden zu einer anderen Verfahrensweise entschlossen: sie ernannten den Admiral Tsching zum Kaiserlichen Hofstallmeister. Dieser wollte die Bestechung annehmen. Die Aktionäre erfuhren es noch rechtzeitig, und ihre tugendhafte Entrüstung fand Ausdruck in einem Teller giftiger, in Reis gekochter Raupen. Der Leckerbissen wurde ihm zum Verhängnis; der ehemalige Admiral und jetzige Kaiserliche Hofstallmeister übergab seine Seele den Gottheiten des Meeres. Die Witwe, aus der dieser doppelte Verrat einen anderen Menschen gemacht hatte, versammelte die Piraten, erklärte ihnen den verwickelten Fall und beschwor sie, die trügerische Milde des Kaisers und den undankbaren Dienst an Aktionären, die zur Giftmischerei neigten, abzuschütteln. Sie schlug ihnen vor, auf eigene Rechnung zu kapern und einen neuen Admiral zu wählen. Die Wahl fiel auf sie. Sie war eine sehnige Frau mit schläfrigen Augen und schadhaftem Lächeln. Das schwarzgefärbte und geölte Haar hatte mehr Glanz als die Augen.

Ihren ruhigen Befehlen folgend, schnellten die Schiffe der Gefahr und der hohen See entgegen.

Das Kommando

Dreizehn Jahre methodischen Abenteurerlebens folgten. Aus sechs Geschwadern bestand die Flotte, und jedes hatte eine andersfarbige Flagge: es gab das rote, das gelbe, das grüne, das schwarze, das braune Geschwader und das mit dem Schlangenzeichen, das das Schiff der Kapitänin führte. Die Anführer nannten sich: Vogel und Stein, Zuchtrute des Morgenwassers, Mannschaftsjuwel, Welle mit vielen Fischen und Hohe Sonne. Das Reglement, das die Witwe Tsching eigenhändig verfaßte, ist von unbeugsamer Strenge, und sein gerader und lakonischer Stil ist bar jener hinfälligen rhetorischen Blüten, die dem chinesischen Amtsstil eine geradezu lächerliche Hoheit verleihen, wofür wir hier ein paar beunruhigende Beispiele anführen werden:

Alle von Bord feindlicher Schiffe übernommenen Güter sollen in ein Lager geschafft und dort registriert werden. Der fünfte Teil dessen, was jeder einzelne Pirat beibringt, wird ihm daraufhin überlassen werden; der Rest soll im Lager verbleiben. Die Verletzung dieser Anordnung ist der Tod.

Dem Piraten, der ohne ausdrückliche Erlaubnis seinen

Posten verläßt, sollen zur Strafe die Ohren öffentlich durch-
bohrt werden. Der Rückfall in dieses Vergehen ist der Tod.

   Der Verkehr mit den in den Dörfern geraubten Frauen ist an
Deck verboten; er soll sich auf den Kielraum beschränken,
jedoch nie ohne Erlaubnis des Steuermanns. Die Verletzung
dieser Anordnung ist der Tod.

   Berichten Gefangener zufolge bestand die Kost der Piraten in
der Hauptsache aus Zwieback, dicken gemästeten Ratten und
gekochtem Reis; an Kampftagen pflegten sie Pulver in ihren
Alkohol zu mischen. Karten und falsche Würfel, das Glas und
das rechteckige Spielbrett des *Fan Tan*, die Visionen verhei-
ßende Opiumpfeife und das Lämpchen waren ihr Zeitvertreib.
Zwei Degen, die gleichzeitig geführt wurden, waren ihre bevorzugten Waffen. Bevor sie ein Schiff enterten, rieben sie sich die
Backenknochen und den Körper mit einem Absud von Knob-
lauch ein: zuverlässiger Talisman gegen die Kränkung der
Feuermäuler.

   Die Mannschaft fuhr mit ihren Frauen, der Kapitän jedoch
mit seinem Harem, der fünf oder sechs Häupter zählte und bei
Siegen aufgefrischt zu werden pflegte.

Es spricht Kia-King, der junge Kaiser

Um die Mitte des Jahres 1809 wurde ein kaiserliches Edikt
erlassen, von dem ich den ersten und den letzten Teil wieder-
gebe. Viele übten Kritik an seinem Stil:

   Männer, unselig schadenstiftend, Männer, die das Brot mit
Füßen treten, Männer, die nicht auf das Geschrei der Steuer-
einnehmer und der Waisen hören, Männer, in deren Unter-
kleidern der Phönix und der Drache abgebildet sind, Männer,
die die Wahrheit der gedruckten Bücher leugnen, Männer, die
in fließenden Tränen den Nordstern spiegeln lassen, suchen
das Glück unserer Flüsse heim und das alte Vertrauen in
unsere Meere. Auf halbwracken und gefährlichen Barken trot-
zen sie Tag und Nacht dem Sturm. Nicht in wohlwollender

Absicht tun sie dies: auch sind sie nicht und waren nie die ech-
ten Freunde des Schiffes. Weit davon entfernt, ihm ihren Bei-
stand zu leihen, greifen sie ihn vielmehr mit grimmigster
Wucht an und überantworten ihn dem Ruin, der Verstümme-
lung oder dem Tod. Sie verletzen damit die natürlichen
Gesetze des Weltalls, so daß die Flüsse über die Ufer treten,
das Küstenland ertrinkt, die Kinder sich gegen ihre Eltern keh-
ren und die Urgesetze von Feuchte und Dürre verstört sind ...
... Darum beauftrage ich dich mit der Züchtigung, Admiral
Kwo-lang. Sei eingedenk, daß die Milde ein kaiserliches Attri-
but ist und daß es Anmaßung seitens eines Untertanen wäre,
nach ihr zu trachten. Sei grausam, sei gerecht, sei gehorsam,
sei siegreich.

Der beiläufige Hinweis auf die halbwracken Barken war
natürlich falsch. Bezweckt war, den Mut der Expedition Kwo-
langs zu heben. Neunzig Tage später maßen sich die Streit-
kräfte der Witwe Tsching mit denen des Reiches der Mitte.
Fast tausend Schiffe kämpften von Sonnenaufgang bis Sonnenuntergang. Ein gemischter Chor von Glocken, Trommeln,
Kanonenschüssen, Flüchen, Gongs und Prophezeiungen
begleitete das Gefecht. Die Streitmacht des Reichs wurde zer-
sprengt. Weder die untersagte Gnade noch die empfohlene
Grausamkeit fanden Gelegenheit, zum Zuge zu kommen.
Kwo-lang vollzog einen Ritus, den unsere geschlagenen Gene-
räle zu unterlassen belieben: den Selbstmord.

Die angstverstörten Ufer

Dann segelten die sechshundert Kriegsdschunken und die vier-
zigtausend siegreichen Piraten der hochfahrenden Witwe die
Mündung des Si-Kiang hinauf, wobei sie backbords und steuer-
bords eine Vielzahl von Bränden, schrecklichen Feiern und
Waisen schufen. Es wurden ganze Dörfer dem Boden gleichge-
macht. In einem einzigen überstieg die Zahl der Gefangenen
tausend. Einhundertundzwanzig Frauen, die den wirren

Schutz der nahen Schilfdickichte und Reisfelder aufgesucht hatten, verriet das nicht zu beschwichtigende Weinen eines Kindes; sie wurden später in Macao verkauft. Wenn auch aus der Ferne, kamen die jammervollen Tränen und die Trauer dieser Ausplünderung Kia-King, dem Sohn des Himmels, zu Ohren. Es gibt Geschichtsschreiber, die behaupten, daß sie ihn weniger schmerzten als die Niederlage seiner Strafexpedition. Fest steht, daß er eine zweite ausrüstete, starrend von Standarten, Matrosen, Soldaten, Kriegsgerät, Vorräten, Wahrsagern und Astrologen. Das Kommando fiel diesmal Ting-Kwei zu. Diese schwerfällige Masse von Schiffen wälzte sich das Delta des Si-Kiang hinauf und versperrte dem Piratengeschwader die Durchfahrt. Die Witwe rüstete sich zur Schlacht. Sie wußte, daß es ein schwerer, bitterschwerer, fast verzweifelter Kampf sein würde. Nächte und Monde des Plünderns und der Muße hatten ihre Männer erschlaffen lassen. Es kam nie zur Schlacht. Gelassen stieg die Sonne empor, gelassen senkte sie sich wieder über dem schauernden Röhricht. Die Männer und die Waffen hielten Wache. Die Mittage waren übermächtig, die Ruhestunden endlos.

Der Drache und die Füchsin

Doch stiegen allabendlich träge Schwärme luftig schwebender Drachen von den Schiffen des kaiserlichen Geschwaders auf und sanken anmutig auf das Wasser und auf die feindlichen Decks herab. Es waren hauchdünne Gebilde aus Papier und Rohr, Kometen ähnlich, und ihre versilberte oder rote Oberfläche wies immer die gleichen Schriftzeichen auf. Die Witwe untersuchte besorgt diese regelmäßig auftauchenden Meteore und las auf ihnen die langwierige und verworrene Fabel von einem Drachen, der allezeit eine Füchsin beschirmt hatte, trotz ihrer großen Undankbarkeit und ihrer beständigen Freveltaten. Der Mond am Himmel wurde schmal, und die Gebilde aus Papier und Rohr zogen jeden Abend mit der gleichen Geschichte auf, die sich kaum merklich abwandelte. Die Witwe wurde betrübt und nachdenklich. Als der Mond voll war, am Himmel und in dem rötlichen Wasser, schien die Geschichte ihrem Ende zuzugehen. Niemand vermochte vorauszusagen, ob eine schrankenlose Vergebung oder eine schrankenlose Strafe auf die Füchsin niedergehen würde; aber das unvermeidliche Ende nahte. Die Witwe begriff. Sie warf ihre beiden Degen in den Fluß, kniete sich in ein Boot und gab Befehl, sie zu dem Schiff des kaiserlichen Kommandanten zu bringen.

Es war die Dämmerstunde des Abends: der Himmel war voller Drachen, diesmal von gelber Farbe. Die Witwe murmelte einen Satz: »Die Füchsin sucht die Schwinge des Drachen«, sagte sie, als sie an Bord stieg.

Die Apotheose

Die Chronisten berichten, daß die Füchsin Verzeihung erlangte und daß sie ihr zähes Alter dem Opiumschmuggel widmete. Sie hörte auf, Die Witwe zu sein; sie legte sich einen Namen bei, der übersetzt lautet: Leuchtglanz der wahrhaftigen Unterweisung.

Von jenem Tag an (heißt es bei einem Geschichtsschreiber) *kamen die Barken wieder zu ihrem Frieden. Die vier Meere und die zahllosen Flüsse waren wieder sichere und glückhafte Wege.*

Die Bauern konnten die Schwerter verkaufen und Ochsen dafür einhandeln, um ihre Äcker zu bestellen. Sie brachten Opfer dar, sprachen huldigende Gebete auf den Gipfeln der Berge und hatten am Tag singend ihre Lust hinter Wandschirmen.

Aus dem Spanischen von Karl August Horst, bearbeitet von Gisbert Haefs

JUAN CARLOS ONETTI

Das so gefürchtete Inferno

Der erste Brief, die erste Fotografie, wurde ihm in die Zeitung geschickt, zwischen Mitternacht und Redaktionsschluß. Er klopfte gerade auf der Maschine, ein wenig hungrig, ein wenig krank von Kaffee und Tabak, vertraut, selig dem Werden des Satzes, dem gehorsamen Erscheinen der Worte hingegeben. Er schrieb: »Es wäre noch zu betonen, daß die Herren Kommissare nichts Verdächtiges, ja nicht einmal etwas Ungewöhnliches im großartigen Triumph von ›Play Boy‹ sahen, der auf der Winterrennbahn im Vorteil war und in der entscheidenden Phase wie ein Pfeil dominierte«, als er die rote, tintenbekleckste Hand von »Politik« sah, zwischen seinem Gesicht und der Maschine; sie hielt ihm den Umschlag hin.

»Das ist für dich. Immer hauen sie die Korrespondenz durcheinander. Nicht ein einziger gottverdammter Termin für einen Klub, und dann kommen sie und heulen, und wenn sich die Wahlen nähern, dann scheint ihnen kein Platz groß genug. Und jetzt ist Mitternacht, und sag du mir, wie soll ich denn die Spalte füllen!?«

Auf dem Umschlag stand sein Name, »Abteilung Rennen, El Liberal«. Das einzig Merkwürdige: ein paar grüne Marken und der Briefstempel »Bahía«. Er schrieb den Artikel zu Ende; da kamen sie auch schon aus der Setzerei, ihn anzufordern. Er war matt und zufrieden, fast allein im riesigen Redaktionsraum, und er dachte an den letzten Satz: »Wir möchten das nochmals bestätigen, mit aller Objektivität, die wir seit Jahren allen unseren Behauptungen angedeihen lassen. Wir sind das einem sportliebenden Publikum schuldig.« Der Neger sah Kuverts im

Archiv durch, die reife Frau von »Gesellschaft« zog langsam die Handschuhe in ihrer Glaskabine aus, als Risso, unvorsichtigerweise, den Umschlag öffnete.

Drinnen war ein Foto, Postkartengröße, ein braunes, unterbelichtetes Foto, an dessen düsteren Rändern Haß und Unflätigkeit anwuchsen, unbestimmte dicke Streifen bildend, wie ein Relief, wie Schweißtropfen, die ein angstverzerrtes Gesicht umgeben. Er sah es überrascht, verstand nicht ganz, wußte, daß er alles gegeben hätte, wenn er das Gesehene vergessen könnte.

Er steckte die Fotografie in eine Tasche und zog sich den Mantel an, während »Gesellschaft« rauchend aus ihrer Glaskabine kam, einen Fächer von Papieren in der Hand.

»Hallo!« sagte sie, »da bin ich nun; der Ball ist gerade erst zu Ende.«

Risso betrachtete sie von oben. Das helle gefärbte Haar, die Falten am Hals, das Doppelkinn, das rund und spitz wie ein kleiner Bauch herabfiel, die winzigen, exzessiv fröhlichen Kleinigkeiten, die ihre Kleider schmückten. »Es ist eine Frau, auch sie. Jetzt sehe ich an ihr das rote Halstuch, die violetten Nägel der alten, tabakgelben Finger, die Ringe und Armbänder, das Kleid, das ihr ein Schneider an Zahlungs Statt gab, nicht ein Liebhaber; die unendlich hohen, vielleicht schiefen Absätze, der fast wütende Enthusiasmus, den sie in ihr Lächeln legt. Alles ist leichter, wenn ich überzeugt bin, daß auch sie eine Frau ist.«

»Es ist spaßig, wie geplant: wenn ich komme, gehen Sie, als ob Sie immer die Flucht vor mir ergreifen wollten. Draußen herrscht eisige Kälte. Man läßt mir, wie versprochen, das Material hier, aber nicht einmal einen Namen, eine Überschrift: ›Erraten Sie's, irren Sie sich, publizieren Sie einen phantastischen Blödsinn!‹ Ich kenne nur die Namen des Brautpaars, und das dank Gott. Überfluß und schlechten Geschmack, das gab's. Die Freunde wurden durch einen glänzenden Empfang im Haus der Brauteltern geehrt. An einem Samstag ist nicht gut heiraten. Richten Sie sich jedenfalls darauf ein: von der Rambla her kommt Eiseskälte.«

Als Risso sich mit Gracia César verheiratete, schwiegen wir alle dazu und ließen die pessimistischen Prophezeiungen ungesagt. Zu jener Zeit blickte sie die Einwohner von Santa Maria von den Plakaten des »Kellers«, der Theatergemeinschaft, an, von Wänden, die zu Herbstende sehr alt aussahen. Manchmal intakt, oder mit Bleistiftbart, oder von wütenden Fingernägeln zerfetzt, andere vom Regen – so wandte sie halb den Kopf und blickte wach, ein wenig mißtrauisch auf die Straße, ein wenig auch von der Hoffnung geblendet, sie könnte überzeugen, könnte verstanden werden. Durch den Glanz in den feuchtschimmernden Augen, der durch die fotografische Vergrößerung des »Ateliers Orloff« hineinprojiziert worden war, konnte man auf ihrem Gesicht auch die Komödie der Liebe für das ganze Leben sehen, und die entschlossene und ausschließliche Suche nach dem Glück war damit ausgedrückt.

Das war gut, so mußte er wohl gedacht haben, so war es wünschenswert, war notwendig, stimmte mit dem Ergebnis der Multiplikation der Witwermonate Rissos mal der Summe unzähliger gleicher Samstagmorgen überein, in denen er, im Bordell an der Küste, geschickt höfliche Posen eingenommen hatte, Posen des Wartens, der Vertrautheit. Ein Glanz, jener der Plakataugen, verknüpfte sich mit der frustrierten Geschicklichkeit, womit er wieder den Knoten der immer nagelneuen, schwarzen Trauerkrawatte band, vor dem ovalen, drehbaren Spiegel im Schlafzimmer des Bordells.

Sie heirateten, und Risso glaubte, es genüge, wie immer weiterzuleben, aber nun legte er, ohne daß er daran dachte, die Wut seines Körpers in sie hinein, die wahnsinnige Notwendigkeit, etwas Absolutes zu haben, die ihn in den langen Nächten besessen hatte.

Sie dachte an Risso wie an eine Brücke, einen Ausweg, einen Anfang. Sie hatte unberührt zwei Verlobungen hinter sich gebracht – mit einem Direktor, einem Schauspieler –, vielleicht weil Theater für sie nicht nur Spiel, sondern auch Beruf war, und weil sie dachte, daß Liebe abseits entstehen und behütet werden müsse, nicht befleckt durch das, was man tut, um sich Geld und Vergessen zu sichern. Mit dem einen und dem anderen Mann war sie verdammt, bei Verabredungen auf den Plätzen, der Rambla oder im Café zu spüren, wie mühsam diese Versuche waren, wie anstrengend die Anpassung, wie sehr sie auf Stimme und Hände achtgeben mußte. Sie spürte ihr eigenes Gesicht immer eine Sekunde, bevor ein Ausdruck darauf trat – als könne sie ihn betrachten oder berühren. Sie handelte mutig und ungläubig, erkannte ausweglos ihr Spiel und das des anderen – Schweiß und Theaterstaub, der sie untrennbar bedeckte, Zeichen der Zeit.

Als die zweite Fotografie kam (von Asunción, mit einem offensichtlich anderen Mann), fürchtete Risso vor allem, ein unbekanntes Gefühl nicht ertragen zu können, das weder Haß noch Schmerz war, das mit ihm namenlos sterben würde, das verwandt war mit Ungerechtigkeit und Verhängnis, mit der ersten Angst des ersten Menschen auf der Erde, mit dem Gefühl des Nichts und dem Beginn des Glaubens.

Die zweite Fotografie wurde ihm von »Gerichtssaal« übergeben, eines Mittwochnachts. Am Donnerstag konnte er über seine Tochter von zehn Uhr morgens bis zehn Uhr abends verfügen. Er entschloß sich zuerst, den Umschlag zu zerreißen, ohne ihn zu öffnen; er steckte ihn ein, und erst am Donnerstagmorgen, während seine Tochter ihn im Saal der Pension erwartete, erlaubte er sich einen raschen Blick auf das Foto, bevor er es über der Klosettmuschel zerriß: auch hier war der Mann von hinten zu sehen.

Aber er hatte das Foto aus Brasilien oft angesehen. Er bewahrte es einen ganzen Tag auf, und im Morgengrauen dachte er an einen Scherz, einen Irrtum, an eine vorübergehende, absurde Geschichte. Das hatte er schon erlebt; er war oft aus einem Alptraum aufgewacht, hatte dienstfertig und dankbar den Blumen an der Schlafzimmerwand zugelächelt.

Er lag auf dem Bett, als er den Umschlag aus dem Sakko zog und das Foto aus dem Umschlag.

»Gut«, sagte er laut, »es ist gut, es ist sicher, so ist es. Es hat keine Bedeutung; auch wenn ich es nicht sähe, würde ich wissen, daß es geschieht.«

(Als die Fotografie mit dem Selbstauslöser gemacht und in der Dunkelkammer im roten, ermutigenden Schein der Lampe entwickelt wurde, da hatte die Frau diese Reaktion Rissos wahrscheinlich vorhergesehen: diesen Trotz, diese Weigerung, sich in der Wut Luft zu schaffen. Sie hatte auch vorhergesehen, oder es vielleicht gewünscht, mit einer kleinen, schlecht erkennbaren Hoffnung, daß er aus der offenen Beleidigung, der entsetzlichen Würdelosigkeit eine Liebesbotschaft ausgraben möge.)

Er schützte sich wieder, bevor er das Foto ansah: »Ich bin allein, ich sterbe vor Kälte in einer Pension in der Calle Piedras, in Santa Maria, an irgendeinem Morgen, allein, meine Einsamkeit bereuend, als ob ich sie gesucht hätte, stolz, als ob ich sie verdient hätte.«

Auf der Fotografie stemmte die Frau ohne Kopf ihre Fersen aufreizend auf den Rand eines Diwans, wartete so auf die Ungeduld des obskuren Mannes, der, unvermeidlich, im Vordergrund riesenhaft erschien – und sie war sicher, sie brauchte ihr Gesicht nicht zu zeigen, um erkannt zu werden. Auf der Rückseite stand, in ihrer ruhigen Schrift: »Grüße aus Bahía.«

In der Nacht, die der zweiten Fotografie entsprach, dachte er, er könne die ganze Infamie begreifen, könne sie akzeptieren. Aber er wußte, daß Überlegung, Beharrlichkeit, organisierte Raserei, womit Rache geübt wurde, ihm nicht zu Gebote standen. Er prüfte: er war dem nicht gewachsen; er fühlte sich unwürdig, so vielen Hasses, so vieler Liebe, so starken Wollens, Leid zuzufügen.

Als Gracia Risso kennenlernte, konnte sie viele gegenwärtige und zukünftige Dinge mutmaßen. Sie ahnte seine Einsamkeit, wenn sie sein Kinn und einen Westenknopf ansah, sie ahnte, daß er verbittert und nicht besiegt war, daß er Revanche brauchte und es sich nicht klarmachen wollte. Viele Sonntage sah sie ihn auf dem Platz, vor der Vorstellung, vorsichtig rechnend, das mürrische, leidenschaftliche Gesicht, den schmieri-

gen Hut vergessen auf dem Kopf, den großen trägen Körper, den
er langsam verfetten ließ. Sie dachte das erste Mal an Liebe, als
sie allein waren, an Begierde, oder an die Begierde, mit ihrer
Hand die Trauer der Backenknochen und Wangen des Mannes
zu lindern. Sie dachte auch an die Stadt, in der die einzig mögli-
che Weisheit hieß: zur rechten Zeit resignieren. Sie war zwanzig Jahre alt, Risso vierzig. Sie begann an ihn zu glauben, sie
entdeckte, wie intensiv Neugier sein kann, und sagte sich, daß
man nur dann wirklich lebt, wenn jeder Tag seine Überraschung bietet.

Während der ersten Wochen schloß sie sich ein, um allein zu
lachen, sie auferlegte sich götzenhafte Anbetung, lernte, Seelenzustände durch Gerüche zu unterscheiden. Sie orientierte
sich, entdeckte, was hinter Stimme, Schweigen, den Launen
und Körperhaltungen des Mannes steckte. Sie liebte die Tochter Rissos, veränderte ihr Aussehen, strich die Ähnlichkeit mit
dem Vater besonders heraus. Sie ging nicht vom Theater weg,
denn die Stadtgemeinde subventionierte es endlich, und jetzt
hatte sie im »Keller« einen sicheren Verdienst, eine Welt, von
ihrem Haus, dem Schlafzimmer, dem rasenden, unzerstörbaren Mann getrennt. Sie wollte nicht auf Wollust verzichten; sie
wollte ausruhen und sie vergessen, wollte, daß die Wollust
ruhe und vergesse. Sie machte Pläne und verwirklichte sie; sie
war sicher, daß das Universum der Liebe unendlich groß war,
sicher, daß jede Nacht für sie immer anders, erstaunlich sein
würde, neu.

»Alles«, sagte Risso immer wieder, »absolut alles kann uns
geschehen, und wir werden immer glücklich sein und uns lieben. Alles, ob das nun Gott oder ob wir es erfinden.«

In Wirklichkeit hatte er früher nie eine Frau gehabt und
glaubte jetzt das zu erzeugen, was ihm auferlegt wurde. Aber
nicht sie zwang ihm das auf, Gracia César, das Geschöpf Rissos, abgetrennt von ihm, um ihn ergänzen zu können, wie die
Luft die Lunge, wie der Winter das Getreide.

Das dritte Foto ließ drei Wochen auf sich warten. Es kam auch aus Paraguay, nicht in die Zeitungsredaktion, sondern in die Pension, und das Dienstmädchen brachte es ihm am Ende eines Nachmittags, als er aus einem Traum erwachte, worin man ihm geraten hatte, sich gegen Furcht und Irrsinn zu verteidigen: er solle jede Fotografie, die noch kam, in der Brieftasche aufbewahren, sie anekdotisch, unpersönlich, unschädlich machen; er brauche sie dazu nur hundertmal täglich zerstreut anzusehen.

Das Dienstmädchen klopfte an die Tür, und er sah den Umschlag in den Brettchen der Jalousie hängen und spürte, wie er in der schmutzigen Luft seine schädliche Natur und zuckende Drohung ausschwitzte. Er sah ihn vom Bett aus an wie ein Insekt, wie ein giftiges Tier, das man zertreten kann, wenn man auf seine Sorglosigkeit, den günstigen Irrtum wartet.

Auf der dritten Fotografie war sie allein und stieß mit ihrer Weiße die Schatten aus einem schlecht beleuchteten Zimmer, sie hatte den Kopf schmerzhaft nach hinten geworfen, der Kamera entgegen, war robust, auf allen vieren. So unverwechselbar jetzt, als hätte sie sich in einem Atelier fotografieren lassen und hätte mit dem zartesten, am meisten charakteristischen und ausweichenden Lächeln posiert.

Nur hatte jetzt Risso ein unabänderliches Erbarmen mit ihr, mit sich, mit allen Liebenden, die auf der Welt geliebt haben, Mitleid mit Wahrheit und Irrtum ihres Glaubens, mit der einfachen Absurdität der Liebe und der komplexen Absurdität der von Menschen geschaffenen Liebe.

Aber er zerriß auch diese Fotografie und wußte, daß es ihm unmöglich sein würde, noch eine zu sehen und weiterzuleben. Aber nach dem magischen Plan, wonach sie sich zu verständigen und miteinander zu sprechen begonnen hatten, war Gracia gezwungen, sich bewußt zu werden, daß er diese Fotos, kaum daß sie angekommen waren, zerriß, jedesmal weniger neugierig, mit weniger Gewissensbissen.

Nach diesem magischen Plan waren alle diese groben oder

schüchternen, dringend benötigten Männer nichts als Hindernisse, Mißachtungen des rituellen Aktes: auf der Straße oder im Café den Naivsten und Unerfahrensten auszusuchen, der sich ohne Mißtrauen dazu hergeben konnte, mit einem komischen Stolz vor Kamera und Auslöser zu posieren; den am wenigsten Unangenehmen unter allen, die der auswendig hergesagten Rede Glauben schenken mochten, welche die eines Handelsvertreters hätte sein können:

»Ich hatte noch nie einen solchen Mann; so einzigartig, so anders. Und ich weiß bei diesem Theaterleben nie, wo ich morgen sein und ob ich dich wiedersehen werde. Ich will dich wenigstens auf einer Fotografie haben, wenn wir weit voneinander entfernt sind und ich dich vermisse.«

Es war fast immer leicht, Männer zu überreden (sie dachte dabei an Risso oder sparte es sich für morgen auf), und dann tat sie ihre Pflicht, die sie sich auferlegt hatte: sie postierte die Lichter, machte die Kamera schußfertig, setzte den Mann in Glut. Wenn sie an Risso dachte, rief sie sich einen alten Vorfall ins Gedächtnis: sie gab ihm wieder die Schuld, daß er sie damals nicht geschlagen, sie für immer mit einem häßlichen Schimpfwort hinausgeworfen hatte, mit einem intelligenten Lächeln, einer Bemerkung, die sie mit allen übrigen Frauen vermengte. Und daß er sie nie verstand, daß er gezeigt hatte, trotz der Nächte und der schönen Phrasen, daß er sie nie verstanden hatte.

Ohne allzu große Hoffnung ging sie schwitzend durch das ewig dumpfe und warme Hotelzimmer, maß die Entfernung, stellte die Blende ein, korrigierte die Position des steifen Männerkörpers. Sie zwang den Mann, der gerade an der Reihe war, mit irgendeinem Hilfs-, einem Reizmittel, einer liederlichen Lüge, ihr das zynische, mißtrauische Gesicht zuzuwenden. Sie versuchte zu lächeln, zu verlocken; sie ahmte das zärtliche Zungenschnalzen nach, wie man das bei Neugeborenen macht; sie berechnete den Ablauf der Sekunden und berechnete gleichzeitig, wie intensiv das Foto auf ihre Liebe zu Risso anspielen würde.

Aber da sie das nie erfahren konnte, da sie nicht einmal wußte, ob die Fotografien in die Hände Rissos gelangten oder nicht, wurden die Fotos immer drastischer; sie verwandelte sie in Dokumente, die mit ihnen, Risso und Gracia, sehr wenig zu tun hatten.

Sie ging so weit, zu erlauben und zu erzwingen, daß die von der Gier schmal gewordenen Gesichter, durch den alten männlichen Traum von Besitzergreifung verblödet, der Kamera mit hartem Lächeln, einer verschmähten Frechheit ins Auge sahen. Sie fand es nötig, sich zurückgleiten zu lassen, so ins Blickfeld zu kommen, daß die kurze Nase, die großen dreisten Augen aus dem Nichts, das ein Foto nicht fassen kann, herabkamen, um die schmutzige Welt, die tölpelhafte, falsche fotografische Vision wiederzugeben, Satiren auf die Liebe, die sie regelmäßig nach Santa Maria zu schicken geschworen hatte. Aber ihr wirklicher Fehler war: an wechselnde Anschriften zu schreiben.

Die erste Trennung, sechs Monate nach der Heirat, war willkommen und übertrieben angsterfüllt. »Der Keller« – jetzt das Stadttheater von Santa Maria – fuhr nach El Rosario. Sie wiederholte dort das gleiche blendende Spiel, eine Schauspielerin unter Schauspielern zu sein und an das zu glauben, was auf der Bühne geschah. Das Publikum war bewegt, applaudierte oder ließ sich nicht mitreißen. Pünktlich erschienen Programme und Kritiken; und die Leute akzeptierten das Spiel und spielten es bis zum Ende des Abends mit; sie sprachen davon, was sie gesehen oder gehört hatten, sie hatten bezahlt, um sehen und hören zu können, und sprachen mit einer gewissen Verzweiflung, einem gewissen hitzigen Enthusiasmus über Handlungen, Bühnenbilder, Dialoge und Verwicklungen.

So also wurde das Spiel, das abwechselnd melancholische und berauschende Heilmittel, das sie begann, wenn sie sich langsam dem Fenster näherte, das auf den Fjord hinausging, erschauderte und für den ganzen Saal murmelte: »Vielleicht… aber auch mein Leben ist voller Erinnerungen, von denen die anderen nichts wissen«, auch in El Rosario akzeptiert. Immer fielen Spielkarten, wenn sie ausspielte; das Spiel kam in endgültige Form, und es war unmöglich, sich nur zu unterhalten, es von außen zu betrachten.

Diese erste Trennung dauerte genau zweiundfünfzig Tage, und Risso versuchte in dieser Zeit das Leben nachzuahmen, das er mit Gracia César während der sechs Monate Ehe geführt hatte. Zur gleichen Stunde ins selbe Café, ins selbe Restaurant, um dort die Freunde wiederzusehen; auf der Rambla wieder zu schweigen, einsam zu sein, auf dem Rückweg zur Pension verblendet die Vorwegnahme der Zusammenkunft zu ertragen, von Stirn und Mund exzessive Bilder zu verdrängen, die aus immer vollendeter werdender Erinnerung und unmöglich zu verwirklichendem Ehrgeiz aufstiegen.

Es waren zehn oder zwölf Cuadras, er nun allein, langsamer, durch Nächte, von lauen und eisigen Winden belästigt, auf der unruhigen Schnittlinie, die den Frühling vom Winter trennt. Sie dienten ihm dazu, seine Not, seine Schutzlosigkeit zu ermessen und zu erfahren, daß der Wahnsinn, den sie miteinander teilten, wenigstens die Größe hatte, ohne Zukunft, nicht Mittel zu sein für ein anderes.

Was sie betraf, so hatte sie geglaubt, daß Risso der gemeinsamen Liebe einen Wahlspruch gegeben hatte, als er, hingestreckt, mit frischem Erstaunen, betäubt flüsterte:

»Alles kann geschehen, und wir werden immer glücklich sein und werden uns lieben.«

Der Satz war schon kein Urteil mehr, keine Meinung, er drückte keinen Wunsch aus. Er war ihnen diktiert und auferlegt worden, war die Bestätigung einer kalten Wahrheit. Nichts, was sie tun oder denken mochten, konnte die rasende Liebe schwächen, die ausweglose, die unveränderliche Liebe. Alle menschlichen Möglichkeiten konnten genutzt werden, und alles war dazu verdammt, sie zu nähren.

Sie glaubte, daß sich draußen, jenseits des Zimmers, eine Welt erstreckte, die sinnlos war, von Wesen bewohnt, die nicht wichtig waren, von wertlosen Tatsachen wimmelnd.

So dachte sie nur an Risso, an sie beide, als ein Mann sie an der Bühnentür zu erwarten begann, als er sie einlud und mit sich nahm, als sie sich selbst auszog.

Es war die letzte Woche in El Rosario, und sie hielt es für sinnlos, in Briefen an Risso davon zu berichten; denn der Vorfall war nicht von ihnen getrennt und hatte gleichzeitig nichts mit ihnen zu tun, denn sie hatte wie ein neugieriges, prachtvolles Tier gehandelt, mit einem gewissen Mitleid mit diesem Mann, einer gewissen Verachtung für die Armseligkeit dessen, was ihrer Liebe zu Risso hinzugefügt wurde. Und als sie nach Santa Maria zurückkam, zog sie es vor, bis zum Vorabend eines Donnerstags zu warten – denn donnerstags ging Risso nicht in die Zeitung –, bis zu einer zeitlosen Nacht, bis zu einem Morgengrauen, das mit den fünfundzwanzig erlebten identisch war.

Sie begann es ihm zu erzählen, bevor sie sich entkleidete, mit dem Stolz und der Zärtlichkeit, einfach eine neue Liebkosung erfunden zu haben. Er stützte sich in Hemdsärmeln auf den Tisch, hatte die Augen geschlossen und lächelte. Dann ließ er sie sich ganz entkleiden und bat sie, die Geschichte zu wiederholen, nun stehend, wobei sie sich barfuß auf dem Teppich bewegte, fast ohne die Stellung zu wechseln, ihm den Rücken zuwendend und den Körper im Gleichgewicht haltend, indem sie das Gewicht von einem Bein auf das andere verlagerte. Manchmal sah sie auch das lange, schwitzende Gesicht Rissos, den schweren Körper, der sich auf den Tisch stützte, mit den Schultern das Glas Wein beschützend, und manchmal stellte sie sich das flüchtig vor, im Eifer, ja genau zu berichten, in der Freude, diese merkwürdig intensive Liebe, die sie in El Rosario zu Risso gespürt hatte, nochmals zu erleben, neben einem Mann mit vergessenem Gesicht, neben niemandem, neben Risso.

»Gut, und jetzt ziehst du dich wieder an«, sagte er mit derselben erstaunten und rauhen Stimme, die immer wieder gesagt hatte, daß alles möglich sei, daß alles für sie sein würde. Sie prüfte sein Lächeln und zog sich wieder an. Eine Zeitlang betrachteten beide die Muster der Tischdecke, die Flecken, den Aschenbecher, worauf ein Vogel mit abgebrochenem Schnabel stand. Dann kleidete er sich ganz an und ging weg; er gab den Donnerstag, seinen freien Tag, dazu her, mit dem Doktor Guiñazú zu reden und ihn zu überzeugen, wie dringend die Scheidung sei, und er spottete von vornherein über Versöhnungsversuche.

Dann kam eine lange, schlimme Zeit, in der Risso Gracia wieder haben wollte und er gleichzeitig Pein und Ekel einer vorstellbaren Wiederbegegnung haßte. Dann entschied er: er brauchte Gracia, und jetzt ein wenig mehr als früher. Die Versöhnung war notwendig und er bereit, jeden Preis dafür zu zahlen, vorausgesetzt, der Wille würde nicht eingreifen, vorausgesetzt, es wäre möglich, sie in den Nächten wieder zu haben, ohne zuzustimmen, auch nicht durch sein Schweigen. Er verbrachte die Donnerstage wieder mit Spaziergängen, mit der Tochter, und hörte sich die Liste erfüllter Weissagungen an, die die Großmutter nach Tisch wiederholte. Er hatte heimlich unbestimmte Nachrichten von Gracia; er begann sie sich als eine unbekannte Frau vorzustellen, deren Gebärden und Reaktionen erraten oder abgeleitet werden mußten, als eine behütete einsame Frau unter anderen Menschen, an verschiedenen Orten; eine Frau, die ihm vorherbestimmt war und die er würde lieben müssen – vielleicht seit der ersten Begegnung.

Fast einen Monat nach Beginn der Trennung teilte Gracia einander widersprechende Anschriften aus und verschwand aus Santa Maria.

»Seien Sie unbesorgt«, sagte Guiñazú. »Ich kenne die Frauen gut und habe etwas Ähnliches erwartet. Das ist böswilliges Verlassen, und es vereinfacht die Sache sehr, die jetzt auch nicht mehr durch Verzögerungstaktiken betroffen werden kann – das macht nur das Unrecht der beklagten Partei deutlicher.«

Es war ein feuchter Frühlingsbeginn, und manche Nacht kam Risso aus der Zeitung, dem Café gegangen und gab dem

Regen Namen, erneuerte seine Qual, als bliese er in eine Glut,
schob sie von sich, um sie besser sehen zu können, unglaublich, und er dachte an nie erlebte Liebesnächte, um sich gleich
darauf an sie mit verzweifelter Gier zu erinnern.

Risso hatte, ohne sie anzusehen, die drei letzten Botschaften
zerstört. Er hockte nun, und für immer, in der Zeitung und in
der Pension, wie ein kleines Raubtier in seinem Bau, wie ein
Tier, das die Schüsse der Jäger vor dem Eingang seines Unter-
schlupfs hallen hört. Er konnte sich nur vor dem Tode retten
und vor dem Gedanken an den Tod, wenn er sich zur Ruhe
zwang, als wisse er nichts. Geduckt bewegte er Schnurrbart
und Schnauze wie Beine; er konnte nur darauf hoffen, daß sich
die ihm fremde Wut erschöpfte. Er erlaubte sich weder Worte
noch Gedanken, sah sich aber doch gezwungen, langsam zu
begreifen: die Gracia, die Männer und Stellungen für die Fotos
aussuchte und wählte, verschmolz mit dem Mädchen, das
viele Monate vorher Kleider, Gespräche, Schminke, Zärtlich-
keiten für seine Tochter sich ausgedacht hatte, um einen trostlosen Witwer zu erobern, diesen Mann, der einen mageren
Lohn verdiente und der den Frauen nur ein erstauntes, treues
Unverständnis bieten konnte.

Er hatte endlich angefangen zu glauben, daß das Mädchen,
das ihm lange, übersteigerte Briefe während der kurzen som-
merlichen Trennung in der Brautzeit geschrieben hatte, dieselbe Frau war, die seine Verzweiflung und Vernichtung
wollte, wenn sie ihm die Fotografien schickte. Und endlich
dachte er, daß der Liebende, der obstinat und trostlos im Bett
den unheilvollen Geruch des Todes eingeatmet hat, dazu verdammt ist, für sich und für sie nach Vernichtung, nach dem
endgültigen Frieden im Nichts zu verlangen.

Er dachte an das Mädchen, das am Arm zweier Freundinnen
an den Nachmittagen auf der Rambla spazierengegangen war,
in weiten bunten Kleidern aus steifem Stoff, die die Erinnerung
erfand und aufzwang; an das Mädchen, das durch die Ouver-
türe des »Barbiers« ging, die das sonntägliche Konzert der
Musikkapelle abschloß, und das ihn eine Sekunde lang ansah.

Er dachte an den Blitz: ein wilder Ausdruck, womit sie um sich
sah, Anerbieten und Herausforderung; womit sie ihm gerade
die fast männliche Schönheit eines nachdenklichen, großflä-
chigen Gesichtes zeigte; womit sie ihn, den durch sein Witwer-
tum einfältig Gewordenen, auswählte. Und nach und nach gab
er zu, daß dies dieselbe nackte Frau war, etwas dicker nun, mit
dem Anschein einer gewissen Gelassenheit und Vernunft, die
ihm aus Lima, Santiago und Buenos Aires Fotografien schickte.

Die nächste Fotografie kam aus Montevideo, aber weder in die
Zeitung noch in die Pension. Und er bekam sie nicht zu
Gesicht. Er ging eines Nachts aus dem »Liberal«, als er den lah-
men Schritt des alten Lanza hörte, der ihn auf der Treppe verfolgte, und er hörte hinter sich den schütternden Husten, die
unschuldige, heuchelnde Phrase der Einleitung. Sie gingen ins
»Baviera« essen; und Risso hätte nachher schwören können,
daß der verkommene, kranke Mann, der nach Tisch eine
feuchte Zigarette in den eingefallenen Mund steckte und wieder herausnahm, der ihm nicht in die Augen schauen wollte,
der einleuchtende Kommentare über die Nachrichten rezitierte, die die UP der Zeitung während des Tages übermittelt
hatte, von Gracia voll war, oder vom verrückten, absurden
Aroma, das Liebe ausströmt.

»Von Mann zu Mann«, sagte Lanza resigniert. »Oder von
einem Alten, der im Leben nicht mehr Glück hat als das zweifelhafte Glück weiterzuleben. Von einem Alten zu Ihnen; und
ich weiß nicht, wer Sie sind, denn das kann man nie wissen. Ich
weiß ein paar Tatsachen und habe Kommentare darüber gehört. Aber ich habe kein Interesse mehr, meine Zeit mit Glauben oder Zweifeln zu verlieren. Es bleibt sich gleich. Jeden
Morgen stelle ich fest, daß ich noch lebe, ohne Bitterkeit, ohne
mich zu bedanken. Ich schleife durch Santa Maria und durch
die Redaktionen ein krankes Bein nach, und die Arterioskle-
rose; ich erinnere mich an Spanien, korrigiere die Abzüge,
schreibe, und manchmal rede ich zuviel. Wie heute abend. Ich
erhielt eine dreckige Fotografie; der Absender steht außer

Zweifel. Auch kann ich nicht erraten, weshalb man gerade mich aussuchte. Auf der Rückseite steht: ›Für die Sammlung Risso‹, oder etwas Ähnliches. Ich glaubte schließlich, es sei das Beste, es Ihnen zu sagen, denn mir so etwas zu schicken, ist Wahnsinn ohne mildernde Umstände, und vielleicht tut es Ihnen gut zu wissen, daß sie wahnsinnig ist. Jetzt wissen Sie es; ich ersuche Sie nur um die Erlaubnis, das Foto zu zerreißen, ohne daß ich es Ihnen zeige.«

Risso sagte ja und begriff in der Nacht, als er bis zum Morgen das Licht der Straßenlampe an der Zimmerdecke sah, daß das zweite Unglück, die Rache, dem Wesen nach weniger schwer war als das erste, der Verrat, aber auch viel unerträglicher. Er fühlte seinen langen Körper wie einen freiliegenden Nerv, ausgesetzt, ohne Erleichterung finden zu können.

Die vierte, nicht an ihn gerichtete Fotografie warf ihm die Großmutter seiner Tochter am folgenden Donnerstag auf den Tisch. Das Mädchen hatte sich schlafen gelegt, und das Foto war wieder im Umschlag. Er fiel zwischen Siphonflasche und die Schüssel mit dem Obstmus, lang, schräg, vom Widerschein einer Flasche verfärbt, und zeigte enthusiastische Buchstaben in blauer Tinte.

»Du wirst begreifen, daß nach dem da...«, stammelte die Großmutter. Sie rührte im Kaffee und betrachtete das Gesicht Rissos, suchte in seinem Profil das Geheimnis, weshalb die Welt so schmutzig war, weshalb ihre Tochter gestorben war, sie suchte nach Erklärung für so vieles, das sie geahnt hatte, ohne den Mut zu haben, daran zu glauben. »Du wirst begreifen...«, wiederholte sie wütend, mit der komischen gealterten Stimme.

Aber sie wußte nicht, was zu begreifen war, und Risso begriff es auch nicht, auch wenn er sich anstrengte, und er sah den Umschlag an, der vor ihm lag, mit einer Ecke am Tellerrand. Draußen war die Nacht schwer, und die offenen Fenster der Stadt mischten das milchige Geheimnis des Himmels mit den Geheimnissen der Menschenleben, ihrer Begierden, ihrer Gewohnheiten. Risso wälzte sich auf dem Bett und glaubte, er beginne zu begreifen, und das Begreifen ging in ihm wie eine Krankheit vor sich, wie ein Wohlergehen, frei von Willen und Intelligenz. Es geschah einfach: von der Berührung der Füße mit den Schuhen bis zu den Tränen, die ihm auf Wangen und Hals fielen. Das Begreifen geschah in ihm, und es lag ihm nichts daran zu wissen, was es war, das er da begriff, während er sich erinnerte oder sein Weinen sah und seine Ruhe, den langen, passiven Körper auf dem Bett, die Krümmung der Wolken im Fenster, alte und zukünftige Szenen. Er sah den Tod und die Freundschaft mit dem Tod, die stolze Verachtung von Regeln, die alle Menschen einhellig beachteten; er war verblüfft über seine Freiheit. Er zerriß die Fotografie über der Brust, ohne die Augen vom weißen Schein der Fenster abzuwenden, langsam und geschickt; er fürchtete, Lärm zu machen. Er fühlte dann die Bewegung eines neuen Lufthauchs, der das Zimmer erfüllte und sich mit unerfahrener Trägheit durch Straßen und überraschte Gebäude zog, um ihn zu erwarten und ihn morgen und die folgenden Tage zu beschützen.

Er lernte bis zum Morgengrauen (wie Städte, die ihm unerreichbar erschienen waren) die Selbstlosigkeit kennen, das Glück ohne Grund, die Annahme der Einsamkeit. Und als er zu Mittag erwachte, als er sich die Krawatte lockerte und die Armbanduhr, während er schwitzend gegen den fauligen Gewittergeruch im Fenster anging, überkam ihn zum erstenmal väterliche Zärtlichkeit für die Menschen und das, was Menschen getan und erbaut hatten. Er war entschlossen, die Adresse Gracias herauszufinden, sie anzurufen oder zu ihr zu fahren, um mit ihr zu leben.

Diese Nacht war er in der Zeitung ein langsamer, glücklicher Mann; er handelte ungeschickt wie ein Neugeborenes, erfüllte sein Seitenpensum mit der Zerstreutheit und den Irrtümern, die man im allgemeinen einem Fremden verzeiht. Die große Nachricht: Ribereña konnte in San Isidro unmöglich das Rennen bestreiten, denn wir sind in der Lage, unsere Leser darüber zu informieren, daß die Hoffnung des Rennstalls El Gorrión heute früh Schmerzen in einer Vorhand zeigte und sich eine

Sehnenscheidenentzündung herausstellte; es zeigt sich klar, daß das Pferd sehr darunter leidet...

»Wenn ich denke, daß er die Sparte ›Pferderennen‹ machte«, sagte Lanza, »dann versucht man sich diese Verwirrung zu erklären und kann sie mit der eines Mannes vergleichen, der sein Gehalt auf eine Angabe hin verspielt, die ihm Trainer, Jokkey, der Besitzer und das Pferd selber geben und bestätigen. Denn wenn er auch, soweit man weiß, die besten Motive dafür hatte, zu leiden und ohne weiteres alle Schlafmittel aller Apotheken von Santa Maria zu schlucken – was er mir eine halbe Stunde, bevor er es tat, zeigte –, es war nichts als das Räsonnement und die Haltung eines betrogenen Mannes. Ein Mann, der sicher gewesen war und gerettet, und der es plötzlich nicht mehr ist, und der sich nicht erklären kann, wie das sein konnte, welcher Rechenfehler den Zusammenbruch herbeigeführt hat. Denn in keinem Augenblick nannte er die Stute ›Stute‹, die diese niederträchtigen Fotografien in der ganzen Stadt verteilte, und er wollte nicht einmal über die Brücke gehen, die ich ihm baute. Ich suggerierte ihm, ohne daran zu glauben, die Möglichkeit, daß die Stute – nackt und sich aufbäumend, wie sie sich gern in der Öffentlichkeit präsentierte, oder auf der Bühne Eierstockprobleme anderer Stuten, die durch das Welttheater berühmt geworden sind, zärtlich besprechend – daß sie völlig verrückt sei. Er habe sich geirrt, nicht als er sie heiratete, sondern in einem anderen Augenblick, den er nicht nennen wollte. Er sei schuld – unsere Unterredung war unglaublich und erschreckend! Denn er hatte mir bereits gesagt, er werde sich umbringen, und hatte mich überzeugt, es sei unnütz und auch grotesk und noch einmal unnütz, zu argumentieren, um ihn zu retten. Und er redete kalt mit mir und akzeptierte mein Flehen nicht, er möge sich betrinken. Er habe sich geirrt, darauf bestand er, und nicht die verdammte Hure, die die Fotografie dem jungen Mädchen schickte, zu den Schulschwestern. Vielleicht dachte sie, die Schwester Oberin würde den Umschlag öffnen, vielleicht wünschte sie, daß der Umschlag unberührt in die Hände der Tochter Rissos käme, und war diesmal sicher, Risso an der Stelle zu treffen, wo er wirklich verwundbar war.«

Aus dem Spanischen von Wilhelm Muster

ALBERTO MORAVIA

Lady Godiva

Mein Mann idealisierte mich, was mir gar nicht angenehm war, im Gegenteil, es war mir, ehrlich gesagt, höchst lästig. Zugegeben, ich bin eine anziehende, vielleicht sogar schöne Frau. Ich bin zwar klein von Gestalt, aber ich habe einen durchtrainierten, energiegeladenen Körper, tiefblaue Augen, die meinem viereckigen Gesicht einen sanften Reiz verleihen, und blondes, dichtes Haar. Aber welche Frau ist mit fünfundzwanzig Jahren nicht anziehend? Zugegeben ferner, ich bin eine passionierte Sportlerin, eine gute Schwimmerin, eine überdurchschnittliche Reiterin, eine geübte Skifahrerin, aber ich bin da nicht die einzige, eine sportliche Frau ist heute eine Alltäglichkeit. Doch in den Augen meines Mannes war ich etwas Seltenes, eine Ausnahme. In seinem blöden Hirn verschmolzen mein ansprechendes Äußeres und meine sportlichen Fähigkeiten zu einem Idealbild, in dem ich mich absolut nicht wiedererkannte.

Außerdem müßte in einer Ehe alles auf Gegenseitigkeit beruhen, auch die Idealisierung. Aber während mein Mann mich idealisierte, idealisierte ich ihn nicht im geringsten. Ich sah ihn so, wie er war. Und er war von unglücklichem Äußeren (er hatte etwas von einem Küster an sich: ein fettes, salbungsvolles Gesicht, ein törichtes Lächeln, zudem war er kurzsichtig wie ein Maulwurf), er war ein Versager in seinen sogenannten Studien (etruskische Archäologie und Psychoanalyse, seit Jahren kritzelte er herum, ohne daß etwas dabei herausgekommen wäre), war erblich belastet (er stammte aus einer alten Familie von niedrigem Adel in den Maremmen, in der es von Eigenbrötlern, Sonderlingen und Verrückten nur so wimmelte).

Manchmal, wenn er mir zu sehr auf die Nerven ging, schrie ich ihm die Wahrheit ins Gesicht: »Weißt du, warum du mich nicht so siehst, wie ich bin? Warum du mich idealisierst? Weil du auf deinen Gütern nur von deren Erträgen lebst und nichts arbeitest. Weil du den ganzen Tag müßig gehst und der Müßiggang schließlich stets zum Verlust des Wirklichkeitssinnes führt, zur Morbidität. Jawohl, denn es ist etwas Morbides, Krankhaftes in deiner Art, mich zu sehen. Ich bin nicht das, wofür du mich hältst. Ich bin eine sportliche, junge, schicke Frau, das ist alles. Du sollst auch meinen Charakter nicht idealisieren: Da ich arm war und reich werden wollte, habe ich dich aus Berechnung geheiratet, ohne dich zu lieben. Verstehst du?«

Ist es zu fassen? Meine brutale Aufrichtigkeit machte keinen wie immer gearteten Eindruck auf ihn! Er sagte bloß, ihm komme es weniger darauf an, geliebt zu werden als zu lieben. In seinem Liebestaumel ging er zuweilen sogar so weit, sich mir zu Füßen zu werfen und meine Reitstiefel zu küssen, die ich zur lederbesetzten Hose und zur karierten Bluse üblicherweise auf dem Lande trage, also fast immer.

Lady Godiva! Dauernd lag mir mein Mann mit der Sage von der adeligen Dame aus vergangenen Jahrhunderten in den Ohren: Um ihre Bauern von der drückenden Steuerlast zu befreien, die ihr Gemahl ihnen auferlegte, nahm sie die ihr von ihm gestellte Bedingung an und ritt, nur mit ihren Haaren bekleidet, durch die Straßen von Coventry. Mein Mann behauptete, daß ich ihr völlig gliche, da ich mich dank meines kleinen Wuchses und meiner enormen Haarfülle wie Lady Godiva in mein Haar einhüllen könnte. Er verstieg sich sogar, mich in zärtlichen Augenblicken Godiva zu nennen, statt Paola, wie ich wirklich heiße. Eine solche Ähnlichkeit aber gab es gar nicht. Ich bin weder adeliger Abstammung (mein Vater war Bahnwärter), noch hatte ich je Sympathien für die Bauern: ich kenne sie zu gut. Auch bin ich absolut keine Exhibitionistin, nicht im geringsten. Denn es kann mir niemand ausreden, daß diese Lady Geschmack daran fand, sich nackt zu Roß zu zeigen.

Die Lady Godiva wurde für meinen Mann zu einer Zwangsvorstellung, von der er sich nicht loslösen konnte, weil er, wie gesagt, im Müßiggang lebte und den ganzen Tag Zeit hatte, über seine Narreteien zu grübeln. Schließlich machte er mir den Vorschlag, ich sollte ihm zu Gefallen einmal vollkommen nackt ein Pferd besteigen, ganz langsam um den Platz vor unserer Villa reiten und mich dabei von ihm bewundern lassen. All dies womöglich des Nachts bei Vollmond. Der Vorschlag eines Irren, zögernd hervorgestammelt mit einem verlorenen Lächeln und einem unbeschreiblichen Aufleuchten der Augen hinter den dicken Brillengläsern. Wir saßen zu Tisch, und ich sagte ihm prompt und empört ins Gesicht, was ich von der Sache dachte: »Weißt du, was deine fixe Idee, mich die Lady Godiva spielen zu lassen, bedeutet? Daß du ein Voyeur bist! Jawohl, ein Voyeur, meinetwegen von besonderer Art, aber ein Voyeur.«

Er zuckte mit keiner Wimper. Was das Einstecken von Hieben betrifft, war er ein wahrer Dickhäuter. Wenige Tage später ging er wieder zum Angriff über, wobei er diesmal an meiner schwachen Stelle ansetzte, meiner Pferdeleidenschaft. Mit seinem üblichen Gestammel, seinem üblichen verlorenen Lächeln und seinem üblichen Leuchten in den Augen sagte er, wenn ich vor ihm wie Lady Godiva auf dem Pferd paradierte, werde er mir ein ungarisches Vollblut schenken, das wir zusammen vor einem Monat während einer Ungarnreise in einem berühmten Gestüt gesehen hatten. Es kostete fünfzigtausend Forint, also eine runde Million Lire. Ein guter Preis für einen kleinen Spazierritt im Mondenschein. So willigte ich ein, wenn auch verärgert und widerwillig.

Wir fuhren wieder nach Ungarn, zu dem zweihundert Kilometer von Budapest entfernten Gestüt. Mein Herz schlug höher, als ich die kahle Ebene unter dem unendlichen Himmel wiedersah, die Spitzen der Lattenzäune der Reitbahnen und die langgestreckten Stallungen mit ihren vielen Luken. Bebend vor Freude betrat ich einen der Ställe, diesmal nicht mehr als Besucherin, sondern als Käuferin. Und als Käuferin prüfte ich, den wunderbaren Geruch nach frischem Mist, nach Stroh, Leder und Hafer einatmend, eines der herrlichen Pferde nach dem anderen, die nebeneinander in den Boxen standen, die Köpfe über den Futterkrippen, die Schwänze uns zugekehrt. Atemberaubende Pferde, Feuerfüchse, Apfelschimmel, Rappen, Schimmel. Ich tat, als prüfte ich sie einzeln, in meinem Herzen aber hatte ich die Wahl schon beim vorangegangenen Besuch getroffen: sie fiel auf einen fünfjährigen Hengst mit Goldreflexen im weißen Seidenfell, mit einem langen wehenden Schwanz und einer langen, dichten champagnerfarbenen Mähne. Mit eigenartigen, fast roten Augen, als wäre er ein Albino. Als ich das Pferd probeweise ritt, kam ich immer wieder an meinem Mann vorbei. Klein war ich, ganz klein, auf diesem mächtigen Pferd, und zum erstenmal störte mich der verzückte Ausdruck meines Mannes, wenn er mich anblickte, nicht mehr. So groß war meine Freude, daß ich fast meinte, ihn zu lieben, oder zumindest glauben konnte, seine seltsame Art, mich zu lieben, sei richtig und erträglich.

Genug, wir kehrten nach Italien zurück. Der Hengst traf aus Ungarn ein, mein Mann sagte kein Wort, aber ich wußte, daß er ungeduldig auf die Vollmondnacht wartete, in der ich ein paar Minuten lang seine Traumvision eines intellektuellen Voyeurs erfüllen würde. Ich war boshaft genug, jede Anspielung auf mein Versprechen zu vermeiden, es machte mir Spaß, ihn an der Longe zu lassen. Meine Leidenschaft für das ungarische Vollblut wurde unwiderstehlich. Heimlich schlich ich mich immer wieder in den Stall, versperrte die Türen und stand in verzückter Betrachtung vor dem Hengst in seiner Box. Ich sah ihn an, weil er schön war, vor allem aber, weil ich den Sinn seiner Schönheit ergründen wollte, die mich geradezu betörte. Aber es gelang mir nicht.

Der Mond am klaren Junihimmel war zuerst ein krummer Rand, dann eine Sichel, dann eine angenagte Scheibe und schließlich, in seiner ganzen Fülle, eine silbern leuchtende Scheibe. So kam der Abend, an dem wir uns auf den in weißes Mondlicht getauchten Vorplatz begaben. Die Fassade der Villa war voll erhellt, die Steineichen und Zypressen rings um den Platz standen dunkel und reglos. Ich sagte zu meinem Mann, er möge auf mich warten, ich würde jetzt das Pferd holen und im Kreis um den Platz reiten, nur in mein Haar gehüllt wie seine Lady Godiva. Er nickte und sah dabei noch alberner und verwirrter aus als sonst. Ich ging in den Stall und näherte mich der Box des ungarischen Hengstes. Als ich mich anschickte, ihn zu satteln und aus dem Stall zu führen, geriet ich bei seinem Anblick in neuerliches Entzücken, ich konnte seine Schönheit kaum fassen. Und während ich mich an dem hellen Blond der Mähne und des Schwanzes, an dem Weiß der glatten und gespannten Kruppe, an der anmutigen und eleganten Kraft der im Sprunggelenk leicht eingebogenen stämmigen Beine nicht satt sehen konnte und beim Anblick des Hengstes ganz vergaß, wozu ich zu so ungewöhnlicher Stunde gekommen war, wurde mir plötzlich bewußt, daß ich mit dem Pferd das machte, was mein Mann mit mir machte: ich idealisierte es, verwandelte es in ein Traumwesen. Auch ich war also nicht der praktisch und vernünftig denkende Mensch, der zu sein ich immer vorgegeben hatte. Auch ich war eine Verrückte wie mein Mann.

Dieser Gedanke bringt mich in zähneknirschende Wut. Mit einer Willensanstrengung, die mir fast Qual bereitet, nehme ich den Sattel vom Haken, lege ihn aufs Pferd. Entkleide mich. Ziehe die Bluse aus, die Hose, die anderen Kleidungsstücke, behalte nur die Stiefel an. Nun zu den Haaren. Ich trage das Haar in einem riesigen Knoten. Ich löse ihn, die Haare fallen herab, reichen mir bis zu den Hüften. Der Hengst, möglicherweise durch diese Vorbereitungen erregt, wendet den Kopf und blickt mich an, und als ich mich ihm nackt und gestiefelt nähere, stößt er ein anhaltendes und seltsames Gewieher aus, als wollte er sagen: »Auch du bist schön.« Ich binde ihn los, führe ihn an den Zügeln aus dem Stall, auf den Vorplatz hinaus.

Mein Mann steht immer noch in der Mitte des Vorplatzes, albern und verwirrt. Langsam gehe ich, das Pferd an den Zügeln führend, auf ihn zu. Das Mondlicht überflutet mich. Einen Augenblick empfinde ich sogar Scham. Aber was liegt daran? Schließlich ist es mein Mann, der mich sieht. Ich gebe ihm die Zügel zu halten, springe mit einem Satz aufs Pferd und beginne langsam, im Kreis um den Platz zu reiten. Das Pferd ist zuerst störrisch, nervös, bäumt sich kurz auf, vollführt eine Volte. Ich versuche, es zu beruhigen, indem ich das Geräusch eines Kusses nachmache, ihm leicht mit der Hand auf den Hals schlage. Schließlich gelingt es mir, ihn in Trab zu bringen, er ist aber immer noch merkwürdig unruhig, als führe er etwas im Schilde. Ich reite weiter um den Vorplatz herum. Mein Mann steht weiter in der Mitte und dreht sich mit, um mich im Blick zu haben, während ich im Kreis reite. Über meinen Rücken ergießt sich das Haar auf den Sattel. Vorne fallen mir zwei parallele Haarwellen auf den Busen und bedecken meinen Bauch. Ich ziehe einen Kreis, dann einen zweiten, dann einen dritten, immer im gleichen langsamen Trab, wie bei einer Parade. Mit einemmal merke ich, daß der Hengst die Kreise um meinen Mann immer enger zieht, den Wirbeln eines Wasserstrudels gleich, die seinem Zentrum zustreben. Ich versuche, die Richtung des Pferdes zu korrigieren, glaube auch schon, daß es mir gelungen ist. Bei der siebenten Runde bin ich meinem Mann so gefährlich nahe gekommen, daß ich ihn fast mit der Stiefelspitze streife. Ich ziehe die Zügel straff an, um von ihm fortzugelangen, aber gerade in diesem Augenblick sträubt sich das Pferd, stellt sich auf die Hinterbeine, richtet sich immer höher auf, scheint sich einen endlosen Moment lang riesengroß, fast senkrecht zu erheben und läßt sich sodann mit seinem ganzen Gewicht auf meinen Mann fallen, der nicht rasch genug ausweichen kann. Es gelingt mir sofort und zu meiner Verwunderung verhältnismäßig leicht, den Hengst zu bändigen. Und da begreife ich: Der Hengst hatte gewiß das verhängnisvolle Sichaufbäumen schon von dem Augenblick an im Sinne gehabt, als ich ihn aus dem Stall führte. Jetzt, da mein Mann regungslos mitten auf dem Vorplatz liegt, hat sich der Hengst, nach erreichtem Ziel, beruhigt. Er stampft leicht auf und scharrt mit dem Huf im Kies.

Aus dem Italienischen von Piero und Peter A. Rismondo

CHARLES BUKOWSKI

Gottesanbeterin

»Angel's View Hotel«. Marty gab dem Mann an der Rezeption
das Geld, nahm den Schlüssel an sich und ging die Treppe
hoch. Draußen war es schon dunkel, und Marty war in keiner
guten Stimmung. Zimmer 222. Was hatte das zu bedeuten? Er
ging rein und knipste das Licht an. Kakerlaken krochen unter
die Tapete und nagten und raschelten und kauten. Es gab ein
Telefon im Zimmer, ein Münztelefon. Er warf 10 Cent ein und
wählte ihre Nummer. Sie meldete sich. »Toni?« fragte er.

»Ja, hier ist Toni…«

»Toni, ich dreh durch.«

»Ich hab doch gesagt, ich treff mich mit dir. Wo bist du
jetzt?«

»Im Angel View, Sechste und Coronado, Zimmer 222.«

»In zwei Stunden, okay?«

»Kannst du nicht gleich kommen?«

»Hör mal, ich muß die Kinder rüber zu Carl bringen, und
anschließend will ich bei Jeff und Helen vorbeischauen, wir
haben uns schon Jahre nicht mehr gesehen…«

»Herrgott, Toni, ich liebe dich! Ich will dich *jetzt* sehen!«

»Vielleicht könntest du dich von deiner Frau endlich mal
scheiden lassen…«

»Diese Dinge brauchen *Zeit*.«

»Ich sehe dich in zwei Stunden, Marty.«

»Hör zu, Toni…«

Sie legte auf.

Marty ging zum Bett und setzte sich auf die Kante. Diese
Affäre würde seine letzte sein. Es schlauchte ihn einfach zu

sehr. Frauen waren stärker als Männer. Sie wußten immer den richtigen Dreh. Ihm fiel nie einer ein.

Es klopfte an die Tür. Er ging hin und machte auf. Es war eine Blondine von Mitte dreißig in einem ausgefransten blauen Hauskleid. Ihr Lidschatten war sehr violett, ihre Lippen waren stark geschminkt. Sie roch leicht nach Gin.

»Sagen Sie, es macht Ihnen doch nichts aus, wenn ich meinen Fernseher laufen lasse, oder?«

»Nein, schon gut. Machen Sie nur.«

»Der Kerl, der vor Ihnen das Zimmer hatte, war irgendwie nicht ganz dicht. Kaum hatte ich den Fernseher an, da fing er schon an, gegen die Wand zu hämmern.«

»Mir macht es nichts aus, wenn Ihr Fernseher läuft.« Er schloß die Tür. Er fischte seine vorletzte Zigarette aus der Packung und zündete sie an. Diese Toni. Wenn er doch nur von ihr loskäme. Wieder klopfte es an die Tür. Es war noch einmal die Blondine. Ihre Augen waren fast so violett wie der Lidschatten. Es war kaum vorstellbar, aber es sah aus, als hätte sie noch eine weitere Schicht Lippenstift aufgetragen.

»Ja?« sagte Marty.

»Wissen Sie, was bei den Gottesanbeterinnen das Weibchen tut, wenn sie am Machen sind?«

»Was am Machen?«

»Ficken.«

»Was tut sie denn?«

»Sie beißt ihm den Kopf ab. Während sie's machen, beißt sie ihm den Kopf ab. Na ja, ich schätze, es gibt noch schlimmere Arten, wie man sterben kann – meinen Sie nicht?«

»Yeah«, sagte Marty. »Krebs, zum Beispiel.«

Die Blondine kam herein und machte die Tür hinter sich zu. Sie ging zum einzigen Sessel im Zimmer und setzte sich. Marty setzte sich aufs Bett. »Hat es Sie erregt, als ich ›ficken‹ sagte?« wollte sie wissen.

»Ein bißchen, ja.«

Sie stand auf, kam zu ihm ans Bett, beugte sich herunter, bis ihr Gesicht dicht vor seinem war, und sah ihm in die Augen.

»*Ficken, ficken, ficken*!« sagte sie. Sie kam noch etwas näher und sagte es noch einmal: »FICKEN!« Dann ging sie zurück zum Sessel und setzte sich wieder.

»Wie heißen Sie?« fragte Marty.

»Lilly. Lilly LaVell. Ich war mal Stripperin im Burbank.«

»Ich bin Marty Evans. Freut mich, Sie kennenzulernen.«

»*Ficken*«, sagte sie langsam und mit Nachdruck. Sie ließ ihre Zungenspitze zwischen den geöffneten Lippen sehen.

»Sie können Ihren Fernseher jederzeit anstellen«, sagte Marty.

»Kennen Sie das von der Schwarzen Witwe?«

»Ich weiß nicht.«

»Na, dann sag ich's Ihnen. Wenn sie damit fertig sind – mit dem *Ficken* –, frißt sie ihn bei lebendigem Leib.«

»Oh«, sagte Marty.

»Aber es gibt auch noch schlimmere Arten, wie man sterben kann, meinen Sie nicht?«

»Sicher. Zum Beispiel an Lepra.«

Die Blondine stand auf und ging im Zimmer auf und ab. »Neulich abends war ich auf dem Freeway unterwegs, ich hatte einiges getrunken, und aus dem Autoradio kam ein Hornkonzert von Mozart, das ging mir richtig durch und durch. Da fahr ich mit hundertvierzig Sachen durch die Gegend und lenke mit den Ellbogen und hör mir dieses Hornkonzert an – können Sie das glauben?«

»Sicher. Ich glaub's Ihnen.«

Lilly blieb stehen und schaute Marty an. »Glauben Sie auch, daß ich ihn in den Mund nehmen und Sachen mit Ihnen machen kann, die noch kein Mann erlebt hat?«

»Tja, ich weiß nicht recht, was ich glauben soll.«

»Na, ich kann's aber. Ich kann's...«

»Ich finde Sie ganz nett, Lilly, aber ich treffe mich hier in einer Stunde mit meiner Freundin.«

»Na, dann bring ich Sie schon mal in Schwung für sie.«

Lilly ging zu ihm hin, zog ihm den Reißverschluß auf und holte seinen Penis aus dem Schlitz der Unterhose.

»Oh, ist der niedlich!«

Sie feuchtete ihren rechten Mittelfinger an und rieb ihm damit an der Eichel herum.

»Aber er ist ganz violett!«

»Genau wie dein Lidschatten…«

»Oh, er wird ja so groß!«

Marty lachte. Eine Kakerlake kroch hinter der Tapete hervor und peilte die Lage. Eine zweite folgte ihr. Sie ließen ihre Fühler kreisen. Plötzlich stülpte Lilly ihre Lippen über seinen Penis und begann zu saugen. Ihre Zunge war fast so rauh wie Sandpapier und schien die richtigen Stellen zu kennen. Marty schaute auf sie herunter und wurde sehr erregt. Er wühlte mit beiden Händen in ihrem Haar und gab gepreßte Laute von sich. Dann biß sie plötzlich zu. Der Schmerz war so fürchterlich, als beiße sie ihm das Glied mitten durch. Sie zuckte jäh mit dem Kopf nach oben, ohne mit den Zähnen locker zu lassen, und riß ihm ein Stück von der Eichel ab. Brüllend vor Schmerz wälzte sich Marty auf dem Bett hin und her. Die Blondine stand auf und spuckte aus. Blut und Fleischfetzen klatschten auf den Teppich. Dann ging sie aus der Tür, machte sie hinter sich zu und war verschwunden.

Marty zerrte den Bezug vom Kopfkissen und hielt ihn an seinen Penis. Er hatte Angst, nach unten zu schauen. Er spürte seinen hämmernden Puls im ganzen Körper. Vor allem da unten. Er merkte, wie sich das Blut durch den Kopfkissenbezug drückte. In diesem Augenblick klingelte das Telefon.

Es gelang ihm, vom Bett aufzustehen, an den Apparat zu gehen und den Hörer abzunehmen. »Yeh?« »Marty?« »Yeh?« »Hier ist Toni.« »Ja, Toni…« »Du klingst so komisch…« »Ja, Toni…« »Ist das alles, was du sagen kannst? Ich bin jetzt bei Jeff und Helen. Ich komm dann so in einer Stunde.« »Ja, gut.« »Sag mal, was ist denn mit dir? Ich dachte, du liebst mich?« »Ich weiß nicht mehr so recht, Toni…« »Ach, dann rutsch mir doch den Buckel runter!« sagte sie wütend und legte auf.

Marty tastete seine Taschen nach einem 10-Cent-Stück ab, fand eines und steckte es in den Schlitz. »Vermittlung? Ich brauche einen Krankenwagen. Kann auch ein privates Unternehmen sein, aber es muß schnell gehen. Ich glaube, ich verblute...«

»Haben Sie schon mit Ihrem Arzt gesprochen, Sir?«

»Hören Sie, besorgen Sie mir *bitte* einen Krankenwagen!«

Im Zimmer nebenan saß die Blondine vor ihrem Fernseher. Sie beugte sich vor und drückte auf den Knopf. Die Dick Cavett Show fing gerade an.

Aus dem amerikanischen Englisch von Carl Weissner

MARCUS HANSMANN

Amor Fia und Eleonora

Leidenschaft ist die Lust, das Undenkbare nicht nur zu denken, sondern zu tun.

Wer der wahren Leidenschaft verfallen ist, fragt nicht nach dem Urteil des Publikums, er kostet die Dinge, die ihm und möglicherweise auch anderen Leiden verschaffen, bis zum letzten aus. Dieses Leiden, das ihm die Leidenschaft vermittelt, ist sein alleiniges und einziges Lebenselixier, ermöglicht es ihm doch den Eintritt in den exklusiven Kreis der stillen Heroen, die sich, ohne an die Folgen zu denken, über all das hinwegsetzen, was den Nächsten und Übernächsten so lieb und teuer ist.

Leidenschaft macht einsam. Der wirklich Leidenschaftliche wird selten von seinen Opfern, Jägern und Beobachtern verstanden, und er wird sich auch niemals dazu versteigen, Verständnis und Mitgefühl zu erbetteln. Doch die Einsamkeit ist sein Freiraum – und sein Gefängnis. Leidenschaft ist der Mut, in die tiefsten Abgründe und auf die höchsten Gipfel des inneren Wesens zu steigen, ohne Seil, ohne Sicherung und ohne Gefährten. Wer das wagt, der weiß, daß er an die Grenzen des Schmerzes und der Erfüllung stoßen wird und daß es ein Weg ohne Wiederkehr ist.

Die folgende Geschichte spielt in einer vergangenen, gegenwärtigen und zukünftigen Zeit, in der die Orte keine Namen tragen; sie spielt in einem Land, das hinter jeder Haustür beginnen kann…

Unter dem von alten Platanen beschatteten Haus einer geheimnisvollen Witwe, die sich von gewissen Herren gerne Eleonora von Toledo nennen ließ, befand sich ein tiefer, stickiger Keller, dessen Gemäuer von einer so heftigen Feuchtigkeit durchdrungen waren, daß man diesen Keller durchaus auch mit einem übernatürlich großen, vielseitig ausgehöhlten, nassen Schwamm hätte vergleichen können. Eleonora hatte eine merkwürdige Beziehung zu diesem Keller. Besonders nachts verbrachte sie oft Stunden in den feuchten Hallen, tief unter der Erde. Waren Gäste im Haus, so pflegte Eleonora sie stets gegen Mitternacht zu entlassen. Und immer gab sie dabei dieselbe Erklärung ab:

»Der Keller wartet auf mich. Ich habe noch viel zu tun dort unten.«

Das war alles, und ihre Gäste, die meist männlichen Geschlechts waren, hatten es zu akzeptieren.

So blieb es nicht aus, daß ihr sonderbares Verhalten regelmäßig der Gesprächsgegenstand in der Nachbarschaft und den umliegenden Dörfern war. Die einen beließen es dabei, sie zu belächeln, andere gingen dagegen so weit, sie als ein pathologisches Phänomen zu betrachten. Manche forderten sogar eine polizeiliche Untersuchung des Kellers. Dennoch schätzten zahlreiche Männer ihre Gesellschaft, nicht zuletzt wegen ihrer Liebeskünste, die sie recht freigiebig einzusetzen pflegte. Nach dem plötzlichen Tod ihres Ehegefährten vor drei Jahren war aus Eleonora eine wahrhaft liebeshungrige Witwe geworden. Viele Männer nahmen lange Reisen auf sich, um ihre Dienste in Anspruch zu nehmen. Doch niemand durfte öfter als dreimal bei ihr erscheinen. Und nicht ein Mann hatte es bislang erreicht, eine vierte Nacht von ihr geschenkt zu bekommen. Insgeheim aber wartete Eleonora auf den Mann, der sie dazu bewegen würde, weit mehr als drei oder vier Nächte zu verschenken.

Eleonora war trotz ihres zügellosen Lebens eine stolze Frau, und obgleich sich ihre Jugend bereits auf dem Rückzug befand, verfügte sie über eine unglaublich reizvolle und edle Gestalt.

Die meisten Frauen gaben vor, sie zu verachten, doch ihre wirklichen Gefühle waren eher ein Gemisch aus Furcht und Bewunderung. Eleonora verkörperte das gefährliche Geheimnis. Seit dem Tod ihres Mannes war sie durch ihren Lebenswandel in einer Gegend, in der sonst nicht viel passierte, die heimliche Attraktion geworden.

Doch es gab noch eine zweite Attraktion. In der nahen Stadt residierte Amor Fia in einem großzügigen Palais, das er vor gut drei Jahren dort erworben hatte. Im Gegensatz zu Eleonora führte er ein beinahe keusches Leben, was gleichermaßen für die Leute ein Grund war, sich den wildesten Spekulationen hinzugeben.

Amor Fia war ein rätselhafter Mann, der in den Träumen zahlloser Frauen herumgeisterte und von den Männern mit spöttischem Argwohn bedacht wurde. Seine reife Jugend, seine Ausstrahlung, sein Esprit hatten schon so mancher schönen Dame den Kopf verdreht. Doch keine jener Frauen, die ihm im Geiste zugetan waren, konnte von sich behaupten, ihm jemals mehr als einen Kuß abgerungen zu haben. Das Anziehendste aber an ihm war die Art, wie er es verstand, seine Person mit den Schleiern geheimnisvoller Vermutungen zu umhüllen. Vor allem den Ehemännern der Frauen, die ihn heimlich anbeteten, gab er ständig Anlaß zu immer neuen Spekulationen über sein Wesen und seine Beschäftigung. Doch wie niemand das Mysterium der Witwe Eleonora enthüllte, war auch nicht einer über die wirkliche Person des Amor Fia unterrichtet. Einige Eiferer wollten ihn sogar mit dem bis dahin ungeklärten Tod von Eleonoras Gatten in Verbindung bringen. Immerhin konnte nicht bestritten werden, daß er kurz vor dem Ableben des guten Mannes in der Gegend aufgetaucht war. Allerdings sprach der Umstand, daß man Amor Fia und Eleonora nicht ein einziges Mal zusammen gesehen hatte, gegen diese These, und so wurde sie nur von einer Minderheit vertreten.

Amor Fia war ein Mann, der es verstand, stets im richtigen Augenblick am richtigen Ort zu erscheinen. Bei gesellschaftlichen Anlässen erschien und verschwand er gleich einer Fata

Morgana und ließ jedesmal heftig pochende Frauenherzen zurück. Sein aristokratisches Auftreten, seine spielerischen und doch tiefen Blicke, die er sparsam in die Runde warf, seine geschmeidigen Bewegungen, das plötzliche kurze Beben und Zittern seiner wohlgeformten Lippen, all das erweckte in den Frauen unmißverständliche Sehnsüchte. Daß Amor Fia nichts unternahm, um diese Sehnsüchte zu befriedigen, verstörte die Frauen und beruhigte die Männer. Gleichwohl hätte mancher der Männer Amor Fia gerne mit einem Dolch im Herzen auf dem Pflaster einer nächtlichen Straße liegen sehen.

Über den Weiden und Pappeln, die den trüben Weiher des kleinen Stadtparks umsäumten, erglühte im tiefblauen Dämmerhimmel der Abendstern, und nur noch wenige Spaziergänger schlenderten über die feuchten Wiesen und Wege. Ein leichter, warmer Abendwind erhob sich und entlockte den alten Bäumen ein leises Geflüster. Zitterndes Kräuseln huschte über die Oberfläche des Weihers, aus dem Schilf drang der kurze Ruf einer Ente, sanft verfiel der Park der siegenden Nacht...

Amor Fia genoß die einsame Ruhe dieser Stunde fast täglich im Park. Er saß auf einer kleinen, versteckten Bank nahe des Weihers und beobachtete, wie sich die marmornen Nachbildungen griechischer Statuen langsam in düstere Schemen verwandelten und sich vom fahlen Lichte der späten Dämmerung ein Leben einhauchen ließen, das ihnen am Tage die Sonne niemals zu geben vermochte. Und dabei hing er seinen Gedanken nach: »Wie die Dunkelheit alles belebt! Die Nacht treibt unsere Blicke und Gefühle neuen Ufern entgegen. Nichts ist mehr unmöglich, und die Gewißheiten des Tages weichen der wohligen Unbestimmtheit. Nur nachts kann die Seele fliegen, nur nachts öffnen sich die Tore, die uns in uns selbst hineintreten lassen. Ist der Tag nicht oft genug der strenge Vater des Körpers? Die Nacht aber ist die geistige und liebliche Mutter der Seele, die alles verzeiht und alles ermöglicht. Aus Sträuchern werden Gespenster, die uns beim Vorübergehen lustvoll erschauern lassen, aus Statuen werden lebendige Gestalten alter Sagen, die uns im Mondlicht die Hände entgegenstrecken, um uns in ihr fernes Reich zu entführen. Die Nacht verschleiert die Dinge und zeigt uns doch so viel mehr als der Tag...«

Plötzlich jedoch wurde Amor Fia aus seinen Gedanken herausgerissen. Er hörte Stimmen, eine männliche, eine weibliche. Am Ufer des Weihers erkannte er zwei Gestalten. Der Wind änderte seine Richtung und trug ihm die Worte unschuldig zu. Der Mann war erregt, seine Stimme bebte, Zorn und Schmerz lagen in seinen Worten: »Die Liebe ist die Königin der Seelen, der sich jedes Element willig unterwerfen muß. In dieser Art sprach Schiller einstmals von der Liebe; doch irrte er sich! Sie können sich niemals der Liebe unterwerfen. Nicht eine Faser Ihres Wesens ist bereit dazu: Sie locken und reizen und verführen, um am Ende selbst Königin zu sein, die mit hartem Richterspruch das Schicksal der Unterworfenen bestimmen kann. War es Ihnen denn niemals möglich, zwischen purer Lust und aufrichtiger Liebe zu unterscheiden? Ich...«

»Nein«, fiel die Frau dem Unglücklichen ins Wort, »was ich benötige, das ist ein ausgefülltes Geschlecht und einen Herrn, der eben dafür sorgt und keine lächerlichen Fragen stellt. Das ist alles. Haben Sie mich verstanden?« Der Tonfall der Frau war hart und bestimmt.

Amor lächelte still in sich hinein. Der Mann stammelte wirres Zeug, suchte offenbar verzweifelt nach Worten, dann wurde er still, er wandte sich ab, zögerte noch einen Moment und verschwand in der Dunkelheit des Parks...

Amor, den diese kleine Tragödie einerseits amüsiert, andererseits ein wenig berührt hatte, erhob sich von seiner Bank und ging langsam auf die Frau zu, die reglos am Wasser stand. Er spürte das Verlangen in sich, sie anzusprechen, sie kennenzulernen. Bald stand er dicht neben ihr. Sie schien ihn nicht zu beachten, sagte kein Wort. Auch Amor schwieg. Mit tiefen Zügen sog er ihren sinnlichen, betörenden Duft ein...

So standen sie eine Weile da, bis er endlich zu sprechen begann: »Verzeihen Sie, aber ohne es zu wollen, wurde ich Zeuge Ihrer kleinen Auseinandersetzung. Es scheint mir, daß

manche Menschen von der Liebe zerdrückt werden und es
ihnen dabei nicht gelingt, im Augenblick süßester Todesqual
zu frohlocken und den Göttern für den eisigen Hauch tiefster
Lebendigkeit zu danken. Der arme Herr sprach von dem Unterschied zwischen purer Lust und aufrichtiger Liebe. Es existiert
aber dieser Unterschied nicht. Pure Lust ist immer aufrichtig,
und aufrichtige Liebe ist stets auch pure Lust. Vielleicht wollte
der Mann in Ihnen die Mutter seiner Kinder und die Bewirtschafterin seines Hauses sehen. Eben ein Mann, der nicht
allein sein kann, sonst nichts.«

»Wie recht Sie haben«, sagte die Frau und lachte. »Aber es
wäre angenehm, wenn Sie sich zunächst einmal vorstellen
würden.« – »Natürlich. Amor Fia. Ich freue mich, Ihre
Bekanntschaft zu machen.«

»Eleonora von Toledo. Der Vorname genügt aber für Sie.«

»Danke. Ich muß zugeben, daß mir Ihr Name nicht unbekannt ist und daß ich bereits seit Jahren die Sehnsucht hege,
Ihnen einmal zu begegnen.«

»So, so«, erwiderte sie und strich mit beiden Händen durch
ihr volles, schwarzes Haar. »Möglicherweise ist es ungeschickt, aber ich gebe Ihr Kompliment gerne an Sie zurück. Ich
bedaure nur, daß wir uns nicht schon früher begegnet sind,
denn unsere Herzen schlagen im gleichen Takt.«

Amor sagte nichts mehr. Er spürte, wie sich ihre Handrükken flüchtig berührten, und ahnte, daß bald noch weitere, weniger flüchtige Berührungen folgen würden. Er war bereit. Und
Eleonora war es auch.

»Begleiten Sie mich nach Hause?« fragte sie nun, und ihr
Blick drang tief in Amor ein und lockte die Dämonen seiner
wildesten Lüste aus ihren Verstecken.

Im Salon nahmen sie Tee zu sich und plauderten über Liebe
und Ohnmacht, während ihre Geister sich bereits gierig vereinigten. Amor wußte, daß er seine übliche Zurückhaltung
gegenüber den Frauen hier wie ein Stück toten Felsens in die
Brandung hinabschleudern würde. Erst als Eleonora den Raum
verließ, um eine neue Kanne Tee zu holen, bemerkte Amor, der

zuvor allein Augen für seine Gastgeberin gehabt hatte, daß der Salon mit zahlreichen wollüstigen Details ausgestattet war. An den mit lindgrünem Samt bespannten Wänden hingen kleine und große Bilder, welche die verschiedensten und extravagantesten Ausschweifungen darstellten. Vasen in eindeutig phallischer Form, kobaltblau und schimmernd, standen auf den Regalen, und über den Stühlen einer kleinen Sitzecke hingen auffällig sichtbar schwarze und weiße Wäschestücke, die teilweise zerrissen und zerfetzt waren. Vor Amors geistigem Auge entfaltete sich eine orgiastische Szenerie, die von Eleonora beherrscht wurde. Er sah entblößte Leiber in den unzüchtigsten Stellungen vor sich, er hörte Schreie, die den Himmel erschauern ließen, spürte die Gluthitze wildester Raserei, und immer Eleonora, Eleonora, die nackte, schamlose Dirigentin aller menschlichen und vielleicht auch unmenschlichen Triebe. Männer stürzten ins Feuer, lachend. Männer dachten an Verbrechen, nur um sie, um Eleonora zu besitzen. Männer zerbrachen. Siegerin blieb immer nur sie.

Er fuhr zusammen, als sich ihre kühle Hand auf seine Stirn legte. Er hatte sie nicht kommen hören. Die Bilder seiner Gedanken hatten ihn für einen Moment taub und blind gemacht. Eleonora stellte nun behutsam die Porzellankanne auf den Tisch und setzte sich in ihren Sessel. Sie war nackt. Sie hatte sich bis auf die Schuhe und ihren Schmuck völlig entblößt. Sie griff nach ihrer Tasse und führte die Konversation fort: »Wissen Sie, lieber Amor, die Dinge, die Sie hier im Raum sehen, die Bilder, die obszönen Vasen, die stofflichen Zeugen vergangener Lüste, all diese Dinge bedeuten nichts. Auch meine Nacktheit, so erregend diese für Sie und andere Männer auch sein mag, und die sich vorzüglich in die Gestaltung meines Salons einfügt, bedeutet hier oben nichts. Hier spiele ich, mit mir, mit den Accessoires, mit Männern... Aber mein Leben gedeiht und pulsiert in weit tieferen Regionen. Unter der Erde, in meinem Keller bin ich Opfer und Schicksal zugleich. Dort ist mein Reich, das jenseits der Grenzen von Gut und Böse liegt. Aber seien Sie nicht allzu enttäuscht. Auch hier oben, in diesen Räumen wird Ihnen gewiß große Freude widerfahren. Doch das letzte Geheimnis meiner wahrhaftigen Leidenschaft jetzt schon mit Ihnen zu teilen, wäre verfrüht und ein Sakrileg. Ich schätze Sie sehr, und vielleicht kommt irgendwann der Tag, an dem ich entscheide, daß Sie, bester Freund, meine Leidenschaft erfahren und krönen dürfen. Versprechen jedoch kann ich es nicht.«

Amors Blick fiel zwischen ihre leicht geöffneten Schenkel, und da riß es ihn hin mit aller Macht. Er sprang auf, sank vor ihr hin, drückte sanft ihre Beine auseinander und schmiegte seine Lippen an ihr weiches Geschlecht...

Nach stundenlanger, zügelloser Ekstase, es war nun kurz vor Mitternacht, bat Eleonora ihren neuen Geliebten, das Haus zu verlassen. Amor wußte, daß der Keller sie rief, und ging, ohne zu fragen, mit dem Versprechen, in der folgenden Woche zur selben Zeit wieder bei ihr zu erscheinen.

So vergingen die Wochen, und zwischen Eleonora und Amor Fia erwuchs eine heftige Zuneigung, die ihm das Privileg einbrachte, als regelmäßiger Gast der geheimnisvollen Witwe körperliche wie geistige Gesellschaft leisten zu dürfen.

Jeden Freitag erschien er gegen Abend bei ihr. Dabei brachte er stets ein ausgesuchtes Geschenk mit und entführte sie später, wenn die Nacht vollends hereingebrochen war, in die wirren, melancholischen Gärten, die sich hinter dem Haus erstreckten. Doch immer geschah es, daß Eleonora, nachdem sie sich voneinander verabschiedet hatten, hinunter in ihren schwarzen Keller stieg, ohne daß Amor Fia darüber von ihr jemals eine weitere Erklärung erfahren hätte. So zermarterte er sein Hirn und glaubte bald an einen anderen Liebhaber, den Eleonora zur Nacht in jenen unterirdischen Hallen aufzusuchen pflegte. Von Freunden wußte er auch, daß kaum eine Nacht verging, ohne daß sie sich für mehrere Stunden in ihrem Keller aufhielt.

So beschloß Amor Fia, die wahren Hintergründe dieser

geheimnisvollen Angelegenheit aufzudecken. Nacht für Nacht beobachtete er sie durch ein Fenster und erfuhr dabei, daß sie tatsächlich stets gegen Mitternacht, also wenn sicher keine Gäste mehr zu erwarten waren, ihren Keller aufsuchte, um ihn erst nach Stunden wieder zu verlassen.

Eines Tages, als er sich wieder auf den Weg zum Haus der Witwe machte, geriet er in ein infernalisches Unwetter. Der prasselnde Regen weichte die Wege in wenigen Augenblicken auf, und ein rasender Sturm preßte sich gegen seinen Körper, als wollte er ihn davon abhalten, seinen Weg fortzusetzen. Unbeirrt aber schritt er voran, das Unwetter war ihm gleichgültig, und seine fieberhaften Gedanken kreisten allein um die Hoffnung, endlich das Geheimnis des Kellers enträtseln zu können. Eleonora war ihm ohne Zweifel verfallen, genauso wie er ihr verfallen war. Aber sie war nicht nur ihm verfallen – und dafür mußte es eine Erklärung geben. Amor begehrte Eleonora, er bewunderte sie. Lieben aber konnte er sie nicht. Irgend etwas tief in seinem Innern hielt ihn davon ab; eine Gefahr, eine unfaßbare Zerrüttung verbarg sich in ihrem Wesen. Wenn er an sie dachte, und er dachte beinahe ohne Unterbrechung an sie, war es ihm, als würden spitze Eiszapfen seine glutdurchströmten Nerven durchbohren. Eleonora hatte ihn vor einen dunklen Abgrund geführt, der zum Hinabspringen reizte, der mit seiner lustvollen, unberechenbaren Tiefe lockte, und Amor Fia war bereit, sich blind hinabfallen zu lassen. Doch vorher wollte er ihr letztes Geheimnis offenbaren. Dieses Geheimnis war, solange es unentdeckt blieb, wie eine eiserne Fessel, an die seine sprungbereiten Füße festgekettet waren.

Die Landschaft um ihn herum hatte sich in ein tosendes Meer verwandelt, und wie ein einsamer, verwundeter Wolf kämpfte er sich durch die entfesselten Gewalten. Endlich tauchte Eleonoras Anwesen vor ihm auf. Das letzte Stück des Weges rannte er wie besessen. Er erreichte die Gemäuer des Hauses, schlich an ihnen entlang, stieg auf den niedrigen Balkon und erlebte eine freudige, verlockende Überraschung. Das Fenster, durch welches Amor die Witwe zu beobachten pflegte, stand offen – und so konnte er nicht anders... Vorsichtig stieg er in das Haus hinein. Eleonora war bereits in ihren düsteren Gewölben verschwunden, und so folgte Amor Fia ihr nach. Schnell fand er die Kellertür. Behutsam wie ein Dieb drückte er die Klinke herunter. Die Tür war nicht verschlossen. Sein Herz, das der beschwerliche Marsch und die Sturmflut seiner Gedanken bereits in rasenden Aufruhr versetzt hatten, drohte nun zu zerspringen. Er zögerte. Wie ein Gift lähmte die Gewißheit der nahen Entdeckung seine Glieder. Der Gedanke an eine Enthüllung, die das rauschhafte Verhältnis mit Eleonora beenden könnte, raste meteorengleich durch das aufgewühlte Universum seines fiebrigen Gehirns. Doch bevor jener Gedankenmeteor noch eine Aufschlagstelle finden konnte, triumphierte die Qual seiner Neugier, er sammelte die letzten Kräfte und öffnete die Tür mit einem heftigen Ruck. Finsternis. Fauliger Geruch kroch ihm entgegen. Amor dachte an Eleonoras extravaganten Salon. Dagegen wirkte dieser Keller schon an seinem Eingang wie ein verwesender Leichnam. Es gab kein Zurück. Er trat ein in das Dunkel.

Sofort spürte er, wie die Treppenstufen, die ihn in die schwarze Tiefe führen sollten, unter seinen Füßen voller Mißmut und Trotz vibrierten. Ja, der gesamte Keller schien sich gegen den ungebetenen Gast zu sträuben. Gab es hier ein Geheimnis, das so fürchterlich war, daß der Keller sich weigern wollte, es einem Uneingeweihten zu offenbaren? Oder war dieses Gemäuer von Grund auf böse? Amor Fia hatte eine Kerze entzündet, doch ihr Licht wurde gierig von der absoluten Finsternis verschlungen. Dieser Keller haßte wohl alles Helle – auch helle Gedanken. Er liebte seine Schwärze und Modrigkeit, und sein feuchter, hinterlistiger Hohn tropfte auf Amor Fias Haupt herab, wo er sich mit der Nässe seiner Haare willig verband.

Erregt und gespannt stieg Amor immer tiefer in den Körper des Kellers hinein. Eine gewisse Unheimlichkeit umschlich ihn dabei, Angst befiel ihn jedoch nicht. Zu groß war seine Neugier...

Nach langer Zeit erreichte er das Ende der Treppe, und Gänge, Kammern und Hallen nahmen ihn abwechselnd auf. Die Luft wurde immer fauler und feuchter, so daß Amors vom Regen durchnäßte Kleidung nicht trocknen wollte. Dabei war es nicht kühl dort unten, sondern unnatürlich warm. Ob es hier wohl Wege gab, die in vorhöllische Gefilde führten? Amor Fia war auf alles gefaßt. Er vermochte nicht einzuschätzen, wie lange er sich schon in den Fängen des Kellers befand. Gefühl für die Zeit wurde hier unten nicht geduldet.

Da hörte er plötzlich Stöhnen und Lachen. Ein irrsinniges Lachen. Monströs und voller Lust. Eilig ging er den Lauten nach, und bald erkannte er ihre Herkunft. Eine Frau. Eleonora! Sie saß in der Mitte eines größeren, hohen Raumes auf einem Stuhl. Kerzen standen kreisförmig um sie herum und beleuchteten ihren Körper. Sie war nackt.

»Amor! Ich habe dich erwartet. Ich wußte, du würdest kommen. Für dich habe ich mein Fenster geöffnet, durch welches du mich seit Wochen schon beobachtest. Komm her zu mir, zu der armen, lüsternen Witwe, die danach lechzt, deine Männlichkeit zu empfangen.«

Mit diesen Worten begrüßte sie Amor, der nach dem schrecklichen Weg, den er zurückgelegt hatte, nun beinahe angenehm überrascht von dem war, was er hier vorfand. Seine Sinne taumelten, und die Qualität seiner Erregung schlug sogleich um. Eleonora streckte sich vor ihm auf dem Boden aus und erwartete ihn mit weit geöffneten Schenkeln.

»Eleonora!« rief Amor aus. »Warum?! Was tust du…« »Laß mich nicht warten! Es ist soweit. Sage nichts. Tu es!« Ohne weitere Fragen zu stellen, gebannt von Eleonoras hypnotischen Blicken, entledigte sich Amor seiner immer noch nassen Kleidungsstücke, trat in den Kerzenkreis hinein, in dem sie flehend lag, ließ sich zu ihr herab und weihte ihren begierigen Körper mit seiner Lust.

Nie zuvor hatte er eine derartige Ekstase durchlebt. Wie ein Besessener stieß er tief in sie hinein und verlor dabei fast den Verstand. Es war ihm, als würde sein Körper von höllischen

Flammen geleckt und gekitzelt. Eleonora zuckte und wand sich unter ihm, gleich einem erstickenden Fisch. Sie forderte, bettelte und befahl. Sie entfaltete die ganze Macht ihrer heimlichen Künste, bis die Wellen des Wahnsinns donnernd über ihren verschlungenen Leibern zusammenbrachen und Amor nach schwerer Entladung im dionysischen Mahlstrom seiner gestillten Lüste versank.

Zerschlagen ruhten sie übereinander. Eleonora kicherte hysterisch. Langsam kam Amor wieder zu sich, er ließ von ihr ab, erhob sich und betrachtete das Gewölbe, die Stätte ihrer Verschmelzung. Da bemerkte er an einem Ende des Raumes einen schwachen Lichtschein. »Was befindet sich dort drüben?« fragte er und deutete mit der Hand auf den hellen Schimmer.

»Geh und sieh es dir an«, sagte Eleonora, und ihre Stimme hatte einen eisigen Klang. Amor wischte sich den Schweiß von der Stirn, ging auf das Licht zu und erschauerte...

Dort befand sich ein Gitter in der Wand. Dahinter lag ein kleiner Raum, der von einer schwachen Öllampe dürftig erleuchtet wurde. An dem Tisch, auf dem diese Lampe stand, aber saß ein Mann. Ein Gefängnis. Der Eingesperrte stierte mit glasigen Augen durch das Gitter, seine Hände zitterten. Verstreut auf dem Tisch und neben einem bescheidenen Strohlager lagen zahlreiche Bücher.

»Wer sind Sie? Was geht hier vor?« fragte Amor erschrocken.

»Das ist mein Ehemann!« rief ihm Eleonora zu. »Der Keller wollte ihn haben.«

Fassungslos bat Amor den Mann, etwas zu sagen. Der reagierte erst nicht. Doch dann nickte er und sprach: »Ja, ich bin ihr Ehemann. Ihr Mann, der schon immer verurteilt war, so wie sie selbst. – Seit drei Jahren halten sie und der Keller mich gefangen, und jede Nacht erscheint sie mir hier unten in ihrer Nacktheit, um mich zu quälen. Doch was sie heute vor meinen Augen tat, das war der Gipfel ihrer geilen Boshaftigkeit.«

Entsetzen überkam Amor. Er blickte auf Eleonora, die noch immer am Boden lag, und er verachtete sie. Welch einem Scheusal hatte er da seine Verehrung geschenkt. Doch weder

Schreck noch Verachtung vermochten sein Verlangen nach ihr
gänzlich zu tilgen. Er war hin- und hergerissen, verzweifelt,
ungläubig. Die Grausamkeiten des Lebens waren ihm nicht
fremd, doch das hier übertraf selbst seine Phantasie. Nun hatte
er die Wahl: den Gepeinigten befreien und Eleonora bestrafen
oder ihn seinem Schicksal überlassen und Eleonoras williger
Komplize werden. Das eine versprach Gerechtigkeit, das andre
Lust. Amor entschied sich für die Gerechtigkeit. Eilig befreite
er den gequälten Mann, denn zu allem Hohn lag der Kerker-
schlüssel unerreichbar für seine Hand, doch den Blicken nah,
vor dem Gitter auf dem Boden. Amor führte den Mann zu Eleonora und sprach: »Nun machen Sie mit Ihrer Frau, was Sie wollen. Sie sind frei. Die Vergeltung gehört Ihnen.«

Das ließ sich der Arme nicht zweimal sagen. Er warf sich auf
sie und vereinigte sich mit ihr in wilder Wut, während Amor
das Schauspiel mit tiefer innerer Befriedigung verfolgte. Eleonora aber wehrte sich nicht. Hatte sie nur darauf gewartet, daß
jemand ihren gequälten Mann befreite, um von ihm aus tiefster
Rache genommen zu werden? Dieses Ziel hatte sie nun
erreicht. Rasende Lust sprühte aus ihren Augen. Für diesen
Augenblick hatte sie einen Menschen gedemütigt und ihm drei
Jahre seines Lebens zur Hölle gemacht. Das Haus und der Keller mußten sie zum Wahnsinn getrieben haben...

Amor verstand, daß ihn Eleonora nur als passendes Werkzeug ausgewählt hatte, mit dem sie ihre krankhafte Konstruk-
tion des Schicksals und der Leidenschaft vollenden konnte.
Unzählige Liebhaber hatte sie vor ihm geprüft. Keiner war würdig gewesen, von Eleonora, der geheimnisvollen Witwe, mißbraucht zu werden. Er wußte nicht einmal, ob er darüber verzweifelt oder froh sein sollte. Er war fassungslos, erregt, überwältigt von diesem irrsinnigen Plan, der durch seine Hingabe
zum krönenden Abschluß gebracht worden war. Angewidert
und zugleich von sonderbarer Lüsternheit gepackt, erkannte
er, daß alles, was er mit Eleonora getan und erlebt hatte, für sie
nur das Vorspiel eines kurzen Dramas rasender Leidenschaft
gewesen war.

Der über Jahre hinweg gequälte und mit den gemeinsten Methoden brünstig und irrsinnig gemachte Ehegatte knetete und quetschte das Fleisch seiner Frau, er beschimpfte und bespuckte sie, drang auf alle nur erdenklichen Weisen in sie ein und war doch der Verlierer.

Eleonora schrie vor Lust, sie lachte und verspottete ihn und genoß den Akt wie nie zuvor. Es war ein groteskes Schauspiel, von dem Amor seinen Blick nicht abwenden konnte. Endlich verstummten die beiden Krieger der Lust, ein letztes Aufbäumen und – aus.

Regungslos lagen sie aufeinander, wie ein gewöhnliches Liebespaar nach erschöpfendem Spiel. Amor trat ein paar Schritte an sie heran, wich aber sogleich wieder erschrocken zurück, denn er sah Blut auf ihren Körpern. Feine, rote Rinnsale suchten sich ihren Weg über die erhitzte, glänzende Haut. Amors Sinne tanzten einen teuflischen Reigen, doch er nahm sich zusammen, trat wieder heran, bückte sich und trennte die beiden Leiber voneinander. In Eleonoras Brust steckte ein dünner Spieß, den sie im Augenblick der höchsten Lust ihrem Mann und sich ins Herz gestoßen haben mußte. Beide lagen tot am Boden. Ein Martyrium und eine Leidenschaft hatten ihr Ende gefunden. Auf Eleonoras Wange klebte eine Träne...

Amor sprang auf, rannte durch die Gewölbe des Kellers, die Treppe hinauf, durch das Haus. Mildfrische Nachtluft, vom Regen gereinigt, empfing ihn endlich, er war draußen, frei.

Der Duft hochsommerlicher Blüten war Balsam für seine vom Fäulnisgeruch des Kellers angegriffenen Lungen. Das Gras unter seinen Füßen war feucht und kühl. Leise rauschte der Wind durch die alten Platanen. Sterne blinzelten versöhnlich zwischen den erleichterten Wolken, und Amor fühlte sich von der Nacht liebkost, die ihn wie einen Heimgekehrten aufnahm und ihn mit schützenden Schleiern umhüllte...

Hier endet die Geschichte von Eleonora und Amor Fia. Noch in jener Nacht floh Amor aus der Stadt und kehrte nie wieder dorthin zurück.

Gefangen im Netz

JULIO CORTÁZAR

Alle lieben Glenda

Damals konnte man es nicht ahnen. Man geht ins Kino oder ins Theater, und man verlebt den Abend, ohne an jene zu denken, die das gleiche Ritual vollführt haben, die Ort und Zeit gewählt, sich umgezogen und telefoniert haben, Reihe elf oder fünf, das Dunkel und die Musik, das Niemandsland und das Land aller, dort, wo alle niemand sind, der Mann oder die Frau auf ihrem Platz, vielleicht ein Wort der Entschuldigung, weil man zu spät kommt, eine halblaute Bemerkung, die einer aufgreift oder auch nicht, fast immer das Schweigen, die Blicke fluten zur Bühne oder zur Leinwand, fliehen das Nahe, das Diesseitige. Man konnte wirklich nicht ahnen, trotz der Reklame, der endlosen Schlangen, der Plakate und der Kritiken, daß wir so viele waren, die Glenda liebten.

Das zu erfahren, brauchte es drei oder vier Jahre, und es wäre eine reine Behauptung zu sagen, daß sich der Clan mit Irazusta oder Diana Rivero gebildet hat. Sie selbst wußten nicht, wie; irgendwann einmal, bei einem Glas, das man mit Freunden nach dem Kino trinkt, haben sie sich Dinge gesagt oder über sie geschwiegen, die plötzlich diesen Bund schaffen sollten, den wir später alle den Clan und die Jüngeren den Club nannten. Von einem Club hatte er nichts, wir liebten Glenda Garson ganz einfach, und das genügte, uns von jenen abzuheben, die sie bloß bewunderten. Auch wir bewunderten Glenda, und zudem Anouk, Marilina, Annie, Silvana und, warum nicht, Marcello, Yves, Vittorio und Dirk, aber nur wir liebten Glenda auch, und der Clan definierte sich durch diese Liebe; es war etwas, das nur wir wußten und das wir nur jenen anvertrauten, die uns im Laufe der Unterhaltungen bewiesen hatten, daß auch sie Glenda liebten.

Seit Diana oder Irazusta hatte sich der Clan langsam vergrößert. Im Jahr von *Brennender Schnee* waren wir gerade nur sechs oder sieben gewesen, nach der Erstaufführung von *Vom Nutzen der Eleganz* fanden wir, daß der Clan alarmierende Ausmaße annahm und daß uns snobistische Imitationen oder ein saisonaler Sentimentalismus drohte. Mit Irazusta und Diana, diesen ersten, und zwei oder drei anderen beschlossen wir, die Reihen dichter zu schließen, niemanden ohne Beweise zuzulassen, ohne die durch die Whiskys und das Renommieren mit kinematographischer Bildung getarnte Prüfung (so typisch für Buenos Aires, so typisch für London und Mexiko, diese mitternächtlichen Examen). Bei der Premiere von *Die ungewisse Rückkehr* mußten wir melancholisch triumphierend einräumen, daß wir viele waren, die Glenda liebten. Die Wiederbegegnungen im Kino, die Blicke am Ausgang, diese Versonnenheit der Frauen und das wehmütige Schweigen der Männer kennzeichneten uns besser als ein Abzeichen oder ein Losungswort. Unerforschte Mechanismen führten uns in dasselbe Café im Zentrum, die anfangs alleinstehenden Tische wurden zusammengerückt, es gab die feinfühlige Gewohnheit, den gleichen Cocktail zu bestellen, um jede unnötige Diskussion zu vermeiden, und wir sahen uns schließlich in die Augen, in denen noch das letzte Bild von Glenda in der letzten Szene des letzten Films flimmerte.

Zwanzig, dreißig vielleicht, nie haben wir gewußt, wie viele wir am Ende waren, denn manchmal lief Glenda in einem Kino monatelang, oder sie war in drei oder vier Kinos gleichzeitig zu sehen, und zudem gab es diese besondere Zeit, da sie auch im Theater auftrat und die junge Mörderin in *Die Schwarmgeister* spielte und ihr Erfolg alle Dämme brach und momentane Begeisterungsstürme hervorrief, die wir natürlich nicht billigen konnten. Schon zu der Zeit kannten wir einander, viele kamen zu uns, um über Glenda zu sprechen. Irazusta schien von Anfang an ein stilles Mandat auszuüben, das er nie für sich beansprucht hatte, und Diana Rivero spielte ihr langsames Schach der Aufnahmen und Ablehnungen, das uns volle Authentizität sicherte, uns vor Arrivisten oder Scharlatanen schützte. Was als freie Vereinigung begonnen hatte, nahm jetzt den Charakter eines harten Kerns an, und waren die Prüfungen am Anfang noch ziemlich leicht gewesen, wurden nun präzise Fragen gestellt, die Sequenz des Fehltritts in *Vom Nutzen der Eleganz*, die letzte Einstellung in *Brennender Schnee*, die zweite erotische Szene in *Die ungewisse Rückkehr*. Wir liebten Glenda zu sehr, als daß wir bloße Schwärmer, tollköpfige Lesbierinnen oder Ästhetizisten dulden konnten. Es war sogar ausgemacht, daß wir uns donnerstags im Café treffen würden, wenn es im Zentrum einen Film von Glenda gab, und daß wir bei Reprisen in Vorstadtkinos eine Woche warten würden, bis wir uns wiederträfen, damit alle Zeit hätten, die Filme zu sehen; wie in einem strengen Reglement waren die Pflichten unzweideutig festgelegt; sie nicht zu beachten, hätte einem das verächtliche Lächeln Irazustas eingebracht oder diesen bei aller Freundlichkeit schrecklichen Blick, mit dem Diana Rivero einen Verrat denunzierte, die Strafe dekretierte.

Zu der Zeit waren die Zusammenkünfte eine einzige Feier Glendas, ihrer blendenden Allgegenwart in jedem von uns, und wir kannten weder Meinungsverschiedenheiten noch Zweifel. Nur nach und nach, am Anfang mit einem Schuldgefühl, wagten es einige, partikulare Kritiken anzubringen, ihrer Bestürzung oder Enttäuschung Ausdruck zu geben angesichts einer weniger geglückten Sequenz, eines Rückfalls ins Konventionelle oder Vorhersehbare. Wir wußten, daß nicht Glenda verantwortlich war für die Schwächen, die hier und da die kristallene Klarheit von *Die Peitsche* oder des Endes von *Motiv unbekannt* trübten. Wir kannten andere Arbeiten ihrer Regisseure, wußten um das Entstehen der Drehbücher, mit ihnen waren wir unnachgiebig, denn wir begannen zu spüren, daß unsere Liebe zu Glenda über das bloß Künstlerische hinausging und daß allein sie von der Unzulänglichkeit der anderen nicht betroffen war. Diana war die erste, die von Mission sprach, sie tat das auf ihre tangentiale Art, sagte nicht, worauf es ihr wirklich ankam, und wir sahen ihr eine Freude an wie über einen doppelten Whisky, ein seliges Lächeln, als wir ehrlich zugaben, daß sie recht habe, daß wir uns nicht begnügen könnten mit Kino und Café und Glenda so sehr zu lieben.

Auch dann noch wurden keine klaren Worte gesprochen, wir verstanden uns auf bloße Andeutung hin. Es zählte allein das Glück Glendas in jedem von uns, und dieses Glück konnte nur von der Vollkommenheit kommen. Auf einmal wurden uns die Fehler, die Schwächen der Inszenierungen unerträglich; wir konnten es nicht hinnehmen, daß *Motiv unbekannt* so endete oder daß *Brennender Schnee* die schändliche Sequenz der Pokerpartie enthielt (in der Glenda nicht erschien, doch die sie irgendwie besudelte, dieses Gebaren von Nancy Philipps und das ganz unannehmbare Auftauchen des reuigen Sohns). Wie fast immer war es an Irazusta, die Mission, die auf uns wartete, genau zu erklären, und an diesem Abend gingen wir nach Hause wie überwältigt von der Verantwortung, zu der wir uns gerade bekannt hatten, wobei wir zugleich das Glück ahnten, das uns eine makellose Zukunft, eine Glenda ohne Unbeholfenheiten und Verfälschungen verhieß.

Instinktiv schloß der Clan die Reihen noch dichter, unsere Aufgabe ließ keine verschwommene Vielzahl zu. Irazusta sprach von dem Laboratorium, als es bereits in einem Landhaus in Recife de Lobos eingerichtet war. Wir verteilten die Arbeit unter denen, die sämtliche Kopien von *Die ungewisse Rückkehr* auftreiben sollten, einem Streifen, der wegen seiner relativ wenigen Mängel gewählt worden war. Niemandem wäre es eingefallen, nach dem dafür nötigen Geld zu fragen; Irazusta war Howard Hughes' Teilhaber bei dem Geschäft mit den Zinnminen von Pichincha gewesen, ein äußerst einfacher Mechanismus gab uns das Notwendige an die Hand, die Jets, die Verbindungen und das Schmiergeld. Wir hatten nicht einmal ein Büro, der Computer von Hagar Loss programmierte uns die verschiedenen Aktionen und Etappen. Zwei Monate nach Diana Riveros Entscheidung war das Laboratorium in der

Lage, in *Die ungewisse Rückkehr* die mittelmäßige Sequenz mit den Vögeln durch eine andere zu ersetzen, die Glenda erst den vollendeten Rhythmus und ihrem Handeln den wahren Sinn gab. Der Film war schon einige Jahre alt, und seine Wiederaufführung in den Filmtheatern der ganzen Welt löste nicht die geringste Verwunderung aus: die Erinnerung spielt mit den Menschen und läßt sie Veränderungen und Varianten hinnehmen, Glenda selbst hätte von der Modifikation vielleicht nichts bemerkt, aber sicherlich hätte sie – wie wir alle – das Wunder einer völligen Übereinstimmung mit einer Erinnerung festgestellt, die von allen Schlacken frei ist und sich mit dem, was sie sich gewünscht hatte, deckt.

Die Mission wurde ohne Lauheit erfüllt; sowie wir uns der Leistungsfähigkeit unseres Laboratoriums versichern konnten, begannen wir mit dem Rückkauf und der Rettung von *Brennender Schnee* und *Das Prisma*; die anderen Filme wurden dem gleichen Prozeß unterzogen, in einer Reihenfolge und in Abständen, die das Personal von Hagar Loss und das des Laboratoriums genau festgelegt hatten. Wir hatten Probleme mit *Vom Nutzen der Eleganz*, weil Scheiche in den Erdölländern Kopien davon zu ihrem privaten Pläsier zurückbehalten hatten, und man mußte diverse Schliche anwenden und das Zusammentreffen außergewöhnlicher Umstände nutzen, um sie zu stehlen (ich sehe keinen Grund, ein anderes Wort zu gebrauchen) und sie hernach wieder an ihren Platz zu legen, ohne daß die Benutzer etwas merkten. Das Laboratorium arbeitete mit einer Perfektion, die wir am Anfang nicht für möglich gehalten hatten, was wir aber nicht wagten, Irazusta zu gestehen; seltsamerweise war es Diana gewesen, die am meisten daran gezweifelt hatte, doch als Irazusta uns *Motiv unbekannt* zeigte und wir das wahre Ende sahen, Glenda, die, anstatt zu Romano zurückzukehren, ihren Wagen auf einen Abgrund zulenkte und uns mit ihrem großartigen, notwendigen Sturz in das Wildwasser das Herz zerriß, wußten wir, daß die Perfektion von dieser Welt sein konnte und daß sie jetzt für immer Glenda war, unsere Glenda für immer.

Das Schwierigste war natürlich, die Veränderungen zu beschließen, die Schnitte, die Modifikation in der Montage und im Rhythmus; unsere unterschiedliche Sicht Glendas führte zu heftigen Auseinandersetzungen, die erst nach langen Analysen und in einigen Fällen nur durch Mehrheitsbeschluß beigelegt werden konnten. Aber obgleich sich einige von uns, die Unterlegenen, die neue Version mit bitterer Miene haben ansehen müssen, da sie ihren Vorstellungen nicht ganz entsprach, glaube ich, daß das Ergebnis der Arbeit niemanden enttäuschte, wir liebten Glenda so sehr, daß die Resultate immer zu rechtfertigen waren und oft alle Erwartungen übertrafen. Auch gab es kaum Aufregung, der Brief eines Lesers der unfehlbaren *Times*, der sich wunderte, daß drei Sequenzen von *Brennender Schnee* in einer anderen Reihenfolge gezeigt würden, als er sich zu erinnern meinte, und auch ein Artikel eines Kritikers von *La Opinión*, der wegen eines angeblichen Schnitts in *Das Prisma* protestierte und bürokratische Bigotterie dahinter vermutete. In allen Fällen wurden sofort die notwendigen Vorkehrungen getroffen, um sich etwaige Konsequenzen zu ersparen; das war nicht besonders schwer, denn die Menschen sind frivol, sie vergessen und nehmen es hin, oder sie sind auf der Jagd nach Neuem, die Welt des Films ist ephemer wie das Zeitgeschehen, außer für uns, die wir Glenda so sehr lieben.

Gefährlicher waren im Grunde die Kontroversen innerhalb der Gruppe, da war das Risiko einer Spaltung oder einer Zersplitterung. Obgleich wir uns durch unsere Mission mehr denn je verbunden fühlten, gab es doch Abende, wo sich, angesteckt von politischer Philosophie, analytische Stimmen erhoben, oder kam es vor, daß mitten in der Arbeit moralische Bedenken geäußert wurden, daß man sich fragte, ob wir nicht dabei seien, uns in einer Galeric onanistischer Spiegel zu ergehen, wie Wahnsinnige ein barockes Rankenwerk in einen Elfenbeinzahn oder in ein Reiskorn zu schnitzen. Man konnte ihnen nicht einfach den Rücken kehren, denn der Clan hatte seine Aufgabe nur erfüllen können, wie ein Herz oder ein Flugzeug die seine erfüllt, im Rhythmus einer totalen Kohärenz. Es war nicht angenehm, eine Kritik zu hören, die uns des Eskapismus beschuldigte, einer Vergeudung von Kräften, die einer Wirklichkeit abgingen, die sie dringender brauchte, die unserer Mitarbeit mehr bedurfte in der Zeit, in der wir lebten. Trotzdem war es nicht notwendig, eine Häresie schon im Ansatz zu unterdrücken, zumal sich ihre Verfechter auf einzelne Vorbehalte beschränkten; sie und wir liebten Glenda so sehr, daß ethische oder geschichtliche Diskrepanzen ein Gefühl nicht beeinträchtigen konnten, das uns immer einigen würde, die Gewißheit, daß die Verbesserung Glendas uns selbst verbesserte und die Welt verbesserte. Wir hatten auch die schöne Genugtuung, daß einer von unseren Philosophen das Gleichgewicht wiederherstellte, als er diese Phase unnützer Skrupel überwunden hatte; aus seinem Munde hörten wir, daß jedes partielle Werk auch geschichtlich ist, daß etwas so Großartiges wie die Erfindung des Buchdrucks sich dem individuellsten und partikulärsten aller Wünsche verdankte, nämlich dem, den Namen einer Frau zu verewigen.

Schließlich kam der Tag, da wir die Beweise hatten, daß das Bild Glendas jetzt ohne den geringsten Makel gezeigt wurde; die Kinos der ganzen Welt brachten sie so, wie sie sich selbst – dessen waren wir sicher – hatte sehen wollen, und vielleicht waren wir deshalb nicht allzu überrascht, als wir durch die Presse erfuhren, daß sie ihren Entschluß bekanntgegeben hatte, sich von Film und Theater zurückzuziehen. Dieser unbeabsichtigte, wunderbare Beitrag Glendas zu unserem Werk konnte weder ein Zufall noch ein Wunder sein, es hatte einfach etwas in ihr, ihr selbst unbewußt, unsere anonyme Liebe gespürt, und aus der Tiefe ihres Wesens kam die einzige Antwort, die sie uns geben konnte, ein Akt der Liebe, der uns in einer letzten Hingabe mit einschloß, die nur Uneingeweihte als Abkehr auffassen würden. Wir erlebten das Glück des siebten Tages, der Ruhe nach der Schöpfung; nun konnten wir alle Filme von Glenda sehen ohne die dunkle Drohung, eines Tages erneut mit Mängeln und Unbeholfenheit konfrontiert zu werden. Wir trafen uns jetzt mit der heiteren Unbeschwertheit von

Engeln oder Vögeln, in einer absoluten Gegenwart, die geradezu der Ewigkeit ähnelte.

Ja, aber ein Dichter, der unter dem gleichen Himmel wie
Glenda lebte, hat gesagt, daß die Ewigkeit in die Werke der Zeit
verliebt ist, und es war Diana, die ein Jahr später die Neuigkeit
erfuhr und uns damit überraschte. Trivial und menschlich:
Glenda kündigte ihre Rückkehr zum Film an, die üblichen
Gründe, die Frustration des Profis, der nichts zu tun hat, eine
Rolle nach Maß, die Dreharbeiten sollen schon bald beginnen.
Niemand wird diesen Abend im Café vergessen, nachdem wir
Vom Nutzen der Eleganz gesehen hatten, der in die Kinos im
Zentrum zurückgekehrt war. Irazusta hätte wirklich nicht
auszusprechen brauchen, was wir alle mit einem bitteren
Geschmack von Unrecht und Rebellion durchlebten. Wir lieb-
ten Glenda so sehr, daß unsere Enttäuschung nicht sie betraf,
es war nicht ihre Schuld, daß sie Schauspielerin, daß sie Glenda
war, das Abscheuliche war dieser elende Mechanismus, diese
Wirklichkeit von Zahlen, Ruhm und Oscars, durch die die
Sphäre unseres so hart errungenen Glücks einen heimtücki-
schen Riß bekam. Als Diana ihre Hand auf Irazustas Arm legte
und sagte: »Ja, es ist das einzige, was wir tun können«, sprach
sie für alle, ohne sich zuvor mit uns beraten zu haben. Nie
besaß der Clan eine so schreckliche Kraft und Entschlossenheit, nie bedurfte es weniger der Worte, um etwas ins Werk zu
setzen. Wir gingen verstört auseinander, das vorwegerlebend,
was zu einem Zeitpunkt geschehen sollte, den nur einer von
uns kannte. Wir waren sicher, daß wir uns im Café nicht mehr
treffen würden, daß jeder von uns fortan die einsame Vollkommenheit unseres Reiches geheimhalten würde. Wir wußten,
daß Irazusta das Nötige tun würde, nichts einfacher als das für
jemanden wie ihn. Wir verabschiedeten uns nicht einmal, wie
wir das sonst taten, mit der leisen Gewißheit, uns nach dem
Kino, an einem Abend mit *Die ungewisse Rückkehr* oder *Die
Peitsche*, wiederzutreffen. Es war eher ein überstürzter Aufbruch unter dem Vorwand, daß es schon spät sei, daß man jetzt
gehen müsse; jeder machte sich allein auf den Weg, hatte den

Wunsch zu vergessen, bis alles vollbracht wäre, wohl wissend, daß wir eines Morgens noch die Zeitung aufschlagen und die Nachricht lesen müßten, die stereotypen Phrasen professioneller Bestürzung. Nie würden wir mit jemandem darüber sprechen, im Kino und auf der Straße würden wir einander höflich aus dem Wege gehen; es war für den Clan die einzige Möglichkeit, sich die Treue zu bewahren, sich das vollendete Werk zu erhalten. Wir liebten Glenda so sehr, daß wir ihr eine letzte unverletzbare Vollkommenheit geben würden. Auf der unerreichbaren Höhe, zu der wir sie erhoben hatten, würden wir sie vor dem Sturz bewahren, ihre Getreuen würden sie weiterhin uneingeschränkt verehren können; man steigt nicht lebend von einem Kreuz.

Aus dem Spanischen von Rudolf Wittkopf

INGEBORG BACHMANN

Undine geht

Ihr Menschen! Ihr Ungeheuer!

Ihr Ungeheuer mit Namen Hans! Mit diesem Namen, den ich nie vergessen kann.

Immer wenn ich durch die Lichtung kam und die Zweige sich öffneten, wenn die Ruten mir das Wasser von den Armen schlugen, die Blätter mir die Tropfen von den Haaren leckten, traf ich auf einen, der Hans hieß.

Ja, diese Logik habe ich gelernt, daß einer Hans heißen muß, daß ihr alle so heißt, einer wie der andere, aber doch nur einer. Immer einer nur ist es, der diesen Namen trägt, den ich nicht vergessen kann, und wenn ich euch auch alle vergesse, ganz und gar vergesse, wie ich euch ganz geliebt habe. Und wenn eure Küsse und euer Samen von den vielen großen Wassern – Regen, Flüssen, Meeren – längst abgewaschen und fortgeschwemmt sind, dann ist doch der Name noch da, der sich fortpflanzt unter Wasser, weil ich nicht aufhören kann, ihn zu rufen, Hans, Hans...
  Ihr Monstren mit den festen und unruhigen Händen, mit den kurzen blassen Nägeln, den zerschürften Nägeln mit schwarzen Rändern, den weißen Manschetten um die Handgelenke, den ausgefransten Pullovern, den Uniformen, grauen Anzügen, den groben Lederjacken und den losen Sommerhemden! Aber laßt mich genau sein, ihr Ungeheuer, und euch jetzt einmal verächtlich machen, denn ich werde nicht wiederkommen,

euren Winken nicht mehr folgen, keiner Einladung zu einem
Glas Wein, zu einer Reise, zu einem Theaterbesuch. Ich werde
nie wiederkommen, nie wieder Ja sagen und Du und Ja. All
diese Worte wird es nicht mehr geben, und ich sage euch vielleicht, warum. Denn ihr kennt doch die Fragen, und sie beginnen alle mit »Warum?«. Es gibt keine Fragen in meinem Leben.
Ich liebe das Wasser, seine dichte Durchsichtigkeit, das Grün
im Wasser und die sprachlosen Geschöpfe (und so sprachlos
bin ich auch bald!), mein Haar unter ihnen, in ihm, dem gerech-
ten Wasser, dem gleichgültigen Spiegel, der es mir verbietet,
euch anders zu sehen. Die nasse Grenze zwischen mir und
mir...

Ich habe keine Kinder von euch, weil ich keine Fragen gekannt
habe, keine Forderung, keine Vorsicht, Absicht, keine Zukunft
und nicht wußte, wie man Platz nimmt in einem anderen
Leben. Ich habe keinen Unterhalt gebraucht, keine Beteuerung
und Versicherung, nur Luft, Nachtluft, Küstenluft, Grenzluft,
um immer wieder Atem holen zu können für neue Worte, neue
Küsse, für ein unaufhörliches Geständnis: Ja. Ja. Wenn das
Geständnis abgelegt war, war ich verurteilt zu lieben; wenn ich
eines Tages freikam aus der Liebe, mußte ich zurück ins Wasser gehen, in dieses Element, in dem niemand sich ein Nest
baut, sich ein Dach aufzieht über Balken, sich bedeckt mit
einer Plane. Nirgendwo sein, nirgendwo bleiben. Tauchen,
ruhen, sich ohne Aufwand von Kraft bewegen – und eines
Tages sich besinnen, wieder auftauchen, durch eine Lichtung
gehen, *ihn* sehen, und »Hans« sagen. Mit dem Anfang beginnen.
  »Guten Abend.«
  »Guten Abend.«
  »Wie weit ist es zu dir?«
  »Weit ist es, weit.«
  »Und weit ist es zu mir.«

Einen Fehler immer wiederholen, den einen machen, mit dem
man ausgezeichnet ist. Und was hilft's dann, mit allen Wassern gewaschen zu sein, mit den Wassern der Donau und des
Rheins, mit denen des Tibers und des Nils, den hellen Wassern
der Eismeere, den tintigen Wassern der Hochsee und der zau-
brischen Tümpel? Die heftigen Menschenfrauen schärfen ihre
Zungen und blitzen mit den Augen, die sanften Menschenfrauen lassen still ein paar Tränen laufen, die tun auch ihr
Werk. Aber die Männer schweigen dazu. Fahren ihren Frauen,
ihren Kindern treulich übers Haar, schlagen die Zeitung auf,
sehen die Rechnungen durch oder drehen das Radio laut auf
und hören doch darüber den Muschelton, die Windfanfare, und
dann noch einmal, später, wenn es dunkel ist in den Häusern,
erheben sie sich heimlich, öffnen die Tür, lauschen den Gang
hinunter, in den Garten, die Alleen hinunter, und nun hören
sie es ganz deutlich: den Schmerzton, den Ruf von weither, die
geisterhafte Musik. Komm! Komm! Nur einmal komm!

Ihr Ungeheuer mit euren Frauen!
   Hast du nicht gesagt: Es ist die Hölle, und warum ich bei ihr
bleibe, das wird keiner verstehen. Hast du nicht gesagt: Meine
Frau, ja, sie ist ein wunderbarer Mensch, ja, sie braucht mich,
wüßte nicht, wie ohne mich leben –? Hast du's nicht gesagt!
Und hast du nicht gelacht und im Übermut gesagt: Niemals
schwer nehmen, nie dergleichen schwer nehmen. Hast du
nicht gesagt: So soll es immer sein, und das andere soll nicht
sein, ist ohne Gültigkeit! Ihr Ungeheuer mit euren Redensarten, die ihr die Redensarten der Frauen sucht, damit euch
nichts fehlt, damit die Welt rund ist. Die ihr die Frauen zu
euren Geliebten und Frauen macht, Eintagsfrauen, Wochen-
endfrauen, Lebenslangfrauen, und euch zu ihren Männern
machen laßt. (Das ist vielleicht ein Erwachen wert!) Ihr mit
eurer Eifersucht auf eure Frauen, mit eurer hochmütigen
Nachsicht und eurer Tyrannei, eurem Schutzsuchen bei euren
Frauen, ihr mit eurem Wirtschaftsgeld und euren gemeinsamen Gutenachtgesprächen, diesen Stärkungen, dem Rechtbe-

halten gegen draußen, ihr mit euren hilflos gekonnten, hilflos zerstreuten Umarmungen. Das hat mich zum Staunen gebracht, daß ihr euren Frauen Geld gebt zum Einkaufen und für die Kleider und für die Sommerreise, da ladet ihr sie ein (ladet sie ein, zahlt, es versteht sich.) Ihr kauft und laßt euch kaufen. Über euch muß ich lachen und staunen, Hans, Hans, über euch kleine Studenten und brave Arbeiter, die ihr euch Frauen nehmt zum Mitarbeiten, da arbeitet ihr beide, jeder wird klüger an einer anderen Fakultät, jeder kommt voran in einer anderen Fabrik, da strengt ihr euch an, legt das Geld zusammen und spannt euch vor die Zukunft. Ja, dazu nehmt ihr euch die Frauen auch, damit ihr die Zukunft erhärtet, damit sie Kinder kriegen, da werdet ihr mild, wenn sie furchtsam und glücklich herumgehen mit den Kindern in ihrem Leib. Oder ihr verbietet euren Frauen, Kinder zu haben, wollt ungestört sein und hastet ins Alter mit eurer gesparten Jugend. O das wäre ein großes Erwachen wert! Ihr Betrüger und ihr Betrogenen. Versucht das nicht mit mir. Mit mir nicht!

Ihr mit euren Musen und Tragtieren und euren gelehrten, verständigen Gefährtinnen, die ihr zum Reden zulaßt... Mein Gelächter hat lang die Wasser bewegt, ein gurgelndes Gelächter, das ihr manchmal nachgeahmt habt mit Schrecken in der Nacht. Denn gewußt habt ihr immer, daß es zum Lachen ist und zum Erschrecken und daß ihr euch genug seid und nie einverstanden wart. Darum ist es besser, nicht aufzustehen in der Nacht, nicht den Gang hinunterzugehen, nicht zu lauschen im Hof, nicht im Garten, denn es wäre nichts als das Eingeständnis, daß man noch mehr als durch alles andere verführbar ist durch einen Schmerzton, den Klang, die Lockung und ihn ersehnt, den großen Verrat. Nie wart ihr mit euch einverstanden. Nie mit euren Häusern, all dem Festgelegten. Über jeden Ziegel, der fortflog, über jeden Zusammenbruch, der sich ankündigte, wart ihr froh insgeheim. Gern habt ihr gespielt mit dem Gedanken an Fiasko, an Flucht, an Schande, an die Einsamkeit, die euch erlöst hätten von allem Bestehenden. Zu gern habt ihr in Gedanken damit gespielt. Wenn ich kam, wenn ein Windhauch mich ankündigte, dann sprangt ihr auf und wußtet, daß die Stunde nah war, die Schande, die Ausstoßung, das Verderben, das Unverständliche. Ruf zum Ende. Zum Ende. Ihr Ungeheuer, dafür habe ich euch geliebt, daß ihr wußtet, was der Ruf bedeutet, daß ihr euch rufen ließt, daß ihr nie einverstanden wart mit euch selber. Und ich, wann war ich je einverstanden? Wenn ihr allein wart, ganz allein, und wenn eure Gedanken nichts Nützliches dachten, nichts Brauchbares, wenn die Lampe das Zimmer versorgte, die Lichtung entstand, feucht und rauchig der Raum war, wenn ihr so dastandet, verloren, für immer verloren, aus Einsicht verloren, dann war es Zeit für mich. Ich konnte eintreten mit dem Blick, der auffordert: Denk! Sei! Sprich es aus! – Ich habe euch nie verstanden, während ihr euch von jedem Dritten verstanden wußtet. Ich habe gesagt: Ich verstehe dich nicht, verstehe nicht, kann nicht verstehen! Das währte eine herrliche und große Weile lang, daß ihr nicht verstanden wurdet und selbst nicht verstandet, nicht warum dies und das, warum Grenzen und Politik und Zeitungen und Banken und Börse und Handel und dies immerfort.

Denn ich habe die feine Politik verstanden, eure Ideen, eure Gesinnung, Meinungen, die habe ich sehr wohl verstanden und noch etwas mehr. Eben darum verstand ich nicht. Ich habe die Konferenzen so vollkommen verstanden, eure Drohungen, Beweisführungen, Verschanzungen, daß sie nicht mehr zu verstehen waren. Und das war es ja, was euch bewegte, die Unverständlichkeit all dessen. Denn das war eure wirkliche große verborgene Idee von der Welt, und ich habe eure große Idee hervorgezaubert aus euch, eure unpraktische Idee, in der Zeit und Tod erschienen und flammten, alles niederbrannten, die Ordnung, von Verbrechen bemäntelt, die Nacht, zum Schlaf mißbraucht. Eure Frauen, krank von eurer Gegenwart, eure Kinder, von euch zur Zukunft verdammt, die haben euch nicht den Tod gelehrt, sondern nur beigebracht kleinweise. Aber ich habe euch mit einem Blick gelehrt, wenn alles vollkommen

hell und rasend war – ich habe euch gesagt: Es ist der Tod darin.
Und: Es ist die Zeit daran. Und zugleich: Geh, Tod! Und: Steh
still, Zeit! Das habe ich euch gesagt. Und du hast geredet, mein
Geliebter, mit einer verlangsamten Stimme, vollkommen
wahr und gerettet, von allem dazwischen frei, hast deinen traurigen Geist hervorgekehrt, den traurigen, großen, der wie der
Geist aller Männer ist und von der Art, die zu keinem
Gebrauch bestimmt ist. Weil ich zu keinem Gebrauch
bestimmt bin und ihr euch nicht zu einem Gebrauch bestimmt
wußtet, war alles gut zwischen uns. Wir liebten einander. Wir
waren vom gleichen Geist.

Ich habe einen Mann gekannt, der hieß Hans, und er war anders
als alle anderen. Noch einen kannte ich, der war auch anders
als alle anderen. Dann einen, der war ganz anders als alle anderen, und er hieß Hans, ich liebte ihn. In der Lichtung traf ich
ihn, und wir gingen so fort, ohne Richtung, im Donauland war
es, er fuhr mit mir Riesenrad, im Schwarzwald war es, unter
Platanen auf den großen Boulevards, er trank mit mir Pernod.
Ich liebte ihn. Wir standen auf einem Nordbahnhof, und der
Zug ging vor Mitternacht. Ich winkte nicht; ich machte mit der
Hand ein Zeichen für Ende. Für das Ende, das kein Ende findet.
Es war nie zu Ende. Man soll ruhig das Zeichen machen. Es ist
kein trauriges Zeichen, es umflort die Bahnhöfe und Fernstra-
ßen nicht, weniger als das täuschende Winken, mit dem so viel
zu Ende geht. Geh, Tod, und steh still, Zeit. Keinen Zauber
nutzen, keine Tränen, kein Händeverschlingen, keine
Schwüre, Bitten. Nichts von alledem. Das Gebot ist: Sich verlassen, daß Augen den Augen genügen, daß ein Grün genügt,
daß das Leichteste genügt. So dem Gesetz gehorchen und keinem Gefühl. So der Einsamkeit gehorchen. Einsamkeit, in die
mir keiner folgt.

Verstehst du es wohl? Deine Einsamkeit werde ich nie teilen,
weil da die meine ist, von länger her, noch lange hin. Ich bin
nicht gemacht, um eure Sorgen zu teilen. Diese Sorgen nicht!

Wie könnte ich sie je anerkennen, ohne mein Gesetz zu verraten? Wie könnte ich je an die Wichtigkeit eurer Verstrickungen glauben? Wie euch glauben, solange ich euch wirklich glaube, ganz und gar glaube, daß ihr mehr seid als eure schwachen, eitlen Äußerungen, eure schäbigen Handlungen, eure törichten Verdächtigungen. Ich habe immer geglaubt, daß ihr mehr seid, Ritter, Abgott, von einer Seele nicht weit, der allerköniglichsten Namen würdig. Wenn dir nichts mehr einfiel zu deinem Leben, dann hast du ganz wahr geredet, aber auch nur dann. Dann sind alle Wasser über die Ufer getreten, die Flüsse haben sich erhoben, die Seerosen sind gleich hundertweise erblüht und ertrunken, und das Meer war ein machtvoller Seufzer, es schlug, schlug und rannte und rollte gegen die Erde an, daß seine Lefzen trieften von weißem Schaum.

Verräter! Wenn euch nichts mehr half, dann half die Schmähung. Dann wußtet ihr plötzlich, was euch an mir verdächtig war, Wasser und Schleier und was sich nicht festlegen läßt. Dann war ich plötzlich eine Gefahr, die ihr noch rechtzeitig erkanntet, und verwünscht war ich und bereut war alles im Handumdrehen. Bereut habt ihr auf den Kirchenbänken, vor euren Frauen, euren Kindern, eurer Öffentlichkeit. Vor euren großen großen Instanzen wart ihr so tapfer, mich zu bereuen und all das zu befestigen, was in euch unsicher geworden war. Ihr wart in Sicherheit. Ihr habt die Altäre rasch aufgerichtet und mich zum Opfer gebracht. Hat mein Blut geschmeckt? Hat es ein wenig nach dem Blut der Hindin geschmeckt und nach dem Blut des weißen Wales? Nach deren Sprachlosigkeit?

Wohl euch! Ihr werdet viel geliebt, und es wird euch viel verziehen. Doch vergeßt nicht, daß ihr mich gerufen habt in die Welt, daß euch geträumt hat von mir, der andren, dem anderen, von eurem Geist und nicht von eurer Gestalt, der Unbekannten, die auf euren Hochzeiten den Klageruf anstimmt, auf nassen Füßen kommt und von deren Kuß ihr zu sterben fürchtet, so wie ihr zu sterben wünscht und nie mehr sterbt: ordnungslos, hingerissen und von höchster Vernunft.

Warum sollt ich's nicht aussprechen, euch verächtlich machen, ehe ich gehe.

Ich gehe ja schon.

Denn ich habe euch noch einmal wiedergesehen, in einer Sprache reden gehört, die ihr mit mir nicht reden sollt. Mein Gedächtnis ist unmenschlich. An alles habe ich denken müssen, an jeden Verrat und jede Niedrigkeit. An denselben Orten habe ich euch wiedergesehen; da scheinen mir Schandorte zu sein, wo einmal helle Orte waren. Was habt ihr getan! Still war ich, kein Wort habe ich gesagt. Ihr sollt es euch selber sagen. Eine Handvoll Wasser habe ich über die Orte gesprengt, damit sie grünen mögen wie Gräber. Damit sie zuletzt hell bleiben mögen.

Aber so kann ich nicht gehen. Drum laßt mich euch noch einmal Gutes nachsagen, damit nicht so geschieden wird. Damit nichts geschieden wird.

Gut war trotzdem euer Reden, euer Umherirren, euer Eifer und euer Verzicht auf die ganze Wahrheit, damit die halbe gesagt wird, damit Licht auf die eine Hälfte der Welt fällt, die ihr grade noch wahrnehmen könnt in eurem Eifer. So mutig wart ihr und mutig gegen die anderen – und feig natürlich auch und oft mutig, damit ihr nicht feige erscheint. Wenn ihr das Unheil von dem Streit kommen saht, strittet ihr dennoch weiter und beharrtet auf eurem Wort, obwohl euch kein Gewinn davon wurde. Gegen ein Eigentum und für ein Eigentum habt ihr gestritten, für die Gewaltlosigkeit und für die Waffen, für das Neue und für das Alte, für die Flüsse und für die Flußregulierung, für den Schwur und gegen das Schwören. Und wißt doch, daß ihr gegen euer Schweigen eifert, und eifert trotzdem weiter. Das ist vielleicht zu loben.

In euren schwerfälligen Körpern ist eure Zartheit zu loben. Etwas so besonders Zartes erscheint, wenn ihr einen Gefallen erweist, etwas Mildes tut. Viel zarter als alles Zarte von euren Frauen ist eure Zartheit, wenn ihr euer Wort gebt oder jemand anhört und versteht. Eure schweren Körper sitzen da, aber ihr seid ganz schwerelos, und eine Traurigkeit, ein Lächeln von euch können so sein, daß selbst der bodenlose Verdacht eurer Freunde einen Augenblick lang ohne Nahrung ist.

Zu loben sind eure Hände, wenn ihr zerbrechliche Dinge in die Hand nehmt, sie schont und zu erhalten wißt, und wenn ihr die Lasten tragt und das Schwere aus einem Weg räumt. Und gut ist es, wenn ihr die Körper der Menschen und der Tiere behandelt und ganz vorsichtig einen Schmerz aus der Welt schafft. So Begrenztes kommt von euren Händen, aber manches Gute, das für euch einstehen wird.

Zu bewundern ist auch, wenn ihr euch über Motoren und Maschinen beugt, sie macht und versteht und erklärt, bis vor lauter Erklärungen wieder ein Geheimnis daraus geworden ist. Hast du nicht gesagt, es sei dieses Prinzip und jene Kraft? War das nicht gut und schön gesagt? Nie wird jemand wieder so sprechen können von den Strömen und Kräften, den Magneten und Mechaniken und von den Kernen aller Dinge.

Nie wird jemand wieder so sprechen von den Elementen, vom Universum und allen Gestirnen.

Nie hat jemand so von der Erde gesprochen, von ihrer Gestalt, ihren Zeitaltern. In deinen Reden war alles so deutlich: die Kristalle, die Vulkane und Aschen, das Eis und die Innenglut.

So hat niemand von den Menschen gesprochen, von den Bedingungen, unter denen sie leben, von ihren Hörigkeiten, Gütern, Ideen, von den Menschen auf dieser Erde, auf einer früheren und einer künftigen Erde. Es war recht, so zu sprechen und so viel zu bedenken.

Nie war so viel Zauber über den Gegenständen, wie wenn du geredet hast, und nie waren Worte so überlegen. Auch aufbegehren konnte die Sprache durch dich, irre werden oder mächtig werden. Alles hast du mit den Worten und Sätzen gemacht, hast dich verständigt mit ihnen oder hast sie gewandelt, hast etwas neu benannt; und die Gegenstände, die weder die geraden noch die ungeraden Worte verstehen, bewegten sich beinahe davon.

Ach, so gut spielen konnte niemand, ihr Ungeheuer! Alle Spiele habt ihr erfunden, Zahlenspiele und Wortspiele, Traumspiele und Liebesspiele.

Nie hat jemand so von sich selber gesprochen. Beinahe wahr. Beinahe mörderisch wahr. Übers Wasser gebeugt, beinah aufgegeben. Die Welt ist schon finster, und ich kann die Muschelkette nicht anlegen. Keine Lichtung wird sein. Du anders als die anderen. Ich bin unter Wasser. Bin unter Wasser.

Und nun geht einer oben und haßt Wasser und haßt Grün und versteht nicht, wird nie verstehen. Wie ich nie verstanden habe.

Beinahe verstummt,
beinahe noch
den Ruf
hörend.

Komm. Nur einmal.
Komm.

ANTONIO TABUCCHI

Die Frau von Porto Pim

Ich singe jeden Abend, denn dafür werde ich bezahlt, aber die
Lieder, die du gehört hast, waren *pesinhos* und *sapateiras* für die
durchreisenden Touristen und die Amerikaner, die da hinten
sitzen und grölen und die bald gehen werden, obwohl sie sich
kaum mehr auf den Beinen halten können. Eigentlich kenne ich
nur vier *chamaritas*, denn mein Repertoire ist sehr klein, und
außerdem bin ich schon fast ein Greis, und außerdem rauche ich
zuviel und habe eine heisere Stimme. Ich muß diesen *balan-
drau*, wie er früher einmal auf den Azoren üblich war, tragen,
denn die Amerikaner mögen das Malerische, und dann fahren
sie nach Texas zurück und erzählen, daß sie in einer Kneipe auf
einer einsamen Insel waren, wo ein Greis mit einem altmodi-
schen Umhang die Lieder seines Volkes sang. Sie wünschen sich
»viola de arame«, das die Stimmung eines melancholischen
Volksfests hat, und ich singe ihnen kitschige *modinhas* vor, in
denen der Reim immer gleichbleibt, aber sie verstehen ohnehin
nichts, und wie du siehst, trinken sie Gin Tonic. Aber was
suchst du eigentlich hier, Abend für Abend? Du bist neugierig
und suchst irgend etwas anderes, denn es ist nun das zweite Mal,
daß du mich zum Trinken einlädst, du bestellst *Cheiro* – Wein,
als wärst du einer der unsrigen, du bist ein Fremder und tust so,
als würdest du sprechen wie wir, aber du trinkst wenig, und
außerdem schweigst du und wartest darauf, daß ich zu sprechen
beginne. Du hast gesagt, du bist Schriftsteller, und vielleicht hat
dein Handwerk etwas mit dem meinen zu tun. Alle Bücher sind
dumm, kein Funken Wahrheit darin, und dennoch habe ich in
den letzten dreißig Jahren eine Menge gelesen, ich hatte nichts

anderes zu tun, ich habe auch viele italienische Bücher gelesen, natürlich in Übersetzung, am besten hat mir eines von einer gewissen Deledda gefallen, das »Canaviais no vento« hieß, kennst du es? Aber du bist jung, und dir gefallen die Frauen, ich habe gesehen, wie du diese wunderschöne Frau mit dem langen Hals angesehen hast, den ganzen Abend lang, ich weiß nicht, ob du mit ihr zusammen bist, auch sie hat dich angesehen, es wird dir vielleicht seltsam erscheinen, aber das Ganze hat etwas in mir wachgerufen, wahrscheinlich habe ich zuviel getrunken. Ich habe im Leben immer von allem zuviel genommen, und das ist ein Fluch, aber wenn man so beschaffen ist, läßt sich nichts machen.

Vor unserem Haus war eine *stafona*, wie wir das auf unserer Insel nennen: eine Art Schöpfwerk, das sich im Kreis dreht, heute gibt es so etwas nicht mehr, ich spreche von einer Zeit, die lange vergangen ist, du warst damals noch nicht auf der Welt. Wenn ich daran denke, höre ich noch immer das Knirschen, das mir in Erinnerung geblieben ist. Meine Mutter schickte mich mit einem Krug zum Wasserholen, und um die Mühe erträglicher zu machen, sang ich während des Schöpfens ein Schlaflied, und manchmal schlief ich auch tatsächlich ein. Hinter dem Schöpfwerk war eine niedrige, weiß gekalkte Mauer, und dahinter ein Steilabhang, und darunter war das Meer. Wir waren drei Brüder, und ich war der jüngste. Mein Vater war ein bedächtiger Mann, mit knappen Gesten und Worten, seine Augen waren so hell wie Wasser, und sein Boot hieß »Madrugada«, genauso wie das Haus meiner Mutter. Mein Vater war – wie auch sein eigener Vater – Walfänger, aber in einer bestimmten Zeit des Jahres, in der die Wale nicht vorbeiziehen, machte er Jagd auf Muränen, und wir und meine Mutter begleiteten ihn. Heute ist das nicht mehr üblich, aber in meiner Kindheit gab es einen Brauch, der zum Fischfang gehörte. Muränen werden am Abend, wenn der Mond aufgeht, gefangen, und um sie anzulocken, sang man ein wortloses Lied: es war ein Gesang, eine zuerst leise und schwache und dann plötzlich durchdringende Melodie, nie wieder habe ich einen derart herzzerreißenden Gesang gehört, er schien aus den Tiefen des Meeres zu kommen, oder von Seelen, die sich in der Nacht verirrt hatten, es war ein Gesang so alt wie unsere Inseln, heute kennt ihn keiner mehr, er ist verlorengegangen, und vielleicht ist es auch besser so, denn er brachte einen Fluch über mich, ein übles Geschick, wie ein Zauber. Mein Vater fuhr in der Nacht mit dem Boot hinaus, er bewegte die Ruder ganz leise und hielt sie senkrecht, um keinen Lärm zu machen, und wir, meine Brüder und meine Mutter, saßen indessen auf dem Kliff und begannen zu singen. Manchmal schwiegen die anderen und ließen mich allein den Lockruf singen, denn sie sagten, meine Stimme wäre so melodiös wie keine andere, und die Muränen könnten ihr nicht widerstehen. Ich glaube nicht, daß ich eine schönere Stimme hatte als die anderen: Sie wollten nur deshalb, daß ich allein singe, weil ich der jüngste war und die Muränen angeblich klare Stimmen lieben. Vielleicht war es ein unbegründeter Aberglaube, aber das ist egal.

Dann wurden wir erwachsen, und meine Mutter starb. Mein Vater wurde noch wortkarger, und manchmal saß er in der Nacht auf der Mauer hinter dem Kliff und sah aufs Meer hinaus. Inzwischen gingen wir nur mehr auf Walfang, wir drei waren groß und stark geworden, mein Vater übergab uns Angeln und Harpunen, wie es seinem Alter entsprach. Dann eines Tages verließen uns meine Brüder. Der mittlere ging nach Amerika, er teilte es uns erst am Tag vor seiner Abreise mit, und ich ging zum Hafen, um mich von ihm zu verabschieden, aber mein Vater kam nicht. Der andere wurde Lastwagenfahrer auf dem Kontinent, er war ein Junge, der gern lachte und der schon immer das Geräusch der Motoren geliebt hatte, ich war allein zu Hause, als die republikanische Garde kam, um uns von dem Unfall zu benachrichtigen, und meinem Vater erzählte ich es beim Abendessen.

Wir beide gingen auch weiterhin auf Walfang. Inzwischen war es schwieriger geworden, man mußte Taglöhner anstellen, denn um hinauszufahren, muß man mindestens zu fünft sein, und mein Vater wünschte sich, daß ich heiratete, denn ein

Heim ohne Frau ist kein richtiges Heim. Aber ich war fünfundzwanzig, und es machte mir Spaß, den Frauen schöne Augen zu
machen, am Sonntag ging ich immer in den Hafen hinunter
und suchte mir eine neue Geliebte, in Europa war Krieg, und
auf den Azoren war ein großes Kommen und Gehen, jeden Tag
legte irgendwo ein Schiff an, und in Porto Pim waren plötzlich
alle Sprachen zu hören.

Ich begegnete ihr eines Sonntags im Hafen. Sie war weiß
gekleidet, hatte nackte Schultern und trug einen Hut aus
Spitze. Sie schien einem Gemälde entstiegen zu sein und nicht
einem Schiff, das randvoll war mit Menschen, die sich auf der
Flucht nach Amerika befanden. Ich sah sie lange an, und auch
sie sah mich an. Es ist eigenartig, wie die Liebe von uns Besitz
ergreift. Von mir ergriff sie in dem Augenblick Besitz, als ich
zwei ganz feine Falten um ihre Augen entdeckte und dachte:
Sie ist nicht mehr ganz jung. Das dachte ich, weil einem Jungen, wie ich es damals war, eine reife Frau vielleicht älter erscheinen mochte, als sie wirklich war. Daß sie etwas über dreißig war, erfuhr ich erst viel später, als es mir nichts mehr
nützte, ihr Alter zu wissen. Ich grüßte sie und fragte, ob ich ihr
behilflich sein könnte. Sie wies auf den Koffer zu ihren Füßen.
Bring ihn ins *Bote*, sagte sie in meiner Sprache. Das *Bote* ist
kein Ort für Damen, sagte ich. Ich bin keine Dame, antwortete
sie, ich bin die neue Chefin.

Am Sonntag darauf ging ich wieder in die Stadt hinunter. Das
Bote war in jener Zeit ein merkwürdiges Lokal, es war keine
richtige Fischerkneipe, und ich war erst einmal dort gewesen.
Ich wußte, daß es zwei Hinterzimmer gab, in denen angeblich
um Geld gespielt wurde, und das Zimmer mit der Bar hatte ein
niedriges Deckengewölbe, einen mit Arabesken verzierten
Spiegel und kleine Tischchen aus Feigenholz. Die Gäste waren
alle Ausländer, sie schienen auf Urlaub zu sein, aber in Wirklichkeit verbrachten sie den Tag damit, sich zu bespitzeln, ein
jeder gab vor, aus einem Land zu kommen, das nicht das seine
war, und dazwischen spielten sie Karten. Faial war ein
unglaublicher Ort in diesen Jahren. Hinter der Theke stand ein

kleiner Kanadier mit spitz zulaufenden Koteletten, der Denis hieß und der Portugiesisch sprach wie die von Cabo Verde, ich kannte ihn, weil er am Samstag in den Hafen kam, um Fisch zu kaufen, denn sonntagabends konnte man im *Bote* essen. Er war es, der mir Englisch beibrachte.

Ich möchte mit der Chefin sprechen, sagte ich. Madame kommt erst nach acht, antwortete er mir von oben herab. Ich nahm an einem der Tischchen Platz und bestellte zu essen. Sie kam gegen neun, als auch schon andere Gäste da waren, sie sah mich und grüßte mich zerstreut, dann setzte sie sich zu einem alten Herrn mit weißem Schnurrbart an den Tisch. Erst jetzt bemerkte ich, wie schön sie war, es war eine Schönheit, die mir die Hitze in die Schläfen trieb, sie hatte mich hierher geführt, aber das wurde mir erst in diesem Augenblick klar. Und das, was mir klar wurde, nahm in diesem Augenblick ganz deutliche Formen an in mir und verursachte mir beinahe ein Schwindelgefühl. Ich verbrachte den Abend damit, sie anzusehen, die Fäuste an den Schläfen, und als sie ging, folgte ich ihr in einiger Entfernung. Sie ging leichtfüßig, ohne sich umzudrehen, wie jemand, der nicht befürchtet, verfolgt zu werden, sie durchquerte das Tor in der Mauer von Porto Pim und ging langsam zur Bucht hinunter. Am anderen Ende des Golfes, am äußersten Punkt der Landzunge, steht einsam auf den Felsen ein Steinhaus, inmitten von Schilf und einer Palme. Vielleicht hast du es schon gesehen, inzwischen ist es unbewohnt, und die Fenster sind morsch, es sieht etwas unheimlich aus, früher oder später wird das Dach einstürzen, wenn es nicht ohnehin schon eingestürzt ist. Dort wohnte sie, aber damals war es ein weißes Haus mit blau umrandeten Fenstern und Türen. Sie trat ein, schloß die Tür, und das Licht ging aus. Ich setzte mich auf einen Felsen und wartete. Mitten in der Nacht ging in einem Zimmer Licht an, sie trat ans Fenster, und ich betrachtete sie. Die Nächte sind still in Porto Pim, man braucht nur zu flüstern in der Dunkelheit, um über weite Entfernung gehört zu werden. Laß mich hinein, flehte ich. Sie schloß die Fensterläden und machte das Licht aus. Der Mond ging gerade auf, umgeben von rotem Dunst, wie immer im Sommer. Ich spürte ein quälendes Verlangen, das Wasser ringsum klatschte an die Felsen, alles war so intensiv und so unerreichbar, und ich erinnerte mich daran, wie ich als Kind in der Nacht vom Kliff aus die Muränen angelockt hatte: Und da hatte ich eine Eingebung, ich konnte mich nicht länger zurückhalten, ich stimmte meinen Gesang an. Zuerst sang ich ganz leise, klagend oder flehend, mit einer Hand am Ohr, um die Stimme in die richtige Richtung zu lenken. Etwas später ging die Tür auf, ich trat ins dunkle Innere ihres Hauses und fand mich in ihren Armen wieder. Ich heiße Yeborath, sagte sie nur.

Weißt du, was Verrat ist? Verrat, wirklicher Verrat ist, wenn du dich schämst und ein anderer sein möchtest. Ich wäre gern ein anderer gewesen, als ich mich von meinem Vater verabschiedete und sein Blick mir folgte, während ich die Harpune in ein Wachstuch wickelte, sie an einen Nagel in der Küche hängte und mir stattdessen die Geige umhängte, die er mir zu meinem zwanzigsten Geburtstag geschenkt hatte. Ich habe beschlossen, den Beruf zu wechseln, sagte ich hastig, ich werde in einem Lokal in Porto Pim singen, ich komme dich am Samstag besuchen. Aber diesen Samstag kam ich nicht und auch nicht am Samstag darauf, und ich machte mir selbst etwas vor, wenn ich mir sagte, ich würde am übernächsten hingehen. Darüber wurde es Herbst, und es verging der Winter, und ich sang. Ich machte mich auch sonst nützlich, denn manchmal tranken die Gäste zuviel, und um sie zu stützen oder sie hinauszuwerfen, war ein starker Arm vonnöten, den Denis nicht besaß. Daneben belauschte ich die Gespräche der Gäste, die so taten, als würden sie Urlaub machen, als Sänger in einer Kneipe ist es einfach, die vertraulichen Mitteilungen der anderen zu belauschen, und wie du siehst, ist es auch einfach, welche zu machen. Sie wartete im Haus von Porto Pim auf mich, und inzwischen mußte ich auch nicht mehr klopfen. Ich fragte sie: Wer bist du, woher kommst du? Warum gehen wir nicht weg von diesen absurden Individuen, die so tun, als würden sie Karten spielen, ich möchte auf immer mit dir zusammensein.

Sie lachte und ließ durchblicken, warum sie im Augenblick dieses Leben führte, und sagte zu mir: Warte noch ein wenig, dann gehen wir gemeinsam weg, du mußt Vertrauen zu mir haben, mehr kann ich dir nicht sagen. Dann stellte sie sich nackt ans Fenster, betrachtete den Mond und sagte zu mir: Sing deinen Lockruf, aber leise. Und während ich sang, forderte sie mich auf, sie zu lieben, und ich nahm sie im Stehen, ans Fenster gelehnt, und sie blickte dabei in die Nacht hinaus, als würde sie auf etwas warten.

Es geschah am zehnten August. In der Nacht von San Lorenzo ist der Himmel voller Sternschnuppen, beim Nachhausegehen sah ich dreizehn. Die Tür war verschlossen, und ich klopfte. Dann klopfte ich aufs neue, heftiger, denn es brannte Licht. Sie öffnete mir und blieb an der Schwelle stehen, aber ich schob sie mit dem Arm zur Seite. Ich fahre morgen, sagte sie, der, auf den ich gewartet habe, ist gekommen. Sie lächelte, als wollte sie mir danken, und aus irgendeinem Grund dachte ich, sie meinte damit meinen Gesang. Ganz hinten im Zimmer bewegte sich eine Gestalt. Es war ein alter Mann, und er zog sich gerade an. Was will er, fragte er in jener Sprache, die ich inzwischen verstand. Er ist betrunken, sagte sie, früher war er Walfänger, aber er hat die Harpune gegen die Geige eingetauscht, während deiner Abwesenheit hat er mir ausgeholfen. Schick ihn weg, sagte er, ohne mich anzusehen.

Die Bucht von Porto Pim funkelte im hellen Licht des Mondes. Ich lief den Golf entlang wie im Traum, als ich mich plötzlich am anderen Ende der Landschaft wiederfand. Ich dachte an nichts, denn ich wollte nicht denken. Das Haus meines Vaters war dunkel, denn er ging zeitig zu Bett. Er schlief jedoch noch nicht, wie es häufig vorkommt bei Alten, die unbeweglich im Dunkel liegen, als wäre das eine Art Schlaf. Ich ging hinein, ohne Licht zu machen, aber er hörte mich. Du bist wieder da, murmelte er. Ich ging nach hinten zur Wand und nahm meine Harpune. Ich bewegte mich im Mondlicht. Mitten in der Nacht jagt man keine Wale, sagte er von seinem Bett aus. Es ist eine Muräne, sagte ich. Ich weiß nicht, ob er verstand, was ich damit sagen wollte, er antwortete jedenfalls nicht und blieb reglos liegen. Mir schien, als winkte er mir zum Abschied mit der Hand, aber vielleicht war es nur meine Phantasie oder ein Schattenspiel im Halbdunkel. Ich habe ihn nicht wiedergesehen, er starb, lange bevor ich meine Strafe verbüßt hatte. Auch meinen Bruder habe ich nicht wiedergesehen. Letztes Jahr habe ich ein Foto von ihm bekommen, er ist ein dicker Mann mit weißen Haaren, umringt von Unbekannten, die wohl seine Söhne und Schwiegertöchter sind, sie sitzen auf der Veranda eines Holzhauses, und die Farben sind so grell wie auf einer Postkarte. Er schrieb mir, wenn ich wollte, könnte ich zu ihm kommen, es gäbe Arbeit für alle und das Leben sei einfach. Das fand ich fast komisch. Was ist ein einfaches Leben, wenn das Leben schon vorbei ist?

Wenn du noch ein wenig bleibst und meine Stimme nicht umkippt, werde ich dir heute abend noch die Melodie vorsingen, die mein Schicksal besiegelt hat. Ich habe sie seit dreißig Jahren nicht mehr gesungen, und es kann sein, daß meine Stimme nicht hält. Keine Ahnung, warum ich das mache, ich widme sie dir und dieser Frau mit dem langen Hals und der Kraft eines Gesichtes, in einem anderen wieder aufzutauchen, das hat vielleicht etwas in mir berührt. Und dir, Italiener, der du jeden Abend hierher kommst und offensichtlich hungrig nach wahren Geschichten bist, um sie zu Papier zu bringen, dir schenke ich die Geschichte, die du gehört hast. Du kannst sogar den Namen dessen verwenden, der sie dir erzählt hat, aber nicht jenen, mit dem sie mich hier in der Kneipe kennen, das ist ein Name für die Touristen, die kommen und gehen. Schreib, das ist die wahre Geschichte des Lucas Eduino, der mit der Harpune die Frau tötete, die er für die seine gehalten hatte, in Porto Pim.

Ah, in einem einzigen Punkt hatte sie mich nicht belogen, wie ich beim Prozeß feststellte. Sie hieß wirklich Yeborath. Sofern das etwas zu sagen hat.

Aus dem Italienischen von Karin Fleischanderl

SANDRA CISNEROS

Heirate bloß keinen Mexikaner

Heirate bloß keinen Mexikaner, hat meine Ma stets und ständig gesagt. Das hat sie wegen meinem Vater gesagt. Das hat sie gesagt, obwohl sie selber Mexikanerin war. Aber sie ist hier in den Staaten geboren, und er ist dort geboren, und das ist *nicht* dasselbe, weißt du.

Ich werde *nie* heiraten. Überhaupt keinen Mann. Ich kenn die Männer zu genau. Ich hab ihre Untreue erlebt, und ich hab ihnen sogar dazu verholfen. Hab Reißverschlüsse aufgezogen und Haken aufgehakt und bei heimlichen Betrügereien mitgemacht. Bin Komplizin gewesen, hab anderen Frauen absichtlich Schmerz zugefügt. Ich bin rachsüchtig und grausam, und ich bin zu allem fähig.

Ich gebe zu, es gab einmal eine Zeit, da wollte ich nichts anderes als einem Mann gehören. Den goldenen Ring an der linken Hand tragen und an seinem Arm hängen wie ein teures Juwel, das im Tageslicht strahlt. Nicht dieses Rumschleichen zu verschiedenen Bars, die alle gleich aussahen, rote Teppiche mit einem schwarzen Gittermuster, Samttapete, Wagenräder aus Holz als Lampengestelle und als Schirme Sturmlaternen in einer ekligen Bernsteinfarbe wie die Trinkgläser, die man an Tankstellen umsonst bekommt.

Erst dunkle Bars, später dunkle Restaurants. Und wenn nicht das, dann meine Wohnung, wo seine Zahnbürste kerzengerade im Zahnbürstenhalter gesteckt hat wie eine Fahne auf dem Nordpol. Das Bett so groß, weil er nie eine ganze Nacht geblieben ist. Natürlich nicht.

Nur ausgeliehen hatte ich meine Männer. Nur den Rahm

abgeschöpft. Nur den süßesten Teil der Frucht, ohne die bittere Schale, die reißen kann, wenn man täglich mit jemand zusammenlebt. Zu mir sind sie gekommen, wenn sie dann das süße Mark wollten.

Darum, nein. Ich hab nie geheiratet, und ich werd's auch nicht tun. Nicht weil ich nicht könnte, sondern weil ich zu romantisch für die Ehe bin. Nicht ein Mann existiert, der mich nicht enttäuscht hätte, den ich so vertrauensvoll lieben könnte, wie ich geliebt habe. Weil ich zu sehr an die Ehe glaube, deshalb nicht. Besser, nicht zu heiraten, als eine Lüge zu leben.

Mexikaner kannst du vergessen. Die Männer, die Tische abgeräumt oder hinter dem Ladentisch beim Metzger Fleisch zerhackt oder den Bus gefahren haben, mit dem ich jeden Tag zur Schule fuhr, das waren lange Zeit für mich keine Männer. Keine Männer, die als potentielle Liebhaber in Frage gekommen wären. Mexikaner, Puertoricaner, Kubaner, Chilenen, Kolumbianer, Panamesen, Salvadorianer, Bolivianer, Honduraner, Argentinier, Dominikaner, Venezolaner, Guatemalteken, Ekuadorianer, Nikaraguaner, Peruaner, Costaricaner, Paraguayaner, Uruguayaner, ganz egal. Ich hab sie nie wahrgenommen. Das verdanke ich meiner Mutter.

Wahrscheinlich hat sie das getan, um mir und Ximena den Kummer zu ersparen, den sie durchgemacht hat. Weil sie mit siebzehn einen Mexikaner geheiratet hat. Das ganze Leid ertragen mußte, das eine mexikanische Familie einem Mädchen zufügen kann, wenn sie von *el otro lado*, von der anderen Seite, kommt, und weil mein Vater, als er sie heiratete, unter seinem Stand geheiratet hat. Wenn er eine Weiße von *el otro lado* geheiratet hätte, das wäre etwas anderes gewesen. Das hätte bedeutet, daß er über seinem Stand geheiratet hätte, sogar wenn das weiße Mädchen arm gewesen wäre. Was aber konnte lächerlicher sein als ein mexikanisches Mädchen, das nicht mal Spanisch sprach, das nicht mal wußte, daß man für jeden Gang beim Essen einen separaten Teller hinstellt oder wie man Stoffservietten faltet oder wie man das Silberbesteck auflegt.

Bei meiner Ma zu Hause wurden die Teller immer in die Mitte des Tischs gestellt, die Messer und Gabeln und Löffel standen in einem Glas, nimm dir, was du brauchst. Sämtliches Geschirr angeschlagen oder gesprungen, und nichts hat zusammengepaßt. Und keine Tischdecke, niemals. Und immer Zeitungen auf dem Tisch ausgebreitet, wenn mein Großvater Wassermelonen aufschnitt, und wie sie sich geschämt hat, wenn ihr Freund, mein Vater, zu Besuch kam und überall auf dem Küchenboden und auf dem Tisch Zeitungen lagen. Und wenn mein Großvater, ein kräftiger, schwer arbeitender Mexikaner, dann gesagt hat: Komm, komm und iß, und eine dicke Scheibe von diesen dunkelgrünen Wassermelonen abgeschnitten hat, eine dicke Scheibe, mit Essen war er nicht knauserig. Nie, nicht mal während der Depression. Komm, komm und iß, zu jedem, der an die Hintertür klopfte. Landstreicher saßen zu Mittag am Tisch, und die Kinder machten große Augen. Denn mein Großvater hat immer dafür gesorgt, daß genug zu essen da war. Mehl und Reis, faßweise und säckeweise. Kartoffeln. Große Tüten Pintobohnen. Und Wassermelonen, gleich drei oder vier auf einmal gekauft, unter sein Bett gerollt und hervorgeholt, wenn man es am wenigsten erwartet hat. Mein Großvater hat drei Kriege überlebt, einen mexikanischen und zwei amerikanische, und er hat gewußt, was Hungern ist. Er hat es gewußt.

Mein Vater wiederum wußte es nicht. Klar, als er hier in diesem Land ankam, hat er auch Muscheln ausgeschält, Teller gewaschen, Hecken gepflanzt, sich in Little Rock im Bus ganz nach hinten gesetzt, und der Busfahrer mußte schreien: Du – setz dich nach vorn, und mein Vater hat verlegen mit den Schultern gezuckt und Nix sprechen Englisch gesagt.

Aber er war weder Wirtschaftsflüchtling noch Immigrant, der vor einem Krieg geflohen war. Mein Vater war von zu Hause weggelaufen, weil er sich gefürchtet hat, seinem Vater unter die Augen zu treten, nachdem seine Zeugnisse nach dem ersten Jahr an der Universität bewiesen hatten, daß er mehr Zeit vertrödelt als studiert hatte. Er verließ ein Haus in Mexico

City, das weder arm noch reich war, sich aber für besser als beides hielt. Ein Junge, der aus einem Bus ausstieg, wenn ein Mädchen, das er kannte, einstieg und er nicht so viel Geld hatte, um ihr die Fahrkarte zu bezahlen. Das war die Welt, die mein Vater verlassen hatte.

Ich stell mir meinen Vater in seinen *fanfarrón*-Sachen vor, denn genau das war er, ein *fanfarrón*. Und in dem Augenblick, als sich meine Mutter zu der Stimme umdrehte, die sie zum Tanz bat, hat sie das auch gedacht. Ein großer Angeber, hat sie Jahre später gesagt. Ein Angeber und sonst nichts. Aber sie hat nie gesagt, warum sie ihn geheiratet hat. Mein Vater in seinen blauschimmernden Anzügen mit dem gestärkten Taschentuch in der Brusttasche, mit dem weichen Filzhut, dem Tweedmantel mit den breiten Schultern und den schweren britischen Schnürschuhen, den Flügelkappen mit dem Lochmuster an der Spitze und an der Ferse. Kleider, die viel gekostet haben. Teuer waren. Das sah man den Sachen meines Vaters an. *Calidad.* Qualität.

Meinem Vater müssen die US-Mexikaner sehr sonderbar vorgekommen sein, so anders als das, was er von zu Hause kannte, wo der Diener die Wassermelone auf einem Teller und mit Silberbesteck und einer Stoffserviette oder Mangos mit speziellen Mangogabeln servierte. Nicht wie hier, wo man im Hof mit breit geöffneten Beinen aß, oder in der Küche über Zeitungen gebeugt. *Komm, komm und iß.* Nein, so niemals.

Wie ich mir meinen Lebensunterhalt verdiene, hängt davon ab. Manchmal arbeite ich als Übersetzerin. Manchmal werd ich pro Wort bezahlt und manchmal pro Stunde, das hängt von dem Job ab. Das mach ich tagsüber, und nachts male ich. Um weitermalen zu können, würde ich tagsüber alles tun.

Ich arbeite auch im Schulbezirk von San Antonio als Aushilfslehrerin. Und das ist schlimmer, als diese Reiseprospekte mit der winzigen Schrift zu übersetzen, glaub mir. Ich kann Kinder nicht leiden. Egal, wie alt. Aber ich kann die Miete davon bezahlen.

Wie man es auch dreht und wendet, alles, womit ich meinen Lebensunterhalt verdiene, ist eine Form von Prostitution. Die Leute sagen: »Malerin? Wie schön!« und wollen mich auf ihre Partys einladen, und ich soll ihnen wie eine gemietete Orchidee den Rasen schmücken. Aber kaufen sie auch Kunst?

Ich bin ein Zwitter. Ich bin ein Mensch, der zu keiner Klasse gehört. Die Reichen haben mich gern dabei, weil sie mich um meine Kreativität beneiden; *die*, das wissen sie, können sie nicht kaufen. Die Armen stört es nicht, wenn ich in ihrer Nachbarschaft wohne, denn sie wissen, daß ich genauso arm bin wie sie, auch wenn meine Bildung und wie ich mich anziehe Welten von ihnen entfernt sind. Ich gehöre zu keiner Klasse. Nicht zu den Armen, deren Nachbarin ich bin. Nicht zu den Reichen, die zu meinen Ausstellungen kommen und meine Arbeiten kaufen. Nicht zur Mittelschicht, der meine Schwester Ximena und ich entflohen sind.

Als ich jung war, als ich zum ersten Mal von zu Hause wegging und mit meiner Schwester und ihren Kindern in diese Wohnung zog, gleich nachdem ihr Mann abgehauen war, da dachte ich, es wäre aufregend, Künstlerin zu sein. Ich wollte wie Frida oder Tina sein. Ich war bereit, mit meiner Kamera und meinen Farbpinseln in dieser gräßlichen Wohnung zu leiden, die wir für je hundertfünfzig Dollar gemietet hatten, wegen der hohen Räume und diesen wunderbaren Dachfenstern, die uns davon überzeugt hatten, daß wir sie unbedingt haben mußten. Was machte es, daß im Bad kein Waschbecken war und die Badewanne wie ein Sarkophag aussah und daß zwischen den Dielenbrettern Spalten klafften und der Korridor sogar Tote in die Flucht geschlagen hätte. Vier Meter hohe Räume waren für uns Grund genug, auf der Stelle einen Scheck für die Kaution auszuschreiben. Wir fanden es so romantisch. Du kennst das Haus, das in der Zarzamora über dem Friseurladen mit den Casasola-Drucken von der Mexikanischen Revolution. Eine BIRRIA TEPLATTLÁN-Leuchtreklame um die Ecke, zwei Ziegen, die die Köpfe aneinanderstoßen, und alle diese mexikanischen Bäckereien, Las Brisas, in denen es sonntags *huevos rancheros* und *carnitas* und *barbacoa* gibt und Milchshakes von frischem Obst und Mango*paletas* und mehr spanische als englische Schilder. Wir fanden das toll, einfach toll. Am Tage sah das Viertel so hübsch aus wie die Sesamstraße. Kinder, glückliche kleine Rotznasen, die auf dem Gehweg Himmel-und-Hölle spielten. Und Eisenwarengeschäfte, in denen es noch Staubwedel aus Straußenfedern gab, und an den Sonntagen ganze Familien, die aus der Kirche Unserer Lieben Frau von Guadelupe rausmarschiert kamen, die Mädchen mit schwingenden Kleidern und mit Lacklederschuhen, die Jungen mit feinen Stacys und glänzenden Hemden.

Aber nachts war es mit nichts zu vergleichen, was wir oben auf der Nordseite erlebt hatten. Pistolenschüsse wie im Wilden, Wilden Westen, und ich und Ximena und die Kinder kuschelten uns im Dunkeln in einem Bett aneinander, und wir lauschten und sagten: Schlaft nur, Kinder, das sind bloß Knallfrösche. Aber wir wußten es besser. Clemencia, sagte Ximena, vielleicht sollten wir nach Hause gehen. Und ich sagte: Scheiße! Denn sie wußte so gut wie ich, daß es kein Zuhause gab, zu dem wir hätten heimgehen können. Nicht bei unserer Mutter. Nicht bei dem Mann, den sie geheiratet hat. Als Daddy gestorben war, war es so, als wären wir gar nicht mehr da. Ma war so damit beschäftigt, sich selber zu bedauern, ich weiß auch nicht. Ich bin anders als Ximena. Nach der ganzen langen Zeit bin ich immer noch nicht drüber weg, obwohl unsere Mutter nun tot ist. Meine Halbbrüder wohnen in dem Haus, das eigentlich uns gehören müßte, mir und Ximena. Aber das ist – wie sagt man das noch mal, Scheiße von gestern? Nie krieg ich die Redensarten richtig hin, dabei bin ich in diesem Land geboren. Bei uns zu Hause haben wir solche Wörter nicht in den Mund genommen.

Als Daddy tot war, war es, als ob meine Ma gar nicht mehr existierte, als ob sie auch gestorben wäre. Ich hatte mal einen kleinen Finken, der hatte sich mit einem seiner roten Beinchen zwischen den Gitterstäben verheddert, weiß der Kuckuck, wie. Das Bein vertrocknete einfach und fiel ab. Mein Vogel hat noch lange ohne das zweite gelebt, nur auf einem kleinen roten Bein-stumpf. Es ging ihm gut, wirklich. Genauso ist es mit der Erin-nerung an meine Mutter, so als wäre etwas, das schon tot ist, vertrocknet und abgefallen, und das, wo sie mal war, fehlt mir nun nicht mehr. Als hätte ich nie eine Mutter gehabt. Und ich schäme mich auch nicht, das zu sagen. Als sie diesen Weißen geheiratet hat und seine Söhne in das Haus meines Vaters gezo-gen sind, war das, als hätte sie aufgehört, meine Mutter zu sein. Als hätte ich nie eine gehabt.

Ma, immerzu krank und ganz damit ausgefüllt, sich um ihr eigenes Leben Sorgen zu machen, die hätte uns an den Teufel verkauft, wenn sie gekonnt hätte. »Ich hab doch so jung gehei-ratet, *mi'ja*«, sagte sie immer. »Und euer Vater, der war so viel älter als ich, und da konnte ich nie richtig jung sein. Liebling, versuch doch, mich zu verstehen…« Von da an hab ich nicht mehr zugehört.

Der Mann, den sie bei der Arbeit kennengelernt hatte, Owen Lambert, Vorarbeiter im Fotolabor, mit dem sie sich sogar getroffen hat, als mein Vater krank war. Sogar dann. Das kann ich ihr nicht verzeihen.

Als mein Vater im Krankenhaus Blut und Schleim gehustet hat, das halbe Gesicht gelähmt und die Zunge so geschwollen, daß er nicht reden konnte, da sah er so klein aus mit allen die-sen Schläuchen und Plastiktüten, die um ihn herumbaumel-ten. Aber am meisten erinnere ich mich an den Geruch, als hätte ihm der Tod schon auf der Brust gesessen. Und ich seh es noch vor mir, wie der Arzt meinem Vater mit einem weißen Waschlappen den Schleim aus dem Mund gewischt hat und wie es meinen Daddy gewürgt hat, daß ich hätte schreien kön-nen: Hör auf, hör auf damit, er ist mein Daddy. Mistkerl. Mach, daß er lebt. Daddy, nicht. Noch nicht, noch nicht, noch nicht. Und wie ich das nicht aushielt, ich konnte es einfach nicht aus-halten. Als ob man mich geschlagen oder mein Innerstes durch die Nasenlöcher rausgeholt hätte, als ob sie mich mit Zimt und Nelken vollgestopft hätten, und ich stand mit ausgetrockneten Augen neben Ximena und meiner Mutter, Ximena zwischen uns, weil ich sie nicht neben mich gelassen hätte. Alle beteten immer wieder die Ave Marias und Padre Nuestros her. Der Priester hat Weihwasser verspritzt, *mundo sin fin, amén.*

Drew, erinnerst du dich daran, daß du mich deine Malinalli genannt hast? Es war ein Witz, ein alberner Scherz unter vier Augen, weil du mit diesem Bart wie Cortez ausgesehen hast. Meine dunkle Haut neben deiner. Schön, hast du gesagt. Ich sei schön, hast du gesagt, und als du es sagtest, Drew, war ich es auch.

Meine Malinalli, Malinche, meine Dirne, hast du gesagt und mich am Zopf gepackt und mir den Kopf zurückgebogen. Hast mich zwischen kleinen Atemzügen und den derben Küssen, die du mir gabst, mit diesem Namen genannt, aus deinem schwarzen Bart hervorgelacht.

Vor Tagesanbruch warst du schon gegangen, so wie immer, bevor ich es auch nur merkte. Und es war, als hätte ich dich erfunden, nur die Bißspuren an meinem Bauch und meinen Brustwarzen bewiesen das Gegenteil.

Deine Haut blaß, aber dein Haar schwärzer als das eines Piraten. Malinalli hast du mich genannt, weißt du noch? *Mi doradita.* Ich hatte es gern, wenn du in meiner Sprache mit mir sprachst. Ich konnte mich selbst lieben und für liebenswert halten.

Dein Sohn. Weiß er, wieviel ich mit seiner Geburt zu tun hatte? Ich habe dir zugeredet, daß du ihn zur Welt kommen läßt. Hast du ihm erzählt, daß ich im Bett seiner Mutter lag und dich liebte, während seine Mutter auf dem Rücken lag und ihn unter Schmerzen gebar?

Ohne mich bist du nichts. Aus Spucke und rotem Staub habe ich dich erschaffen. Und wenn ich will, kann ich dich zwischen Zeigefinger und Daumen riechen. Dich in alle Ewigkeit pusten. Du bist nur ein Farbfleck, den ich auf der Leinwand zum Leben erweckt habe. Und als ich dich verwandelt hatte, warst du kein Teil mehr von ihr, sondern ganz mein. Die Landschaft deines Körpers fest gespannt wie eine Trommel. Das

Herz unter diesem Fell hat getrommelt und getrommelt. Nicht
einen Fingerbreit hab ich zurückgegeben.

Ich male und übermale dich, wie ich es für richtig halte,
sogar jetzt noch. Nach all den Jahren. Hast du das gewußt? Kleiner Dummkopf. Als du zu ihr zurückgegangen bist, hast du
gedacht, ich würde weiter durchs Leben taumeln und wim-
mern und winseln wie eine genäselte Country-Ballade. Aber
ich hab gewartet. Hab die Welt dich mit meinen Augen sehen
lassen. Und wenn das nicht Macht ist, was dann?

Nachts zünde ich alle Kerzen im Haus an, die für La Virgen
de Guadelupe, die für El Niño Fidencio, Don Pedrito Jaramillo,
Santo Niño de Atocha, Nuestra Señora de San Juan de los Lagos
und besonders die für Santa Lucia, die sich die schönen Augen
ausriß und auf einen Teller legte.

Deine Augen sind schön, hast du gesagt. Du hast gesagt, das
seien die dunkelsten Augen, die du je gesehen hast, und hast
beide geküßt, als könnten sie Wunder bewirken. Und als du
gegangen warst, hätte ich sie mir am liebsten mit einem Löffel
rausgekratzt und unter diesem blauen Himmel auf einen Teller gelegt, Futter für die Amseln.

Der Junge, dein Sohn. Der mit dem Gesicht dieser rothaarigen Frau, die deine Frau ist. Der Junge mit den roten Sommersprossen wie Fischfutter, das auf der Wasseroberfläche treibt.
Dieser Junge.

Geduldig wie eine Spinne hab ich all die Jahre gewartet, seit
ich neunzehn war und er gerade erst eine Idee, die seiner Mutter durch den Kopf ging, und ich bin die, die ihm Erlaubnis gab
und es geschehen ließ, verstehst du.

Denn dein Vater wollte deine Mutter verlassen und mit mir
leben. Deine Mutter hat um ein Kind gewinselt, wenigstens
das. Und er hat immer nur gesagt: Später, wir werden sehen,
später. Und die ganze Zeit über wollte er bei mir sein, bei mir,
hat er gesagt.

Das möchte ich dir abends erzählen, wenn du mich besuchst.
Wenn du nur davon redest, was für Klamotten du dir kaufen
willst und was du gewesen bist, als du mit der High School

angefangen hast, und was du jetzt bist, wo du sie fast fertig hast. Und daß alle Welt dich als Rocker kennt, und deine Band und deine neue rote Gitarre, die du gerade bekommen hast, weil deine Mutter dich vor die Wahl gestellt hat, Gitarre oder Auto, aber du brauchst kein Auto, nicht wahr, denn ich fahr dich ja überall hin. Wenn du nicht so helle Haut hättest, könntest du mein Sohn sein.

Das ist geschehen. Vor langer Zeit. Bevor du geboren warst. Als du eine Motte im Herzen deiner Mutter warst, war ich Schülerin bei deinem Vater, ja, so wie du jetzt Schüler bei mir bist. Und dein Vater hat mich immer wieder gemalt, weil ich, wie er sagte, seine *doradita* war, ganz aus Gold und von der Sonne gebräunt, und die Sorte hat er am liebsten, Frauen, die braun sind wie Flußsand, jawohl. Und er nahm mich unter seine Fittiche und mit in sein Bett, dieser Mann, dieser Lehrer, dein Vater. Ich fühlte mich geehrt, daß er es mir zuliebe tat. So jung war ich.

Ich weiß nur, daß ich in der Nacht, in der du geboren wurdest, mit deinem Vater geschlafen hab. Im gleichen Bett, in dem du empfangen wurdest. Ich habe mit deinem Vater geschlafen und mich einen Dreck um diese Frau geschert, deine Mutter. Wenn sie wie ich eine braune Frau gewesen wäre, hätte ich es mir vielleicht mehr zu Herzen genommen, aber so ist es mir egal. Ich war zuerst da, immer. Ich bin immer dagewesen, im Spiegel, unter seiner Haut, im Blut, bevor du geboren warst. Und er ist schon in meinem Herzen gewesen, bevor ich ihn überhaupt kennengelernt habe. Verstehst du? Er ist immer hier gewesen. Immer. Hat sich aufgelöst wie eine Hibiskusblüte, ist wie ein Seil zu Staub zerfallen. Was richtig ist, ist mir inzwischen gleichgültig. Seine Frau ist mir gleichgültig. Sie ist nicht *meine* Schwester.

Und das war nicht das letzte Mal, daß ich mit einem Mann in der Nacht geschlafen hab, in der seine Frau ein Baby zur Welt brachte. Warum tu ich das, frag ich mich. Schlafe mit einem Mann, während seine Frau Leben schenkt, von einem Ding gesaugt wird, dessen Augen noch zu sind. Warum das? Es hat mich immer wahnsinnig gefreut, daß ich imstande bin, diese Frauen so einfach und ohne daß sie etwas davon wissen zu töten. Zu wissen, daß ich ihre Männer gehabt habe, während sie in blauen Krankenhauszimmern festgeschnallt waren, die Eingeweide nach außen gestülpt, das Baby an ihrer Brust gesaugt hat, während ihr Mann an meiner saugte. Das alles, während ihnen die Stiche am Arsch noch weh taten.

Einmal, als ich von Margaritas betrunken war, hab ich deinen Vater um vier Uhr morgens angerufen, hab das Miststück aufgeweckt. Hallo, hat sie gezwitschert. Ich möchte Drew sprechen. Einen Augenblick bitte, hat sie in höflichstem Salonenglisch gesagt. Einen Augenblick bitte. Darüber hab ich wochenlang gelacht. So eine dumme Kuh, dem Lumpen, der da neben ihr schläft, den Hörer rüberzureichen. Entschuldige, Liebling, es ist für dich. Als Drew hallo murmelte, mußte ich so sehr lachen, daß ich kaum sprechen konnte. Drew? Dieses Miststück von deiner Frau, hab ich gesagt, und mehr hab ich gar nicht rausgebracht. So was von dämlich dämlich dämlich. Keine Mexikanerin würde so reagieren. Entschuldige, Liebling. Ich platze vor Lachen.

Er hat die gleiche Haut, der Junge. Die blauen Adern blaß und deutlich zu sehen wie bei seiner Mama. Eine Haut wie Dezemberrosen. Hübscher Junge. Kleiner Klon. Kleine Zellen, die sich zu dir und dir und dir geteilt haben. Sag mir, Baby, welcher Teil von dir ist deine Mutter. Ich versuche, mir ihre Lippen vorzustellen, ihre Wangen, ihre langen Beine, die sich um diesen Vater schlangen, der mich in sein Bett trug.

Das ist geschehen. Ich schlafe. Oder tu so. Du siehst mich an, Drew. Ich spüre dein Gewicht, wenn du auf der Bettkante sitzt, angezogen und fertig zum Gehen, aber jetzt siehst du mich nur an, während ich schlafe. Nichts. Kein Wort. Kein Kuß. Sitzt nur da. Du beobachtest mich, prüfend. Was denkst du schon?
    Ich hab nicht aufgehört, dich zu träumen. Hast du das

gewußt? Findest du das seltsam? Ich laß es mir aber nicht anmerken. Ich behalte es für mich wie alle die Gedanken, die ich über dich denke.

Nach all den Jahren.

Ich will nicht, daß du mich ansiehst. Ich will nicht, daß du mich beobachtest, während ich schlafe. Ich werde die Augen öffnen und dich verscheuchen.

Da. Was hab ich dir erzählt? *Drew? Was ist?* Nichts. Ich wußte, daß du das sagen würdest.

Wir wollen nicht reden. Darin sind wir nicht gut. Bei dir kann ich mit Wörtern nicht umgehen. Als ob ich irgendwie ganz von vorn anfangen müßte, sprechen zu lernen, als ob die Wörter, die ich brauche, noch nicht erfunden worden sind. Wir sind Feiglinge. Komm wieder ins Bett. Da spüre ich wenigstens für kurze Zeit, daß ich dich habe. Du entspannst dich. Du tust weh und zerrst. Du reißt mir die Haut auf.

Ohne deine Sachen bist du beinahe kein Mann. Wie soll ich das erklären? In meinem Bett bist du so sehr ein Kind. Nichts als ein großer Junge, der in die Arme genommen werden muß. Ich werde nicht zulassen, daß jemand dir weh tut. Mein Pirat. Mein schlanker Knabe von einem Mann.

Nach all den Jahren.

Ich habe das nicht erfunden, oder? Ein Ganges, das Auge eines Sturms. Für kurze Zeit. Als wir uns vergaßen, hast du mich an dich gezogen, und ich bin in dich hineingesprungen und habe dich gespalten wie einen Apfel. Geöffnet, für die andere zum Ansehen, aber nicht zurückgeben. Irgend etwas hat sich losgerissen. Dein Körper lügt nicht. Er schweigt nicht, so wie du.

Du bist nackt wie eine Perle. Du riechst nicht mehr nach Rauch. Du bist zärtlich wie Regen. Wenn ich dich in den Mund nehme, schmilzt du wie Schnee.

Du hast dich geschämt, so nackt zu sein. Dich zurückgezogen. Aber als du dich für mich geöffnet hast, hab ich dich als der gesehen, der du bist. Als du nicht auf der Hut warst und dich zeigtest. Ich sah dieses Atemstocken. Ich bin nicht verrückt.

Im Schlaf hast du mich an dich gezogen. Du hast mich im Dunkeln gesucht. Ich habe nicht geschlafen. Jede Zelle, jeder Follikel, jeder Nerv war wach. Ich hab gesehen, wie du gestöhnt und dich hin und her geworfen und gedreht und mich näher an dich herangezogen hast. Ich habe nicht geschlafen. Dieses Mal habe ich *dich* beobachtet.

Deine Mutter? Nur einmal. Jahre nachdem dein Vater und ich aufgehört hatten, uns zu sehen. Auf einer Kunstausstellung. Einer Ausstellung der Fotografien von Eugène Atget. Diese Bilder, stundenlang könnte ich die anschauen. Ich hatte eine Gruppe Studenten mitgenommen.

Deinen Vater hab ich zuerst gesehen. Und im gleichen Augenblick hatte ich das Gefühl, als ob alle Leute in dem Raum, alle die sepiagetönten Fotografien, meine Studenten, die Männer in den guten Anzügen, die Frauen mit den hohen Absätzen, die Wachleute, als ob alle Leute mich als das sehen könnten, was ich war. Ich mußte auf der Stelle fort, meine Studenten in einen anderen Raum führen, aber manches hat das Schicksal nicht für einen bestimmt.

In der Nähe der Garderobe trat er auf uns zu, Arm in Arm mit einer rothaarigen Barbiepuppe in einem Pelzmantel. Einer dieser grausligen Dallas-Typen, das Haar zu einem Pferdeschwanz gestrafft, großes glänzendes Gesicht wie die Frauen in der Kosmetikabteilung bei Neiman. Daran erinnere ich mich. Sie muß schon die ganze Zeit neben ihm gewesen sein, aber ich schwöre, ich hab sie erst in dieser Sekunde gesehen.

An einem leichten Zögern, einem ganz leichten nur, denn er ist zu gewandt, um zu zögern, konnte man erkennen, daß er nervös war. Dann kam er auf mich zu, und ich wußte nicht, was ich tun sollte, ich stand nur da und war geblendet wie die Tiere, die nachts die Straße überqueren, wenn die Scheinwerfer sie erschrecken.

Und ich weiß nicht, warum, aber ganz plötzlich hab ich auf meine Schuhe geschaut und mich für ihr Aussehen geschämt. Und er tritt vor mich hin, mein Liebster, dein Vater, wie es seine Art ist, mit dem Grinsen, für das ich ihn am liebsten schlagen würde, für das ich am liebsten mit ihm schlafen würde, und er sagt mit der aufrichtigsten Stimme, die du je gehört hast: »Ah, Clemencia! *Das* ist Megan.« Auf gemeinere Art konnte er uns nicht bekannt machen. *Das* ist Megan. Einfach so.

Ich hab gegrinst wie eine Idiotin und meine Pfote hingestreckt – »Hallo, Megan« – und zu sehr gelächelt, wie man lächelt, wenn man jemanden nicht ausstehen kann. Dann bin ich schleunigst von dort abgehauen, hab auf der ganzen Rückfahrt mit meinen Studenten geschnattert wie ein Papagei. Als ich zu Hause war, mußte ich den Fernseher anschalten und mich mit einem kalten Waschlappen auf der Stirn hinlegen. Und unter dem Waschlappen, in dem tiefen Teil hinter den Augen hab ich es immer nur pochen gehört: *Das* ist Megan.

Und so bin ich eingeschlafen, Fernseher und alle Lampen im Haus an. Als ich aufwachte, war es ungefähr drei Uhr nachts. Ich hab das Licht und den Fernseher ausgemacht und hab mir Aspirin geholt, und die Katzen, die neben mir auf der Couch geschlafen hatten, sind auch aufgestanden und mir ins Bad nachgelaufen, als ob sie wüßten, um was es geht. Und dann sind sie mir ins Bett nachgelaufen, wohin sie nicht dürfen, aber das eine Mal hab ich sie gelassen, Flöhe oder nicht.

Das ist auch geschehen. Ich schwöre, daß ich mir das nicht ausgedacht habe. Es ist genauso gewesen. Es war, als ich zum letzten Mal mit deinem Vater zusammensein wollte. Wir waren uns einig. Wäre besser so. Ich sähe das doch ein, oder? Zu meinem eigenen Besten. Ein prima Kerl. Ein junges Mädchen wie ich. Ich hätte doch verstanden… Verpflichtungen. Außerdem, er könne *mich nie* heiraten. Du hast doch nicht angenommen…? *Heirate bloß keinen Mexikaner. Heirate bloß keinen Mexikaner…* Nein, natürlich nicht. Ich verstehe. Ich verstehe.

Wir hatten das Haus ein paar Tage lang für uns, wer weiß, wieso. Du und deine Mutter, ihr wart irgendwohin gefahren. War es Weihnachten? Ich weiß nicht mehr. Ich erinnere mich an die bleigefaßte Lampe mit dem milchigen Glas über dem Eßzimmertisch. Ich hab mir alles ganz genau eingeprägt. Das ägyptische Lotosmuster an den Türangeln. Der schmale, dunkle Korridor, in dem dein Vater und ich uns einmal geliebt haben. Die Badewanne auf vier Klauenfüßen, in der er mir das Haar gewaschen und mit Wasser aus einer Zinnschüssel abgespült hat. Dieses Fenster da. Die Ablage. Das Schlafzimmer mit dem Morgenlicht, unglaublich weich, wie das Licht von einer polierten Münze.

Das Haus war wie immer makellos rein, nirgendwo auch nur ein Härchen oder eine einzige Haarschuppe oder ein zerknittertes Handtuch. Sogar die Rosen auf dem Eßzimmertisch hielten den Atem an. Eine Art luftleere Reinheit, in der mich immer ein Niesreiz überkam.

Warum war ich so neugierig auf die Frau, mit der er lebte? Jedesmal, wenn ich ins Badezimmer ging, ertappte ich mich dabei, daß ich den Arzneischrank aufmachte und mir alles ansah, was ihr gehörte. Ihre Estée-Lauder-Lippenstifte. Korallenrot und pink natürlich. Ihre Nagellacke – mauve war das Kühnste, das sie tragen konnte. Ihre Wattebällchen und blonden Haarnadeln. Ein Paar fleischfarbene Schaffellpantoffeln, so sauber wie an dem Tag, an dem sie sie gekauft hatte. Am Türhaken ein weißer Morgenmantel mit Perlmuttknöpfen. Ich hab die Stoffe angefaßt. *Calidad*. Qualität.

Ich weiß nicht, wie ich erklären soll, was ich dann tat. Während dein Vater in der Küche beschäftigt war, ging ich dorthin, wo ich meinen Rucksack gelassen hatte, und nahm eine Tüte Gummibärchen heraus, die ich gekauft hatte. Und während er mit den Töpfen klapperte, ging ich im Haus herum und legte eine Spur an allen Stellen, wo ich sicher war, daß *sie* sie finden würde. Eins in ihren Make-up-Organizer aus Acryl. In jede Nagellackflasche hab ich eins reingestopft. Die teuren Lippenstifte hab ich in voller Länge rausgeschraubt und oben ein Bärchen draufgequetscht, bevor ich sie wieder zugemacht hab. Eins hab ich in ihr Diaphragmakästchen gelegt, mitten auf diesen kalt leuchtenden Gummimond.

Warum sich darüber Gedanken machen? Drew konnte die Vorwürfe schon verkraften. Oder er konnte sagen, das wäre der mexikanische Voodoo der Putzfrau. Das wußte ich ja auch. Es hat keine Rolle gespielt. Es hat mir ein seltsames Gefühl der Befriedigung verschafft, in dem Haus herumzuwandern und sie dort zu verstecken, wo nur sie hinschauen würde.

Und als Drew gerade »Essen!« rief, sah ich etwas auf dem Schreibtisch. Eine dieser Babuschka-Puppen aus Holz, die Drew ihr von seiner Reise nach Rußland mitgebracht hatte. Ich kenn sie. Er hat mir genau die gleiche mitgebracht.

Ich hab's einfach getan, hab die Puppe in der Puppe in der Puppe aufgemacht, bis ich ganz nach innen kam, zum kleinsten Baby in allen andern, und das hab ich gegen ein Gummibärchen ausgetauscht. Und dann hab ich die Puppen wieder zusammengesteckt, so wie sie gewesen waren, eine in die andere in die andere. Nur das Baby nicht, das hab ich in meine Tasche gesteckt. Das ganze Mittagessen hindurch hab ich immer wieder in die Tasche meiner Jeansjacke gefaßt. Es hat sich gut angefühlt, wenn ich es berührt hab.

Auf der Heimfahrt hab ich in der Guadelupe Street auf der Brücke über den *arroyo* angehalten, hab die Alarmblinker eingeschaltet, bin ausgestiegen und hab das Holzpüppchen in den schlammigen Tümpel geworfen, in den die Säufer pissen und in dem Ratten schwimmen. Das Spielzeug der Barbiepuppe schmorte in dem Dung. Das gab mir ein Gefühl, wie ich es nie zuvor und auch danach nie mehr hatte.

Dann bin ich nach Hause gefahren und hab wie eine Tote geschlafen.

Neuerdings mach ich morgens für mich Kaffee und für den Jungen Milch. Ich denke an die Frau und entdecke an diesem Jungen keine Spur von meinem Liebhaber, so als hätte sie ihn durch eine unbefleckte Empfängnis empfangen.

Ich schlafe mit diesem Jungen, ihrem Sohn. Damit der Junge mich so liebt, wie ich seinen Vater liebe. Damit er mich will, damit er hungert, sich im Schlaf herumwirft, als hätte er Glas

verschluckt. Ich nehme ihn in den Mund. Hier, ein kleines
Stück meines *corazón*. Ein Junge mit festen Schenkeln und
einem Anflug von Flaum und einem kleinen straffen flaumi-
gen Po wie sein Vater, und dieser Rücken wie eine Valentins-
karte. Komm her, *mi cariñito*. Komm zur *mamita*. Hier, eine
Scheibe Toast.

Wie er mich ansieht, zeigt mir, daß ich ihn in meiner Gewalt
hab. Komm, Spatz. Ich bin geduldig bis in alle Ewigkeit. Komm
zur *mamita*. Mein dummer kleiner Vogel. Ich rühre mich
nicht. Schrecke ihn nicht auf. Ich laß ihn knabbern. Alles, alles
für dich. Reibe diesen Bauch. Streichle ihn. Bevor ich mit den
Zähnen zuschnappe.

Was ist das in mir, das mich um zwei Uhr nachts so verrückt
macht? Ich kann es nicht auf Alkohol im Blut schieben, wenn
ich keinen drin hab. Es ist etwas Schlimmeres. Etwas, das das
Blut vergiftet und mich sticht, wenn die Nacht schwillt und
ich das Gefühl habe, als ob sich der ganze Himmel gegen mein
Hirn lehnt.

Und wenn ich in einer solchen Nacht jemand umbrächte?
Und wenn ich statt dessen *mich* umbrächte, wäre es meine
eigene Schuld, wenn ich zufällig in die Schußlinie geriete, ein
unschuldiger Zuschauer, ist es nicht eine Schande. Ich ginge
herum, den Kopf voller Bilder, den Schuldigen den Rücken
zugekehrt. Selbstmord? Keine Ahnung. Ich hab nichts gesehen.

Nur daß ich eben nicht mich umbringen will. Wenn mit der
Konstellation der Planeten alles stimmt, gerade dann kippt das
Ganze um und stört das sichtbare Gleichgewicht. Und dann
will es aus meinen Augen heraus. Dann geh ich ans Telefon,
gefährlich wie ein Terrorist. Ich kann nichts tun als es kommen lassen.

Also. Was hältst du davon? Bist du nun davon überzeugt, daß
ich verrückt bin wie eine Tulpe oder ein Taxi? Unstet wie eine
Wolke?

Manchmal ist der Himmel so groß und fühl ich mich nachts
so klein. Das ist das Problem, wenn man Wolke ist. Der Him-

mel ist so schrecklich groß. Warum ist es nachts noch schlimmer, wenn ich so dringend mit jemand sprechen will und keine Sprache habe, in der ich die Worte bilden könnte? Nur Farben, Bilder. Und du weißt, was ich zu sagen habe, ist nicht immer angenehm.

Oh, Liebster, schon gut. Ich bin gegangen und hab's getan. Wozu das gut ist? Gut oder schlecht, ich hab getan, was ich tun mußte und was notwendig war. Und du hast den Hörer abgenommen und mich verscheucht wie einen Vogel. Und jetzt fluchst du vermutlich leise und legst dich wieder hin, zu der Frau neben dir, die ihre eigene Hitze ausstrahlt, warm, lebendig unter dem Flanell und unten, und die ein wenig nach Milch und Handcreme riecht, und der Geruch ist dir vertraut und lieb, ach.

Menschliche Wesen gehen auf der Straße an mir vorbei, und ich möchte die Arme ausstrecken und an ihnen zupfen, als wären sie Gitarren. Manchmal kommt mir die ganze Menschheit herrlich vor. Ich möchte nur die Arme ausstrecken und jemand streicheln und sagen, ja, ja, ist ja gut, Liebling. Ja, ja, ja.

Aus dem amerikanischen Englisch von Silvia Morawetz

MERCEDES ABAD

Eine erstaunliche Frau
Gastronomische Erzählung

Die Liebe kennt viele Launen, und von diesen ist die Notwendigkeit steter Überraschung eine unerschöpfliche Quelle der Verwirrung, aber auch der erotischen Beglückung, falls die Liebenden ihre gegenseitige Lust auf Neues und Erstaunendes zu befriedigen wissen. »Überrasche mich«, flüstern sich die Abgeklärtesten zu, und weder Zärtlichkeit noch falsche Romantik pflegen in solchen Augenblicken eine Rolle zu spielen.

Bedauerlich ist nur, daß die Überraschungskraft kein unerschöpfliches Gut ist, mit dem verschwenderisch umgegangen werden kann, und daß die Innovation in Sachen Liebe meist viel zu schnell endet. Danach kommt tödliche Langeweile auf, die die Liebenden einem merkwürdigen Verlangen unbekannter Herkunft aussetzt, einer Unruhe, die nur durch die Überraschung selbst beschwichtigt werden kann. Die menschliche Fauna ist zwar nicht gerade gesegnet mit Subjekten, die über die Gabe der Überraschung verfügen, aber die Ausnahmen, die den Weg der Menschheitsgeschichte säumen, sind dafür äußerst bemerkenswert. Wahrhaft unermüdliche Brunnen, in denen das Erstaunen unsere Sinne badet.

Die Herzogin Pámfila de Castis war einer jener seltenen Paradiesvögel; und ganz gewiß wird die Geschichte sie als ausnehmend originell und einzigartig schildern und den erstaunlichen Erfindungsgeist festhalten, den sie der edlen Aufgabe widmete, die Menschen um sich herum zu verblüffen. Obwohl schon jenseits der gefürchteten Grenze der Vierzig, hatte sie von ihrer sprichwörtlichen Schönheit nichts verloren. Sie wußte außerdem – denn ihr Geist war ebenso lebendig wie ihre

Sinne und ihre Gestalt –, daß die Schönheit des Körpers allein
einen Geliebten nicht zu entzünden und seinen Verstand nicht
zu trüben vermag. Aus diesem Grund kultivierte sie ihren
Geist und schärfte ihre Erfindungsgabe, die oft wirksamer war
als ihre wohlgeformten Brüste. Langjährige Erfahrung verstärkte noch ihr intuitives Wissen um die spielenden Regeln
und die Finten der Liebe.

Seraphin, der Koch der Herzogin und ihr seit langer Zeit treu
ergeben, war im Laufe der Jahre und einer mit zahllosen gelun-
genen Überraschungen gespickten gastronomischen Karriere
zu einem unverzichtbaren Bestandteil von Pámfila de Castis'
Verführungsstrategien geworden. Die Herzogin legte grenzen-
losen Wert auf die Zubereitung der Delikatessen, mit denen sie
ihre Liebhaber bewirtete, da sie der festen Überzeugung war, ein
exquisites Festmahl, ästhetisch ansprechend und auf subtile
Weise aphrodisierend, besitze die magische Kraft, die Falten der
Gastgeberin zu verbergen. Hörte Pámfila auf, einen Mann zu
lieben, oder hatte schlicht genug von ihm, beendete sie das Verhältnis mit einem Akt von schrecklicher Einzigartigkeit:
Anstatt mit dem Geliebten herrliche Speisen zu kosten, trug
sie Seraphin auf, an diesem Tag einen klumpigen Kartoffelbrei
und halbgare Grützwurst in Schwartenbrühe zuzubereiten. Da
diese Extravaganz bereits Tradition geworden war und sich
durch Tratsch und in Ungnade gefallene Liebhaber herumge-
sprochen hatte, wußte jeder, der sich der gefürchteten Grützwurst gegenübersah, was die Stunde geschlagen hatte. Viele
probierten jene fatale Mahlzeit nicht einmal, sondern verließen Pámfila, diese außergewöhnlich originelle Frau, still und
mit gesenktem Kopf. Zum Glück jedoch versank auch diese
Angewohnheit nicht in triste Routine, denn eines Tages hatte
ein so verabschiedeter Liebhaber den glücklichen Einfall,
Grützwurst und Püree der Dame Pámfila ins Gesicht zu werfen, woraufhin diese ihn nicht zornentbrannt aus dem Haus
warf, sondern, eine solche Verwegenheit zu schätzen wissend,
unverzüglich versöhnt war und Seraphin mit der Zubereitung
von Krabbencreme *à la parisienne*, Seezunge in Champagner

und mit tropischen Früchten gefüllten Hörnchen beauftragte und dazu von ihren besten Weinen und Likören bestellte.

Seraphin, der vor der enormen Verantwortung in der Küche seiner Herrin und Chefin nie zurückgeschreckt war, erfüllte seinen Auftrag mit manischer Sorgfalt, wählte den passenden Wein für den jeweiligen Liebhaber und erfand neue Gerichte, die genau auf die Seelenzustände der Herzogin und die jeweiligen Eigenarten ihrer immer sehr heterogenen Liebesbeziehungen abgestimmt waren: kräftig gewürzte Gerichte von abwechslungsreichem, aggressivem Geschmack für Sascha, den russischen Geliebten der Herzogin; mit allerlei Likören zubereitete Sahnecremes für Arturo, der nicht nur ihr Geliebter, sondern auch Dichter und Alkoholiker war; Gerichte voller Pathos für Bernardo, den geliebten Psychiater...

Da die Zeit jedoch ohne Pardon voranschreitet und Seraphin dem Ephebenalter betörender Beine und seraphischer Unschuldsaugen lange entwachsen war, hatte sich Pámfila de Castis zu ihrem großen Leidwesen gezwungen gesehen, einen Küchenjungen einzustellen, der all jene Aufgaben wahrnahm, die weniger Kreativität erforderten. Seraphin hatte seinen Gehilfen selbst aussuchen wollen, was der Herzogin gar nicht gefiel, da sie die Neigungen ihres Kochs kannte und mit einem hübschen Jungen in der Küche ein deutliches Nachlassen seiner kulinarischen Hingabe befürchtete. Pámfila hatte es immer amüsant gefunden, einen Koch aus Edom zu haben, doch was wäre, wenn Seraphin der Versuchung erläge und mit dem Küchenjungen in der Küche sündigte? Dieser entsetzliche Gedanke bereitete der Herzogin Alpträume, in denen sie spermatriefende Speisen, uringebeizte Soßen und blutige, nach Schweiß schmeckende Desserts sah. Aus Liebe zu Seraphin akzeptierte sie jedoch den Jungen, den dieser erwählt hatte: ein fünfzehnjähriger Bengel von ungewisser Herkunft, der bis zu diesem Zeitpunkt mehr als nur eine Brieftasche gestohlen hatte. Pámfila, der es, vor allem was Seraphin anging – der über Jahre hinweg ihre große platonische Liebe gewesen war –, nicht an Wohlwollen mangelte, hielt es nur für gerecht, dem Koch und seinem Küchenjungen eine angemessene Probezeit einzuräumen. Sollten sich die beiden ihres Vertrauens würdig erweisen, hätte sie gegen die Anwesenheit des Jungen nichts einzuwenden. Nun ja, Stärke ist eine Tugend, die vom Fleische fällt, wenn die Versuchung groß ist, und der getreue Koch widerstand nur wenige Tage, bis er jener Stimme gehorchte, die aus seinem tiefsten Innern sprach und ihm befahl, seine Hände auf die Pobacken des Jungen zu legen. Doch, ach, der Körper des Jungen war für diese zärtliche Geste unzugänglich, und weder Ausdauer noch tausendundeine List des schelmischen Seraphin konnten den Bengel erweichen, der sich mit großer Geschicklichkeit dem Zugriff fremder Hände zu entziehen wußte. Seraphin ließ jedoch nicht locker, und der Küchenjunge mußte zunehmend Fantasie aufbringen, um so hartnäckiger Verfolgung zu widerstehen. Mehrmals erwog der Jüngling die Möglichkeit, einfach zu verschwinden und den feuchten Freier sitzen zu lassen, aber dann waren die Anstellung als Küchenjunge und die winkenden Einkünfte doch zu verführerisch, um bei der ersten Widrigkeit gleich alles über Bord zu werfen. Aus diesem Grund beschloß Crispin – so hieß der Junge –, weiterhin als uneinnehmbare Festung in der Küche auszuharren. Sein Widerwille gegen Seraphins pathetische Beharrlichkeit wurde von Tag zu Tag größer, und während er geduldig die Zutaten zu Pámfilas vorzüglichen Soßen zerkleinerte, schmiedete Crispin raffinierte Rachepläne gegen den alten Koch. Obwohl er als Strichjunge früher die Prostitution in all ihren Spielarten betrieben hatte, war er von der luxuriösen Atmosphäre im Haus der Herzogin so beeindruckt und sogar gewandelt, daß er sich nach einem ehrbaren Leben sehnte, wie es seiner Meinung nach die Herzogin führte. Zu allem Unglück hatte sich der Bengel noch in Pámfila verliebt und ward von Eifersucht gepeinigt, als er feststellen mußte, wieviel Zuneigung sie für Seraphin empfand. In Crispins fiebriger Fantasie nahm die Tragödie Gestalt an: Wenn er erreichte, daß Pámfila Seraphin entließ, unterstände ihm die herzogliche Küche, und das wäre vielleicht der Weg, auf dem er eines Tages zum Herzen und zum

Schoß von Pámfila de Castis vordringen könnte. Selbst eine
Heirat wäre nicht undenkbar. Solche Aussichten waren mehr,
als der Junge sich damals hätte träumen lassen, als die Landschaft seines Lebens nur aus fremden Taschen und für Stunden
gemieteten Betten bestand. Eine Herzogin zu heiraten, die
zudem noch schön war und die er wirklich liebte, müßte für
ein gleich nach der Geburt ausgesetztes Findelkind der Gipfel
der Erfüllung sein. Ja, er wollte diese herrliche Frau verführen,
auch wenn er dafür über Leichen gehen mußte, angefangen bei
der des verhaßten Kochs. Der Junge war trotz seiner frühen
Ganovenlaufbahn recht sensibel und hielt jedes Blutvergießen
für dumm, solange es noch andere Möglichkeiten gab, ans Ziel
zu gelangen. Er beschloß daher, das Ansehen Seraphins bei der
Herzogin zu untergraben, bevor er zu anderen Maßnahmen
griff. Er brauchte nicht lange, sich einen Plan zurechtzulegen,
den er für recht wirkungsvoll hielt: Er würde die von Seraphin
zubereiteten Speisen mit Schalenstückchen von trockenem
Obst, mit Haaren, hier und da einem Schnipsel Zeitungspapier
und Überdosen von Pfeffer und Salz verderben. Das einzige,
was den Erfolg seiner Machenschaften gefährden konnte,
waren die allgegenwärtigen Luchsaugen Seraphins; doch der
gewitzte Bengel wußte sehr wohl, daß sein kleiner Hintern auf
den alten Koch eine solche Anziehungskraft ausübte, daß sein
Blick häufig genug von den dampfenden, wohlriechenden Töpfen fortwanderte und sich auf die strammen Zwillingshügel
heftete, die er so heftig begehrte.

Das Schicksal wollte es, daß Pámfila de Castis in jenen
Tagen zerstreut war und wenig Appetit zeigte, da ihre ganze
Aufmerksamkeit von einem neuen Liebhaber in Anspruch
genommen wurde. Reinmund war ein Mann von reinem Mund
oder einer, der seinen Mund rein hielt, ganz wie beliebt, was
bedeutete, daß kein Kuß seine Lippen gestreift hatte. Ich würde
nicht behaupten wollen, daß Reinmund diese Geschichte nur
erfunden hatte, um sich mit dem Hauch von Einzigartigkeit zu
umgeben, auf den die Herzogin so erpicht war; doch wie dem
auch sein mochte, das mit dem ungeküßten Mund ließ Pámfila

keine Ruhe, und sie fühlte sich wie eine moderne Salome. Der biblische Anklang verlieh dem Verhältnis etwas reizvoll Morbides, was die Herzogin vermutlich daran hinderte, so rasch das Interesse zu verlieren, wie sie es üblicherweise tat. Sie gab sich so sehr dieser Leidenschaft hin, daß ihr Appetit nachließ und sie kaum darauf achtete, was sie zu sich nahm. Und obwohl sie über Tage hin in ihren Speisen Haare und ähnliche Schweinereien fand, nahm sie kaum Notiz davon und meinte, Seraphin habe wohl seine Tage und Schwierigkeiten, sich zu konzentrieren. Auch Reinmund merkte nichts oder tat jedenfalls so, als mundeten ihm die versalzenen Leckereien vorzüglich. So ist nun einmal die Liebe, verlogen und falsch wie eine Schlange. Zum Glück sind Pfeffer und Salz aphrodisierende Gewürze, so daß ein mit gegensätzlicher Absicht herbeigeführter Zustand nichts anderes bewirkte, als das Feuer der Liebenden noch zu schüren. Der arme Crispin verstand die Welt nicht mehr. Wie war es möglich, daß eine Frau, die in dem Ruf stand, eine begnadete Feinschmeckerin zu sein, solchen Schlangenfraß tatsächlich aß? Voller Verzweiflung und nicht länger bereit, seine gastronomischen Sabotageakte unbemerkt zu lassen, beschloß der Junge, von nun an auf jegliches Feingefühl zu verzichten. Hätte er doch nur die Kraft, all die herrlichen Cremes ekelhaft faulig schmecken und wie Misthaufen stinken zu lassen! Als er sich schließlich der Einsicht beugen mußte, solcher Kraft nicht teilhaftig zu sein, ersann er neue Listen, bis er eines glücklichen Tages, den er sein Leben lang nicht vergessen sollte, die so lang gesuchte Lösung fand.

Für Pámfila des Castis war es ein ganz besonderer Tag, Reinmund hatte versprochen, sich von ihr küssen zu lassen, falls es ihr gelänge, ihn mit etwas ungeheuer Originellem zu überraschen. Pámfila grübelte den ganzen Tag über neuen Anekdoten, erfand amüsante Lügen über ihre Vergangenheit, schrieb Witze auf und versuchte, sie auswendig zu lernen, und wählte eine der Gelegenheit angemessene Garderobe. Schon glaubte sie, die richtige Mischung aus allem gefunden zu haben, da überfiel sie eine tiefe Niedergeschlagenheit. Sie hatte schon zuviel erlebt und wußte, daß die Zahl der Überraschungen und neuen Erfindungen im Leben begrenzt war. Sie hatte das Gefühl, die Quellen ihrer Einbildungskraft seien für immer versiegt und auf dem Grunde des Brunnens befeuchte brackiges Wasser nur noch verwesende Algen. Da erinnerte sie sich des Tages, an dem sie – als sie noch jung war und glaubte, Überraschungsfähigkeit wiche nie von ihrer Seite – geschworen hatte, sich das Leben zu nehmen, wenn das, was den Sinn und Zweck ihres Daseins ausmachte, sie verlassen sollte. Jetzt schien dieser gefürchtete Augenblick gekommen zu sein, und nichts könne sie vor dem unausweichlichen nahen Tod bewahren; sie fing sogar schon an, sich Gedanken zu machen, auf welche Weise sie sich umbringen sollte. Sie warf das Kleid, das sie sich für den Abend herausgelegt hatte, in die Ecke, wickelte sich in ein Bettuch ein und weinte eine Weile.

Als Reinmund pünktlich wie immer zu ihr kam, fand er Pámfila bitterlich weinend, in ein weißes Laken gehüllt wie eine Jungfrau. Sie schluchzte und stammelte unverständliche Worte. Nach und nach ließ sie sich von ihrem Geliebten beruhigen, weigerte sich jedoch, ihm den Grund ihres Kummers zu verraten; sie sagte ihm lediglich, ihre Zofe habe durch einen unverzeihlichen Fehler ihr Lieblingskleid ruiniert. Reinmund lächelte ob der Tränen und ihrer Ursache, schlug vor, zu Abend zu speisen, und rief Seraphin. Der alte Koch hatte zehn Stunden für die Zubereitung des Nachtmahls aufgewandt.

Kurz bevor Seraphin den Herrschaften die Speisen servierte, gelang es nun Crispin – einstmals Strichjunge und jetzt überzeugt, für ein Leben in Kaschmir und Naturseide geschaffen zu sein –, in einer ebenso glorreichen wie bedauerlichen Intervention, dem Markklößchensalat eine geheimnisvolle Zutat beizufügen. Ein leichter Schwung mit Hintern und Hüften reichte, um die Aufmerksamkeit des Kochs auf sich zu ziehen, der, den Blick an dem süßen Hinterteil des Bengels verloren, nicht mitbekam, wie dieser ein Objekt in die Salatschüssel gleiten ließ, das kleiner war als ein kleiner Finger. Es war eine überraschend saubere Arbeit.

Hätte die Herzogin an diesem Abend die Türen ihres Zimmers offenstehen lassen, wäre ihr geliebter und treuer Koch, Seraphin mit Namen, einer rührenden Szene ansichtig geworden. Pámfila, noch immer in das weiße Laken gehüllt, das sie wie eine Jungfrau, aber deswegen nicht weniger verführerisch aussehen läßt, streicht zärtlich über Reinmunds Nacken und bedeckt ihn mit Küssen, die an den Schultern ihren Anfang nehmen, an seinen Ohren verweilen, den Hals hinabfahren, sein Kinn erklimmen, beide Wangen streifen und sie mit einer leichten Röte überziehen, sich auf den Nasenflügeln niederlassen, auf den schmachtend geschlossenen Augenlidern, auf der herrlichen Stirn, seine Schläfen berühren, über die Nase wieder hinuntergleiten und schließlich vor seinem wundervollen Mund verharren, den niemand bisher geküßt hat und der noch niemanden küßte. Reinmund öffnet die Lippen, befeuchtet sie mit der Zunge, dehnt seinen Hals und legt den Kopf weit zurück. Pámfila ist heiß und feucht und zittert vor Begierde. Wird sie diesen Mund heute küssen? Wird sie die begehrte Trophäe gewinnen?

Mit einem jähen Entschluß rafft sie das Leintuch zusammen und serviert erst einmal das Essen. Sie trägt das Laken mit unbestreitbarer Würde und Eleganz, und mit unendlicher Anmut öffnet sich selbiges einen Spalt, ganz kurz nur, doch lang genug, damit der Salatschale etwas entweicht und sich aus eigenem Antrieb in das Innere des provisorischen Gewandes von Pámfila de Castis begibt, die das Abendmahl aufträgt, doch plötzlich ihre Meinung bezüglich der Art ihres Appetits ändert und, als gehorche sie einem verzweifelten erotischen Drang, dem Geliebten ins Ohr flüstert, das Mahl müsse warten. Langsam entledigt sie sich des Bettuchs und steht nackt vor Reinmunds Augen. Da dieser den Körper der Herzogin auswendig kennt, richtet sich sein Augenmerk schon bald von den üppigen runden Brüsten mit den großen, steif aufgerichteten Warten etwas Neuem zu, das sich im Schoß der Dame windet. Reinmund beugt sich ein wenig vor, um die Überraschung aus der Nähe zu betrachten, und stellt voller Entzücken fest, daß

Pámfilas Vulva, die göttliche Vulva, eine einzigartige Zierde schmückt: ein Skorpion, kleiner noch als ein kleiner Finger. Die Anmut, mit der der Skorpion seinen Stachel bewegt, versetzt Reinmund in Ekstase, und behutsam schiebt er die Beine der Geliebten auseinander, um das, was dort vorgeht, in seiner ganzen subtilen Großartigkeit gebührend würdigen zu können. Dann hebt er seinen Blick voll aufrichtiger Bewunderung zu Pámfilas Antlitz empor, das in diesem Augenblick vor Stolz erstrahlt, vor Stolz auf eine Vulva, die so begehrenswert ist. Reinmund hat nicht mehr den leisesten Zweifel; tief beeindruckt und begierig jetzt, einem solchen Ausbund an Einzigartigkeit den ausgelobten Preis zu überlassen, flüstert er mit verliebter Stimme:

»Geliebte, du wirst mich stets überraschen.«

Was ein Jammer, daß Reinmunds Rede an diesem Punkt unterbrochen wurde. Ein entsetzlicher, gellender Wehlaut hinderte ihn, seine Bewunderung für eine überaus originelle Frau noch inniger zu bekunden.

Am Tage der Beerdigung von Pámfila de Castis, die eine keineswegs alltägliche Herzogin gewesen war, weinten ein geläuterter Strichjunge, ein Koch in fortgeschrittenem Alter und ein Mann von reinem Mund bittere Tränen. Reinmund erhängte sich wegen seiner Dämlichkeit. Seraphin und Crispin wurden ein Paar.

Aus dem Spanischen von Willi Zurbrüggen

Ein Bild und ein Gleichnis

REINALDO ARENAS

Mona

Vorwort von Daniel Sakuntala

Im Oktober 1986 ging eine merkwürdige Pressemeldung um
die Welt. Ein Kubaner namens Ramón Fernández, siebenund-
zwanzig Jahre alt, seit dem Exodus von Mariel in den Vereinigten Staaten, sei im New Yorker Metropolitan Museum bei dem
Versuch festgenommen worden, das berühmte Bild der Mona
Lisa von Leonardo da Vinci, Schätzwert etwa einhundert Millionen Dollar, zu »zerstechen« (sic!). Viele der hiesigen Zeitungen brachten eine knappe Information über Maler und Werk
und fuhren fort, man vermute, bei Fernández handle es sich um
einen der zahlreichen Geisteskranken, die 1980 aus Kuba aus-
gewiesen wurden. Mit freundlicher Genehmigung des Musée
du Louvre bliebe das Meisterwerk noch bis zum 15. November
in New York ausgestellt. Das war alles, was die Journalisten
vermeldeten, die vielleicht aus diplomatischen Gründen oder
aus Unwissenheit die Tatsache unerwähnt ließen, daß die fran-
zösische Regierung unter dem Präsidenten François Mitterand
für die »freundliche Genehmigung«, die Mona Lisa den Atlantik überqueren zu lassen, fünf Millionen Dollar kassierte. Es ist
interessant, mit welchem Nachdruck die Presse – insbesondere die US-amerikanische – betonte, der vermeintliche Gei-
steskranke sei ein Mariel-Flüchtling. Und höchst befremdlich
ist, daß alle Publikationen von dem Versuch sprechen, das Bild
zu »zerstechen«, wohingegen aus sämtlichen Unterlagen und
dem Geständnis des Beschuldigten selbst hervorgeht, daß die
Tatwaffe ein Hammer war... Ein paar Tage später, am 17. Oktober, meldete die *New York Times* auf einer der letzten Seiten
den ungewöhnlichen Tod des Ramón Fernández im Gefängnis:

»Gestern morgen wurde der junge Kubaner, der versucht hat, das Meisterwerk Leonardo da Vincis zu zerstören, erdrosselt in seiner Zelle aufgefunden, wo er auf sein Gerichtsverfahren wartete. Unerklärlich bleibt«, fuhr die Zeitung fort, »daß keinerlei Gegenstand gefunden wurde, der als Werkzeug für einen Selbstmord in Frage kommen könnte. In Anbetracht seines Geisteszustands war es dem Häftling nicht gestattet, irgend etwas zu behalten, was eine Selbsttötung ermöglicht hätte. Der Gefangene trug weder einen Gürtel noch Schnürsenkel und hat sich offenbar mit den eigenen Händen erwürgt. Auch hatte keine dem Gefängnispersonal unbekannte Person Zutritt zu Ramón Fernández, welcher den Erklärungen des Direktors der Anstalt zufolge die sechs Tage seit seiner Verhaftung in einem Zustand höchster nervlicher Erregung verbracht und in dieser Zeit einen langen Brief geschrieben habe, adressiert an einen seiner kubanischen Freunde im Exil. Wie der Gefängnisdirektor mitteilte, habe er, da es sich um einen besonderen Fall handelte, besagtes Schriftstück (das ihm von einem der Wärter übergeben worden sei, der als Freund Fernández' auftrat) vorsichtshalber gelesen, und es beweise den hohen Grad der geistigen Verwirrung des Gefangenen. Nach Anfertigen einer Fotokopie habe er angeordnet, das Schreiben seinem Empfänger zukommen zu lassen, da es mit dem Geschehen nichts (sic!) zu tun habe…« Zwei Tage später verbreiteten einige wenige Zeitungen (inzwischen war es der Selbstmord von Mutter Teresa, der die Titelseiten beherrschte) die Meldung, der Leichnam Ramón Fernández' sei unter mysteriösen Umständen aus dem Leichenschauhaus verschwunden, wo er auf eine neuerliche Untersuchung durch den Gerichtsmediziner und den Staatsanwalt wartete. Damit endete die mehr oder weniger ernst zu nehmende Berichterstattung zu diesem Fall, die mit einem Irrtum begann (dem angeblichen Einstechen auf die Mona Lisa) und mit einem Irrtum endete (dem vermeintlichen Selbstmord des Gefangenen). Mit dem typischen Spürsinn der Ignoranz ahnte die Boulevardpresse vielleicht, daß hinter dem Ganzen ein Verbrechen aus Leidenschaft steckte… Der Hinweis erübrigt sich, daß eine ganze Flut von New Yorker Zeitschriften und Blättchen – liberal genannt, weil sie bereitwillig jede Macht verteidigen, die den USA feindlich gesinnt ist, allen voran die *Village Voice* – die Tatsachen in einem anderen Licht darstellten: Ramón Fernández war demnach ein castrofeindlicher kubanischer Terrorist, der als Akt des Widerstands gegen die sozialistische Regierung Frankreichs versucht hatte, das berühmteste Kunstwerk, das dieses Land besitzt, zu zerstören... Und als reichte dies alles nicht, um uns als Barbaren abzustempeln, brachte eine in New Jersey von einem wahnsinnigen Kubaner namens Luis P. Suardíaz herausgegebene spanischsprachige Postille einen Leitartikel, in dem die »patriotische Tat« Fernández' gepriesen wurde, der mit dieser »Aktion« lediglich die Aufmerksamkeit der französischen Regierung auf den Fall Roberto Bofill habe lenken wollen: der Kubaner hatte zu dieser Zeit in der französischen Botschaft in Havanna um Asyl gebeten, und Castro verweigerte ihm hartnäckig die Ausreise.

Sechs Monate sind seit dem mysteriösen Tod Ramón Fernández' bereits vergangen. Die Mona Lisa ist an ihren angestammten Platz im Louvre zurückgekehrt. Der Fall scheint abgeschlossen.

Es gibt aber jemanden, der sich nicht damit abfinden will, daß dieser Fall, nachdem er die »Ehre« hatte, zweimal die Seiten der *New York Times* und vieler anderer Zeitungen zu zieren, über Nacht zu den Akten gelegt wird. Derjenige bin ich, Daniel Sakuntala, der Empfänger des von Ramón Fernández verfaßten Berichts, den mir die Polizei (eine Woche nach Ramóns Tod) natürlich nur deshalb zukommen ließ, um festzustellen, ob es irgendwelche zwielichtigen und kompromittierenden Verbindungen zwischen mir und dem vermeintlichen »kriminellen Selbstmörder« gäbe, die man durch Beobachtung meiner Reaktionen und Beschattung meiner Person – davon gehe ich aus – aufdecken wollte.

Gleich nach Erhalt des Manuskripts meines Freundes Ramoncito, den ich aus Kuba kannte, versuchte ich, es in

irgendeiner angesehenen Zeitschrift oder Zeitung zu veröffentlichen, aber alle Herausgeber waren, genau wie der primitive
Wärter, einhellig der Meinung, dieses Dokument eines Augen-
zeugen sei das Werk einer verwirrten oder schwachsinnigen
Person, und wer es veröffentliche, mache sich lächerlich. Da
kein bedeutendes Presseorgan bereit war, den Text abzudruk-
ken, wandte ich mich, sozusagen als letzte Instanz, an Reinaldo Arenas, um zu sehen, ob er ihn in die Zeitschrift *Mariel*
aufnehmen könnte. Doch in seiner sprichwörtlichen Frivoli-
tät[1] und trotz seiner fortgeschrittenen Aids-Erkrankung, der er
vor kurzem erlegen ist, lachte Arenas nur über meinen Vorschlag und erklärte, *Mariel* sei eine der Gegenwart verpflich-
tete Zeitschrift, eine solche »Erzählung im Stil des neunzehnten Jahrhunderts« passe dort nicht hinein. Die größte Beleidigung fügte er mir zu, als er mir riet, mich an die Chefredakteu-
rin des *Linden Lane Magazine*, Carilda Oliver Labra, zu wenden... Natürlich bin ich mir sicher, daß Arenas Ramoncito aus
Kuba kannte und daß sich dieser, der nur richtigen Frauen
zugetan war, nicht das geringste aus ihm machte. Das ist aber
eine andere Geschichte, genauso wie die Sache mit der Ohrfeige im vollbesetzten Bus, die Ramoncito, mein Freund und
Bruder, Delfín Proust verabreichte, als der sich plötzlich auf
seinen Hosenschlitz stürzte... Nein, kein angesehenes Organ
wollte dieses verzweifelte Dokument meines Freundes publizieren. Wäre es ernst genommen worden, hätte es Ramoncito
vielleicht das Leben gerettet, und ich kann nur hoffen, daß es
anderen jungen Männern das Leben rettet, die so gut aussehen
wie er.

Ich mache mich nun also selbst und auf eigene Kosten daran,
dieses Dokument zu veröffentlichen und es in allen mir
erreichbaren Kreisen zu verbreiten. Dies ist der Text, ich habe

---

1 Arenas war nicht nur frivol, sondern auch völlig ungebildet. Der Hinweis mag genügen, daß er in seiner Erzählung *Ende einer Geschichte* auf
die Handelsbörse von Havanna eine Jupiterstatue stellt, wo alle Welt
weiß, daß es eine Statue des Gottes Merkur ist, welche die Kuppel dieses
Gebäudes krönt. (Anm. v. Daniel Sakuntala)

lediglich ein paar erläuternde Anmerkungen hinzugefügt. Hoffentlich nimmt ihn eines Tages jemand ernst.

Fernando Daniel Sakuntala
(New York, 1987)

Vorbemerkung der Herausgeber

Bevor wir im folgenden den Bericht des Ramón Fernández der Öffentlichkeit zugänglich machen, halten wir einige Klarstellungen für angebracht. Daniel Sakuntala gelang es trotz hartnäckiger Bemühungen nicht, dieses Dokument zu seinen Lebzeiten zu veröffentlichen. Wie es scheint, reichten seine eigenen finanziellen Mittel letztlich doch nicht aus. In unserem Besitz befindet sich die Kopie eines Briefs vom Verlag Playor, in dem dieser zweitausend Dollar Vorschuß für den »Druck der Broschüre« verlangt. Der Text wurde schließlich vor mehr als vierundzwanzig Jahren in New Jersey gedruckt, genauer gesagt im November 1999, nach dem mysteriösen Verschwinden Daniel Sakuntalas am Ontariosee (seine Leiche wurde nie gefunden). Verantwortlich dafür zeichneten die seinerzeitigen Herausgeber der Zeitschrift *Unveiling Cuba*, Ismaele Lorenzo und Vicente Echurre, die übrigens, ebenso wie fast alle Exemplare des Buches, kürzlich verschwunden sind. (Unbestätigten Gerüchten zufolge sind die beiden alten Männer, nachdem Jamaika mit Unterstützung weiterer Karibikinseln und vor allem natürlich Englands Havanna besetzt hatte, nach Kuba zurückgekehrt.) Was den von Daniel Sakuntala erwähnten Reinaldo Arenas betrifft, so handelt es sich um einen zu Recht vergessenen Autor, der in den sechziger Jahren des vergangenen Jahrhunderts von sich reden machte. Tatsächlich starb er im Sommer 1987 in New York an Aids.

In Anbetracht der großen Zahl von Druckfehlern in der ersten Ausgabe dieses Dokuments, die überdies praktisch verschollen ist, können wir nicht ohne Stolz erklären, daß wir hiermit die wahre Erstausgabe des Textes vorlegen. Aus diesem Grunde haben wir Rechtschreibung und Wortwahl Ramón Fernández' sowie die Anmerkungen Daniel Sakuntalas, Ismaele Lorenzos und Vicente Echurres respektiert, auch wenn sie inzwischen überholt oder unnötig scheinen (oder sind).

Die Herausgeber
Monterrey, CA, Mai 2025

Text von Ramón Fernández

Ich schreibe diesen Bericht, so schnell ich kann, und weiß trotzdem nicht, ob ich ihn zu Ende bringen werde. Sie weiß, wo ich bin, und sie kann jeden Augenblick kommen, um mich zu vernichten. Aber ich sage *sie*, wo ich doch vielleicht *er* sagen müßte, obwohl auch damit dieses *Ding* nicht so recht benannt ist. Ich merke schon, sie (oder er?) bringt mich von Anfang an durcheinander, verwirrt mich und versucht sogar zu verhindern, daß ich meine Aussage zu Papier bringe. Ich muß es aber tun; ich muß es tun, und zwar in möglichst verständlicher Form. Wenn ich diesen Bericht zu Ende schreibe, wenn jemand ihn liest, wenn irgendein Mensch mir Glauben schenkt, kann er mich vielleicht noch retten. Denn die Verantwortlichen in diesem Gefängnis werden keinen Finger für mich krumm machen, das weiß ich sehr genau. Als ich ihnen sagte, ich wolle ja nur, daß sie mich nicht allein lassen, daß sie gut abschließen und mich Tag und Nacht bewachen, da lachten sie mich aus. »Sie sind nicht so wichtig, wie Sie glauben, eine Sonderbewachung kommt nicht in Frage«, sagten sie mir. »Machen Sie sich nur keine Sorgen, Sie kommen hier sowieso nicht raus.« – »Ich will ja gar nicht raus«, sagte ich zu ihnen. »Meine einzige Sorge ist, daß jemand hereinkommen könnte...« – »Hereinkommen? Hier kommt keiner aus freien Stücken rein, mein Herr, und jetzt geben Sie Ruhe, sonst ist Zapfenstreich für heute.« Ich wollte auf meinem Wunsch beharren, doch noch ehe ich

den Mund wieder aufgemacht hatte, sah ich in den Augen eines
der Beamten Spott und Arroganz aufblitzen, so wie ein freier
Mensch einen Verrückten ansieht, der eingesperrt ist. Und ich
begriff, daß man mir kein Gehör schenken würde.

Also ist schreiben das einzige, was ich tun kann; erzählen,
wie es wirklich war; alles rasch und genau niederschreiben, so
genau, wie es meine Situation erlaubt, vielleicht will mir am
Ende doch noch jemand glauben, und ich werde gerettet,
obwohl das sehr schwierig sein wird.

Seit meiner Ankunft in New York – das ist schon mehr als
sechs Jahre her – habe ich als *security* im *Wendy's* gearbeitet,
am Broadway zwischen der 42. und 43. Straße. Da dieser Laden
rund um die Uhr auf hat und ich die Spätschicht hatte, war bei
der Arbeit immer viel los, und ich bekam mit den unterschied-
lichsten Leuten zu tun. Dort lernte ich, ohne meine Pflichten
zu vernachlässigen, jede Menge Frauen kennen, die hereinkamen, um etwas zu essen, oder die einfach nur auf der Straße
vorbeigingen und denen ich, hinter der Scheibe, in meiner
gebügelten Uniform und mit meinen goldenen Tressen, Zeichen machte. Natürlich waren nicht alle zu haben, aber die
allermeisten schon. Es liegt mir wirklich fern zu prahlen, aber
einmal zum Beispiel schaffte ich es in einer einzigen Schicht,
gleich mit drei Frauen anzubändeln (die Kassiererin aus dem
Wendy's, eine klasse Negerin, mit der ich es am selben Tag auf
dem Steinfußboden der Damentoilette trieb, nicht mitgerech-
net). Das Problem war das Schichtende: alle drei warteten auf
mich. Irgendwie, auf die Details kommt es jetzt nicht an, löste
ich das Problem und zog mit der los, die mir am besten gefiel,
obwohl es mir wirklich leid tat, die beiden anderen versetzen
zu müssen. Ich habe keine Verwandten in diesem Land, und
meine gefühlsmäßigen, ja familiären Beziehungen hatte ich
immer mit diesen anonymen Frauen, die ich von meinem
Arbeitsplatz aus entdeckte oder die (keine falsche Bescheidenheit) mich entdeckten und unter dem Vorwand, einen Tee trinken zu wollen oder dergleichen, ins *Wendy's* kamen.

Da stand ich also, auf der Lauer, sah auf die Straße und hielt

Ausschau nach einer Frau, die es wert war, daß ich ihr zuzwinkerte oder irgendein anderes Zeichen gab, als vor dem Laden ein wirkliches Prachtexemplar von Frau stehenblieb: langes, rötliches Haar, hohe Stirn, vollendete Nase, schmale Lippen und honigfarbene Augen, die mich ungeniert (und sogar mit einer gewissen Dreistigkeit) unter den langen künstlichen Wimpern ansahen. Ich gebe zu, sie hat mich vom ersten Moment an beeindruckt. Ich zog noch ein bißchen meine Uniformjacke glatt und nahm den Körper dieser Frau in Augenschein, der, obwohl er in dunkle, dicke Wintergarderobe gehüllt war, so phantastisch zu sein schien wie ihr Gesicht. Ich war ganz hin und weg, als sie schon ins *Wendy's* hereinkam, eine Art Stola oder Umhang ablegte und einen Blick auf ihre Brüste erlaubte. Noch am selben Abend verabredeten wir uns für drei Uhr früh, gleich nach Feierabend.

Sie sagte mir, sie heiße Elisa, sei griechischer Abstammung und halte sich nur für ein paar Wochen in New York auf. Mehr brauchte ich gar nicht von ihr zu wissen, um sie in mein Zimmer in der 43. Straße auf der West Side einzuladen, nur drei Blocks von meiner Arbeit entfernt. Sie war einverstanden, ohne lange hin und her zu überlegen, was mir sehr zusagte. Ich mag nämlich nicht die Sorte Frauen, bei denen man erst monatelang betteln muß, ehe sie endlich mit einem ins Bett gehen; und wenn man sie dann wieder loswerden will, machen sie einem das Leben zur Hölle. Ich wollte im *Wendy's* keine Probleme kriegen und habe mich immer vor diesen »schwierigen« Frauen gehütet, die es, wenn man das Interesse an ihnen verliert, fertigbringen, einen bis nach Sibirien zu verfolgen.

Mit Elisa aber – bleiben wir bei diesem Namen – hatte ich dieses Problem nicht. Von Anfang an spielte sie mit offenen Karten. Ich gefiel ihr, was offensichtlich war, und bevor sie nach Europa zurückkehrte, wollte sie mit mir schlafen, und das nicht nur einmal. Daher fragte ich sie nicht weiter aus (wenn du eine schöne Zeit mit einer Frau haben willst, frage sie nie nach ihrem Leben), und wir gingen ins Bett. Ich muß gestehen, daß mich Elisa trotz meiner Erfahrung überraschte.

Sie besaß nicht nur die Phantasie einer wahren Genießerin und die Erfahrung einer Frau von Welt, sondern auch einen mütterlichen Charme, der sie, zusammen mit ihren mädchenhaften Schäkereien und ihrem Auftreten einer vornehmen Dame, unwiderstehlich machte. Bis zu diesem Moment hatte ich es noch nie so sehr genossen, mit einer Frau zusammen zu sein.

In jener Nacht bemerkte ich nichts Ungewöhnliches an ihr, allenfalls einen merkwürdigen Klang in ihrer Stimme, wenn sie bestimmte Wörter oder Sätze sprach. So fing sie zum Beispiel ein Wort in einem sehr fraulichen und weichen Ton an und beendete es in einer sehr tiefen, fast männlichen Stimmlage. Ich schob das auf ihre mangelnde Beherrschung des Spanischen, das sie unbedingt mit mir sprechen wollte, als ich ihr sagte, ich sei Kubaner; obwohl ich ihr zuliebe vorgeschlagen hatte, englisch miteinander zu reden. Ich konnte ein Lachen nicht unterdrücken, als sie mir sagte (vielleicht weil sie sich freute, daß ich von einer Insel stamme), sie sei am Mittelmeer geboren, am *Mediterráneo*. Nicht weil es lustig wäre, dort geboren zu sein, nicht mehr als an irgendeinem anderen Ort der Welt, sondern weil sie jede Silbe des Wortes *Mediterráneo* mit einer anderen Stimme und in einem anderen Tonfall sagte. So daß ich beim Zuhören das Gefühl hatte, nicht mit einer, sondern mit fünf völlig verschiedenen Frauen zusammenzusein. Als ich ihr das sagte, bemerkte ich, wie sich ihre schöne Stirn kräuselte.

Am nächsten Tag war ich auf der Arbeit *off* (das heißt, ich hatte frei), und sie schlug vor, zum Abendessen ins *Plum* zu gehen, ein schickes Restaurant, das nicht ganz meinem Geldbeutel entsprach. Als ich ihr das zu verstehen gab, sah sie mir fest, aber nicht ohne eine gewisse Belustigung in die Augen und sagte, ich dürfe mich als eingeladen betrachten. Ich ließ mich nicht lange bitten.

Am diesem Abend tat Elisa etwas, das mich aus der Fassung brachte. Obwohl es ein sehr nobles Lokal war, hatte der Kellner vergessen, uns Wasser zu bringen. Ich machte ihm ein paarmal

ein Zeichen, uns doch zu bedienen. Der Mann sagte, er würde
es gleich bringen, aber das Wasser kam und kam nicht. Da griff
Elisa nach der Vase, die auf unserem Tisch stand, nahm die Blumen heraus und trank das Wasser. Sofort stellte sie die Blumen
wieder an ihren Platz und fuhr in der Unterhaltung fort. Das
alles tat sie mit einer solchen Natürlichkeit, daß es fast aussah,
als sei es das Normalste von der Welt, das Wasser aus einer Blu-
menvase zu trinken... Nach dem Essen gingen wir zu mir, und
ich erfreute mich wieder an ihrem phantastischen Körper, vielleicht noch mehr als beim erstenmal. Gegen Morgen, als wir
uns im Halbschlaf küßten, hatte ich, ich erinnere mich noch,
ein paar Sekunden lang das seltsame Gefühl, die Lefzen eines
Tiers zu spüren. Schnell machte ich Licht. Vor mir sah ich,
zum Glück, nur die Lippen der schönsten Frau, die mir je
begegnet ist.

Ich war so begeistert von Elisa, daß ich auf ihren Vorschlag
hin an diesem Tag, einem Montag, nicht ins *Wendy's* ging. Wie
sie sagte, war das der einzige Tag in der Woche, den sie mit mir
gemeinsam verbringen könne, und sie wollte, daß wir mit
einem Motorrad (einer Yamaha Baujahr 1981) einen Ausflug
machten, weit raus aus New York.

Als wir auf der anderen Seite des Hudson ankamen, in New
Jersey, bat mich Elisa anzuhalten, um einen Blick auf die Stadt
zu werfen. Ich stoppte, weil ich einsah, daß für eine Auslände-
rin (und Touristin, wie aus ihrer spendablen Art zu schließen
war) die Skyline von Manhattan mit ihren Gebirgen von Hoch-
häusern, die in diesem Augenblick in den Nebel eintauchten,
etwas Beeindruckendes haben mußte. Selbst mich, der ich dieses Panorama schon so gewohnt bin, daß ich fast keinen Blick
mehr darauf verschwende, schlug die Landschaft in ihren
Bann, und ich glaube, ich sah sogar, wie von den höchsten
Gebäuden ein starkes Funkeln ausging. Eine recht erstaunliche
Tatsache, da es um diese Zeit, etwa elf Uhr vormittags, keinen
Grund gab, warum die Wolkenkratzer erleuchtet sein sollten.
Ich drehte mich um und wollte Elisa darauf aufmerksam
machen, doch sie lehnte am Flußufer am Geländer und hörte

mich nicht. Gedankenverloren murmelte sie beim Anblick des seltsamen Leuchtens ein paar Worte in einer Sprache, die ich nicht verstand und deshalb für ihre Muttersprache hielt. Um sie aus ihren Selbstgesprächen herauszureißen, trat ich von hinten an sie heran und legte meine Hände auf die dicke Stola über ihren Schultern. Es überlief mich eiskalt. Eine ihrer Schultern schien die Form eines spitzen Höckers zu haben, als hätte sich ein Knochen ausgerenkt, wie ein Haken. Um mir über die Mißbildung, die ich seltsamerweise bislang nicht wahrgenommen hatte, Gewißheit zu verschaffen, faßte ich ihre Schulter noch einmal an. Es war aber keine Mißbildung mehr da, und meine Hand strich über eine warme, glatte Haut unter dem Stoff. Bestimmt war das, was ich da berührt hatte, so dachte ich damals, irgendein Polster oder Verschluß, der wieder an seinen Platz zurückgerutscht war. In diesem Moment drehte sich Elisa um und sagte, wenn ich wolle, könnten wir weiterfahren.

Wir setzten uns aufs Motorrad, aber es sprang nicht an. Ich überprüfte alles ganz genau und sagte Elisa schließlich, wir könnten den Ausflug wohl nicht fortsetzen, das Motorrad habe seinen Geist aufgegeben, am besten, wir ließen es einfach stehen und führen mit dem Taxi nach Manhattan zurück. Elisa bat mich, sich den Motor selber ansehen zu dürfen. »Ich kenne mich aus in diesen Dingen«, erklärte sie mir mit einem Lächeln, »bei mir zu Hause habe ich eine Lambretta« – das war das Wort –, »die so ähnlich ist…« Ich glaubte nicht, daß sie besonderes Talent zur Mechanikerin besaß, ging auf die Terrasse am Hudson und steckte mir eine Zigarette an. Mir blieb keine Zeit, sie zu Ende zu rauchen. Mit seinem unverwechselbaren Knall war das Motorrad wieder angesprungen.

In bester Stimmung machten wir uns auf den Weg. Auf Elisas Wunsch nahmen wir den Highway 195 Richtung Norden, unser Ziel war ein kleines Bergdorf nicht weit von der Straße nach Buffalo. Je höher wir kamen, desto strahlender wurde der Herbsttag. Die Bäume waren so tiefrot, daß sie in Flammen zu stehen schienen. Der Nebel hatte sich aufgelöst, und über

allem lag ein beinahe glühender Schimmer. Ich warf einen
Blick in den Rückspiegel und bemerkte Elisas Gesichtsausdruck, sanft und heiter. Es war derart angenehm, sie so zu
sehen, ihr Gesicht vor dem Wald, mit dieser geheimnisvollen
Gelassenheit, daß ich sie alle Augenblicke hingerissen in dem
kleinen Spiegel betrachtete. Einen Moment lang kam es mir
vor, als sähe ich statt ihrer einen grauenerregenden Alten,
dachte dann aber, die Geschwindigkeit wäre daran schuld, die
jedes Bild verzerrt... Am Nachmittag erreichten wir die Berge,
und bevor es Nacht wurde, hielten wir in einem Ort, der aus
ein- und zweistöckigen Häusern auf einer Anhöhe bestand. Es
wirkte weniger wie eine Siedlung als vielmehr wie eine Felsenformation aus gekalktem Stein, von der sich, noch weißer, der
Turm einer Kirche abhob, die so alt war, daß sie kaum amerikanischen Ursprungs sein konnte. Elisa klärte mich über das
Geheimnis auf. Der Ort war von Europäern gegründet worden
(Spaniern und Italienern), die im 18. Jahrhundert ausgewandert
waren und diesen abgelegenen Flecken gewählt hatten, um
ihre Bräuche bewahren zu können. Sie waren bäuerlicher
Abstammung, und obwohl sie um 1760 hier ankamen, lebten
sie (und tun es, wie es scheint, immer noch) im tiefsten Mittel-
alter. Es war tatsächlich ein mittelalterliches Städtchen –
wenn auch mit elektrischem Licht und fließend Wasser –, das
man dort in den Bergen des Staates New York erbaut hatte.[1]

1   Offenbar ist die Stadt, auf die sich Ramoncito bezieht, Syracuse im Nor-
    den des Staates New York. Der Name geht auf die italienische Hafen-
    stadt und Provinz Siracusa zurück, die Heimat von Archimedes und
    Theokrit; dort befindet sich ein berühmtes griechisches Theater. (Anm.
    v. Daniel Sakuntala)[2]
2   Hier widersprechen wir Daniel Sakuntala ganz entschieden. Nachdem
    wir den ganzen Staat New York bereist haben, sind wir zu dem Schluß
    gekommen, daß die Stadt, in die Ramón Fernández in Begleitung Elisas
    gelangte, keine andere als Albany ist.[3] Nur sie besitzt diese Häuser aus
    »gekalktem Stein« am Fuße eines Gebirges. Dort befindet sich auch
    eine alte Kirche mit schneeweißem Turm. (Anm. v. Ismaele Lorenzo
    und Vicente Echurre, 1999)
3   Wir weisen sowohl die Theorie Daniel Sakuntalas als auch die von
    Lorenzo und Echurre zurück. Die Stadt kann keine andere sein als das in

Die historischen und architektonischen Kenntnisse Elisas
überraschten mich nicht. Ich bin schon immer der Meinung
gewesen, daß die Europäer, einfach nur weil sie Europäer sind,
mehr von der Geschichte verstehen als jeder Amerikaner. Bis
zu einem gewissen Grade, sie mögen es mir verzeihen, sind sie
selber Geschichte.

Es klingelt zum Essen. Ich beeile mich, daß ich hinkomme.
Dort, unter all den Gefangenen, bei dem Geklapper von Tellern
und Löffeln und dem ganzen Gegröle, fühle ich mich sicherer
als hier, allein in der Zelle. Um mit dem Bericht voranzukom-
men, nehme ich mir fest vor, gleich nach dem Essen weiterzu-
schreiben.

Ich sitze in der Gefängnisbibliothek. Es ist elf Uhr abends.
Wenn mir nichts passiert wäre, überlege ich, stünde ich jetzt
im *Wendy's*, mit meiner blauen Uniform und den goldenen
Tressen, hinter der Glasscheibe, geschützt vor der Kälte, und
mit meinem Kennerblick würde ich die draußen vorbeikom-
menden Frauen mustern. Aber wegen der Frauen sitze ich jetzt
hier. Man hat mich eingesperrt für eine Straftat, die ich nicht
begangen habe, was für mich als Mariel-Flüchtling aber auf
dasselbe hinausläuft, als hätte ich sie begangen. Und ich warte,
nicht auf meine Verurteilung, die mich, wie die Dinge stehen,
nicht allzusehr beunruhigt, sondern auf Elisa, die, sobald sie
kann, kommen wird, um mich umzubringen.

Doch gehen wir ein paar Tage zurück, zu der Nacht, die wir
in diesem Bergstädtchen verbrachten, das Elisa so viel bedeutete. Wir sahen uns in der Gegend um und kamen zu einem
Restaurant, das wie ein spanisches Wirtshaus war, so ähnlich
einem Gebirge im Norden New Yorks gelegene Ithaca. Es sei daran erinnert, daß es in Fernández' Bericht heißt, der Ort wirke »weniger wie ein
Dorf als vielmehr wie eine Felsenformation aus gekalktem Stein«.
Genau das ist Ithaca. Die Steine sind die berühmte Universität von Cor-
nell, und der weiße Turm, der wie ein Kirchturm aussieht, ist lediglich
die wuchtige Säule, an der die Uhr der Bibliothek prangt. (Anm. d. Hrsg.,
2025)

wie die *Bodeguita del Medio* unten in Havanna, ein Lokal, in dem ich nur einmal war, dank einer Französin, die mich einlud... Elisa kannte das Restaurant sehr gut. Sie wählte auf Anhieb den besten Tisch und die besten Gerichte. Ohne Zweifel fühlte sie sich hier zu Hause. Ich glaube, ihre Schönheit steigerte sich in manchen Augenblicken noch. Sie suchte auch zielsicher ein kleines Hotel aus, eine Familienpension offenbar. Wir gingen früh ins Bett und liebten uns stürmisch. Ich muß gestehen, daß Elisa, obwohl sie mich wahnsinnig heiß machte, nicht leicht zu befriedigen war (welche Frau ist das schon!), aber ich habe so meine Tricks, und in diesen Dingen bin immer ich es, der das letzte Wort behält – auch wenn die Frau an meiner Seite nicht auf den Mund gefallen ist. Ja, irgendwann mitten in der Nacht hatte ich es geschafft, sie rundum zu befriedigen. Sie brauchte erst einmal ein bißchen Erholung. Bevor ich die Lampe ausmachte, wollte ich mich an diesem wunderschönen Ausdruck glücklicher Ruhe satt sehen, der wieder auf ihrem Gesicht lag. Aber während sie schlafend dalag, blieben ihre Augen nicht lange zu, sie zerliefen plötzlich. Ich schrie, um aufzuwachen, denn das mußte ein Traum sein, und gleich darauf sahen mich ihre Augen durchdringend an. »Ich glaube, ich habe einen Alptraum gehabt«, sagte ich zur Entschuldigung, und mit einer Umarmung wünschte ich ihr gute Nacht. Danach konnte ich aber kaum noch schlafen.

Vor Sonnenaufgang stand Elisa auf und verließ still und leise das Zimmer. Ich ging zum Fenster und spähte zwischen den Gardinen hindurch. Sie verschwand im Schimmer des Morgennebels auf einem gelben Pfad, der sich zwischen den Bäumen dahinschlängelte. Zwar beschloß ich, so lange wach zu bleiben, bis sie zurückkam, sagte mir aber zur Beruhigung, daß es durchaus normal ist, wenn jemand vor Sonnenaufgang aufsteht und einen Spaziergang macht; vielleicht ist das in Europa so üblich, dachte ich. Ich erinnerte mich daran, daß die Französin, die mich in die *Bodeguita del Medio* mitgenommen hatte, in aller Frühe aufstand, sich duschte und dann, klitschnaß, aufs Bett warf... Ungefähr eine Stunde später hörte ich, wie Elisa

die Tür aufdrückte, und ich stellte mich schlafend. Aus ihrem
Atem schloß ich, daß sie erschöpft war. Sie setzte sich neben
mich auf die Bettkante und löschte das Licht. Im Schutz der
Dunkelheit öffnete ich die Augen einen Spalt. Mit dem Rücken
zu mir, beschienen von den ersten Strahlen des Morgens, saß
dort eine schöne, nackte Frau, die gleich unter meine Bettdecke schlüpfen würde. Ihre Schenkel, ihr Rücken, ihre Schultern, ihr Hals, alles war vollendet. Nur, diesem Körper fehlte
der Kopf.

Da wir bei den unerhörtesten Ereignissen stets nach einer
logischen Erklärung suchen, dachte ich, das könne nur von
dem in dieser Gegend so dichten Nebel herrühren. Jedenfalls
riet mir mein Instinkt, besser den Mund zu halten und die
Augen zuzumachen. Ich spürte, wie Elisa zu mir schlüpfte. Ihre
wirklich geübte Hand streichelte meinen Schwanz. »Schläfst
du?« fragte sie mich. Und als erwachte ich aus tiefstem Schlaf,
schlug ich die Augen auf. Vor mir ihr heiter lächelndes, vollkommenes Gesicht. Ich glaube, die Farbe ihres Haars war in
diesem Augenblick sogar noch leuchtender. Sie streichelte
mich weiter, und obwohl sich meine Unruhe noch nicht gelegt
hatte, umschlangen wir uns, bis wir völlig befriedigt waren.

Ich bin nun schon seit drei Tagen im Gefängnis, und ich glaube
nicht, daß ich noch länger als drei Tage am Leben bleibe. Ich
muß mich also beeilen... Heute morgen habe ich wieder
geschrien, sie sollen mich nicht allein lassen. Gegen Mittag
schickte die Gefängnisverwaltung dann einen Psychiater zu
mir. Ich sah ihn teilnahmslos an und antwortete auf seine Fragen in einem gereizten Ton. Nicht nur, weil ich wußte, daß er
nichts für mich tun würde, leider bin ich ja nicht einmal verrückt, sondern weil dieses Gespräch bei seinen idiotischen Fragen verlorene Zeit war, kostbare, weil knappe Zeit, die ich darauf verwenden muß, diese Geschichte aufzuschreiben, um sie
einem Freund zu schicken, der vielleicht etwas für mich tun
kann. Obwohl ich nicht daran glaube. Auf alle Fälle mache ich
weiter.

Wir kamen um halb zehn morgens in New York an. Wirklich
eine Rekordzeit. Elisa hatte mir in den Ohren gelegen, volles
Tempo zu fahren, weil sie angeblich noch vor zehn im griechi-
schen Konsulat sein mußte. An einer roten Ampel auf der Fifth
Avenue stieg sie plötzlich ab, und während sie schon losging,
oder besser gesagt rannte, rief sie mir noch zu, sie würde mich
am nächsten Tag im *Wendy's* besuchen. Und so war es auch.
Abends gegen neun tauchte sie auf und verabredete sich mit
mir für nach der Arbeit, das heißt drei Uhr nachts. So verblie-
ben wir. Doch nach allem, was ich gesehen oder zu sehen
geglaubt hatte, noch dazu bei der Lust (oder sollte ich schreiben
Liebe?), die Elisa in mir weckte, hatte ich mir vorgenommen,
um jeden Preis herauszufinden, wer diese Frau in Wirklichkeit
war.

Ich schützte starke Magenschmerzen vor, verließ das *Wendy's*, ohne mir auch nur die Uniform auszuziehen, und folgte
Elisa mit aller gebotenen Vorsicht. An der Ecke Broadway, 44.
Straße telefonierte sie kurz und lief dann weiter bis zum Thea-
terviertel. An der 47. Straße öffnete ihr jemand, der sie offenbar
erwartet hatte, die Tür einer Limousine, und Elisa stieg ein. Ich
konnte nur die Männerhand sehen, die ihr beim Einsteigen
behilflich war. Ich bekam zum Glück gleich ein Taxi und folgte
der Limousine, die in der 89. Straße, auf der East Side, vor der
Hausnummer 172 hielt. Der Fahrer machte Elisa und ihrem
Begleiter die Tür auf. Das Paar ging in das Apartmenthaus hinein. Um mich vor der Kälte zu schützen, wartete ich in einer
Telefonzelle. Eine Stunde später, gegen halb elf, kam Elisa wieder heraus. Meine Erfahrung sagte mir, daß diese Frau gerade
einen langen und befriedigenden Bettkampf hinter sich hatte.
Sie sah auf die Uhr und machte sich auf den Weg in Richtung
Central Park. Auf der Höhe der 79. Straße ging sie zu einer
Bank, wo ein junger Mann saß, der allem Anschein nach auf sie
wartete. Ich dachte (und da bin ich mir sicher), daß dieser junge
Mann die Person war, die Elisa vom Broadway aus angerufen
hatte. Der Wortwechsel war diesmal genauso kurz wie am
Telefon. Ohne große Umstände verschwanden die beiden in

den Büschen des Central Parks. Es war nicht besonders schwer, zuzusehen, ohne selbst gesehen zu werden, wie die beiden rasant zur Sache gingen. Das trockene Laub knirschte unter ihren Körpern, und das Stöhnen der beiden verscheuchte sogar die Eichhörnchen, die laut kreischend die Bäume hinaufjagten. Das Ganze dauerte etwa anderthalb Stunden, denn gegen halb eins spazierte Elisa vergnügt über die Pornomeile auf der 42. Straße. Völlig ungeniert musterte sie die Männer, die dort herumliefen und offensichtlich eine Frau oder Ähnliches suchten. Ein Stück weiter unten blieb Elisa vor einem riesigen, bildschönen Neger stehen, der an der Tür einer Peepshow lehnte. Natürlich konnte ich nicht verstehen, was sie sagten, aber wie es aussah, kam Elisa ohne Umschweife zur Sache: Keine fünf Minuten später gingen sie in eine der Peepshowkabinen. Dort blieben sie länger als eine halbe Stunde eingeschlossen. Als sie herauskamen, machte der junge Neger einen ausgelaugten, Elisa einen strahlenden Eindruck. Es war jetzt schon zwei Uhr morgens, und noch immer lief sie in dieser Gegend herum. Wenige Augenblicke später sah ich sie mit drei handfesten Amerikanern, die wohl vom Lande kamen, in der Peepshow *Black Jack* verschwinden. Nach einer Viertelstunde stieß sie die Tür auf und trat, anscheinend befriedigt, auf die Straße. Ich wartete nicht, bis ich die Gesichter der drei Männer sah... Als ich Elisa (diesmal mit einem Puertoricaner, der deutlich nach einem Zuhälter aussah) in die Peepshow an der 8. Avenue zwischen 43. und 44. Straße hineingehen sah, dachte ich, daß meine »Versprochene« diese Nacht ganz bestimmt nicht zu unserer Verabredung erscheinen würde. Und trotz all meiner Erfahrung konnte ich das Gefühl einer schweren Niederlage nicht unterdrücken. Elisa war die Frau, in die ich mich verliebt hatte, und zwar zum erstenmal... Doch um Viertel vor drei kam sie aus der Peepshow heraus und schlug den Weg zum *Wendy's* ein, weshalb ich alles vergaß, bloß wieder bei ihr sein wollte und losrannte, um sie dort zu erwarten. Unter den erstaunten Augen der Kassiererin und der übrigen Angestellten nahm ich wieder meinen Posten hinter der Glaswand ein.

Wenige Minuten später kam Elisa, und wir gingen auf mein Zimmer.

Erstaunlicherweise zeigte sie sich in dieser Nacht noch anspruchsvoller als gewöhnlich, und das will schon etwas heißen. Trotz meiner Geübtheit und meiner Lust kostete es mich einige Mühe, sie zufriedenzustellen... Nach der Schlacht stellte ich mich zwar schlafend, blieb aber hellwach. Ich war noch zu verwirrt von dem, was ich gesehen hatte. Natürlich hielt ich es nicht für ratsam, ihr zu sagen, daß ich ihr nachspioniert hatte, und auch nicht, mich eifersüchtig zu zeigen, obwohl ich es in Wirklichkeit war. Außerdem wollte ich mir nicht das Recht anmaßen, eine Treue von ihr zu verlangen, die wir uns niemals geschworen hatten.

Gegen neun Uhr stand sie auf, zog sich lustlos an und ging aus dem Haus, ohne sich von mir zu verabschieden, dem Anschein nach schlief ich ja noch. Ich hatte mir allerdings in den Kopf gesetzt (was ich jetzt bereue), ihr nachzugehen und festzustellen, wo sie wohnte und wer diese Frau wirklich war... Ecke 43. Straße, 8. Avenue stieg sie in ein Taxi. Ich nahm ein anderes. Während ich ihr folgte, vor Müdigkeit ganz benommen, fragte ich mich, ob Elisa möglicherweise zu einem weiteren Rendezvous fuhr. Aber nein, nach so einer turbulenten Nacht schien Elisa sich beim Anblick von Kunstwerken entspannen zu wollen. Jedenfalls dachte ich das, als ich sie aus dem Taxi aussteigen und ins Metropolitan Museum eilen sah, das gerade seine Pforten öffnete. Nachdem ich den Eintritt bezahlt hatte, stürzte ich ebenfalls in das Gebäude und ging in den zweiten Stock hoch, ihr nach. Ich sah, wie sie einen der vielen Säle des Museums betrat und dort, fast vor meinen Augen, verschwand. Stundenlang suchte ich sie in dem ganzen riesigen Gebäude, vergeblich. Es blieb nicht ein Saal, den ich nicht nach ihr abgesucht hätte. Es gab keine Statue, hinter der ich nicht nachgesehen hätte, keinen Tonkrug (die Krüge dort sind riesig), um den ich nicht herumgegangen wäre, sogar hineingeschaut habe ich. Irgendwann hatte ich mich zwischen den zahllosen Mumien und jahrtausendealten Sarkophagen verlau-

fen und rief Elisa laut beim Namen. Als ich aus diesem Laby-
rinth wieder herausgefunden hatte, betrat ich einen Tempel
aus der Zeit der Ptolemäer (wie eine Tafel erklärte)[1], der in so
etwas wie einem Schwimmbecken stand. Ich suchte diesen
ganzen Steinhaufen ab, aber auch dort steckte Elisa nicht.
Gegen drei Uhr nachmittags kehrte ich zu mir nach Hause
zurück. Und legte mich ins Bett.

1 Es ist nur natürlich, wenn Ramoncito, der kaum gewohnt war, ein
  Museum zu besuchen, die Kulturkreise, Stile und Epochen verwechselt.
  Der Tempel, den er betrat, kann kein anderer gewesen sein als der von
  Ramses II., erbaut zum Jubiläum dieses Monarchen während der
  19. Dynastie, genau 1305 Jahre vor Christus.[2] Es handelt sich dabei um
  einen gewaltigen Steinbau aus rotem Granit, in dem sich ein Unkundi-
  ger leicht verlaufen kann. (Anm. v. Daniel Sakuntala)
2 Das einzige, was das Metropolitan Museum von diesem Tempel besaß,
  war ein etwa zwei Meter hoher Stein, den Ramón Fernández unmöglich
  betreten konnte. In Wirklichkeit ist er im Tempel des Debot gewesen[3],
  der in der Tat inmitten eines künstlichen Sees liegt, wodurch die Illusion seines Ursprungsortes am Nil geschaffen werden soll. (Anm. v.
  Vicente Echurre, 1999)
3 Hier muß ich meinem Kollegen Echurre widersprechen. Der Tempel,
  auf den er sich bezieht, existiert zwar, er befindet sich aber in Madrid.
  Vergeblich habe ich versucht, dem Gedächtnis meines verehrten Kollegen nachzuhelfen. Und da wir nun einmal verschiedener Auffassung
  sind, haben wir beschlossen, daß jeder seine eigene Meinung kundtut, so
  verworren die meines Mitstreiters auch sein mag. Meine Meinung dazu
  ist ein für allemal folgende: Der Raum, den Fernández im Metropolitan
  Museum betrat, war der mutmaßliche Tempel von Kantur[4], welcher
  einst der Königin Cleopatra gehörte. Im Jahre 1965 verkaufte die
  UNESCO ihn auf Betreiben des damaligen Präsidenten John F. Kennedy
  für zwanzig Millionen Dollar an die Vereinigten Staaten. Danach stellte
  sich heraus, daß diese Operation glatter Betrug war (einer von vielen),
  durchgeführt in schmählichem Bündnis mit Kennedy selbst. Die
  UNESCO schickte den Originaltempel an seinen angestammten Platz
  zurück, in die Sowjetunion, und überließ den Vereinigten Staaten ein
  Plastikmodell im Maßstab 1:1. Die Feuergefährlichkeit des Materials
  wurde schließlich zur Ursache für den großen Brand im Metropolitan
  Museum. Wahrscheinlich ließ jemand aus Unachtsamkeit eine Zigaret-
  tenkippe fallen. (Anm. v. Ismaele Lorenzo, 1999)
4 Der einzige ägyptische Tempel, den das Metropolitan Museum je beher-
  bergte, war der von Pernabi, 5. Dynastie, 2400 Jahre v. u. Z. (Anm. d.
  Hrsg., 2025)

Als ich aufwachte, war es zwei Uhr nachts. Im Eiltempo zog ich mir die Uniform an und ging ins *Wendy's*. Der Boß, der immer ziemlich freundlich zu mir gewesen war, sagte bloß, um diese Zeit käme man nicht zur Arbeit, sondern ginge fast schon wieder. Ich glaube, es lag sogar ein bißchen Bedauern in seiner Stimme, als er mir mitteilte, das nächste Mal, wenn das passierte, sei ich entlassen. Ich versprach ihm, es würde nicht wieder vorkommen, und ging nach Hause zurück. Elisa stand vor meiner Tür und wartete auf mich. Ich war nicht einmal sonderlich überrascht, daß sie in das Gebäude hineingekommen war, obwohl die Haustür immer verschlossen ist und nur die Mieter einen Schlüssel haben. Sie sagte, sie hätte mehrmals beim *Wendy's* vorbeigeschaut, und da ich nicht dagewesen sei, hätte sie beschlossen, vor meinem Zimmer auf mich zu warten. Wir gingen hinein, und sei es, weil ich lange geschlafen hatte, sei es, weil ich das Gefühl hatte, sie vielleicht nie mehr wiederzusehen, jedenfalls liebte ich sie mit neu entflammter Leidenschaft. Ja, auch in dieser Nacht, glaube ich, war ich siegreich. Aber wie viele Schlachten – fragte ich mich traurig – hatte sie heute wohl schon geschlagen, bevor sie zu mir kam…? Als ich im Morgengrauen noch einmal zum Angriff überging und auf ihren nackten Körper glitt, sah ich, daß Elisa in diesem Augenblick die Brüste fehlten. Ich rutschte an die Bettkante und fragte mich, ob diese Frau mich langsam in den Wahnsinn trieb. Doch als hätte sie meine Unruhe erraten, nahm sie mich in die Arme und drückte mich an ihren schönen Busen.

Wie am Tag zuvor stand Elisa gegen neun Uhr auf, zog sich schnell an und verließ das Haus. Ihr Ziel war wieder dasselbe, das Metropolitan Museum. Und auch diesmal verschwand sie wieder vor meinen Augen.

Am Donnerstag und Freitag kam sie mich nicht auf der Arbeit besuchen. Am Sonnabend stand ich früh auf, fest entschlossen, sie zu treffen. Dazu muß ich sagen, daß mich das Geheimnis ihrer Person zwar faszinierte, am dringlichsten für mich war aber, auf der Stelle mit ihr zu schlafen.

Ich nahm ein Taxi und fuhr ins Metropolitan Museum. Klar,

dachte ich, Elisa hatte irgend etwas mit dieser Einrichtung zu tun, und ich warf mir schon vor, ein Trottel zu sein, weil ich nicht schon längst darauf gekommen war, daß sie eine Angestellte des Museums war und deshalb alles daransetzte, um zehn Uhr da zu sein, wenn die Pforten sich dem Publikum öffneten. Mein Fehler war gewesen, sie unter dem Publikum zu suchen, wo sie doch bestimmt im Büro oder in irgendeinem anderen Trakt arbeitete.

Ich suchte sie überall. Ich fragte bei der Information nach ihr und in der Personalabteilung. Unter dem Namen Elisa war dort keine Angestellte bekannt. Natürlich bedeutete die Tatsache, daß sie mir gesagt hatte, sie heiße Elisa, nicht, daß dies ihr richtiger Name war, wohl eher im Gegenteil. Wenn jemand in einer Einrichtung arbeitet, in der es von wertvollen Objekten (die mir zugegebenermaßen nicht viel sagen) nur so wimmelt, und ein so ausschweifendes Sexualleben führt wie sie, dann muß er seine Vorsichtsmaßnahmen treffen.

Also versuchte ich, sie unter den vielen Frauen aufzuspüren, die in den Sälen arbeiteten. Als ich die Aufseherinnen eine nach der anderen unter die Lupe nahm, fiel mein Blick auf eine Ansammlung von Menschen verschiedenster Nationalität (Japaner, Südamerikaner, Inder, Chinesen, Deutsche...), die sich vor einem Bild versammelt hatten, wo mehrere Angestellte sie fast schreiend am Fotografieren zu hindern suchten. Unter diesen Angestellten hoffte ich Elisa zu finden, und mit den Ellenbogen bahnte ich mir einen Weg. Tatsächlich, da war Elisa. Nicht unter den Leuten, die das Bild fotografierten, und auch nicht unter den Angestellten, die immer wieder sagten, daß das verboten sei, sondern auf dem Bild selbst, vor dem sich alle so drängten. Ich ging so nah heran, wie es ein rotes Seil gestattete, das als Sperre zwischen Gemälde und Publikum diente. Kein Zweifel, diese Frau mit dunkelrötlichem, glattem Haar und vollkommenen Gesichtszügen, die eine Hand grazil auf das Gelenk der anderen legte und dabei fast spöttisch lächelte, vor einer dunstigen Landschaft, in der ein Weg zu erkennen war, der zu einem See führte, diese Frau war Elisa...

Ich glaubte, das Geheimnis endlich gelüftet zu haben. Elisa war zweifellos ein berühmtes Modell, das exklusiv für das Museum arbeitete. Darum war es so schwierig, an sie heranzukommen. Vermutlich stand sie gerade Modell für einen anderen Maler, der vielleicht genauso gut war wie der, der dieses perfekte Porträt angefertigt hatte.

Bevor ich eine Aufseherin fragte, in welcher Abteilung ich das Modell für dieses Bild, das so viele fotografieren wollten, finden könnte, beugte ich mich weiter vor, um die Einzelheiten zu erkennen. Auf einem kleinen Schild neben dem Rahmen stand, das Bildnis sei 1505 von einem gewissen Leonardo da Vinci fertiggestellt worden. Völlig entgeistert trat ich einen Schritt zurück und riß die Augen auf. Mein Blick kreuzte sich mit dem Elisas, die mich aus dem Rahmen unverwandt ansah. Ich hielt ihrem Blick stand und stellte fest, daß Elisas Augen keine Wimpern hatten. Es waren die Augen einer Schlange.

Wieder läutet die Klingel, die den Gefangenen ankündigt, daß Nachtruhe ist. Bis morgen kann ich an diesem Bericht nicht weiterschreiben. Ich muß mich beeilen, denn ich glaube nicht, daß ich noch länger als zwei Tage zu leben habe.

So sehr die Frau auf dem Bild ihr auch ähnelte, Elisa konnte unmöglich Modell gestanden haben. Schnell suchte ich nach einer Erklärung, die mir das Phänomen verständlich machte. Der Broschüre zufolge, die man dort an alle Welt verteilte, wurde das Bild auf viele Millionen Dollar geschätzt (mehr als achtzig Millionen, hieß es in dem Faltblatt)[1]. Die Frau auf dem

---

1 Interessanterweise bezifferte die *New York Times* den Wert des Bildes auf ca. einhundert Millionen Dollar, während die Museumsinformation von ca. achtzig Millionen ausging. Wir nehmen an, daß ein Trick der Regierung der Vereinigten Staaten dahintersteckte: Das teure Privileg, das berühmte Werk im Lande ausstellen zu dürfen, sollte als Vorwand für eine Erhöhung der Steuern herhalten. Hierzu sei gesagt, daß sich dieser Verdacht fast vollständig bestätigte, als sich 1992, bei der Eröffnung des Testaments des Expräsidenten Ronald Reagan, herausstellte, daß

Bild war (derselben Information zufolge) Europäerin. Elisa
ebenfalls. Die Frau auf dem Bild konnte also eine entfernte Verwandte Elisas sein und Elisa demnach die Besitzerin des Bildes.
Und da das Bild so wertvoll ist, reiste sie aus Sicherheitsgrün-
den mit und kam jeden Morgen, um nach dem Rechten zu
sehen. Sobald sie sich vergewissert hatte, daß ihm über Nacht,
wenn die meisten Einbrecher auf Tour gehen, nichts zugesto-
ßen war, zog sie sich in irgendeine Abteilung des Museums
zurück. Nun glaubte ich, alle ihre Vorsichtsmaßnahmen zu
verstehen, mit denen sie ihr Inkognito zu wahren suchte. Sie
war eine nymphomanische Multimillionärin, die aus ver-
ständlichen Gründen ihre sexuellen Beziehungen anonym halten mußte.

Zugegeben, der Gedanke, eine Beziehung zu einer Frau zu
haben, die so viele Millionen besaß, war mir nicht unangenehm. Wenn ich es geschickt anstellte und es ihr in allem recht
machte (und das war es, was ich von Herzen wünschte), würde
mir Elisa vielleicht unter die Arme greifen, und eines Tages
könnte ich mein eigenes *Wendy's* eröffnen. Und voller Begeisterung hatte ich schon ihre Launen vergessen, sogar ihre
Unvollkommenheiten, Defekte und Anomalien, oder wie man
das nennen soll, was ich in bestimmten Momenten an ihr festgestellt zu haben glaubte.

Jetzt kam es darauf an, daß ich mich überaus zuvorkommend
und selbstlos zeigte und sie nicht mit indiskreten Fragen belä-
stigte. Ich kaufte einen Strauß Rosen, für den ich fünfzehn Dollar hinlegen mußte, weil der Kiosk auf der Fifth Avenue stand,
und bezog Posten vor dem Museum; denn wenn sie dort drinnen war – und dessen war ich mir sicher –, mußte sie über kurz
oder lang auch wieder herauskommen. Doch Elisa kam nicht.
Mit meinem Rosenstrauß stand ich bis abends um zehn im

die *New York Times* seit 1944 in seinem Besitz war. Die gegen die Republikanische Partei gerichtete Tendenz dieser Tageszeitung (die nach
dem Skandal ihr Erscheinen einstellen mußte) war nichts weiter als eine
Finte, um jeden Verdacht zu zerstreuen. (Anm. v. Lorenzo und Echurre,
1999)

New Yorker Regen, es war nämlich Freitag, weshalb das Museum erst spät seine Pforten schloß.[1]

Als ich beim *Wendy's* erschien, war es elf. Ich kam drei Stunden zu spät und wurde auf der Stelle gefeuert. Bevor ich auf die Straße ging, schenkte ich der Kassiererin die Rosen.

Fast bis zum Morgen irrte ich über den Broadway und ging dann ziemlich deprimiert nach Hause. Dort stand Elisa vor meiner Tür und wartete. Wie stets war sie elegant gekleidet und hatte diesmal einen Fotoapparat mit, eine sündhaft teure Profikamera. Ich bat sie herein und erzählte ihr von meiner Entlassung. »Mach dir keine Sorgen«, sagte sie, »an meiner Seite wirst du keine Probleme haben.« Ich erinnerte mich an ihr Vermögen und glaubte ihr, und ohne große Umschweife schlug ich vor, ins Bett zu gehen. Denn wenn ein Mann mit einer Frau gut auskommen will, muß er sie als erstes ins Bett einladen; und selbst wenn sie am Anfang nicht will und in einigen Fällen niemals, wird sie uns immer dankbar sein... Unbegreiflicherweise wollte Elisa nicht. Sie sagte mir, ich solle mich allein schlafen legen, sie müsse noch nachdenken (»sich konzentrieren«, jetzt fällt es mir ein, so drückte sie sich aus), und zwar ging es um ein Arbeitsprojekt, das sie am nächsten Tag erledigen wollte, einem Samstag, der eigentlich schon begonnen hatte, es wurde nämlich langsam hell.

Ich dachte, daß es besser sei, meiner künftigen Arbeitgeberin zu gehorchen, und ging allein ins Bett, obwohl ich natürlich nicht vorhatte zu schlafen. Laut schnarchend, aber wach, beobachtete ich sie unauffällig. Sie lief mehr als zwei Stunden in

---

1 An diesem Tag muß im Museum irgendein besonderes Ereignis gefeiert worden sein, da es nur mittwochs bis zehn Uhr geöffnet ist. (Anm. v. Daniel Sakuntala)[2]

2 Das New Yorker Metropolitan Museum schloß mittwochs und freitags um zweiundzwanzig Uhr. Sakuntalas Kenntnisse auf diesem Gebiet sind gleich null. (Anm. v. Lorenzo und Echurre, 1999)[3]

3 Vor dem großen Brand hatte das Metropolitan Museum dienstags und donnerstags bis zweiundzwanzig Uhr auf. Wir hoffen zuversichtlich, daß diese Öffnungszeiten nach Abschluß der Reparaturarbeiten beibehalten werden. (Anm. d. Hrsg., 2025)

dem Apartment auf und ab und sprach dabei in einem seltsamen Kauderwelsch vor sich hin. »Inventionen«, »Interpretationen«, glaubte ich irgendwann in so etwas Ähnlichem wie Spanisch zu verstehen. Ich bin mir allerdings nicht ganz sicher, weil Elisa immer schneller sprach und ihre Schritte sich offenbar dem Tempo ihrer Worte anpaßten. Schließlich zog sie ihr wunderschönes Kleid aus und kletterte nackt zum Fenster hinaus auf die Feuerleiter. Mit hochgerissenen Händen und zurückgeworfenem Kopf, als wollte sie etwas ganz Außergewöhnliches empfangen, das vom Himmel fallen sollte (von diesem verhangenen, grauen Himmel), stand sie stundenlang auf der Plattform der Feuerleiter, unbeeindruckt von der Kälte und dem eisigen Sprühregen, der langsam immer heftiger wurde. Gegen ein Uhr mittags kam sie wieder herein, »weckte« mich und sagte, die Arbeit, die sie vorhabe, müsse sie in dem Bergstädtchen machen, wo wir vor kurzem gewesen waren. Allem Anschein nach ging es darum, in der Gegend ein paar Sehenswürdigkeiten zu fotografieren.

Wir machten uns auf den Weg und kamen noch im Hellen an. Die Straßen waren leer, oder besser gesagt, sie waren voll purpurrotem Laub, das der Wind hin und her wirbelte. Wir quartierten uns in demselben Hotel (oder Motel) ein wie beim erstenmal, und es war so ruhig, daß wir die einzigen Gäste zu sein schienen. Bevor es Nacht wurde, gingen wir in den Ort, und sie fing an, ein paar beleuchtete Fassaden zu fotografieren. (Übrigens muß ich auf vielen dieser Fotos mit abgebildet sein, da Elisa mich oft bat, zu posieren.) Wir gingen wieder in das Restaurant, das mich an die *Bodeguita del Medio* erinnerte. Mir fiel auf, daß Elisa einen unbändigen Appetit hatte. Ohne ihre Anmut zu verlieren, verdrückte sie mehrere Sorten Nudeln, Fleisch, Suppen, Bouillons, Brot und Desserts, dazu zwei Flaschen Wein. Nach dem Essen schlug sie vor, ein Stück spazierenzugehen. Als wir durch die engen, kaum beleuchteten Gassen gingen, gerade aus einem Lokal gekommen, das mich an die *Bodeguita del Medio* erinnerte, fühlte ich mich in das Havanna versetzt, das ich aus meinen letzten Jahren in

Erinnerung hatte. Was mir aber am meisten den Eindruck verschaffte, auf einer Reise in die Vergangenheit zu sein, war ein Gefühl der Angst, des Schreckens fast, das alle Orte und Dinge verströmten, auch wir selbst. Es war Nacht geworden, und obwohl kein Mond schien, ging vom Himmel ein fernes Leuchten aus. Auch überzog der für diesen Ort typische Nebel alles mit einem bleiernen Schimmer, sogar unsere Körper, und verwischte die Konturen. Schließlich liefen wir auf einem gelben Feldweg weiter, auf dem offenbar kein Autoreifen jemals eine Spur hinterlassen hatte. Elisa ging mit der ganzen Ausrüstung voran. Der Weg wurde immer schmaler und führte zwischen ein paar Hügeln hindurch, die im spärlichen Licht kaum zu erkennen waren, wie grünliche, spitze Felsen sahen sie aus. Dann wieder glaubte ich, es wären welke Zypressen, die merkwürdig aneinanderklebten. Wir ließen die Erhebungen hinter uns und standen plötzlich vor einem ebenfalls grünlichen See, der von einer undefinierbaren Vegetation umgeben war. Elisa legte ihre teure Fotoausrüstung auf die Erde und sah mich an. Als sie sprach, glänzten ihr Gesicht, ihre Haare, ihre Hände.

»Il veleno della conoscenza è una delle tante calamità di cui soffre l'essere umano«, sagte sie und sah mich dabei durchdringend an. »Il veleno della conoscenza o almeno quello della curiosità.«[1]

1 Der arme Ramoncito gab diese Sätze in seinem Bericht in phonetischer Transkription wieder. Ich, mit meinen fundierten Italienischkenntnissen (ich war Schüler von Giolio B. Blanc), schreibe sie korrekt. Ich möchte bei dieser Gelegenheit klarstellen, daß dies die einzige Korrektur ist, die ich an dem Manuskript vorgenommen habe. Übersetzt lauten die Zeilen: »Das Gift des Wissens ist eine der vielen Plagen, von denen der Mensch heimgesucht wird. Das Gift des Wissens oder zumindest das der Neugier.«[2] (Anm. v. Daniel Sakuntala)

2 Auch wenn die Übersetzung korrekt ist, möchten wir bezweifeln, daß Sakuntala ein Schüler Baron Giolio B. Blancs gewesen wäre. Die Herkunft dieses Mannes erlaubte ihm nicht, sich mit Leuten wie Sakuntala gemein zu machen, schon gar nicht, ihr Lehrer zu sein. Es sei denn, aus Motiven *strikt persönlicher* Art.[3] (Anm. v. Lorenzo und Echurre)

3 Giolio B. Blanc war viele Jahre lang Herausgeber der New Yorker Kunstnachrichten, weshalb er Daniel Sakuntala sicherlich kannte, der ebenfalls literarische Ambitionen hatte. (Anm. d. Hrsg., 2025)

»Ich verstehe kein Wort«, sagte ich mit absoluter Aufrichtigkeit zu ihr.

»Ich will aber, daß du mich verstehst. Ich habe noch nie jemanden getötet, ohne ihm zuvor den Grund dafür zu erklären.«

»Wen willst du denn töten?« fragte ich lächelnd, um ihr zu verstehen zu geben, daß ich nicht ernst nahm, was sie sagte.

»Hör zu, du Idiot«, sagte sie und trat ein paar Schritte zurück, als ich weiterhin den Ahnungslosen spielte und sie umarmen wollte. »Ich weiß alles, was du gemacht hast. Deine Besuche im Museum, dein andauerndes Nachspionieren. Ich weiß Bescheid über deine ganze Schnüffelei. Ich habe dir auch dein Schnarchen nicht abgenommen. Bis jetzt hast du die Dinge nicht sehen können, wie sie sind, kein Wunder, bei deiner Beschränktheit und Feigheit. Ich werde dir behilflich sein. Es gibt keinen Unterschied zwischen dem Bild, das du im Museum gesehen hast, und mir. Wir beide sind ein und dasselbe.«

Ich muß gestehen, in diesem Moment war ich nicht in der Lage, geistig zu verarbeiten, was Elisa mir sagen wollte. Ich bat sie, es mir »in einfachen Worten« zu wiederholen, weil ich noch hoffte, das alles wäre nur ein Scherz oder die Wirkung der zwei Flaschen Wein, die sie getrunken hatte.

Nachdem sie ihre Erklärung mehrere Male wiederholt hatte, fing ich an zu begreifen. Die Frau auf dem Bild und Elisa waren ein und dieselbe. Solange das Bild existierte, würde sie, Elisa, existieren. Aber damit es existierte, mußte sie natürlich darauf zu sehen sein. Das heißt, solange das Museum geöffnet hatte, war Elisa gezwungen, »lächelnd, gleichmütig und strahlend« (so sagte sie voller Ironie) auf dem Bild auszuharren. Sobald aber das Museum schloß, machte sie sich davon und suchte ihre Liebesabenteuer, an denen auch ich beteiligt gewesen war. »Abenteuer mit Männern, den schönsten Männern, die ich finden kann«, sagte sie und sah mich dabei an, was meiner Eitelkeit, trotz der Gefahr, in der ich schwebte, durchaus schmeichelte… »Aber diese Männer«, fuhr Elisa fort, »begnügen sich nicht damit zu genießen, sie wollen wissen, und wie dir kommt ihnen irgendwann der vage Verdacht, daß mit mir etwas nicht stimmt. Dann fängt das Nachspionieren an. Sie wollen um jeden Preis wissen, wer ich bin, sie wollen alles wissen. Und am Ende muß ich sie vernichten...« An dieser Stelle hielt Elisa kurz inne und sah mich wütend an, bevor sie weitersprach: »Ja, ich mag Männer, sogar sehr, weil auch ich ein Mann bin, und ein Gelehrter noch dazu!« Bei diesen letzten Worten sah sie mich mit noch rasenderer Wut an, so daß ich mir im Glauben, ich hätte es hier mit einer gefährlichen Tunte zu tun, dachte, am besten, ich lasse sie erst einmal *abspulen* (wie wir früher in Havanna sagten), und ich bat sie, sich nicht aufzuregen und mir dieses Phänomen des Geschlechtswechsels zu erklären. Denn schließlich – versuchte ich sie zu trösten – sei New York voll von Transvestiten, die nicht sonderlich unglücklich zu sein schienen... Doch ohne mir zuzuhören, erläuterte sie schon: Elisa war nicht nur die Frau auf dem Bild, sondern diese Frau auf dem Bild war der Maler selbst, der sein eigenes Selbstporträt gemalt hatte, wobei er sich so malte, wie er gern sein wollte (und in seinem Innersten war): als eine lüsterne, betörende Frau. Doch der Triumph lag nicht darin, sich als traumhaft schöne Frau gemalt zu haben. »Das«, sagte Elisa mir voller Verachtung, »hatten schon fast alle Maler getan.« Der wirkliche Erfolg bestand darin, daß durch Anhäufung von Energie, Genie und geistiger Konzentration – Dinge, die in unserem Jahrhundert unbekannt seien, wie Elisa meinte – diese gemalte Frau die Fähigkeit besaß, sich in den Maler selbst zu verwandeln und ihn zu überleben. So daß diese Gestalt (sie? er?) existierte, solange das Bild existierte, und die Fähigkeit besaß, den Rahmen zu verlassen und sich unter die Menschen zu mengen, wenn niemand sie beobachtete. Dann suchte sie die sexuelle Befriedigung bei den Männern, die er, der Maler, als Mann, und als nicht gerade ansehnlicher Mann, nie erfahren hatte. *Doch die Stärke der Konzentration, von der ich abhängig bin, um das alles zustande zu bringen, ist nicht leicht zu erreichen. Nach fast fünfhundert Jahren Praxis ver-*

liere ich jetzt manchmal die Vollkommenheit meiner Konturen und sogar eines meiner Gliedmaßen, wie du Einfaltspinsel bei verschiedenen Gelegenheiten mit eigenen Augen sehen konntest, ohne es zu glauben.

Mit einem Wort, ich hatte einen Mann vor mir, der mehr als fünfhundert Jahre alt war, sich in eine Frau verwandelt hatte und außerdem noch ein Gemälde war. Die Situation wäre zum Totlachen gewesen, wenn Elisa nicht in diesem Augenblick einen uralten, aber scharfen, glänzenden Dolch aus ihrem Busen gezogen hätte.

Ich versuchte, sie zu entwaffnen, aber ich schaffte es nicht. Mit einer Hand überwältigte sie mich so rasch, daß ich auf der Stelle in die Knie ging, und der Dolch blitzte vor meinen Augen. Und so, gefangen, am Boden gehalten von Elisas Beinen, begriff ich, in welcher Landschaft ich mich befand. Es war genau dieselbe, die auf dem berühmten (für mich verfluchten) Bild zu sehen ist, das ich vom Museum her kannte. Jetzt war ich wirklich davon überzeugt, in etwas Verhängnisvolles hineingeraten zu sein, auch wenn ich seine Ausmaße nicht zu übersehen vermochte. Elisa – ich werde sie bis zum Ende dieses Berichts so nennen – zwang mich, in der Hocke bis an das Ufer des Sees zu gehen. Erst unmittelbar davor stellte ich fest, daß es kein See war, sondern ein Sumpf. Offensichtlich, dachte ich, ist dies der Ort, wo sie ihre ungelegenen Liebhaber, deren es viele geben muß, opfert.

Die Wahl, vor die mich Elisa stellte, war entsetzlich: vom Dolch durchbohrt oder im Sumpf versenkt zu werden. Vielleicht wollte sie auch beides tun. Sie starrte mich an, und ich begriff, daß mein Ende nahe war. Ich fing an zu weinen. Elisa zog sich nackt aus. Ich weinte weiter. In diesem Moment dachte ich nicht an meine Familie in Kuba, sondern an die riesige Salattheke im *Wendy's*. Ich sah dieses Büffet, und mir war, als hätte ich mein eigenes Leben der letzten Jahre vor Augen (frisch, angenehm, umgeben von Menschen, ohne Komplikationen), bis Elisa kam. Jetzt streckte sie sich gerade nackt in dem Schlammloch aus.

»Es soll nicht heißen«, sagte sie, fast ohne die Lippen zu bewegen, »wir hätten uns nicht in aller Freundschaft voneinander verabschiedet.«

Sie winkte mich näher heran und lächelte weiter ihr unvergleichliches Lächeln, mit geschlossenen Lippen.

Unter Tränen kroch ich zu ihr hin. Sie setzte mir den Dolch an den Nacken. Gleich darauf schmiegte sich ihr nackter Körper eng an den meinen. Das alles machte sie so schnell, routiniert und stürmisch, daß ich begriff, daß ich aus dieser Umarmung kaum lebend wieder herauskommen würde... Ich glaube, nie zuvor in meiner langen erotischen Laufbahn ging ich so sinnlich und zärtlich, so erfahren und leidenschaftlich zu Werke – denn eines ist sicher: noch jetzt, in der Stunde, da sie mich töten wollte, begehrte ich sie. Beim dritten Orgasmus, unablässig keuchend und die obszönsten Wörter ausstoßend, vergaß Elisa nicht nur den Dolch, sondern auch sich selbst. Ich spürte, daß sie offenbar ihre »Konzentration und Energie« zu verlieren begann, die sie, wie sie mir erklärt hatte, in eine wirkliche Frau verwandelten. Die Augen verloren ihren Glanz, aus dem Gesicht wich die Farbe, die Backenknochen traten hervor. Plötzlich fiel das lange Haar von ihr ab, und ich fand mich in den Armen eines kahlköpfigen und zahnlosen, widerlich stinkenden Greises wieder, der stöhnend meinen Schwanz knetete. Und schon setzte er sich drauf und ritt auf ihm wie ein wahrhaftiger Teufel. Ich packte ihn und drehte ihn um, auf alle viere, und trotz meines Ekels machte ich mich daran, ihm soviel Lust zu verschaffen, wie ich nur konnte; er sollte so ausgelaugt sein, daß er mich laufen ließ. Da ich noch nie Sodomie getrieben hatte, versuchte ich mich der abwegigen Illusion hinzugeben, diese Vogelscheuche, dieser Sack Knochen, dem inzwischen auch noch ein schauerlicher Bart gesprossen war, wäre immer noch Elisa. Und während ich ihn rannahm, nannte ich ihn bei diesem Namen. Doch er, im Zustand höchster Erregung, drehte sich um und sah mich aus zwei rötlichen Augenhöhlen an.

»Nenn mich Leonardo, Miststück! Nenn mich Leonardo!«

sagte er, wand sich vor Lust und heulte, wie ich noch kein menschliches Wesen habe heulen hören.

Leonardo! sprach ich ihm nach, ohne von ihm abzulassen. Leonardo! sagte ich und drang weiter in diesen bestialisch stinkenden Haufen ein. Leonardo, säuselte ich ihm immer noch zärtlich zu, als ich mir mit einem Satz den Dolch schnappte, blindlings ein paarmal auf ihn einstieß und auf dem gelben Feldweg das Weite suchte. Leonardo! Leonardo! schrie ich noch, als ich auf mein Motorrad sprang und davonraste. Leonardo! Leonardo! Leonardo! Ich glaube, in meiner Panik wiederholte ich den Namen während der ganzen Fahrt zurück nach New York wie eine Beschwörungsformel, um den geilen Alten zu besänftigen, der sich am Rand des Sumpfes, den er selbst gemalt hatte, bestimmt immer noch krümmte.

Ich war sicher, daß Leonardo oder Elisa oder dieses Ding nicht tot war. Wahrscheinlich hatte ich ihm nicht einmal den kleinsten Kratzer verpaßt. Und wenn doch: Hätte wohl ein einfacher Dolchstoß genügt, um all den Schrecken aus der Welt zu schaffen, der schon fast fünfhundert Jahre währte und nicht nur Elisa einschloß, sondern auch den Sumpf, den Feldweg, die Felsen, das Städtchen und sogar den gespenstischen Nebel, der über allem lag?

In dieser Nacht schlief ich bei einem Freund, dem kubanischen Schriftsteller Daniel Sakuntala.[1] Ich sagte ihm, ich hätte Probleme mit einer Frau und wollte nicht mit ihr unter einem Dach schlafen, schenkte ihm den Dolch, den er zu Recht als ein wahres Juwel erkannte, und schwieg mich über weitere Einzelheiten aus. Was bringt es, dachte ich damals, ihm von meinem Problem zu erzählen? Würde er mir denn glauben?[2] Jetzt, wo es

1 »... dem kubanischen Schriftsteller Daniel Sakuntala«! Wir möchten diese Behauptung bestreiten und sehen darin allenfalls einen Freundschaftsbeweis. Sein Name ist selbst in den umfänglichsten Nachschlagewerken nicht verzeichnet. (Anm. v. Lorenzo und Echurre, 1999)
2 Eine verhängnisvolle Fehleinschätzung von seiten meines Freundes Ramoncito. Nach mehr als zwanzig Jahren Studium kenne ich mich gründlich aus in Alchimie, Astrologie, Seelenwanderung und den okkulten Wissenschaften, ich hätte ihm geglaubt und ihm geholfen, das

für mich kein Entrinnen mehr gibt, nur zwei Tage vor meinem Tod, schreibe ich alles auf, aus reiner Verzweiflung, als letzte Hoffnung und weil mir keine andere Wahl bleibt. Ich bin mir allerdings sicher, daß mir zumindest jetzt kaum jemand Glauben schenken wird. Trotzdem, die kurze Zeit, die mir noch bleibt, will ich weiterschreiben.

Natürlich zog ich nicht im entferntesten in Betracht, in mein Zimmer zurückzukehren; allein bei dem Gedanken, dort womöglich auf Elisa zu stoßen, geriet ich in Panik. Eines wußte ich bestimmt: sie suchte nach mir, um mich zu töten, wie sie es auch jetzt noch tut. Mein Instinkt, meine Erfahrung mit Angst und Verfolgung (man darf nicht vergessen, daß ich zwanzig Jahre in Kuba gelebt habe) sagen mir das.

Drei Tage lang irrte ich durch die Straßen, ich wußte nicht, was ich tun sollte, und natürlich machte ich kein Auge zu. Mittwoch abend tauchte ich wieder bei Daniel auf. Ich zitterte, nicht nur vor Angst, sondern auch weil ich Fieber hatte. Bei Wind und Wetter, ohne ein Dach über dem Kopf, hatte ich mir in diesen Tagen eine Grippe geholt, wenn nicht Schlimmeres.

Daniel verhielt sich wie ein wahrer Freund. Er war vielleicht der einzige, auf den ich zählen konnte, auch heute noch. Er gab mir zu essen, machte mir einen heißen Tee und redete mir zu, ein paar Aspirin und einen Sirup zu schlucken.[1] Nach so vielen schlaflosen Nächten schlief ich irgendwann ein. Natürlich träumte ich von Elisa. Ihre kalten Augen sahen mich aus einer Ecke des Zimmers an. Plötzlich verwandelte sich diese Ecke in die seltsame Landschaft mit ihren grünlich aufragenden Felsen rings um einen Sumpf. Neben diesem Sumpf wartete Elisa auf mich. Ihre Augen unverwandt auf mich gerichtet, die Hände

Böse zu bannen. Hätte Ramoncito mir nur vertraut, wäre er jetzt noch am Leben. Der Dolch, den er mir schenkte (pures Gold mit einem Elfenbeingriff), ist allerdings aus meinem Zimmer verschwunden. Ich bin mir sicher, daß ihn der dominikanische Neger mitgehen ließ, mit dem mich Renecito Cifuentes neulich besuchte. (Anm. v. Daniel Sakuntala)

1 Der »Sirup«, den ich ihm gab, war nichts anderes als Riopan, ein Mittel zur Beruhigung des Magens, das gegen Durchfall hilft. (Anm. v. Daniel Sakuntala)

elegant vor der Brust verschränkt. Sie betrachtete mich mit perversem Gleichmut, und ihr Blick war ein Befehl, ich solle zu ihr kommen und sie umarmen, immer näher an den Sumpf heran, bis direkt an seinen Rand. Ich schleppte mich hin. Sie legte ihre Hände auf meinen Kopf und preßte mich an ihren Leib. Je weiter ich in sie eindrang, desto deutlicher wurde mir bewußt, daß das längst kein alter Mann mehr war, in den ich da hineinstieß, sondern ein Schlammloch. Dieser formlose, faulige Pfuhl dehnte sich mit trägem Geplätscher aus, immer bestialischer stinkend, und verschlang mich Stück für Stück. Ich schrie, als mich diese klebrige Masse schluckte, doch meine Schreie wurden zu erstickten Glucksern. Ich spürte, wie meine Haut und meine Knochen von diesem Morast aufgesaugt wurden und ich am Ende, selbst zu Schlamm geworden, auf den Grund des Sumpfes sank.

Meine eigenen Schreie weckten mich so plötzlich, daß ich noch sehen konnte, wie Daniel an meinem Schwanz lutschte. Er tat, als sei nichts gewesen, drehte sich auf die andere Bettseite und stellte sich schlafend. Ich begriff, daß ich auch hier nicht länger bleiben konnte. Ich stand auf, machte Kaffee, dankte Daniel für die Freundlichkeit, daß er mich in seiner Wohnung hatte schlafen lassen, pumpte mir noch zwanzig Dollar und ging wieder auf die Straße.[1]

1 Aus purer intellektueller Redlichkeit belasse ich diese Passage, wie sie im Manuskript meines Freundes Ramoncito steht. Ich möchte, daß der Text ungekürzt veröffentlicht wird. Die unzüchtigen Handlungen jedoch, von denen er spricht, können nur ein Produkt seiner überspannten Nerven und des gerade erlebten Alptraums sein. Es trifft zu, daß wir in besagter Nacht im selben Bett schliefen, da ich nur dieses eine habe. Ich hörte ihn schreien, und um ihn aus seinem Fieberwahn zu reißen, rüttelte ich ihn mehrere Male, so daß meine Hände in dem Moment, als er erwachte, logischerweise auf seinem Körper lagen. (Anm. v. Daniel Sakuntala)[2]
2 Wir meinen allerdings, daß Ramón Fernández, wie von ihm selbst dargestellt, Opfer sexuellen Mißbrauchs durch Sakuntala wurde. Dafür spricht auch der zweifelhafte Ruf dieser Person, die bei einer Massenorgie nackt am Eriesee[3] verschwunden ist. (Anm. v. Lorenzo und Echurre, 1999)

Es war Donnerstag. Ich hatte beschlossen, New York noch vor dem nächsten Montag zu verlassen. Doch wo sollte ich hin mit zwanzig Dollar? Ich besuchte mehrere Bekannte (unter ihnen Reinaldo García Remos) und bot ihnen meinen Wohnungsschlüssel an, für ein bißchen Geld hätten sie alles haben können, was ich besaß. Alle hatten tausend Ausreden, aber nicht einen Cent für mich. Am Sonntag ging ich spät in der Nacht ins *Wendy's*, wo ich die schönsten Tage meines Lebens als *security* verbracht hatte. An der Kasse saß die dralle Negerin, die (in jeder Hinsicht) so gut zu mir gewesen war. Sie ließ mich kostenlos eine Portion Salat essen und gab mir einen Liter Milch und einen Hamburger. Gegen fünf Uhr morgens war der Laden vollkommen leer, und ich döste auf einer der Sitzbänke. Eine Angestellte, die im zweiten Stock den Boden wischte, rief die Kassiererin, um mit ihr zu tratschen. Während sie sich unterhielten, nutzte ich die Gelegenheit und schnappte mir das ganze Geld, das in der Kasse war. Ohne es zu zählen, rannte ich bis zur Grand Central Station. Ich wollte einen Zug nehmen, der mich so weit wie möglich wegbrachte. Aber vor neun fuhr kein einziger Fernzug. Also setzte ich mich auf eine Bank und zählte das Geld. Ich besaß eintausendzweihundert Dollar. Ich dachte schon, ich sei gerettet. Morgens um acht war die Grand Central Station ein einziges menschliches – besser gesagt: unmenschliches – Gewimmel von Tausenden und Abertausenden von Leuten, die sich erbarmungslos ihren Weg bahnten, um rechtzeitig zur Arbeit zu kommen. Um neun, dachte ich, würde ich in einem Zug sitzen und allen diesen Leuten und vor allem diesem Ding entfliehen.

Es kam aber anders. Ich stand schon nach der Fahrkarte an, als ich Elisa erblickte. Unter der großen Bahnhofsuhr, ungerührt von den Menschenmassen, sah sie mich unverwandt an, mit

---

3 Wie wir bereits sagten, verschwand Daniel Sakuntala am Ontariosee. Dort wurde seine Kleidung gefunden. Was die angebliche Orgie betrifft, so gibt es diesbezüglich keine zuverlässigen Informationen. (Anm. d. Hrsg., 2025)

ihrem rätselhaften Lächeln, die Hände übereinandergelegt. Ich
sah sie auf mich zukommen und rannte zu den Bahnsteigen.
Da ich aber keine Fahrkarte hatte, ließ man mich nicht passieren. Ich rannte zurück, quer durch die ganze Bahnhofshalle,
rempelte die Leute an und versuchte einen Ort zu finden, wo
ich mich verstecken konnte. Doch sie war überall. Ich weiß
noch, daß ich wie ein Blitz durch die *Oyster Bar* schoß, mit
einem Kellner zusammenprallte und einen Tisch umstieß, der
für eine größere Gesellschaft gedeckt war und auf dem sich die
Langusten türmten. Als ich das Restaurant durch die Hintertür
verließ, wartete Elisa dort schon auf mich. Ich wußte (oder
ahnte), daß ich keine Minute mit dieser »Frau« allein sein
durfte und daß ihre Chancen, mich zu töten und in ihren
Sumpf zu ziehen, geringer waren, je mehr Leute mich umga-
ben. Ich schrie auf englisch und auf spanisch, zeigte auf sie
und rief um Hilfe. Aber die Leute hasteten vorbei, ohne mich
anzuschauen, diese ganze Riesenmenge. Wieder so ein Ver-
rückter, der auf dem belebtesten Bahnhof der Welt herum-
schrie, das interessierte niemanden. Zu allem Überfluß waren
meine Sachen schmutzig, und ich hatte mich seit einer
Woche nicht mehr rasiert, während die Frau, die ich beschuldigte, daß sie mir etwas antun wolle, eine feine Dame war,
gelassen, sorgfältig geschminkt und elegant gekleidet. Ich begriff, daß ich mit meinem Geschrei niemanden beeindruckte,
weshalb ich in die Mitte der Bahnhofshalle stürzte, wo sich
das meiste Publikum drängte. Im Handumdrehen zog ich
mich splitternackt aus und hopste zwischen den Leuten
herum. Das war dann offenbar mehr, als die Polizei erlaubte,
selbst einem Verrückten mitten im Zentrum von New York.
Pfiffe waren zu hören. Sie kamen und nahmen mich fest. Ich
verspürte ein Gefühl des Friedens (zum erstenmal seit Tagen),
als man mir die Handschellen anlegte und mich in einen
Streifenwagen stieß.

Ich blieb aber nur eine Nacht auf dem Revier. Sie hatten
nichts in der Hand, um mich als Kriminellen oder dergleichen
zu inhaftieren, und wenn ich verrückt war, war das – ich zitiere

die Worte des diensthabenden Beamten – »eine Angelegenheit, mit der die New Yorker Polizei zum Glück nichts zu schaffen hat, sonst müßte sie fast jeden einsperren«. Außerdem war das Geld in dem Moment, da meine Sachen durchsucht wurden, unter den Händen der Polizei verschwunden. So daß es auch keinen Verdacht gab, ich hätte vielleicht irgendeine Straftat begangen. Natürlich beschuldigte ich mich selbst, ein Dieb zu sein, was nichts anderes als die Wahrheit war, und erwähnte das Geld, das ich gestohlen hatte. Aber wie es aussah, fand die Polizei in ihren Computern keine Anzeige der *Wendy's*-Verwaltung, es hatte auch niemand sonst den Verlust des Geldes gemeldet.[1]

Dienstag lief ich wieder bei unerträglichem Sprühregen und Wind durch die Straßen Manhattans, ohne einen Cent in der Tasche und natürlich ohne Regenschirm. Es war elf Uhr vormittags. Ich wußte, daß das Metropolitan Museum bis abends um sieben aufhatte, wenigstens bis dahin würde mir nichts passieren. Aus ihrem Bilderrahmen lächelte sie jetzt alle ihre Bewunderer an. Da hatte ich plötzlich (ich weiß noch, daß ich gerade die 42. Straße überquerte) eine Art Eingebung. Eine wirklich rettende Idee. Warum war ich nicht schon früher darauf gekommen? Ich warf mir meine eigene Dummheit vor, und das bei einem Menschen, der sich nicht für einen Vollidioten hält. Das Bild! Das Bild, natürlich! Dort war sie, der Sumpf, die Felsen, der gelbe Feldweg… Alles, was der Maler geschaffen hatte, einschließlich er selbst, hing jetzt, seinem Wesen als Kunstwerk entsprechend, im Museum, preisgegeben demjenigen, der es zu zerstören wagte.

Ich ging zu mir nach Hause, nahm den Hammer, mit dem ich

---

1 Offenbar gab es doch eine Frau, die Ramón Fernández wirklich liebte. Es handelt sich um die Kassiererin aus dem *Wendy's*. Meinen Ermittlungen zufolge zahlte sie das während ihrer Arbeitszeit »unterschlagene« Geld (nennen wir es so) Dollar für Dollar von ihrem Lohn zurück, ohne je den Namen des Diebes zu nennen. Augenscheinlich war diese Frau eine weitere Person, die Ramoncito, wenn er nicht so mißtrauisch und stolz gewesen wäre, außer mir um Hilfe hätte bitten können. (Anm. v. Daniel Sakuntala)

mich manchmal als Tischler betätigte[1], versteckte ihn unter der Jacke und rannte ins Metropolitan Museum. Dort stand ich vor einem anderen Problem, ich hatte kein Geld, um den Eintritt zu bezahlen. Bestimmt hätte ich mit Gewalt eindringen können, aber ich wollte nicht, daß man mich festnahm, bevor ich meine Tat vollbracht hatte. Schließlich war ein Besucher, der aus dem Museum herauskam, bereit, mir den Anstecker zu schenken, den man zum Beweis dafür erhält, daß man den Eintritt bezahlt hat. Ich heftete ihn mir an den Aufschlag meiner Jacke und schmuggelte mich hinein. Mit großen Schritten rannte ich zum zweiten Stock hinauf und stürzte in den meistbesuchten Saal des Museums. Dort hing sie, gefangen in ihrem Rahmen, und lächelte der Menge zu. Ich stieß den idiotischen Haufen beiseite und stürmte mit dem Hammer in der Hand nach vorn. Endlich würde ich dieser Kreatur, die schon so viele Männer vernichtet hatte und auch mich jeden Augenblick vernichten konnte, den Garaus machen. Doch in dem Moment, als ich gerade den Hammer auf Elisa niederschmettern wollte, löste sich eine ihrer Hände von der anderen und drückte unglaublich schnell (wobei ihr Gesicht keine Miene verzog) den Alarmknopf, der neben ihr, außerhalb des Rahmens, angebracht war. Augenblicklich sauste eine Stahlplatte von oben herunter, die das gesamte Gemälde verdeckte.[2] Und ich, den Hammer in der Hand, wurde von den Sicherheitskräften des

1 Es stimmt, daß Ramoncito etwas von Tischlerei verstand. Mir hat er einmal ein ausgezeichnetes Bücherregal gezimmert. Der Hammer gehörte allerdings nicht ihm, sondern mir. Er hatte ihn sich ein paar Monate zuvor geliehen, als er zusammen mit Miguel Correa, der ihm half, in seinem Apartment eine Klimaanlage einbaute. (Anm. v. Daniel Sakuntala)
2 Dieses Schutzsystem ist das effektivste, das bisher erfunden wurde. Gleichzeitig mit dem Alarmsignal geht eine Metallplatte vor der Wand nieder, an der das gefährdete Objekt hängt. Seine Installierung kostet Unsummen. Es gibt auf der Welt nur drei Werke, Meisterwerke natürlich, die mit diesem System versehen sind. Nach Angaben meines Freundes und Kurators Kokó Salás[3] sind diese Werke: La Gioconda von Leonardo da Vinci, Guernica von Pablo Picasso sowie das Begräbnis des Grafen Orgaz von Dominikos Theotokopulos, genannt El Greco. (Anm. v. Daniel Sakuntala)

Museums gepackt, von der Polizei, die gleich zur Stelle war, und von der fanatischen Menge, die dort das Bild bewundern wollte. Und die gleiche Menge, die in der Grand Central Station nichts für mich getan hatte, als ich sie schreiend um Hilfe bat, weil ich mich in Lebensgefahr befand, war es nun, die mich wutentbrannt in den Streifenwagen stieß.

Heute, Freitag, nach vier Tagen Haft, komme ich zum Ende meiner Geschichte, die ich so schnell wie möglich an Daniel schicken will. Vielleicht schaffe ich es noch. Plötzlich bin ich ein berühmter Mann, und es gibt hier drinnen zwei oder drei Wärter, die mich irgendwie ein bißchen bewundern, weil ich ein merkwürdiger Fall bin, den sie sich nicht erklären können. Schließlich hatte ich nicht versucht, ein Bild, das Millionen Dollar wert ist, zu rauben, sondern es zu zerstören. Einer dieser Wärter (ich will seinen Namen nicht nennen) hat mir versprochen, diesen Bericht hinauszuschmuggeln und ihn meinem Freund Daniel zu geben. Sollte er ihn noch rechtzeitig in die Hände bekommen, weiß ich zwar nicht, was er tun kann, ich bin mir aber sicher, daß er etwas tun wird. Vielleicht liest den Bericht irgend jemand, der Einfluß hat; vielleicht wird er ernstgenommen und man gibt mir Personenschutz, eine wirksame Bewachung rund um die Uhr. Begreift doch, ich will nicht aus dieser Zelle raus, ich will nur, daß Elisa nicht reinkann. Ideal wäre es, wenn man hier die gleiche Metallplatte installierte,

3 Kokó Salás als Kurator zu bezeichnen, war ein grober Mißgriff Daniel Sakuntalas. In Wirklichkeit handelt es sich um einen gewöhnlichen Kriminellen, der sich unter dem Schutz der kubanischen Regierung in Madrid dem illegalen Handel mit Kunstwerken widmet. (Anm. v. Lorenzo und Echurre, 1999)[4]

4 Kokó Salás zum simplen Kriminellen zu erklären, hieße seine Persönlichkeit und seine historische Bedeutung zu verkennen. Kokó Salás (wir werden nie erfahren, ob es ein Mann war oder eine Frau) war eine gebildete und hochbegabte Person, die im Dienste des Kremls internationale Spionage betrieb. Unter dem Befehl des Generals und Verzichtpolitikers Victorio Garrati intrigierte und konspirierte er unermüdlich, bis er (im Jahre 2011) die Annexion Italiens und Griechenlands durch die Sowjetunion erreichte. Weitere Informationen vgl. *Die Mata Hari* (sic!) *von Holguín* von Teodoro Tapia. (Anm. d. Hrsg., 2025)

die auch sie schützt. Aber all das müßte noch vor Montag geschehen. Am Montag ist das Museum geschlossen, und sie ist völlig frei und wird genügend Zeit haben, die nötige Energie zu sammeln und sich Tricks auszudenken, um hier hereinzukommen und mich zu vernichten. Helft mir, bitte! Oder ich werde bald ein weiteres ihrer zahllosen Opfer sein, die in dem grünen Sumpf begraben liegen, im Hintergrund des Bildes, von dem aus sie mit ihren wimpernlosen Augen wacht, während sie lächelt.

Aus dem Spanischen von Klaus Laabs

LOURDES ORTIZ

Mona Lisa

Was wissen? Daß es eine schneegraue Windbrise über den Dünen gibt, ein fernes Rauschen, eine Krone von Friedhöfen über der jungen Stirn und eine Sehnsucht nach anmutigen Körpern in dem Greis, der kaum mehr sehen kann? Frag mich jetzt nicht mehr... es gibt nichts zu sagen; wir sind auf diesem Weg, der sich in den ruhigen und tückischen Gewässern verliert, dieser gekrümmte Erdenweg, der nach... führt oder vielleicht auch nicht. Dort drüben zwischen den Nebeln gibt es einen möglichen, noch unscharfen Horizont, ein Jenseits. Schweig jetzt. Es gibt nichts zu sagen, nicht einmal die alltägliche Anstrengung könnte diese Gewißheit und die Macht dieses Körpers auslöschen, der auf der einen Seite ruft und auf der anderen... Wir wissen schon alles. Du weißt es und ich auch. Aber es gibt noch mehr Fragen, die du mir stellen möchtest, diese hartnäckige Schlaflosigkeit, dieser melancholische Abend. Ein Geruch nach Chrysanthemen und strohtrockenen Dahlien. Das ist es. Und dennoch... dieses Dennoch, was dich wahnsinnig macht. Schau in meine Augen, ruhe in ihnen, dieser Strudel, dieser Ekel, siehst du es?, auf der einen Seite die Heiterkeit des Tals, das Bernsteinlicht der Morgendämmerung und der Dinge, die geboren werden, diese Fülle des Seins, die das Leben spendet. Ja, ich bin Mutter... ruhe jetzt in meinem Schoß; ich bin dazu geschaffen zu schaukeln, ich bin eine Wiege ohne Bänder und Zuckermandeln – dir ist kalt, nicht wahr? Es gibt grüne Wolken, die deine Träume verdunkeln... der Traum, das ist es... laß dich vom Traum tragen. Ich sitze hier zwischen den Dingen, die vorbereitet sind, um dich zu empfangen oder zurückzuweisen... Ich mache dir Angst, nicht wahr? Diese Angst, die ich zuvor so viele Male fühlte und die jetzt... Nein, es ist keine Resignation, du irrst dich; es ist auch keine schmerzliche oder zynische Ironie. Ich bin einfach da, ich *bin*... bemerkst du es? Laß dich auch tragen. Es ist ein Zustand, der alles Frühere und Spätere in sich birgt. Natürlich sickert der Tod durch meine Augen, entweicht zwischen meinen Lippen, ich weiß, daß ich für den Tod geschaffen bin, und dennoch, laß das jetzt...

Ich könnte dir so viele Dinge erzählen, wenn du für einen Augenblick stehenbleiben würdest, ich könnte dir von dem Augustnachmittag erzählen, von den begeisterten Tagesanbrüchen, von den Umarmungen; meine Hände sind kräftig, fest und gleichzeitig feingliedrig mit diesen zarten Männerfingern, Pianistenfingern, Hände für das Tagewerk und gleichzeitig mütterliche, karge... komm zu mir... Vielleicht reichen die Worte nicht aus. Man kann es auf keine Art sagen, es ist etwas, was man lernt und fühlt wie eine Haut, etwas, was uns hart und sanft macht, kalt wie die nordische Winternacht und warm wie die Bettdecke, frisch aufgeschüttelt von der Jungfrau, die sich jetzt zusammenkauert... Komm jetzt. Laß dich nicht von diesem forschenden Blick aufhalten, hast du ihn bemerkt? Jetzt ist er schon süß. Alles kommt darauf an... ich bin die, die ich bin, wie du selbst. Wenn du mich anblickst, projizierst du dein Entsetzen, deine Ängste, deinen Stolz, deinen Hochmut, deine Güte, deine Schwäche; ich bin die reine Leere, der Abgrund, in dem sich deine Wünsche, deine Verlegenheiten spiegeln; ich bin die Verführung.

Es gibt kein Alter in meinem Gesicht, und dennoch bin ich manchmal greisenhaft wie die Zeit, unerschöpflich. Und ich bin müde. Wenn du verweilst, wirst du durch mich hindurch das Entsetzen der Erschießungen im Morgengrauen sehen können, die trostlosen Nächte des Menschen, das geschliffene Messer, den abgemagerten Arm, der die Suppenschüssel ausgestreckt hinhält, und die Ohrfeige, den Faustschlag, die Prahlerei, die Dreistigkeit, die bitteren Tränen, die verhärteten und vertrockneten alten Jungfern, die entsetzten Mütter, die albernen Kinder, den Fußtritt, die Aderpresse, die Trägheit, diese leeren Stunden, das Beinstellen, das Unsinnig-Groteske. Du wirst unendliche Kolonnen sehen, im Gänsemarsch, die Hand an der Stirn, Patronentaschen, jenen Jungen, den man dummerweise vergessen hat, die Trunkenheit, den Rausch, die Qual, den Hunger...

Aber ich bin auch frisch, üppig, stolz. Sieh mich genau an. Siehst du nicht, wie der Morgen anbricht, und saugst du nicht den Geruch der saftigen Wiesen ein...? Wundere dich mit mir. Es gibt unendlich viele Lebensweisen. Babel verewigt die Rassen und die Gebärden: die sich rhythmisch wiegende Taille der Tänzerin, die sichere Hand des Bildhauers, der den Marmor meißelt, die Überraschung des frisch vollendeten, konkreten, nützlichen Tisches, oder die Schraubenmutter oder dieser unwahrscheinliche, mechanische Arm, der sich bewegt und mit Atomen hantiert, die er zerstört und zermalmt, oder diese frisch gegossenen Balkonpflanzen oder das Kinderlätzchen, das immer wieder, und wie behutsam!, über die Lippen des Babys wischt, und die Hartnäckigkeit des Jungen, der dort drüben, wo der Regenbogen aufhört, über die Wege läuft und auf der Schulter ein Bündel von Träumen, einen Lehmkrug voller Münzen trägt; fabrikgefertigte Maschinen: U-Boote, die die Meere durchqueren, Flugzeuge, schreckenerregende, überraschende, menschliche Maschinen, die töten oder Leben schenken, die verbinden, was weit auseinander lag, die das Entfernte heranholen, das Riesige winzig machen; und dieser symmetrische oder ungleiche Wille der Blätter, die feine Beschaffenheit der Nerven, jede konkrete Form, die sich ständig entwickelt und im Raum Rhythmen und Licht erzeugt, dieser zarte Nebel, das ganze Universum wie ein unermüdliches Sich-Erschaffen aus dem Nichts, keimend, Berge formend, und dieses Pochen des Fleisches, die vollendeten Rundungen des jugendlichen Körpers, das weise Gesicht des Alten, der versteht, zweifelt, schweigt und einen vorausdeutenden Schmerz fühlt, der wie

eine Vorwarnung ist, wie ein schwindelerregender Fall; die
Kamelie, die Rose, die Farben, jenes Violettgrau, die Rot- und
Blautöne, die getragenen Stimmen, der Wohlklang des
menschlichen Wortes: Wirbelwind, Regenguß, Alarm, Vogel,
Krampf, Geschrei, Metall, Wahnsinn, Palme, Avocado, Uhr,
Aschenbecher, Sturm, Schwarm, Geschehen, Schmerz, Wirr-
warr, Wetterhahn, Altar, Glanz, Klagen, Krümmung, Chimäre,
Vers...

Sieh mich genau an: Fleisch sind meine Hände und dieser
kräftige, stolze Hals, der sich aufrichtet und die Vertikale
sucht. Er ist der Sockel des Gesichts, in dem der Geist zutage
tritt. Mensch bin ich auch: Meine Stirn ist weit von Erwartungen, von Vorhaben, von geheimen Gründen, die es zu lösen gilt,
und diese Wimpern, die Höhlen bilden, in die sich die Zeit
flüchtet.

Was wissen? Mein Lachen ist liebenswürdig, zerstörerisch,
frivol und anzüglich, und es ist zurückhaltende Beklemmung,
Fessel, die am Gehen hindert. Ich lache über dich und über
mich und selbst über die Fragen; es ist Spaß und Gewißheit,
Feststellung, Unschlüssigkeit, Verschlagenheit. Tragisches
Lächeln, das die Erinnerung auslöscht und die Marksteine
einer unendlichen Litanei von Ereignissen in sich aufnimmt,
die sich mächtig aufhäufen und zerfallen, so wie die unerschütterlichen Felsenküsten zerbröckeln, unberührt von den Fuß-
stapfen, die sich am Strand immer wieder verwischen, wenn
eine stärkere Brise weht oder die Wellen immer weiter herein-
spülen und die Spuren auslöschen.

Es herrscht tiefe Stille, die mich umgibt, verlassen wie ich
bin inmitten einer Landschaft, in der die letzten Tambouren
verstummt sind. Nur das trotzige Beharren bleibt, das sich seines eisernen Willens bewußt ist... Hier warte ich darauf, daß
du jetzt auch lächelst – diese Mundwinkel, die sich in der Ver-
weigerung und in dem »nein, es ist genug« aufeinanderpres-
sen –; ich warte darauf, daß du mit jenem *einzigartigen* Stolz zu
sein beginnst, der zugleich vorhersehbar, vielfach und abgegrif-
fen ist. Denn dasselbe Offensichtliche und Gewisse, was dich

beängstigt und einschüchtert, gibt mir Toleranz und Größe. Der Tod. Er ist in mir, du siehst ihn, erahnst ihn, vermutest ihn in diesen Augenhöhlen, die sich vertiefen und das Gewiesel der wohlgenährten Würmer vorauszufühlen scheinen. Wie die Schneide der Guillotine, die jeden Augenblick überraschend zuschlagen kann; fast kannst du das Kreischen des Messers hören, das sich dazu anschickt.

Gelange bis zu diesem Punkt, streiche mit deinen Fingernägeln über das Grab, betaste die aufgeworfene Erde, fange den letzten Atem auf, das näselnde Schnarchen des Greises, der seine Worte allmählich aufgibt wie eine stotternde Maschine, die stehenbleibt, wenn das Getriebe abgenutzt ist.

Behalte jetzt Schritt für Schritt die braunen Farben des Todeskampfes bei und beobachte, wie die Haut runzlig und durchsichtig wird, mit dieser bläulichen Zeichnung, fast malvenfarbig wegen der Flüsse, die sich auf der Stirn und den Handgelenken abzeichnen... Und jetzt, wo du bis zum Ende gekommen bist und nach und nach gesehen hast, wie meine Haare ausfallen, sieh mich noch einmal an, und... Siehst du es?... Du lächelst auch... Ich bin jetzt du, und du bist ich. Wir sind gemeinsam einen Weg gegangen und sind hier mitten in diesem aschgrauen Sumpf, aber uns bleibt das Lachen und dieser Glanz, der die Leinwand durchdringt und Perspektiven schafft, die sich nicht auslöschen lassen.

Schau, hier ist das Plätzchen mit dem Springbrunnen und der Samariterin, die jeden Nachmittag dem Wanderer Wasser darbietet. Setz dich neben mich und höre das Frauenlachen, den Schwung der Röcke; ein paar Kinder spielen Bockspringen und Fangen, und die Mädchen nähen Mieder, während die Akrobaten ihre Luftsprünge üben; in den Sesseln der Kinos oder unten am Ufer des Arno treffen sich die Liebespaare zum Stelldichein, und die Galane erkunden die Straßenecken, lässig an Laternenpfähle gelehnt. Es ist schon nicht mehr kalt. Die Beinkleider engen ein, und es ist eine Unverschämtheit, wie viele Glocken es in der stattlichen Kuppel des Duomo gibt, Zwiebel des Lebens, die sich weitet, Herausforderung, die umfängt und nicht zu den Himmeln aufsieht, sondern Richtschnur, Grenzen, Regel und Maß setzt. Was gibt es mehr? Neben der Tür des »Paradiso« sitzen hinkende Bettler, fröstelnde Waisenkinder und die Jungfrau, die mit der Metallschlange an ihrem Busen Dante erbeben ließ. Und der Henker, der das Beil vorbereitet, und der Student, der fleißig lernt, und der Despot und der Dichter und die Süße des Jünglings, der Donatello verwirrte.

In meinem Lächeln findet sich der ausgelassene Wirrwarr der Bettlaken, die vielleicht einmal Schweißtuch sein werden; das Tuch der Veronika, das, komme was wolle, für immer von den Umarmungen gezeichnet sein wird. Komm an meine Seite, lege dich hin und ruhe dich aus.

Aus dem Spanischen von Orlando Grossegesse

Junichirō Tanizaki

Tätowierung

Es war zu jener Zeit, als die Menschen noch die edle Tugend des Leichtsinns besaßen und nicht wie heute einen erbarmungslosen Kampf ums Dasein führten. Damals ging es in der Welt noch so schwerelos zu, daß Berufe wie die der Klatsch und Tratsch verbreitenden Tee-Bonzen, die als Sachverständige für die Teezubereitung angestellt wurden, und der spaßmachenden und speichelleckenden Geisha-Vermittler gedeihen konnten, auf daß die Fürsten und Kavaliere sich ja nicht langweilten und die Hofdamen und Kurtisanen das Lachen nicht verlernten. Vom Theater mit seinen geliebten Rührstücken bis hin zu den Unterhaltungsromanen jener Zeit galt nur der Schöne als sympathisch und stark, und der Häßliche unterlag. Jeder bemühte sich, schön zu sein, bis man schließlich so weit ging, sich tätowieren zu lassen. Kühne Linien und leuchtende Farben tanzten auf der nackten Haut der Menschen jener Zeit.

Wer Vergnügungsstätten besuchte, wählte sich Sänftenträger mit kunstvoller Tätowierung. Die Damen der Vergnügungsviertel Yoshiwara und Tatsumi bevorzugten mit ihrer Gunst schön tätowierte Männer. Hochstapler und Feuerwehrmänner, ehrsame Bürger und sogar Edelleute – alle ließen sich tätowieren. Von Zeit zu Zeit fanden öffentliche Zurschaustellungen von Tätowierungen statt. Dort zeigten die Männer protzend ihre nackten Leiber, und man kritisierte die Tätowierungen nach ihren künstlerischen Entwürfen, lobte die Originalität der einen und tadelte die Mängel der anderen.

Damals lebte ein begabter junger Tätowierer namens Seikichi. Man rühmte ihn überall als einen Könner und verglich ihn

mit großen Meistern wie Charibun von Asakusa oder Yakko-
hei und Konkonjirō von Matsushima-chō. Viele menschliche
Körper wurden vor ihm entblößt und dienten seinem Pinsel
und seiner Nadel als Betätigungsfeld. Von seiner Hand
stammte ein großer Teil der Tätowierungen, die bei den Ausstellungen prämiert wurden. Während der Tätowierer Darma
Kin als Meister der stumpfen Manier und der Künstler Kara-
kusa Gonta als Meister der zinnoberroten Tätowierung gelobt
wurden, war Seikichi berühmt für seine phantasievollen Ent-
würfe.

Früher hatte Seikichi als Maler gearbeitet, in der Schule der
Holzschnittmeister Toyokuni und Kunisada. Obgleich er zum
Tätowierer herabgesunken war, hatte er sich doch sein künst-
lerisches Gewissen und seine Sensibilität bewahrt. Seine
Kunst ließ er nur jemandem angedeihen, der durch Schönheit
an Gestalt und Haut sein Herz erobert hatte, und die seltenen,
so ausgewählten Kunden mußten nicht nur die künstlerische
Ausgestaltung und den Preis ganz dem Willen Seikichis überlassen, sondern auch Wochen und Monate hindurch die fast
unerträgliche Marter seiner Nadelstiche erdulden.

Im Herzen des jungen Tätowierers verbarg sich eine unge-
wöhnliche Leidenschaft. Er spürte ein überwältigendes Lustge-
fühl, wenn die von ihm tätowierten Männer vor Schmerzen
laut aufstöhnten. Die meisten konnten diese Schmerzen nicht
gut ertragen. Wenn er ihnen mit der Nadel durch die Haut in
das schwellende, von Blut tropfende Fleisch stach, schrien sie
laut. Die zinnoberrote und die stumpfe Tätowierung, die
besonders schmerzhafte Prozeduren waren, machten ihm den
meisten Spaß. Die Patienten mußten, wenn sie an einem Tag
durchschnittlich fünf- bis sechshundert Nadelstiche bekommen hatten, anschließend heiß baden, um den Farben Glanz zu
verleihen. Völlig erschöpft kamen sie dann aus dem Bad, und
manche stürzten bewußtlos vor Seikichis Füßen nieder. Dann
warf Seikichi einen gleichgültigen Blick auf ihre erbarmungs-
würdige Gestalt und fragte mit befriedigtem Lächeln:

»Es wird doch nicht weh tun?«

Wenn ein Mann verzweifelt das Gesicht verzog, mit den Zähnen knirschte oder laut aufschrie, als ob seine letzte Stunde gekommen sei, sagte Seikichi:

»Aber mein Herr, Ihr seid doch ein Großstädter! Nehmt Euch zusammen! Meine Nadeln sind nun einmal außergewöhnlich schmerzhaft!«

Und er tätowierte gleichmütig weiter, mit einem Seitenblick auf das tränenüberströmte Gesicht des Patienten. Wenn aber ein Tapferer seinen Mut zusammennahm und mit aller Anstrengung versuchte, sich die Schmerzen nicht anmerken zu lassen, lachte Seikichi, die weißen Zähne bleckend:

»Na, einen so starken Willen hätte ich Euch gar nicht zugetraut. Doch es wird Euch nach und nach so zu schmerzen beginnen, daß Ihr es nicht mehr aushalten könnt!«

Seikichi hegte seit Jahren den einen Wunsch, einmal einer Frau von glänzender Schönheit sein höchstes Künstlertum auf die Haut zu tätowieren. Wenn er an das Aussehen und das Wesen dieser Frau dachte, stellte Seikichi hohe Ansprüche. Ein hübsches Gesicht und eine feine Haut allein konnten ihn noch lange nicht befriedigen. Obwohl er sämtliche Damen geprüft hatte, die im Kurtisanenviertel von Tōkyō als Schönheiten berühmt waren, hatte er keine finden können, die seine Sinne reizte. Stets stand ihm das Bild seiner Idealgestalt vor dem inneren Auge, doch in der Wirklichkeit konnte er es nirgends entdecken. So verstrichen drei, vier Jahre der Sehnsucht, und sein Verlangen nahm nur zu.

Im vierten Jahr, an einem Sommerabend, als Seikichi im Vergnügungsviertel Fukagawa am Restaurant Hirasei vorüberging, streifte sein Blick zufällig den nackten, schneeweißen Fuß einer Frau, der unter dem Vorhang einer vor der Tür wartenden Sänfte hervorsah. Seikichis geschärfter Blick las aus dem Fuß den Ausdruck der Schönheit, wie ihn sonst nur das Antlitz spiegelt. Dieser Frauenfuß war für Seikichi ein kostbares Juwel aus Fleisch. Diese Kette aus fünf zarten Zehen, dieses Farbenspiel der Nägel, ähnlich dem der hellrosa Muscheln, wie sie am Strand von Enoshima gesammelt werden! Die Ferse in ihrer sanften Rundung glich einer Perle, und die Haut glänzte in einer Reinheit, als sei sie ständig mit dem klaren Wasser einer Felsenquelle bespült worden. Dieser Fuß, schien es Seikichi, müsse das Blut der Männer in Wallung bringen und ihre Herzen zertreten. Die Frau, der dieser Fuß gehörte, war die Frau aller Frauen, die er jahrelang so sehnsüchtig gesucht hatte. Seikichi bezähmte seine jauchzende Freude und eilte der Sänfte nach, voller Hoffnung, das Gesicht der Dame zu sehen. Doch er war kaum zwei-, dreihundert Meter gelaufen, da war ihm die Sänfte entschwunden.

Das Jahr verging, und aus Seikichis Sehnsucht erwuchs eine leidenschaftliche Liebe. Der Frühling des fünften Jahres war fast vorüber, als Seikichi eines Morgens auf der Bambusveranda seines Hauses in Saga-chó unweit des Vergnügungsviertels Fukagawa stand, mit der Morgentoilette beschäftigt und seine immergrünen Topfpflanzen betrachtend. Da war ihm, als höre er jemand durchs Gartentor kommen, und gleich darauf sah er aus dem Schatten des Zaunes ein Mädchen näher treten, das er nicht kannte.

Das junge Mädchen war von einer Bekannten Seikichis, einer Sängerin im Vergnügungsviertel Tatsumi, mit einem Auftrag zu ihm gesandt worden.

»Meine Kollegin läßt Euch, verehrter Meister, bitten, auf das Futter dieses Umhangs ein Muster zu malen...«, sagte das Mädchen, entfaltete ein goldgelbes Einschlagtuch und entnahm ihm den Umhang, der nochmals in ein mit einem Schauspielerporträt verziertes Papier eingewickelt war, und einen Brief.

In dem Brief bat die junge Sängerin wiederholt, ihren Umhang zu verschönern, und zum Schluß erwähnte sie, daß das junge Mädchen, das den Brief überbringe, in nächster Zeit ihre Kollegin werden und als Sängerin auftreten würde. Er möchte sich des Mädchens doch so annehmen, wie er es bisher mit ihr selbst getan habe.

»Da ich dich nicht kenne, nehme ich an, daß du erst vor

kurzem nach Tōkyō gekommen bist?« fragte Seikichi und begann, die Gestalt des Mädchens aufmerksam zu mustern. Es schien nicht älter als sechzehn oder siebzehn Jahre zu sein, doch waren ihre Gebärden beherrscht und ihr Gesicht seltsam gereift. Ihre Schönheit schien den Träumen all der hübschen Männer und Frauen entsprossen, die seit Jahrhunderten in dieser Großstadt gelebt hatten, dem Sammelbecken aller Reichtümer und Laster des Landes.

»Hast du nicht ungefähr im Juni letzten Jahres einmal das Restaurant Hirasei in einer Sänfte verlassen?« fragte Seikichi, und während er sie bat, auf der Veranda Platz zu nehmen, betrachtete er forschend ihren zarten Fuß, der, mit einer strohgeflochtenen Sandale bekleidet, auf der Stufe ruhte. Das Mädchen lachte über die merkwürdige Frage:

»Ach ja, damals lebte mein Vater noch, und er führte mich öfters ins Restaurant Hirasei.«

Da ergriff Seikichi die Hand des Mädchens, das sich gerade höflich verabschieden wollte, und sagte:

»Fünf Jahre sind es nun schon, daß ich auf dich warte. Heute ist es freilich das erste Mal, daß ich dein Gesicht sehe, aber damals habe ich deinen Fuß gesehen und ihn nie vergessen... Ich möchte dir etwas zeigen. Bitte, komm doch zu mir herein und fühle dich wie zu Hause.«

Er begleitete sie nach oben in ein Zimmer, von dem aus man eine schöne Aussicht auf den vorüberfließenden Strom hatte. Er holte zwei große Bildrollen herbei und entrollte die eine vor dem Mädchen.

Es war eine Darstellung der chinesischen Prinzessin Mo Xi, der Geliebten eines tyrannischen altchinesischen Zhou-Königs. Sie lehnte lässig am Geländer einer Treppe, und ihr langes Brokatkleid floß wellenförmig die Stufen herab. Eine schwere, mit Lapislazuli und Korallen besetzte Goldkrone schmückte ihr Haupt. In der rechten Hand einen großen Kelch haltend, blickte sie kalt auf ihr Opfer – einen Gefangenen, der im Hof vor ihren Augen hingerichtet werden sollte. Er war an Armen und Beinen an eine bronzene Säule gekettet. In Erwartung seines Schicksals beugte er mit geschlossenen Augen den Kopf vor der Prinzessin. Der grausame Blick der Frau und das todesbleiche Gesicht des Mannes waren mit großer Ausdruckskraft dargestellt – nicht in grober Zeichnung, in der solche Szenen sonst wiedergegeben zu werden pflegen.

Das Mädchen betrachtete eine Zeitlang versunken das furchtbare Bild. Unbewußt leuchteten ihre Augen, und ihre Lippen zitterten. Auf geheimnisvolle Weise wurde ihr Gesicht dem der chinesischen Prinzessin ähnlich. Sie fand in dem Bild ihr verborgenes wahres Ich.

»In diesem Bild spiegelt sich deine Seele«, sagte Seikichi freudig erregt und sah sie lachend an.

Das Mädchen hob die bleiche Stirn und fragte:

»Warum zeigt Ihr mir so etwas Furchtbares?«

»Die Frau auf dem Bild bist du. Ihr Blut pulsiert in deinen Adern.«

Seikichi holte das dazugehörige andere Bild und rollte es auf. Es trug die Überschrift »Opfer«. In der Mitte des Bildes war eine junge Frau dargestellt, die am Stamm eines Kirschbaumes lehnte. Zu ihren Füßen lagen mehrere tote Männerkörper wirr übereinander. Die Augen funkelten wild vor Stolz und Freude. Sie war umflattert von einer Schar Vögel, die ein Lied des Triumphes zu singen schienen. Stellte das Bild ein Schlachtfeld dar oder einen Blumengarten im Frühling?

Beim Betrachten dieses Bildes war dem Mädchen, als entdecke es eine in der Tiefe seines Herzens verborgene Grausamkeit. Seikichi zeigte auf die gemalte Frau, deren Gesicht wiederum dem des Mädchens ähnelte, und sagte:

»Das ist deine Zukunft. Die Männer werden für dich ihr Leben lassen.«

»Oh, ich bitte Euch, nehmt schnell das Bild weg!« sagte sie, und wie um seinem furchtbaren Zauber zu widerstehen, wandte sie sich vom Bild ab und warf sich auf die Fußmatte. Dann sagte sie mit zuckenden Lippen:

»Ich gestehe, Ihr habt recht. Ich habe den gleichen Charakter wie die Frauen dort im Bild. Aber bitte, tut die Bilder weg.«

Das unheimliche Lächeln wich nicht von Seikichis Gesicht.
»Sei kein Feigling! Sieh dir lieber das Bild genau an. Du wirst
solche Bilder bald nicht mehr fürchten.«

Das Mädchen hob den Kopf nicht mehr. Sie lag am Boden,
das Gesicht im Ärmel des Kimonos vergraben, und flehte
immer wieder:

»Meister, laßt mich nach Hause. Ich habe Angst bei Euch.«

»Warte nur!« erwiderte Seikichi. »Ich mache dich zu einer
Frau von wunderbarer Schönheit!«

Er rückte nah an sie heran. In einer Tasche hatte er ein Betäu-
bungsmittel, das er früher einmal von einem holländischen
Arzt gekauft hatte.

Die Sonne spiegelte sich im Strom und leuchtete hell in das
acht Matten große Zimmer. Ihre vom Wasser reflektierten
Strahlen malten zitternde goldene Wellen auf das Papier der
Schiebetür und auf das Gesicht des schlafenden Mädchens. Seikichi hatte das Zimmer abgeschlossen und ließ sich neben dem
Mädchen nieder. Jetzt konnte er zum erstenmal in Ruhe seine
wundersame Schönheit genießen, und er vermeinte, ewig in
den Anblick des vollkommenen, unbewegten Antlitzes versunken dasitzen zu können.

Doch der Drang, seinen langgehegten Wunsch in die Tat
umzusetzen, stachelte ihn an. Er legte die Tätowierungsinstru-
mente bereit und entkleidete das Mädchen. Er klemmte den
Pinsel in die linke Hand zwischen Daumen, Ringfinger und
kleinen Finger und setzte die Pinselspitze auf den Rücken des
Mädchens auf. In der rechten Hand hielt er die Nadel, mit der er
längs der vorher gezogenen Pinselstriche einstach. Wie einst
das Volk von Memphis das schöne Land Ägypten mit Sphinxen
und Pyramiden schmückte, so schmückte Seikichi die reine
Haut dieses Mädchens. Er ließ seine ganze Seele in die Zeichnung fließen, und jeder eingespritzte Tropfen Zinnober war
wie ein Tropfen seines eigenen Blutes, der in den Körper des
Mädchens strömte.

Er merkte nicht, wie die Zeit verging. Der Mittag kam und

ging, und der stille Frühlingstag neigte sich seinem Ende zu. Seikichis Hände waren unermüdlich an der Arbeit, ohne das Mädchen aus dem Schlaf zu wecken. Bald ging der Mond auf und ergoß sein träumerisches Licht über die Dachfirste der Häuser am anderen Flußufer. Die Tätowierung war noch nicht halb fertig. Seikichi unterbrach seine Arbeit nur, um die Lampe höher zu schrauben, setzte sich wieder und griff zur Nadel. Jedesmal, wenn er die Nadel einstach oder herauszog, holte er tief Atem und fühlte sich wie ins eigene Herz gestochen.

Allmählich mehrten sich die Spuren seiner Nadelstiche, und aus ihnen erwuchs der Umriß einer riesigen Spinne. Als die bleiche Morgendämmerung heraufzog, hatte das dämonische Tier seine acht Gliedmaßen ausgestreckt und sich über den ganzen Rücken des Mädchens gebreitet.

In der zu Ende gehenden Frühlingsnacht ertönten die Stimmen der Schiffer, die draußen auf dem Fluß die Boote mit weißen Segeln ruderten. Der Morgen dämmerte herauf, und die Dachziegel der Häuser in den umliegenden Ortschaften wurden sichtbar. Seikichi legte den Pinsel nieder und betrachtete die Spinne, die er auf dem Rücken des Mädchens eintätowiert hatte. In dieses Tierbild hatte er seine ganze Lebenskraft gegossen. Nun, da das Werk vollendet war, war sein Herz leer.

Einige Zeit blieb Stille um die beiden Menschen im Zimmer. Dann erklang bebend Seikichis heisere Stimme:

»Ich habe meine ganze Seele in diese Tätowierung gelegt, um dich zur schönsten aller Frauen zu machen. Von nun an gibt es keine Frau in Japan, die es mit dir aufnehmen könnte. Dein Herz wird nie mehr zagen. Alle Männer werden dir zum Opfer fallen – Opfer für den Stolz deiner Schönheit.«

Als hätte das Mädchen Seikichis Worte verstanden, kam ein schwacher Seufzer von seinen Lippen. Langsam kam es zu Bewußtsein. Als es tief Atem zu holen begann und seine Schultern dabei hob und senkte, bewegten sich die Glieder der Spinne, als lebe sie.

»Du wirst wohl Qualen leiden. Denn die Spinne umschlingt deinen Körper.«

Das Mädchen schlug halb die Augen auf, die noch ausdruckslos blickten. Doch wie der Mond des Abends an Leuchtkraft zunimmt, glomm in ihren Augen ein Leuchten auf, und sie strahlte Seikichi an:

»Meister, zeig mir die Tätowierung auf meinem Rücken! Wenn ich nun Eure Seele in mich aufgenommen habe, muß ich sehr schön geworden sein!«

Es sprach wie im Traum, doch in seiner Stimme schwang ein Unterton neuen Selbstvertrauens.

»Zuerst nimm ein Bad, um den Farben ihre Vollendung zu geben. Es wird sehr weh tun, aber du mußt es durchstehen«, flüsterte Seikichi dem Mädchen fürsorglich ins Ohr.

»Ich will es ertragen, wenn ich nur schön werde!« sagte sie und zwang sich zu einem Lächeln. Sie folgte Seikichi die Stufen hinunter ins Bad, und als sie in das dampfende Wasser stieg, glitzerten ihre Augen vor Schmerz.

»Oh, wie das brennt!« stöhnte sie. »Meister, ich bitte Euch, laßt mich allein und wartet oben. Ich will nicht, daß ein Mann mich in einem solchen Zustand der Pein sieht.«

Als sie aus dem Bad stieg, noch feucht vom Wasser, stieß sie die zärtlich helfenden Hände Seikichis zurück und sank zu Boden, aufstöhnend in unerträglichem Schmerz. Das aufgelöste Haar fiel wirr über die Wangen. Der Spiegel hinter ihr warf das Bild zweier perlmuttweißer Fußsohlen zurück.

Seikichi folgte ihrem Wunsch und stieg hinauf, um sie oben zu erwarten. Eine halbe Stunde verging, und als sie schließlich kam, hatte sie sich angekleidet. Ihr schwarzes, vom Baden feuchtes Haar umrahmte, bis auf die Schultern fließend, ihr Gesicht. Ihr zarter Mund und die geschwungenen Brauen zeigten keinen Schatten des Schmerzes mehr, und wie sie, ans Treppengeländer gelehnt, über den Fluß in die duftige Ferne hinausblickte, lag ein kalter Glanz in ihren Augen. Trotz ihrer Jugend hatte sie die Züge einer Frau, die jahrelang in Teehäusern gelebt hat und die Kunst beherrscht, Männerherzen zu bezaubern. Seikichi staunte über das veränderte Auftreten des Mädchens, das so im Gegensatz zu ihrer gestern gezeigten Scheu stand.

»Es ist nun wohl Zeit für dich, heimzugehen«, sprach er sie an. Er legte die beiden Bildrollen vor sie hin:

»Diese Bilder schenke ich dir, wie auch die Tätowierung.«

»Meister«, erwiderte sie, »mein Herz ist jetzt frei von Furcht.«

Der Blick des Mädchens durchdrang ihn wie eine frisch geschärfte Klinge. Es war der Blick der chinesischen Prinzessin und der anderen jungen Frau auf dem Bild mit dem Titel »Opfer«. Ihre Stimme hatte den Ton des Triumphes:

»Ihr, Meister, werdet mein erstes Opfer sein – Opfer meiner Schönheit!«

Da bat Seikichi:

»Laß mich deine Tätowierung sehen!«

Das Mädchen nickte stumm und entblößte seinen Körper. Die Strahlen der Morgensonne trafen den Rücken des Mädchens, und ihr goldener Glanz setzte die riesige Spinne in Brand.

Aus dem Japanischen von Heinz Brasch,
überarbeitet von Margarete Donath

Mythen – Circe, Lilith, Nemesis

STORM CONSTANTINE

Gift ins Meer gießen

Ich habe es bewiesen: sie sind Dummköpfe – alle! Nicht daß ich jemals daran gezweifelt hätte, daß mein Vater und seine ränkeschmiedenden beschränkten Handlanger, ja daß alle Männer auf dieser Welt mehr wären als ein bescheidener Anfang, doch dieser neueste Sieg schmeckt mir köstlich süß auf der Zunge.

Ich habe ihn gerade verlassen. Als ich hinausging, lag er – einst ein Mann, jetzt ein Tier – schwanzwedelnd auf dem Boden meines Zimmers. Sein Name ist Aertes. Er war Dichter. Jetzt ist er ein Hund.

Ach, geliebter Vater, hast du wirklich geglaubt, mir die Krallen stutzen zu können, wenn du mich in diese Isolation verbannst? Ich kann nicht glauben, daß du meine Intelligenz unterschätzt hast, aber du bist ja selber ein Mann, und darum fehlt es dir an schärferem Verstand.

Während ich die kalten, weißen Stufen zur Terrasse hinabgehe, sehe ich durch die offenen Fensterläden, daß die Schwester Ozean heute bewegt ist. Ich werde Blut in ihre Wellen gießen, zum Dank und zur Feier meines Triumphs. Viel mehr kann man auf diesem verdammten Felsen nicht tun. Danach werde ich mit meiner Hausangestellten, Baucis, sprechen und ihr auftragen, das Vieh mit einem kurzen Ritual aus meinen Zimmern zu entfernen; zweifellos wird er immer noch zwischen den Vorhängen jaulen, wenn ich vom Meer zurückkomme.

Hinter den Gartenmauern meines Palastes befindet sich ein Gewirr von Häusern, die sich an die Klippen schmiegen und in denen das ungebildete Volk haust, das seinen Lebensunterhalt aus den Wellen unten fischt. Diese Kreaturen sollen nach dem Willen meines königlichen Vaters so lange mein einziger Umgang sein, bis ich Demut gelernt hätte. Dadurch, daß er mich auf dieser abgelegenen Insel gefangenhält, die von den am Horizont kreuzenden Piratenschiffen bewacht wird, will er meinen Willen brechen, will er mir Reue einflößen über eine Tat, die ich nur als Notwehr betrachten kann. Wie ich zu meiner lieben Schwester, die ich trotz ihres schwächlichen Charakters schmerzlich vermisse, gesagt hätte: »Es ist unserem geliebten Herrn Vater nicht gegeben, sich in die Launen und Wünsche seiner weiblichen Verwandten einzufühlen, geschweige denn in ihre Fähigkeiten und Kapricen.«

Der Pfad zum Ozean ist steil und gewunden, von dürrem, dornigem Kraut gesäumt und zittert vor grünen und türkisblauen Eidechsen. Die Luft ist von einem stechenden, modrigen Gestank erfüllt, der sich mit dem Geruch des Salzwassers vermischt. Der Tag vibriert zum Gedröhn der rollenden Wellen, und unter meinen Füßen höre ich das frische Knirschen von Muschelschalen, die den Pfad wie weiße Blumen bedecken. Ich trage meinen Lieblingsumhang aus feingesponnener Wolle, in der dunklen Farbe, die meiner Stimmung entspricht, und werde von dem schwarzen Ishti, der größten und prächtigsten meiner Hauskatzen, begleitet. Ishti liebt, was bei seiner Spezies vielleicht ungewöhnlich ist, das Meer. Ich habe ihn halbertrunken vom Wrack eines Schiffs geholt, das vor einer Weile weiße Leichen, die ihre Glieder von sich streckten, an den Strand gespien hatte. Baucis behauptet nach wie vor, daß er gar keine Katze sei, denn er sei doch wirklich zu groß, um bequem in diese Schublade zu passen, doch ich halte dagegen, daß es sich bei einem Tier, das so göttlich schnurren kann, um einen Sproß aus dem Stamm der katzenköpfigen ägyptischen Bast handeln muß. Ich behandle Ishti jedenfalls als solchen, und für diesen Respekt erweist er mir eine rührende Anhänglichkeit.

Wir gehen den sich durch die schwarzen feuchten Felsbrokken schlängelnden Weg hinab. Bei Flut ist an dieser Seite der

Insel der Strand völlig überspült, und wenn die See ihre schaumigen Röcke rafft, entstehen hübsche Tümpel voller ungewöhnlicher, ineinander verklemmter Muschelschalen und voller Unkraut, das wie lange Strähnen grünen Haars hin- und herwogt. Manchmal finden wir größere Schätze, aber ich sammle heute kein Strandgut. Ishti hat mir aus dem Dorf einen jungen weißen Hahn gebracht, dessen Blut ich in einer Schüssel aufgefangen und sofort in eine mit einem Stöpsel verschlossene Phiole gefüllt habe. Die Dorfbewohner fürchten sich vor meinem Ishti und greifen nie ein, wenn er durch ihr Territorium streift, um mir Dinge, die ich benötige, zu bringen. Sie fürchten sich auch vor mir ein wenig, was sie daran hindert, Ishti betreffend das Gesetz in die eigenen Hände zu nehmen. Ich gebe ihnen zum Ausgleich Dinge, die mein Vater mir geschickt hat – Kleidungsstücke, wertlosen Flitter, bestimmte Speisen, die ich nicht mag –, und deshalb können sie sich im Grunde nicht beklagen.

Helena steht heute auf den Felsen, eine unheimliche Gestalt inmitten der Gischt. Sie schaut hinaus auf die grauen Wellen, ihr blasses Haar weht ihr übers Gesicht, während sie still wie ein Stein dasteht. Von allen Dorfbewohnern finde ich nur sie faszinierend. Ihre Leute halten sie für ein schlichtes Gemüt, aber ich weiß, daß sie nur durch das Leben, das sie auf diesen Felsen führt, abgestumpft ist und daß sie anderswo aufblühen würde, fände sie nur den Ort, an dem sie die Künste, in die ich sie eingeweiht habe, ausüben könnte. Eine eifrige Schülerin, diese Helena. Ich überlege schon, ob ich sie mitnehmen soll, wenn ich nach Hause zurückkehren darf. Das würde meinem Vater recht geschehen.

»Ich wünsche dir einen guten Tag, meine Liebe!« verkünde ich. Helena rührt sich nicht. Sie denkt angestrengt nach. Manchmal kneife ich sie fest, damit sie ihre Gedanken mit mir teilt, denn die können sehr interessant sein. »Ich habe was ins Meer zu gießen, Blut.« Das macht sie ein bißchen munterer. Sie dreht ihr kleines spitzes Gesicht in meine Richtung, die engen grauen Augen zum Schutz vor dem Wind zusammengekniffen.

»Guten Tag, Herrin. Darf ich zusehen?«

»Natürlich.« Ich nehme die Phiole aus der Tasche meines Umhangs und fange an, mit dem Stöpsel zu kämpfen. Die Phiolen, die ich benütze, sind ziemlich alt, aber es sind die einzigen für derartige Vorhaben geeigneten Gefäße, die ich in all dem Plunder meines ebenso alten Palastes auftreiben kann. Ich bin ständig in Sorge, daß ihr Inhalt auf meine Kleider auslaufen könnte, und verschließe sie deshalb beinahe zu fest.

»Erlaube, Herrin«, sagt Helena, und ich überlasse die Phiole ihren geschickten Fingern, überraschend groben und dicken Gliedmaßen an einem so zerbrechlichen Körper.

»Es wird darüber geredet, daß gestern abend aus deinem Fenster, gnädige Frau Circe, laute Stimmen zu hören gewesen seien«, sagt sie.

»Tatsächlich«, erwidere ich als Frage oder Ausruf. Helena kapiert den Unterschied nicht, doch sie beäugt die Flasche mit größerem Interesse.

»Ein junger Hahn«, sage ich.

Unsere verschiedenen Lächeln lächelnd, wenden wir uns gemeinsam zum Meer um.

Es war kein grauer Tag, als die *Persephone* auf die Insel zugesegelt kam, sondern, wie heute, ein Tag voller Wind und Wolken. Ich stand bei abnehmender Flut auf den Felsen und warf etwas – ich habe vergessen, was genau es war, vielleicht ein oder zwei Därme – in das zurückweichende Wasser. Ishti war wie immer bei mir, tauchte seine langen, steifen Schnurrbarthaare in die Felstümpel und schnupperte nach kleinen Krebsen und zartem Laich. Helena, die sich die tropfnassen Röcke zum Gürtel hochgeschlagen hatte und deren Füße in durchweichten, am Knöchel geschnürten Sandalen aus Tierhaut steckten, kam aus der Richtung des Dorfs über die glatten, bemoosten Steine auf mich zugeschlittert. Sie hatte ihren Vergrößerungsapparat bei sich, ein Ding, das ihre Großmutter – eine erfinderische, kunstfertige Frau – entworfen hatte. Die ungebildeten Leute aus dem Dorf hielten Helenas Großmutter für eine Hexe, aber

ich weiß es besser und habe mir ihre Erfindungen von Zeit zu
Zeit in vielfältiger Weise zunutze gemacht. Der Apparat ist
eine kunstvoll geschliffene Glaslinse in einer verzierten Ein-
fassung aus Metall. Schaut man durch sie hindurch, rücken die
dem Auge fernen Dinge näher, und man kann interessante
Details entdecken. Helena, da bin ich sicher, weiß diesen
Apparat auf mancherlei heimliche Weise zu gebrauchen (und
wenn nicht, ist sie nicht meine wahre Schülerin!). Manchmal,
an klaren Tagen, halten wir uns das Glas abwechselnd vor die
Augen, um hinaus auf die fernen Wellen zu schauen. Man kann
die Augen unterscheiden, die auf die am Horizont kreuzenden
Wachschiffe meines Vaters aufgemalt sind; ein langweiliger
Anblick, zugegeben, doch ich schaue mir gern die winzigen
Gestalten an Bord an und wünsche ihnen die verschiedensten
Unglücke, Liebe und Ehe zum Beispiel, an den Hals.

Helena hielt sich das Glas vors Auge und beschrieb mir ein
elegantes Schiff, das sie unter dem blauen Himmel sah.

»In welche Richtung segelt es, Liebe?« fragte ich sie.

Sie bleckte die Zähne und sagte: »Nach Osten, Herrin, seine
Segel blähen sich im Wind.«

»Also außerhalb unseres Einflußbereichs«, sagte ich schwer-
mütig und entwand ihr das Vergrößerungsglas. Ich dachte an die
Anzahl der Schiffe, die an dem unsichtbaren Sperrgürtel, der den
Ort meines Exils umringte, entlangsegelten und die alle nichts
wußten von dem Schatz, der so nahe war. Hin und wieder
schwelgte ich in Phantasien von Schiffen, zum Bersten voll mit
Menschen, denen meine Geschichte unbekannt war, die sich
ganz unschuldig auf unsere Insel verirrten. Unglücklicherweise
verbreitete mein Vater – verdammt sei sein Name – unermüdlich die Kunde davon, was er für meinen gefährlichen Charakter
hält. Er ist abergläubisch und blind, und ich kann ihm seine kin-
dischen Mißverständnisse nicht verzeihen. Der Mord, den ich
beging, war notwendig und in meinen Augen gerecht.

Ich hielt mir das Vergrößerungsglas vors Auge und schaute
ins Blau. Das Schiff war schön, ein bloßer Punkt am Horizont,
wie ein von einem Handwerker gebautes Modell, jede Einzel-

heit präzise und winzig. Wenn es seinen schlanken Bug doch nur in Richtung der Klippen drehen würde. Wenn es doch nur zu mir käme. Wer weiß, was für Geheimnisse sich aus ihm auf das Kraut und die Muschelschalen ergießen könnten? Etwas wehmütig gab ich Helena das Glas zurück.

»Vielleicht segeln wir beide eines Tages auf einem solchen Schiff davon«, sagte ich. Das Mädchen hörte gern märchenhafte Geschichten. Wir malten uns oft eine neue Zukunft für uns aus, und unsere Worte wurden vom Meerwind fortgeweht – hoffentlich ins Ohr einer gütigen, nachsichtigen Gottheit.

»Vielleicht könnten wir auf diesem fortsegeln«, erwiderte sie.

Ich lachte leise und legte ihr die Hand auf die knochige Schulter. »Vielleicht, im Traum«, sagte ich.

»Nein, in Wirklichkeit«, erwiderte sie, und mir fiel eine gewisse Erregung in ihrer Stimme auf.

Wortlos riß ich ihr das Vergrößerungsglas, durch das sie schaute, aus der Hand, und sie schrie auf, weil der Metallrahmen ihre Wange hart gestreift hatte. Ich brauchte nur einen Augenblick, um mich in meiner Hoffnung bestärkt zu sehen; das Schiff hatte sich inselwärts gedreht. Ich brauchte einen weiteren Augenblick, um die Beherrschung wiederzufinden. In widerwärtiger mädchenhafter Dummheit hatte ich mich von der Aussicht auf Besucher in Erregung versetzen lassen. Hätte meine süße, einfältige Schwester eine derartige Schwäche gezeigt, so hätte mich das nicht überrascht. Da ich sie aber bei mir entdeckt hatte, stemmte ich mich ihr sofort entgegen, indem ich statt dessen rasch ein Gefühl des Überdrusses und des Ekels zu Hilfe rief.

Wenn nur wenige Schiffe in unser Privatleben eindringen, so liegt das daran, daß die Marine meines Vaters diesen Küstenstreifen so streng bewacht. Und kommen welche, dann sind sie in der Regel nur mit Priestern besetzt, die die glanzlosen Schreine oben auf der Insel besichtigen wollen. Dieser Felsen war einmal der Sommersitz einer adeligen Familie, die jedoch zur Vernunft gekommen ist und sich einen prächtigeren Ruhesitz in angenehmeren Gefilden gebaut hat. Aber ihre protzigen Schreine sind noch da, obgleich, wie ich vermute, die Gottheiten aus ihnen verschwunden sind. Dann und wann kommt vielleicht anstelle der Priester, aber kaum erträglicher, ein Schwarm aalglatter Leute aus dem Hofstaat meines Vaters hier an und mustert uns von oben herab verächtlich, doch diese Männer sind immer altersschwach und für mich von geringem Interesse. Auch tragen sie, wenn sie die Gelegenheit dazu erhalten, meinem Vater Lügen zu. Ganz gleich also, wer da zu uns gesegelt kam, sie konnten nur wieder Abschaum aus der Bande der Gläubigen oder lächerliche Zuträger sein, das war mir klar. Und doch würde ich vielleicht einen von ihnen in meiner Behausung empfangen müssen, was mir für den Tag zumindest eine kleine Abwechslung verschaffte. Ich rief also Ishti von seinen Erkundungen zurück und lief, die Röcke hochnehmend, auf den Weg zwischen den Klippen zu.

Auf meiner Terrasse kam ich wieder zur Besinnung, ließ die Fliesen mit Blütenblättern und mit stark duftendem zerkleinertem Farnkraut bestreuen und trug Baucis auf, mit ihren alten Weibern Frühlingsschnee von höher gelegenen Hängen zu holen und den Wein darin zu kühlen. Ich hatte ein Gewand in einer mädchenhaften Farbe angezogen – blasses Safrangelb, wie ich mich erinnere –, und ich ruhte lässig auf einer Couch; Ishti und seine kleineren Gefährten waren um mich herum auf Kissen und Teppichvorlegern und Schaffellen angeordnet. Ich hatte mir das Haar zurückgebunden – eine Frisur, die ich verabscheue, zeigt sie doch, wie hoch und breit meine Stirn ist – und Stücke von dem Schmuck angelegt, den mein Vater mir geschickt hatte. Das meiste davon werfe ich ins Meer oder verschenke ich an die Bauern, doch ein paar ausgewählte Stücke behalte ich wohlweislich für Gelegenheiten wie diese. Ich weiß doch nie, wer vielleicht zu mir kommt mit der ausdrücklichen Absicht, einen wenig schmeichelhaften Bericht über mein Gebaren und mein Aussehen anzufertigen und meinem Vater zu übergeben.

Baucis kam auf die Terrasse gekrabbelt. Sie ist wie eine Spinne, hat krumme behaarte Beine, aber einen beunruhigend schnellen Gang. »Was ist es denn diesmal, ein Priester oder ein Speichellecker?« fragte ich sie mit müder, gelangweilter Stimme, nur für den Fall, daß die Vorhänge hinter den Terrassentüren Ohren hatten.

»Keins von beiden, Herrin«, lispelte Baucis.

»Was dann?«

»Ein Mann, Herrin.«

Ich seufzte. »Wie immer.«

»Ein junger Mann.«

Ich zog eine Augenbraue hoch. »Nicht wie immer!«

Baucis grinste. »Ein ansehnlicher junger Mann.«

»Ein Anlaß für ein Dankopfer! Ist er ein Kastrat?«

Mein Faktotum verzog das Gesicht. »Ich habe nicht den Eindruck«, sagte sie, »aber vielleicht läßt sich das schwer sagen.«

Ich setzte mich auf. »Ich muß gestehen, daß ich neugierig bin, warum mein geliebter Vater ein solches Wesen auf unsere Insel schickt. Du mußt ihn sofort zu mir führen.«

Baucis zögerte. »Herrin, er behauptet, nicht vom König zu kommen.«

Unwillkürlich fuhr meine Hand an meine Kehle: die Erregung war in ihr hochgesprungen wie ein Vogel im Käfig, der die Käfigtür offen sieht. Nein, nein, ich durfte keine voreiligen Schlüsse ziehen, die nur zu Enttäuschungen führen würden. »Sein Name?« fragte ich.

Baucis machte, immer noch grinsend, einen Knicks. »Aertes aus dem Hause Parmon«, sagte sie. »Er ist ein angesehener Dichter.«

Der Mann fesselte mich von Anfang an, aber Sie müssen bedenken, daß die durch ein hübsches Gesicht geweckte Neugier etwas ganz Gewöhnliches ist. Es sind die erst später zutage tretenden verborgenen Reize, die sich am tiefsten festhaken.

Sein Äußeres wirkte beinahe ungepflegt: das dunkle, golden schimmernde Haar war ungekämmt und reichte ihm bis fast an die Taille. Er sah aus wie ein verlotterter Satyr, obwohl sein

Umhang aus der feinsten Wolle und an den Rändern mit goldenen Fäden durchwirkt war. Das Gesicht war nichtssagend, als
habe das salzige Meer es abgescheuert. Ich fühlte mich an einen
Knochen erinnert; im Schatten ähnelte er womöglich einem
Skelett, obwohl er zweifellos anziehend war.

»Mylady, Circe«, sagte er und verbeugte sich tief.

Er war zu mir gekommen, weil er Inspiration suchte! Ich war
mehr als vorbereitet, sie ihm zu geben.

Nüchtern gewährte ich ihm ein paar Minuten lang Audienz,
während derer er sich seiner Tugenden in einer Art und Weise
rühmte, die er wohl für bescheiden hielt. Lieblich lächelnd
gestattete ich ihm, sich vor mir zu spreizen, und dann entließ
ich ihn, indem ich vorschützte, Pflichten wahrnehmen zu
müssen und ihm erst am folgenden Abend wieder Zeit widmen
zu können. Er nahm es gelassen auf – enttäuschend gelassen,
dachte ich –, aber es spielte keine Rolle. Mit einem Fuß stand er
schon im Netz, einfach deshalb, weil er hier war.

Als Baucis mir später vor dem Zubettgehen das Haar bür-
stete, schlossen wir im schwachen, abendlichen Schein der
Lampen und eingehüllt in einen Schleier aus süßem Zedern-
weihrauch eine kleine Wette darüber ab, wie lange ich brauchen würde, um ihn zu umgarnen. »Einen Tag«, sagte ich, »alle
Dichter sind Romantiker.«

»Nein, er hat die Augen eines Wolfs«, erwiderte meine treue
Dienerin, während sie einen hartnäckigen Knäuel in meinem
Haar entwirrte. »Ich denke, eine Woche.«

Wir sollten uns beide irren.

Ich willigte ein, in der Abenddämmerung mit Aertes zu sprechen, denn das ist die Zeit, in der ich meine Stärken am besten
entfalten kann. Außerdem steht es einer Frau, im Abendlicht
Hof zu halten. Es ist wie ein Schleier, durch den man nur ver-
schwommen gesehen wird.

Von Baucis erfuhr ich, daß der Dichter den Tag damit verbracht hatte, sich in Begleitung der wie junge Hengstfohlen um
ihn herumspringenden Herde seiner Anhänger, die er vom

Schiff mitgebracht hatte, im Dorf zu zeigen. Durch Baucis ließ ich ihm unmißverständlich ausrichten, daß ich nur ihn allein empfangen würde. Junge Männer bereiten mir Verdruß.

Als ich auf die Terrasse hinausschlenderte, saß Aertes auf der Steinmauer, von der man einen Blick auf das Meer hat.

»Gefällt Ihnen mein Palast?« fragte ich ihn, schlug meinen Schleier zurück und fuhr mit der Hand über den Marmor. Baucis hatte im gesamten Gebäude überwältigende Rauchschwaden entfacht, anscheinend als Willkommensgeste, obwohl ich den Verdacht hatte, daß sie fürchtete, der Küche könnten störende Gerüche entströmen. In Wahrheit brannten mir die Augen.

Aertes lachte leise und beugte sich mit lässig auf die Knie gestützten Unterarmen nach vorn. Ich entdeckte einen blutigen Kratzer auf seiner bloßen Haut. Vielleicht war er durch die Dornen oben auf der Klippe gestreift. »Der Palast ist hübsch, aber auf eine Art auch enttäuschend«, sagte er.

»Oh, das betrübt mich aber sehr. Warum denn?« Die Antwort war keine große Überraschung.

»Ich finde keine Schädel, kein Blut auf dem Boden, keine gequälten Statuen, die in Wahrheit zu Stein verwandelte Männer sind, und auch keine Tiere, die Reste von Menschenkleidern am Leib tragen.«

»Vielleicht haben Sie nicht genau genug hingeschaut«, sagte ich und schenkte ihm ein sanftes Lächeln. »Ich hoffe, Sie haben einen angenehmen Tag verbracht, obwohl ich bedaure, daß dieser Felsbrocken so wenig Amüsantes bietet.«

»Ich habe mich im Dorf umgesehen«, sagte er. »Die Leute hier sind ja ganz ausgehungert nach Kultur.«

»Das ist mir auch schon aufgefallen«, sagte ich. »Vielleicht sollten Sie eine Vorstellung für sie geben.«

Er verzog das Gesicht, hoffte, mich zu einer verschwörerischen Vertraulichkeit verlocken zu können. Mir fiel plötzlich auf, wie ähnlich er doch all den Männern war, die ich am Hofe meines Vaters kennengelernt hatte: überzeugt von seiner angeborenen Größe und unerschrocken. Er sah in mir eine einfache Frau, ein Fehler, den alle Männer machen, wenn sie eine weibliche Gestalt erblicken. Sie denken an ihre Gedichte, aber nicht an die Wirklichkeit. Sie können nicht ins Dunkel schauen.

»Sie sind eine Legende«, sagte er zu mir und fuchtelte mit ausgestreckten Fingern herum. »Verzeihen Sie mir meinen Überfall, aber ich wollte Sie finden.«

Ganz klar, er war überzeugt davon, daß ich entzückt und dankbar über seine Gesellschaft sei. Es hätte mich nicht überrascht zu erfahren, daß er ebenfalls Wetten darüber abgeschlossen hatte, ob er mich erobern und schänden könne. »Wie mutig Sie sind, den Schiffen meines Vaters zu trotzen«, sagte ich.

Er grinste und schaute mit gesenktem Kopf zu mir hoch, wohl um mir das Gesicht eines an gesunden Spielen interessierten Jungen zu präsentieren. Was ich jedoch sah – den wahren Kern nämlich – war das Gesicht eines Hundes; es steckte gar nicht so tief unter der Oberfläche. »Das war nicht schwierig«, sagte er. »Ich fahre dorthin, wo es mir gefällt.«

Ich setzte mich auf den steinernen Sims unter ihm und nahm eine schlichte mädchenhafte Haltung an. Manchmal überzeuge ich sogar mich davon, daß ich bin, was ich zu sein vorgebe. »Und nun, wo Sie mich gefunden haben, was wollen Sie von mir?« fragte ich ihn mit lieblicher Stimme und schaute zu Boden.

»Ich möchte mit Ihnen sprechen«, erwiderte er großherzig.

»Dann tun Sie es doch.«

Ich beobachtete ihn aus dem Augenwinkel, während er sich mit einem Finger die Oberlippe rieb und ein paar Pergamentblätter aufhob, die neben ihm auf der Mauer lagen. »Ich will keine Zeit mit törichten Komplimenten verschwenden«, sagte er, »denn ich respektiere Ihre Stellung. Ich bin interessiert daran, Einzelheiten darüber zu erfahren, wie Sie Ihren Mann umgebracht haben.« Er hielt einen Kohlestift über einem leeren Blatt gezückt.

»Ganz einfach«, sagte ich und blickte ihm fest ins Auge. »Ich habe ihm gewisse böse Dinge zu essen gegeben.«

»Wie?« fragte er wißbegierig.

Ich schlang die Arme um meine Knie. »Die Geschichte ist

nicht besonders interessant! Mein Vater zwang mich, den Mann zu heiraten, und danach erduldete ich eine Woche seine übelriechenden Mißhandlungen. Sehr bald wurde mir sein Benehmen lästig, und eines Abends gab ich ihm ein in seinen Wein gemischtes Gift.«

»Weil er Sie mißbraucht hat?« Ein heroischer Funke glomm in Aertes' Augen.

Ich zuckte mit den Schultern. »Ja, aber ich konnte ihn sowieso nicht leiden, und ich bin auch keines Mannes Eigentum, mit dem er Handel treiben kann. Es war meinem Vater eine Lehre. Noch einmal wird er mich nicht verkaufen.«

»Und trotzdem sind Sie hier allein, eine Gefangene auf dieser Insel.«

»Unverheiratet«, brachte ich ihm in Erinnerung.

Aertes machte mit seiner Kohle einen Schnörkel auf dem Papier. Schwarze Kohlesplitter flogen überall umher. »Auf den größeren Inseln geht das Gerücht, Sie seien eine Zauberin. Es heißt, daß Sie Männer in wilde Tiere verwandeln können und daß es Ihnen Spaß gemacht habe, diese Kunst regelmäßig bei den Männern am Hofe Ihres Vaters auszuüben. Einige behaupten, deswegen habe Ihr Vater Sie durch eine Heirat mit einem starken Mann bändigen wollen. Ist das wahr?«

Ich schüttelte mich. Ich hätte ihm nun sagen können, daß alle Männer wilde Tiere sind – manche von ihnen zwar ansehnlicher als andere – und daß eine kluge Frau leicht das Wilde aufspüren und an die Oberfläche ziehen kann. Dazu ist keine Zauberkraft vonnöten. Ich gebe meine Kenntnisse jedoch nie vor anderen preis und erwiderte deshalb bloß: »Wenn ich eine Zauberin wäre, würde ich doch wohl kaum hier festsitzen, oder?«

Er lächelte mich an. »Es kursieren auch noch andere Legenden, die Sie in weniger freundlichem Licht darstellen.«

»Alle Prinzessinnen sind Opfer der Legenden, die andere ersinnen«, entgegnete ich. »Das läßt sich nicht vermeiden, wenn man von königlicher Abstammung ist.«

Er nickte grinsend. »Natürlich, aber vielleicht darf ich doch eine wiedergeben. Sie handelt davon, wie eine gewisse junge

Prinzessin von einer Frau aus dem Hofstaat ihres Vaters gebeten wurde, den Söhnen dieser Frau eine Gunst zu erweisen. Anscheinend hatten die Söhne kurz zuvor dem König einen Gefallen getan. Die Frau bat die Prinzessin, ihren Söhnen das größte Geschenk zu machen, das ein Mann bekommen kann. Es heißt, daß die Prinzessin eingewilligt habe und die jungen Männer anschließend im Schlaf habe töten lassen.«

»Das ist eine Legende«, sagte ich, »vielleicht eine erfundene Geschichte, und die Moral daraus ist, daß es sich empfiehlt, genau zu formulieren, wenn man von den Mächtigen einen Gunstbeweis erbittet. Ich meine, das ist eine Lektion, die alle lernen sollten. Die Götter machen es sich sehr leicht, wenn sie Wünsche erfüllen, und ihre irdischen Vertreter haben die Pflicht, die Menschen in dieser Hinsicht zu erziehen.«

»Ein hartes Urteil.«

»Keineswegs.«

»Dann bin ich erleichtert, daß es nicht in Ihrer Macht steht, ein Urteil über mich zu fällen!« Er lachte laut.

Der Dummkopf.

Daß ich die Mädchenrolle spielte, zog bei Aertes nicht. Ich hatte das Gefühl, als ob ein Schleier aus Eis zwischen uns sei; entweder das, oder er war selber aus Eis. Ich setzte all meine zarten Reize, meine sanften Überredungskünste, Bewegungen des Körpers und der Augen ein, alles nur dazu bestimmt, seine Lust zu entflammen, doch er reagierte nicht. Offensichtlich hatte ich an jenem Abend die falsche Maske gewählt. Doch es würde noch andere Abende geben. Trotzdem war es schade, daß Baucis die Wette vielleicht schon gewonnen hatte.

Am folgenden Tag kehrte ich eine andere meiner Personae heraus: das Opfer eines grausamen Schicksals. Dies, eine Dame von reiferer Haltung, war jemand, der auf dem Weg des Lebens gelitten hatte, dessen Bitterkeit jedoch durch trockenen Humor gemildert wurde. Die Bühne, auf der sich diese Frau am wohlsten fühlte, war die lange, im Zwielicht liegende Halle hinter dem Palast, von der aus man den Hügel überblickt; ein

Raum, den ich selten benützte. Hier ließ ich Baucis das Abendessen auftragen; die Früchte des Weinstocks waren mit Zucker glasiert, und das gesamte Tafelgeschirr war weiß. Alles um uns herum hallte wider.

Diese Dame führte ich dem kühlen Aertes bei Sonnenuntergang vor. Wieder verlangte ich, daß der Dichter allein erschien, und sorgte dafür, daß seine Begleiter in der Küche abgespeist wurden. Wohlüberlegt hatte ich es so eingerichtet, daß Aertes bereits in der im Schatten liegenden weißen Halle warten würde, damit mein Eintreten die beste Wirkung auf seine Sinne hatte, wenn ich zwischen den Säulen hervortrat, umgeben von einer Wolke aus Weihrauch, die subtiler und blumiger war als die dichten Schwaden am Abend zuvor. Ich hatte mich schwarz gekleidet und mir das Haar auf dem Kopf zusammengesteckt, so daß es aus dieser Fessel ausbrechen und mir in tintenschwarzen Wellen über die Schultern fallen konnte. Der Dichter kritzelte wieder mit einem gesplitterten Kohlestift auf eins seiner Pergamentblätter.

»Dieser Raum – erstaunlich!« sagte er, ohne hochzuschauen. »So voller Atmosphäre!« Er hielt inne und grinste mich an. »Vielleicht hat hier einhundert Männer in Ihren Händen ihr unglückliches Ende ereilt.«

Ich war beleidigt, weil er dies offensichtlich nicht für möglich hielt. »Es freut mich, daß mein Haus so vieles bietet, was Ihre Einbildungskraft anregt.« Ich hoffte, kalt zu klingen.

»Ich bin heute bis zum Gipfel der Insel gegangen«, sagte er. »Morgen wandere ich mit meinen Begleitern vielleicht zur weitest entfernten Küste. In zwei Tagen ist das doch zu schaffen, oder?«

»Woher soll ich das wissen?« antwortete ich giftig. »Wenn ich diese Reise machen will, reibe ich mich immer mit dem Blut unberührter Jungen ein und fliege dorthin.«

Er lachte, und mir wurde zu meinem großen Verdruß klar, daß ich unachtsam gewesen war und meine Maske ein wenig gelüftet hatte.

»Ich habe bereits ein paar Verse geschrieben«, sagte er.

»Oh, und handeln sie von mir?«

Er verzog das Gesicht. »Nicht direkt. Ich bin herumgereist und habe die Geschichten vieler berüchtigter Frauen gesammelt. Sie sind die letzte, aber ich habe schon viel Material. Ich denke darüber nach, euch alle zu einer Figur zu verschmelzen; zu einer Göttin vermutlich, aber einer dunklen.«

»Einer Göttin, gegen deren Kräfte Sie anscheinend immun sind«, bemerkte ich lächelnd und nahm mir eine glasierte Traube. Gleich würde Baucis die gebratenen Vögel hereinbringen.

Aertes zuckte mit den Schultern. »Vielleicht bin ich zu sehr an dem Phänomen interessiert, um seinem Bann zu unterliegen.«

»Welchem Phänomen?« Die Andeutung, ich könne ein Teil von etwas Gewöhnlichem oder weit Verbreiteten sein, mißfiel mir.

»Ich habe den Eindruck, daß Frauen wie Sie lediglich Ikonen der Furcht der Männer vor den Frauen sind. Auf eine Art werden Sie von den Männern geschaffen, die Sie fürchten: als Idole eines perversen Begehrens; bösartig, zerstörerisch, frigide, aber letztendlich doch faszinierend.«

»Sie schmeicheln mir!« sagte ich.

Aertes hob entschuldigend die Hand. »Verzeihen Sie mir, ich wollte nicht andeuten, daß Sie diese Eigenschaften besitzen, doch den Gerüchten nach gehören sie zweifellos zu den Zügen Ihres Charakters. Ich habe meine Reise zwar mit der Absicht angetreten, den Tod zu riskieren, um Frauen wie Sie zu befragen, und hoffte, Hexen und Ungeheuern zu begegnen, gestoßen bin ich jedoch auf ein ganz anderes Phänomen.«

»Oh? Inwiefern anders?« Ich hatte mir eine zweite Traube genommen und stellte zu meiner Verblüffung fest, daß sie sauer war.

»Ich frage mich, warum Sie und andere Frauen zu so dunklen Göttinnen gemacht worden sind«, sagte Aertes.

»Vielleicht weil wir die Hexen und Ungeheuer sind, die die Gerüchte in uns sehen.«

Aertes schüttelte den Kopf. »Leider bin ich nicht Ihrer Meinung. Ich zum Beispiel kam hierher mit der Erwartung, einer bösen Zauberin zu begegnen, was ich jedoch finde, scheint nur eine isolierte und vielleicht desillusionierte Frau zu sein, jemand, dessen einziges Verbrechen vielleicht darin besteht, auf seine Freiheit zu pochen in einer Welt, in der den Töchtern keine Freiheit zugestanden wird. Genaugenommen sind Sie kein bemitleidenswerter Mensch, und ich vermute, das sind Sie auch nie gewesen, aber, wie ich schon sagte, es sind die Männer – die Chronisten und Lyriker Ihres Vaters vielleicht –, die Ihre Legende geschaffen haben.«

»Ihre Theorie ist interessant«, sagte ich. »Ich persönlich glaube, daß ich nicht durch die Furcht faszinierter Männer, sondern durch ihren rohen Eigennutz geschaffen wurde.«

»Sie sind verbittert.« Er lächelte mich verlegen an. Bitterkeit war zweifellos das, was ich an jenem Abend zur Schau zu stellen beabsichtigt hatte. Vielleicht hatte ich meine Maske doch nicht so weit gelüftet, wie ich gedacht hatte.

Ich zuckte mit den Schultern. »Manche Wunden brauchen Zeit, um zu heilen.«

Er nickte nachdenklich. In diesem Augenblick kam Baucis mit einem Gefolge alter Weiber hereingeschlurft, um uns unser Mahl zu servieren. Dem äußeren Anschein zum Trotz besteht ihr Hexenzirkel aus vorzüglichen Köchinnen. Da er mir interessantere Genüsse verweigerte, sorgte mein Vater wenigstens dafür, daß mein Gaumen befriedigt wurde.

»Erzählen Sie mir doch«, sagte ich, während ich flink die Beine und die Flügel meines kleinen gebratenen Vogels entfernte, »welche von diesen anderen faszinierenden Göttinnen haben Sie erforscht?«

Er lachte ein wenig bedauernd. »Sie wollen Geschichten hören? Ich kann eine Menge erzählen!« Er stützte die Ellbogen auf den Tisch, mit einer Hand wedelte er ein Vogelbein durch die Luft wie einen Taktstock, um seine Worte zu unterstreichen. »Haben Sie von den Schwestern von Anthemusa, von den Sirenen, gehört?«

Ich schüttelte den Kopf.

»Diese Frauen sind Priesterinnen des Flußgottes Achelus und, wie man annimmt, Ungeheuer: halb Frau und halb Vogel. Ihr Tempel steht an der Stelle, wo der Fluß sein Wasser ins Meer ergießt. Sie mußten dem Gott schwören, im Stand der Jungfräulichkeit zu bleiben, und man erzählt sich, daß sie, von dieser Einschränkung verbittert, ihre Enttäuschung und ihren Zorn an der männlichen Spezies abreagieren, indem sie sich bei Sonnenuntergang auf die Felsen vor ihrem Tempel hocken, dort die Lyren und zwei Flöten spielen und Lieder von Lust und Begierde singen; ihre Stimmen sollen sehr verführerisch klingen. Vorbeischiffende Männer hören die Lieder und glauben, wenn sie die reinen Jungfrauen auf den Felsen erblicken, daß diese Tempeldienerinnen seien, die den Anbetern der Aphrodite ihre Dienste anbieten. Natürlich beeilen sich die Männer, an Land zu gelangen, um ihren Vorteil aus der Situation zu ziehen und sich den Priesterinnen zu nähern. Woraufhin Priester, denen nicht entgeht, was sie für ein gravierendes Vergehen an den heiligen Jungfrauen halten, aus dem Tempel gerannt kommen, und die aufdringlichen Buhler sofort erschlagen. Die Sirenenschwestern singen während dieses Abschlachtens weiter, und manche behaupten, in ihrem Geträller schwinge ein Anflug von Triumph mit.«

»Eine hübsche Geschichte«, sagte ich und dachte, daß ich solche Gesellschaft hier auf meinem Felsen gut gebrauchen könnte, um wenigstens ein bißchen Unterhaltung zu haben. »Und Sie haben diese blutrünstigen Frauen aufgesucht?«

Aertes grinste. »Ja. Sie waren, wie es Priesterinnen sein sollten, zurückhaltende und bescheidene Geschöpfe.«

»Und welche Hälfte war bei ihnen wie ein Vogel gestaltet?« wollte ich wissen.

Er schüttelte den Kopf. »Gar keine. Sie trugen prächtige Umhänge, die ganz aus Schwanenfedern gemacht waren und die sie, wenn sie ihre Abendandachten verrichteten, über den ausgestreckten Armen ausspannten. Die Umhänge ähnelten vermutlich Flügeln, doch die Gliedmaßen der Frauen waren ganz und gar menschlich, und nicht eine von ihnen hatte einen Schwanz.«

»Wie schrecklich enttäuschend!« sagte ich. »Also war an der ganzen Geschichte nichts dran?«

Aertes zuckte mit den Schultern. »Eine der Priesterinnen erzählte mir, daß eine andere aus der Schwesternschaft tatsächlich einmal auf den Felsen über dem Tempel gesessen und hübsche Lieder in die Meeresbrise gesungen hatte. Ein Fischer, der sich verirrt hatte, war von der lieblichen Stimme angelockt worden und wollte untersuchen, woher sie käme.« Er seufzte. »Da die menschliche Natur ist, was sie ist, verliebten sich die beiden Unglücklichen. Als die Priester von ihrer Verbindung erfuhren – was wohl unvermeidlich war, wenn man bedenkt, daß die Schwestern des Mädchens sie um ihre Beziehung beneidet haben müssen –, töteten sie den Fischer. Und dadurch entstand die Legende.«

Ich machte ein trauriges Gesicht. »Ist das alles? Wie jämmerlich!«

Aertes gestikulierte mit offenen Händen. »Ja, nicht? Aber vielleicht haben Sie mehr mit Atalante gemeinsam, der Tochter des Königs von Arkadien. Ihr Vater konnte ihr offenbar niemals verzeihen, daß sie als weibliches Geschöpf geboren wurde, und befahl seinen Jägern, das Kleinkind auf dem Parthenius auszusetzen. Glücklicherweise hatte die Frau eines der Männer gerade ein Kind verloren, und sie war deshalb betrübt und wußte nicht, wohin mit ihrer Milch. Er nahm das Mädchen mit nach Hause, und das Paar zog es als ihres auf. Als junge Frau war Atalante empört über die Behandlung, die ihr ihr Vater hatte angedeihen lassen, und tröstete sich damit, daß sie sich zwischen den Felsen und Bäumen des Berges versteckte und vorübergehende Höflinge mit Pfeil und Bogen beschoß. Die Legende will es, daß sie eine geschickte Männermörderin gewesen sei. Trotz dieser feindseligen Tendenzen erkannte ihr Vater sie schließlich als seine Erbin an und wollte sie verheiraten. Wie es heißt, wollte Atalante einen Mann ehelichen, der sie in einem Wettlauf besiegen konnte, und da sie eine flinke Athletin war, wurde sie niemals geschlagen. Offenbar entledigte sie sich aller besiegten Freier auf grausige Art und Weise. Nach einer Weile kam ein Mann nach Arkadien, der goldene Äpfel bei sich hatte, die ihm vermutlich von einer Göttin geschenkt worden waren. Indem er diese funkelnden Früchte beim Laufen fallen ließ, veranlaßte er Atalante, ihren Lauf zu unterbrechen, und machte so das Rennen und forderte ihre Hand.«

»Wie schade!« sagte ich und hoffte, daß sie den raffinierten Unhold ermordet hatte.

Aertes zuckte mit den Schultern. »Kürzlich bin ich nach Arkadien gereist und habe die Dame aufgesucht. Sie, eine stattliche Matrone, regiert jetzt dort mit ihrem Mann. Ich befragte sie nach den Morden – insbesondere denen an den Ehekandidaten –, worüber sie lachte. Sie gab jedoch zu, einmal einem Mann vom Hofe ihres Vaters eine kleine Schnittwunde am Kopf beigebracht zu haben. Was das Betrugsmanöver ihres Mannes angeht, so gestand sie, daß sie ihn von Anfang an anziehend gefunden und die Äpfel bloß als Vorwand benutzt hatte, um den Wettlauf zu verlieren. Ich hielt sie für ein sehr liebenswürdiges und sanftmütiges Geschöpf. Sie erinnert sich wehmütig daran, in ihrer Jugend recht knabenhaft gewesen zu sein...«

Er lehnte sich in seinem Stuhl zurück und blinzelte träge in das weiche Licht. »Ich kenne eine ganze Menge von derartigen Geschichten und habe festgestellt, daß es für jede einzelne von ihnen eine einfache Erklärung gibt. Es scheint, als müsse eine attraktive Frau von fürstlicher Herkunft nur einmal einen kleinen Wutanfall haben oder einen kleinen Groll hegen, um in den Rang einer Gottheit erhoben zu werden. Fabeldichter brauchen wohl diese Legenden, und die Menschen finden ihre Märchen interessanter, wenn sie sich auf Tatsachen stützen, doch in Wirklichkeit enthalten sie nie viel Wahrheit.«

Ich verzog das Gesicht. »Sie hoffen jetzt also, auch meine Legende zu zerstören, nicht wahr? Doch das könnte schwierig sein. Denn ich habe ja einen Mann getötet.«

Aertes hob den Zeigefinger und schaute mich selbstgefällig

an. »Sie selbst haben aber auch abgestritten, jemals Männer in
wilde Tiere verwandelt zu haben! Dieses eine Gerücht ist also
bereits angeknackst.«

Zorn stieg in mir auf. Nicht nur um meinetwillen, sondern
um all dieser anderen Frauen willen, die Aertes als gewöhnlich
und dumm entlarven wollte, deren Zauber – ihre rechtmäßige
Eigenschaft – er entschlossen zerstören wollte. Wie konnte er
es wagen! In mir reifte ein Entschluß: Ich schwor der verschlei-
erten Hekate, daß dieses unverschämte Stück menschlichen
Abfalls meine Insel nicht in derselben geistigen Verfassung
verlassen würde, in der er sie betreten hatte. Soll er das Geheimnis der Frauen ruhig in seiner ganzen Macht zu spüren bekommen. Er meinte einer wimmernden, von Scham und Reue
gequälten Verbrecherin zu begegnen. Und hatte genau das gefunden, dessen Existenz er nicht für möglich gehalten hatte.

Nur wußte er das noch nicht.

Am folgenden Tag machte sich Aertes wie versprochen auf den
Weg, um die Insel zu erkunden. Ich schritt in meinen Gemächern auf und ab und versuchte mir etwas auszudenken, wie
ich durch seinen Schutzschild, seinen höhnischen Unglauben,
hindurchdringen konnte. Alle meine Versuche, ihn zu umgarnen, waren offenbar erfolglos geblieben, und nachdem ich
seine respektlosen »Geschichten« gehört hatte, wußte ich, daß
jede Maske, die ich in seiner Gegenwart anlegte, ganz gleich,
wie rätselhaft und verführerisch sie auch sein mochte, ihn
nicht in der von mir gewünschten Weise beeindrucken würde.
Seine Selbstgefälligkeit versetzte mich in Wut. Bevor er ging,
betrachtete ich, hinter den Vorhängen meines Zimmers versteckt, einmal eingehend sein Gefolge. Was ich sah, erinnerte
mich an ein Getümmel junger Hunde: Söhne aus verarmten
Adelsfamilien zweifellos, die es sich nicht leisten konnten,
ihre Sprößlinge mit einer prestigeträchtigeren Person auf For-
schungsreisen zu schicken. Für mich stand zweifelsfrei fest,
daß er mit dieser kichernden Truppe von Mundschenken, die
er um sich geschart hatte, für weiblichen Charme unzugäng-

lich war. Vielleicht konnte ihn ein tödliches Mahl einheimischer Gifte, seinen getreuen Hündchen aufgetischt, in befriedigender Weise aus der Ruhe bringen, doch dieser Plan war beschämend primitiv und fügte dem Mann selber letztendlich keinen unmittelbaren Schaden zu.

Von schwerer, schwarzer Galle niedergeschlagen pfiff ich nach Ishti und machte mich zu meinem Lieblingsweg zwischen den Meeresklippen auf den Weg. Es ist eine Stelle, an der ich immer meine wirkungsvollsten Pläne schmiede.

Wie gewöhnlich saß die verrückte Helena auf den Klippen, summte vor sich hin und rührte mit den Zehen in einem von Kraut überwucherten Tümpel herum. »Guten Tag, Herrin«, sagte sie und lächelte mich breit, mit echtem Willkommen, an. Bei dem Anblick kroch ein wenig Wärme in mein kältestarres Herz. Ich seufzte und setzte mich neben sie.

»Das ist kein guter Tag, meine liebe Helena«, sagte ich.

Das Mädchen runzelte die Stirn. »Oh, meine Herrin, was bekümmert dich?«

»Das Schiff, das vor zwei Tagen in unserer Bucht gelandet ist...«

»Die *Persephone*!« fiel mir Helena ins Wort. »Der schöne Mann, dem sie gehört, kam gestern ins Dorf. Er erzählte uns lustige Geschichten und sang auch ein paar Lieder. Was für eine hübsche Stimme er hat! Und was für ein herrliches Gesicht! Er sang von fernen Ländern, in denen Frauen in Schwanenfedern gekleidet gehen...«

»Dieser Schuft!« rief ich und unterbrach ihre Nacherzählungen der unverschämten Geschichte von Aertes, die ein zweites Mal zu hören ich einfach nicht ertrug.

Bei meinem Ausbruch lag ein unbestimmtes Lächeln auf Helenas Lippen. Mir wurde klar, daß sie von Aertes ziemlich eingenommen sein mußte. Sanft legte ich meine Hand auf ihren Arm. »Du vertraust mir doch, meine Liebe, nicht wahr?« fragte ich.

Sie nickte. »Ohne Frage, Herrin.«

Ich schloß die Augen und seufzte. »Ich bin froh, daß du das

sagst. Hör mir zu: der Dichter Aertes ist ein grausamer und gefährlicher Mann. Laß dich von seinen hübschen kleinen Geschichten und seinen taktlosen Kapriolen nicht täuschen.«

»In welcher Weise gefährlich, meine Herrin?« Sie riß die Augen auf.

Ich beugte mich dicht zu ihr. »Er führt Frauen ins Verderben!« zischte ich. »Er ist hierhergekommen, um mich zu vernichten.«

»Nein!« stieß Helena hervor. »Wie gräßlich. Was willst du tun?«

Ich zuckte mit den Schultern. »Bis jetzt ist mir noch keine wirksame Strategie eingefallen...«

»Könntest du nicht eine der Küstenpatrouillen deines Vaters auf ihn aufmerksam machen?« fragte sie. »Und es ihr überlassen, mit dem Schurken zu verfahren, wie es ihm gebührt?«

Ich schüttelte den Kopf. »Du verstehst nicht, meine Liebe. Das Unheil, das er anrichtet, besteht darin, daß er das Band zerreißt, das eine Frau mit ihrer Göttin verknüpft, so daß sie allein und seelenlos in der Welt zurückbleibt. Und ich vermute, daß es in meiner Umgebung nur wenige Männer gibt, die einen solchen Plan durchkreuzen würden. Eine Frau ohne ihre Göttin ist leicht lenkbar, leicht zu kontrollieren. Dies ist eine Frauenangelegenheit, und nur Frauen können gegen ihn vorgehen.«

Helenas Augen waren vor leidenschaftlicher Erregung ziemlich dunkel geworden. Ich sah ein untergründiges Licht in ihren samtenen Tiefen, das mich an einen Speer aus Sternenlicht erinnerte, der durch ein Höhlendach in einen stillen Tümpel fällt. Göttinnenlicht. Sie dachte angestrengt nach, das sah ich, und aus diesem Grunde blieb ich still, um sie bei ihren Überlegungen nicht zu stören.

»Bevor er gestern abend zum Abendessen zu dir in den Palast zurückgekehrt ist, hat er für das ganze Dorf eine Vorstellung gegeben«, sagte sie. Ich nickte ermutigend, wohl wissend, daß eine tiefe Intuition sich durch Helenas Hirn zum Licht emporarbeitete. Sie schaute mich mit ernstem Blick an. »Er hat mit solchem Feuer gesprochen! Ist im Staub umhermarschiert, hat die

Arme von sich geworfen, Grimassen gezogen, eine weinende
Frau nachgeahmt, mit der Stimme eines Kindes gesprochen.
Dies alles waren Gestalten aus seiner Erzählung. Hätte ich diese
Vorstellung gegeben, wäre sie absurd gewesen, und alle Leute
hätten gelacht. Aertes hat Talent. Er kann einen davon überzeugen, daß man wirklich eine Frau oder ein Kind hört. Und es ist
wahr, für ihn ist es sehr wichtig, daß seine Zuschauer von seiner
Darbietung gepackt werden. Wenn er sie zum Lachen bringen
will, gelingt ihm das, aber wenn die Zuschauer bei einer seiner
Tragödien in Gelächter ausbrechen würden, dann wäre das für
ihn...« – sie lächelte – »...eine Tragödie!«

Ich drückte ihren Arm. »Ich spüre, daß gerade dein instinkti-
ves Gefühl zu mir gesprochen und daß es mir eine Botschaft
von meiner Göttin, von Hekate aus dem Schattenreich,
gebracht hat.«

Sie rümpfte die Nase. »Es war nur ein Eindruck, den ich
hatte. Vielleicht ist er von Nutzen, vielleicht nicht.«

In meinen Gemächern ließ ich mir ihre Worte durch den Kopf
gehen. Meine Intuition sagte mir, daß sie das Samenkorn eines
erfolgversprechenden Plans enthielten. Aertes wurde in ein
paar Tagen im Palast zurückerwartet. Ich rief meinen Verwalter zu mir – einen ausgetrockneten, schon halb gelähmten
Veteran aus der Armee meines Vaters – und wies ihn an, den
Palast mit Girlanden zu schmücken und den weitläufigen Garten hinter dem Gebäude, in dem leere Ställe offen herumstan-
den und Hühner frei herumliefen, zu fegen. »Streu frisches
Stroh; ich gebe dir die Erlaubnis, es bei den Viehhirten im Dorf
einzutauschen«, sagte ich. »Winde Laternen um die Mauern
und mach aus dem ganzen Anwesen einen Platz, an dem Thea-
teraufführungen stattfinden können.«

Der Verwalter verbeugte sich. »Sehr wohl, Herrin. Darf ich
fragen, ob Sie die Absicht haben, hier im Palast Lustbarkeiten
zu veranstalten?«

»Jawohl, Loxos. Wir haben einen Dichter zu Gast, dessen
Darbietungen, wie ich höre, vortrefflich sind. Meine Angestell-

ten und die freundlichen Menschen aus dem Dorf führen ein
Leben, in dem es an Gelegenheiten, sich zu amüsieren, man-
gelt. Ich habe vor, ihnen zuliebe ein Fest zu veranstalten. Sorge
dafür, daß dein Gesinde meine Nachricht auf der ganzen Insel
verbreitet. Bei seiner Rückkehr werde ich den tapferen Aertes
bitten, mir meinen Wunsch zu erfüllen. Ich werde ihm den
Vorschlag machen, daß er drei Tage darauf seine ergreifendste
Tragödie zur Aufführung bringt, und er ist vielleicht so freundlich, ihr ein paar Darbietungen der leichteren Muse folgen zu
lassen.« Mich für diese Idee erwärmend, stand ich von der
Couch auf und marschierte, die Arme in die Luft werfend und
mit wehender Robe, vor dem verblüfften Loxos hin und her.
»Es wird Musik und Tanz geben! Im Schein der Selene werden
wir Wein im Überfluß trinken! Laßt allen Unrat aus dem
Schrein des Dionysos hinausschaffen, die Votivlampen darin
anzünden und das Bildnis des Gottes mit Girlanden aus Wein-
laub schmücken.«

Loxos schien von meiner Begeisterung angesteckt zu sein.
Ein hektisches Rot erglühte auf seinen alten, mit Rötel
geschminkten Wangen, und er lief flink wie niemals zuvor aus
dem Zimmer. Ich war mir nicht sicher, wie es der Geist des
Gottes Dionysos aufnehmen würde, daß ich seine etwas in
Vergessenheit geratene Ikone aufpolierte. Die Familie, die
einst auf dieser Insel gelebt hatte, hatte seinen kleinen Schrein
regelmäßig besucht, doch jetzt ging niemand mehr dorthin,
war er niemals mehr erfüllt von Gesängen seiner Anbeter und
von den Opfergaben, die für das Wohlergehen eines Gottes so
unverzichtbar sind. Zu Hause war ich einst seine eifrige
Anhängerin gewesen, doch nun, wo mein Leben dionysischer
Freuden beraubt war, hatte ich wenig Gelegenheit und noch
weniger Neigung, insbesondere diesem Gott zu begegnen.
Über seine Eigenschaften nachzudenken würde mir nur die
Kargheit meines gesellschaftlichen Lebens ins Gedächtnis
rufen. Da der Schrein nun gemieden wurde und man statt dessen Hekates Tempel mit seinen kohlegeschwärzten Wänden
besuchte, war er vernachlässigt und den Elementen ausgesetzt.

Die Nase der in seinem Innern aufgestellten Statue war während eines Wintersturms vom umherfliegenden Ast eines Baums abgeschlagen worden, und ihre Finger waren arg zerbröselt, doch ich hoffte, der Gott würde mir diese Nachlässigkeit verzeihen. Ein Versuch, seinen ekstatischen Einfluß heraufzubeschwören, konnte den kommenden Ereignissen nur nützen.

Aertes kehrte am Nachmittag zurück; noch bevor man ihn sah, hörte man schon den Gleichschritt seiner stramm marschierenden Anhänger. Während er fort gewesen war, schien der Frühling mit einem leisen, süßen Hauch im Palast Einzug gehalten zu haben. Die Luft war schon von Blütenduft erfüllt, und der schwere Geruch des Dionysos-Weihrauchs – zerstoßener Efeu, Kiefernharz und Fenchelsamen – wogte als silberne Wolke durch die Räume meiner Behausung. Meine Diener hatten unerklärlicherweise angefangen zu singen, während sie ihr Tagwerk verrichteten, und die Alten, die mir mein Vater zur Gesellschaft gegeben hatte, setzten ihre Schritte neuerdings munter und schwungvoll. Baucis' Gehilfinnen waren bereits mit der Zubereitung eines köstlichen Mahls für das kommende Fest beschäftigt, und die von ihren Anstrengungen kündenden Gerüche vermischten sich angenehm mit den Dämpfen der Opfergaben.

Aertes fand mich auf der Terrasse mit dem Meerblick, wo ich vor einem Webstuhl saß, mit einer sich in seinen Augen für eine Frau ziemenden Arbeit beschäftigt. Der Webstuhl war von einer der früheren Bewohnerinnen des Palastes zurückgeblieben. Wenige Stunden zuvor hatte ich Baucis aufgetragen, ihn von einem Dachboden herunterzuschleppen. Rasch abgestaubt und kurz mit Bienenwachs eingerieben, sah der Holzrahmen wieder aus wie neu, und Baucis hatte mir Garn zum Aufspannen besorgt. Aertes kam auf mich zumarschiert, das Haar zurückgebunden, den Kopf mit einem Kranz aus ineinandergeschlungenen Efeublättern geschmückt – vielleicht ein trauriges Omen –, den ihm offenbar seine Hündchen gewunden hatten.

»Dieser Palast ist ja wie für eine Hochzeit herausgeputzt!« rief er aus. »Zu welchem freudigen Anlaß bin ich denn da zurückgekehrt?«

Ich lächelte ihn huldvoll an. »Dies, guter Aertes, liegt allein bei Ihnen. Ich habe von Ihrer bezaubernden Darbietung im Dorf sprechen hören und mich gefragt, ob Sie uns nicht das Vergnügen machen würden, hier im Palast eine Probe Ihres Könnens zu geben.«

Er wirkte ein wenig überrascht. »Ich kann nicht behaupten, daß ich damit gerechnet hätte, Herrin«, sagte er.

»Ich hoffe, dies bedeutet nicht, daß Sie mir absagen wollen.« Ich stand auf und ging auf ihn zu, wagte es sogar, ihm leicht die Finger auf den Arm zu legen. »Es geht mir nicht um mich selbst, sondern um die Menschen auf dieser Insel«, sagte ich in vertraulichem Ton. »Ich habe hier dreißig Angestellte um mich, die allesamt, obwohl nicht durch eigenes Verschulden, wie ich im Exil leben. Mein Wunsch besteht einzig und allein darin, ihnen einen vergnüglichen Abend zu verschaffen. Wir werden die Leute aus dem Dorf einladen und Ihren Besuch bei uns richtig feiern.«

Aertes seufzte. »Die Launen der Weiblichkeit sind Ihnen ja wahrhaftig nicht fern, Circe. Als ich den Palast verließ, hätte ich geschworen, daß Sie mich lieber tot sähen als Interesse für meine Arbeit aufzubringen. Ich meine mich doch zu erinnern, daß ich mit meinen Themen wenig Anklang bei Ihnen fand.«

Ich hob die Arme, kehrte ihm den Rücken zu, zuckte mit den Schultern und schaute ihn über die Schulter an. »Wie ich schon sagte, mich hat beeindruckt, was mir von Ihren Darbietungen im Dorf zu Ohren gekommen ist.« Ich ging zu der blassen Steinmauer hinüber und setzte mich, stützte in einer mädchenhaften Pose die ausgestreckten Arme auf. »Aertes, zu Hause hatte ich Unterhaltung, Musik, Tanz und Gesang im Überfluß. Hier... vertrockne ich zu einer griesgrämigen und freudlosen Hexe. Tun Sie mir den Gefallen, bringen Sie ein bißchen Leben in diese leeren, kummervollen Mauern.«

Aertes schaute mich kurz aus den Augenwinkeln an, und mir

stockte der Atem. Würde er meiner Aufforderung nachkommen? Ich hoffte, sein eitles Verlangen, sich in Pose und Szene zu setzen, würde stärker sein als seine Verblüffung über meinen scheinbaren Gesinnungswandel. Er schaute sich um, betrachtete die Bänder aus Frühlingsblumen, die sich über die Terrassenmauern rankten, und die Schalen mit zerstoßenen Kräutern, die neben den Türen schwelten. »Wenn Sie dies alles bereits vorbereitet haben, scheinen Sie sich meiner Mitwirkung ja sicher zu sein, da kann ich doch kaum nein sagen, oder?«

Ich atmete dankbar aus. »Danke. Ich habe alles für morgen abend angeordnet. Genügt Ihnen die Zeit zur Vorbereitung?«

»Ich kenne mein Werk auswendig; Proben sind nicht nötig.«

»Ausgezeichnet!« sagte ich und stand auf. »Möchten Sie ein Glas Wein, Fürst Aertes?«

Er nickte und setzte sich auf die Mauer, während ich ihm aus dem Krug, den mir Baucis hingestellt hatte, einen Kelch füllte.

»Eines hat mich immer beschäftigt«, sagte ich, als ich ihm den Wein reichte. »Wollen Sie mir meine Neugier nachsehen und mich aufklären?«

Er trank einen Schluck von dem Wein. »Aber selbstverständlich.«

Ich setzte mich neben ihn. »Nachdem ich schon viele Dichter, Schauspieler und Musiker ihre Kunst habe vortragen sehen, frage ich mich oft, wie es wohl sein mag, wenn man vor so vielen Menschen oben auf einer Bühne steht.«

»Was wollen Sie damit sagen, Circe? Das ist unser Leben, unser tägliches Geschäft.«

»Ich meine, wie fühlt man sich, wenn all diese Blicke auf einen gerichtet sind, wenn sie jedes Wort und jede Geste verfolgen? Woran denken Sie da? Wenn Sie diese Worte sprechen, die Sie so genau kennen, was geht da in Ihnen vor? Fällt Ihnen irgendeine belanglose Sache ein, die zu erledigen Sie tagsüber halb vergessen haben? Denken Sie daran, daß Ihnen die Füße weh tun? Denken Sie daran, ob wohl jemand Ihr Vieh versorgt oder Ihren charmanten Begleitern aufgewartet hat? Bitte sagen Sie es mir, es interessiert mich brennend.«

Etwas Eigenartiges geschah mit dem Gesicht von Aertes. Während ich sprach, sah ich, wie es dunkel anlief, bis er eine unverhohlen finstere Miene machte. Er stellte den Weinkelch schnell hin. »Mylady Circe, ich glaube, Ihnen ist nicht klar, daß ich, wenn ich auftrete, völlig vom Geist meiner Kunst erfüllt bin. Ich trete heraus aus der banalen Welt, schwebe frei in dem Reich, in dem die Götter wandeln. Meine Seele schwingt sich in himmlischem Glück auf, während die Worte wie Edelsteine von meinen Lippen fallen. Da denkt man doch nicht an belanglose Nichtigkeiten!«

»Verzeihen Sie mir; ich habe mich das nur gefragt«, sagte ich, erfreut über seine Irritation.

»Dann hoffe ich, Ihre dummen Vorstellungen ausgeräumt zu haben! Schauen Sie sich, wenn ich hier vor Ihren Leuten etwas vortrage, dabei ihre Gesichter an! Achten Sie darauf, wie sie versunken jedem meiner Worte lauschen! Denken sie an triviale Dinge, an Tiere und ungespültes Geschirr und schmerzende Füße? Ich glaube nicht. Sie werden von den Flügeln meiner Redekunst fortgetragen.«

»Das klingt bezaubernd«, sagte ich. »Ja wirklich, von diesem Augenblick an werde ich jedem Künstler auf einer Bühne mit neuen und anderen Augen zuschauen. Ich hatte ja keine Ahnung, daß solche luftigen Elemente beim Rezitieren von Poesie oder von Zeilen aus einem Stück eine Rolle spielen. Wirklich, ich fühle mich umfassend belehrt. Danke, Fürst Aertes.«

Er drückte die Schultern nach unten, versuchte sich zu beruhigen. Ich hatte wirklich nicht mit einer so hitzigen Reaktion gerechnet. Wie befriedigend. »Ich bete nur für eines«, sagte ich, legte mir die Finger auf die Lippen und schaute ihn mit unverhohlener Ehrfurcht an.

»Und das wäre?« fragte er.

»Daß Ihnen nicht mitten in Ihrer Darbietung plötzlich dieses Gespräch einfällt.«

Er lächelte ein wenig verkniffen. »Das ist nicht anzunehmen.«

»Gut. Es würde mir gar nicht gefallen, wenn Sie, in tiefer Verzückung fortgetragen, urplötzlich aus dem Reich der Götter heruntergeholt werden würden. Das könnte die ganze Darbietung verderben.«

»Mylady Circe«, sagte er. »Ich bin ein erfahrener Profi. Es besteht keine Gefahr, daß ich während einer Vorstellung abgelenkt werde.«

Vor dem Vortragsabend machte ich mich zu Hekates Tempel, zu meinem persönlichen Andachtsort, auf den Weg. Er ist nur einen kurzen Fußmarsch vom Palast entfernt und steht in einem Hain aus Zypressen, einer IHRER heiligen Pflanzen. Es war nicht IHRE Zeit, denn es war Vollmond, aber ich wollte IHREN fernen Geist dennoch herbeirufen und verbrannte eine Schale mit Sandelholzsplittern und getrockneter Minze, die ich mit dem Harz der Zypressen getränkt hatte. Mich vor IHREM grausamen Antlitz auf dem Boden ausstreckend, rief ich IHREN Geist in mich. »Dunkle Herrin, kehre an diesem Abend ein in mein Fleisch«, bat ich. »Verleihe mir DEINE verborgenen Kräfte!«

Im Tempel war es bis auf das Zischen des verbrennenden Zypressenharzes vollkommen still. Es war, als sei ein schwarzer Flügel über alles gebreitet, der alles verdunkelte, nur die heißen Herzen der Flammen der mit Kohle bestäubten Kerzen nicht, die neben der Statue brannten. Ich spürte, daß SIE dort war, daß SIE in den Schatten und zwischen den dichten Spinnenweben in den schwarzen Dachsparren hing. Vielleicht war SIE gekränkt, weil ich in diesen letzten Tagen zu dem schönen Dionysos gebetet hatte, doch ich hoffte, daß SIE mein Vorhaben verstand, das letztendlich IHRE Handschrift trug. »Der Mann will DEINE Dienerinnen entmachten«, flüsterte ich. »Ich würde mich für diese Schmach rächen!«

Bei diesen Worten spürte ich, wie SIE auf mich zukam. Wenn ich die Augen aufgemacht hätte, hätte ich gesehen, wie SIE ihre dunkle Hand ausstreckte, um mich zu berühren. Eine schwarze Flamme wurde in meinem Herzen und, wie es schien, auch hin-

ter meinen geschlossenen Augenlidern angezündet, so als sei
der ganze Tempel plötzlich von tiefroten Flammen erhellt. Die
Kerzen prasselten und zischten über mir, der Weihrauch füllte
meinen Körper mit einem starken, erdenen Duft. Für wenige
Augenblicke wurde auch ich in das Reich der Götter fortgetragen, doch meine Vorstellung sollte erst noch kommen.

Auf dem sich aus dem Dorf heraufwindenden Weg drängten
sich die Menschen, die zu meinem Palast kamen. Fackeln flak-
kerten und zischten durch die Nacht, Stimmen erhoben sich in
freudiger Erwartung des bevorstehenden Festes. Getarnt durch
den schweren schwarzen Umhang, in den ich mich gehüllt
hatte, betrat ich das Gebäude durch einen Hintereingang, als
sei ich eine Bedienstete, und eilte zu den Zimmern in einem
oberen Stockwerk, von denen aus man den geschmückten Hof
überblicken konnte. Dort wimmelte es bereits von ausgelassen
lärmenden Bauern, Viehhirten, die, angelockt von der Aussicht
auf kostenlosen Wein, von den höher gelegenen Berghängen
herabgestiegen waren, Dorfbewohnern in ihrem bunten Sonn-
tagsstaat, Weinhändlern von einem weiter entfernten Küstenstreifen. Loxos hatte die Nachricht offenbar überall verbreitet,
und fast alle Bewohner meiner kleinen Insel waren an diesem
Abend im Palast zusammengeströmt. Ganze Lämmer wurden
in der Nähe der Tore, neben langen Tischen, die mit Baucis'
köstlichen Speisen beladen waren, auf Spießen über dem Feuer
gedreht. Alte Frauen in reinlichen Kleidern standen hinter den
Tischen, bereit, die Menge zu beköstigen. Riesige, feucht
beschlagene Weinkrüge waren vor der Mauer aufgereiht, und
durch die offenen Jalousien sah ich, daß mein Balkon mit Blumen verziert war und daß über die Couch, die dort stand,
Schaffelle gebreitet waren, damit ich es bequem hatte. In der
Mitte des Hofes war eine erhöhte Plattform errichtet worden,
auf der Aertes seine Vorstellung geben würde.

Loxos verteilte bereits Becher mit Wein an die Leute, so daß
jedermann entspannt und fröhlich sein würde, wenn der Vortrag begann. Ein paar von Aertes' Vasallen setzten sich neben

dem Feuer in Positur, obwohl ich wußte, daß die Mehrzahl von
ihnen im Augenblick damit beschäftigt war, das Kostüm ihres
Herrn für den Auftritt vorzubereiten. Gewiß scharwenzelten
sie um ihn herum mit dem einzigartig langweiligen, kriecheri-
schen Gehabe, das man nur bei jungen Männern beobachten
kann, die im Dienst des von ihnen bewunderten Mannes stehen. Schon bald würden die Leute erwarten, daß ich mich
ihnen von oben zeigte, doch ich wollte, daß Aertes zuerst vor
sie hinausgetreten war.

Loxos hatte den Auftrag bekommen, die Rolle des Zeremo-
nienmeisters zu übernehmen, und als es nach angemessener
Zeit so aussah, daß alle, die sich das Schauspiel nicht entgehen
lassen wollten, auch eingetroffen waren, sprang er auf die
erhöhte Plattform in der Mitte des Hofs. Hoffnungsvoll wand-
ten sich alle ihm zu, und der fade alte Bock ließ mehrere Minuten in einem Schlagabtausch von Witzen mit dem Publikum
hingehen, bis er meinen kritischen Blick spürte und sich so
weit beruhigte, daß er Aertes mit würdevollen, aber blumigen
Worten vorstellen konnte. In diesem Augenblick warf ich meinen Umhang ab und eilte in das Balkonzimmer. Ich versteckte
mich hinter den Vorhängen, bevor ich hinausging, und sah Aertes aus einer gegenüberliegenden Tür ins Freie treten.

Er sah großartig aus. Er hatte sich glänzende Efeuranken ins
Haar geflochten, seine Robe war schneeweiß und an den Kanten mit einer schlichten, aber doch eleganten Bordüre aus
schweren Goldfäden eingefaßt. Eine Schulter war nackt, seine
Haut glänzte goldbraun im Schein der Fackeln, seine ganze
Gestalt wirkte anmutig und geschmeidig. Halb rechnete ich
damit, daß seine Vasallen nach ihm herausträten und den
Boden leckten, den seine Füße berührt hatten. Es schmeichelte
mir zu sehen, daß er mit einem flüchtigen nervösen Blick zum
Balkon heraufschaute und ein wenig überrascht zu sein schien,
als er ihn leer fand. Als er auf die Plattform stieg, brachen die
Zuschauer – von denen viele sein Werk bereits kannten, denn
er war ja erst kurz zuvor im Dorf aufgetreten – in fröhliches
Johlen aus und fingen an, in die über die Köpfe gehobenen

Hände zu klatschen. Aertes blähte sich mit arroganter Eitelkeit auf wie ein Segel voller Wind und verbeugte sich vor
ihnen, streckte die Arme aus; sein Haar fiel nach vorn wie Seile
aus dunklem Gold. Jemand, der völlig vernarrt in den Mann
wäre, hätte in ihm eine Inkarnation Apolls gesehen. Ich, die
zum Glück nicht derartig verblendet war, sah nur die maßlose
Liebe, die Aertes für sich selber empfand. Er war von ihr durchdrungen, und die Bewunderung, die sein Publikum ihm entge-
genbrachte, verstärkte dieses Gefühl bloß.

Als ich den günstigen Augenblick gekommen sah, schlüpfte
ich durch die Vorhänge und lehnte mich an das Balkongelän-
der. Ich nahm einen Blütenzweig und warf ihn so hinab, daß er
genau vor Aertes' Füßen landete, dankbar dafür, daß ich in
einem Spiel meiner Kinderzeit, bei dem ich die Bälger von Die-
nern mit geschleuderten Steinen verletzte, gelernt hatte, so
genau zu zielen. Aertes, der anscheinend bereits in seine Darbietung vertieft war, hob die Blüte mit verschleiertem Blick auf
und hielt sie sich an die Nase, während er mich mit unverhohlener Verehrung ansah. Die Menge johlte und pfiff, so daß ich
Aertes mit einer abrupten Geste signalisieren mußte, er solle
mit seinem Vortrag beginnen.

Ich muß zugeben, daß er wirklich ein Könner war. Um sich
einzustimmen, stolzierte er mit gesenktem Kopf auf der Plattform hin und her, während ein paar aus seinem Gefolge auf
Lyren klimperten, um eine angemessene Atmosphäre zu schaffen. Einer der Jungen begann mit süßer Stimme zu singen, und
die Menge wurde zu einem Feld irgendwo in der Ferne fortgetragen, auf dem Asphodillen im Mondschein blühten und
schattenhafte, rauschende Bäume an den Rändern des Vorstel-
lungsbilds ruhelos wogten.

Als die Stimme zu einem Flüstern erstarb und die Lyren
einen schwermütigen Trauergesang in die Abendluft sandten,
begann Aertes zu sprechen. Seine Stimme schallte hinaus in
die duftgeschwängerte Dunkelheit, sein Körper wand sich wie
der einer sich aufbäumenden Schlange. Er beugte sich nach
vorn zu seinen Zuhörern, streckte die Arme aus und drückte

ihre Herzen an seines. Er sprach von Liebe zwischen den Asphodillen, von der verbotenen Liebe einer jungen Priesterin zu einem wilden Jäger. Seine Stimme brachte die zitternde Zartheit einer schüchternen Leidenschaft zum Klingen, den schweren Duft der Blumen, die stille, feuchte Nacht. Mühelos beschworen die Worte die kostbaren, heiligen Gefühle eines jungen Mädchens herauf, das zum ersten Mal liebt, wenn alles ein schreckliches und doch faszinierendes Geheimnis ist. Eine Frau hätte das Stück nicht zutreffender schreiben können. Mit schmerzlicher Wehmut wurden vergessene Gefühle in meinem Herzen wach: die atemlose Erwartung der Jugend.

Ich schloß die Augen und streckte mich auf den Schaffellen aus, lauschte diesem betörenden Sirup von Worten, die Morpheus selbst nicht überzeugender hätte sabbern können. Die Beziehung, die Aertes schilderte, war natürlich zum Scheitern verurteilt, und mit immer lauter über die Zuhörer hinwegrollender Stimme beschwor er die Qualen von Trauer, Angst und Schuld herauf. Ich spürte den Zorn, die Verwirrung und die Enttäuschung der gutgebauten Priesterin, als ihre ältlichen Bewacherinnen die verbotene Affäre entdeckten. Ich ballte die Fäuste und empörte mich mit ihr, als sie gegen deren kalte Entschlossenheit anredete. Ich weinte mit ihr, als die Order erging, daß Soldaten ausgeschickt werden sollten, die den aufdringlichen Jäger jagen und erschlagen sollten.

Ich hätte das alles erlebt haben können, als ich dort auf meinen Schaffellen lag. Ich hätte Aertes seinen Vortrag beenden lassen und beim Applaus des Publikums hochspringen können. Ich hätte ihn mit Blüten, mit Lob und Preis überschütten können. Doch die Dunkle Hekate war in meinem Innern. Als ich schwer atmend auf meiner Couch lag, stupste SIE mich von innen mit einem steifen und eiskalten Finger an. »Was soll denn dieses mädchenhafte Herzklopfen?« wollte SIE wissen. »Wach auf, Circe, und tu, was du dir vorgenommen hast, oder ich sorge dafür, daß du streng bestraft wirst. Öffne noch einmal einem Mann dein Herz, und du riskierst, daß du wirklich vernichtet wirst. Wach auf! Beweg dich!«

Mir war, als habe mir jemand einen Krug kaltes Wasser auf den Kopf geschüttet. Ich tauchte aus meinem Delirium auf, als müßte ich nach Luft schnappen. Unten redete Aertes weiter auf seine Zuhörer ein, und sie standen, von seiner Geschichte in den Bann geschlagen, mit offenen Mäulern da. Die Darbietung erreichte ihren Höhepunkt und troff vor quälendem Schmerz, verlorener Liebe, Blut und Tod. Es war ganz still, nur Aertes' hypnotisierende Stimme erscholl und nahm einen dunkleren Klang an, als er die schwarzen Fäden seiner Erzählung entwirrte. Und ich streckte, noch auf dem Rücken liegend, meine langen Beine aus, so daß ich die Füße auf den Balkon stellen konnte. Mit dem einen, in einer Sandale steckenden Fuß, rieb ich so lange am anderen, bis das dünne weiche Leder sich löste. Die Sandale fiel über den Rand des Balkons und schlug, weil es so still war, mit einem ganz ordentlichen Klatscher auf dem Boden auf. Aertes schaute mit flackerndem Blick nach oben, und, den Augenblick, der, wie ich wußte, kurz sein würde, klug nützend, beugte ich mich nach vorn und rieb mir, so als schmerzten sie, die Füße. Aertes fing meinen Blick ein. Ich lächelte und preßte die Finger an die Lippen.

»Ich hoffe, Sie werden sich nicht an dieses Gespräch erinnern...« Er konnte es nicht verhindern. Meine Geste rief ihm meine Worte ins Gedächtnis, und er geriet ins Stocken. Ich stützte die Ellbogen auf die Balkonbrüstung und schleuderte Hekates Bösartigkeit mit ganzer Kraft in seine Richtung.

Sprich nicht weiter, flüsterte ich ihm ein, verlier den Faden, vergiß die Wörter.

Auf dem Gesicht, mit dem er mich nun anblickte, spiegelten sich Zorn, ja sogar Enttäuschung und Bedauern. Ich wußte, daß eine Flut von Bildern vor seinem inneren Auge vorüberzog: Bilder von schmerzenden Füßen, ungespültem Geschirr, Bilder von Vieh und treulosen Jungen. Sein Mund kämpfte gegen das Verstummen an. Er konnte nicht sprechen. Die Zuschauer begannen zu murren.

Zum Glück für Aertes war einer seiner Buhlknaben so geistesgegenwärtig, ein klagendes Lied auf der Lyra anzustimmen, und ein paar Augenblicke später hatte sich der Dichter wieder in der Gewalt und beendete den Vortrag. Doch die Magie hatte sich verflüchtigt, und der Applaus war zwar laut, entbehrte aber der tiefen Rührung, die Aertes, wie ich wußte, als seinen Lohn erwartete. Ich hatte genug gesehen. Ich stand auf, richtete meine Kleider und ging in den Palast zurück. Falls Aertes noch einmal zum Balkon hinaufschauen sollte, würde er ihn leer vorfinden.

Um Mitternacht kam er in mein Gemach. Ich hatte ihn erwartet. Der Weihrauch war angezündet, der Raum war vom Duft der Zypressen erfüllt. Er riß die Tür auf und durchbohrte mich, auf der Schwelle stehenbleibend, mit seinem Blick. »Ich habe Sie gesehen«, stieß er mit leiser, heiserer Stimme hervor und zeigte mit dem Finger auf mich wie ein rachsüchtiger Geist. »Ich habe Sie gesehen, auf Ihrem Balkon verkrochen wie eine mit Blut besudelte Schlange!«

Ich lachte ein leises, melodisches Lachen. »Blut? Wohl kaum. Tränen vielleicht.«

Aertes machte ein häßliches schnaubendes Geräusch und fuchtelte steif mit den Händen herum. »Ich kenne Ihre Art! Hündinnen! Auswurf der Nacht! Das hervorstechendste Merkmal Ihrer Spezies ist das vollkommene Fehlen natürlicher Empfindungen. Mit einem Menschen haben Sie kaum etwas gemein! Wie ein Ghul, der sich vom Fleisch Toter nährt, saugen Sie den Männern die Seele aus, wollen Sie sich vollstopfen mit den edleren Eigenschaften, die Ihnen fehlen. Sie verhöhnen das Leben. Ich verachte Sie!«

»Eine flammende Rede, Fürst Aertes, leidenschaftlicher vielleicht als das Ende Ihres Vortrags heute abend.«

Er preßte sich die Fingerspitzen an die Stirn. »Ich verfluche meine Torheit! Wenn ich daran denke, daß ich Mitgefühl mit Ihren Lebensumständen hatte.« Er ließ die Hände sinken und schaute mich unverwandt an. Seine Augen schimmerten in dem dämmrigen Licht beinahe golden. »Mir wird klar, daß ich, ohne es zu wissen, Teil eines bösartigen Anschlags war, den Sie

ausgeheckt haben«, sagte er. »Ich hoffe, er hat Ihnen Vergnügen bereitet, Mylady Circe.«

»Durchaus«, sagte ich schlicht. Ich hatte ihn vernichtet,
hatte ihm die Seele seiner Kunst genommen. Ich wußte, er
würde niemals wieder ohne Angst auftreten. Und doch stachelte seine Arroganz ihn an, um die Bewahrung seiner Würde
zu kämpfen.

»Sie tun mir leid«, sagte er großspurig. »Sie führen ein trost-
loses Leben. Vielleicht haben Sie durch Männerhand Leid
erfahren, und ich hatte gehofft, wir könnten Freunde sein. Als
ich Sie heute abend zwischen den Vorhängen Ihres Balkons
heraustreten sah, war ich entschlossen, Sie von dieser Insel
fortzubringen, Sie mit mir mitzunehmen, wenn ich abreise.«

»Pah!« spie ich. »Sie wagen es, sich einzubilden, ich könnte
auf einen solchen Plan hereinfallen? Ich brauche nicht von
einem Dichter gerettet zu werden, und ganz bestimmt nicht
von Ihnen! Was für eine Anmaßung!«

Aertes starrte mich weiter an, und ich fühlte mich unangenehm an den Blick aus Ishtis schwarzen Augen erinnert, mit
dem er an die heimlichen Arkana dachte, in die alle Katzen eingeweiht sind. Dann schüttelte er den Kopf. »Ich habe mich in
Ihnen getäuscht. Ich glaubte, Sie seien ein intelligenter, seiner
Freiheit beraubter Mensch, jemand, der aus Einsamkeit und
Schmerz verbittert ist. Ich weiß nun, daß das nicht so ist. Als
Sie heute abend versucht haben, meine Vorstellung ins Lächerliche zu ziehen, wurde mir klar, daß Ihr ganzes Leben nur aus
kleinlicher Gehässigkeit und schäbiger Ränke besteht. Sie sind
wie ein böses kleines Mädchen, das seine Tiere am Schwanz
zieht, um sie vor Schmerz jaulen zu hören, um zu sehen, wie
sie sich winden. Wie ahnungslos Sie sind! Wissen Sie denn
nicht, daß ich gegen Ihre Missetaten immun bin?«

»So immun, daß Sie herkommen mußten, um mich auf meiner Türschwelle anzuschreien.« Ich lächelte gelassen, obwohl
mein Herz rasend schnell zu klopfen begonnen hatte. Meine
Arme und Beine zitterten beunruhigend. Ich brauchte eine
Waffe, oh, ich brauchte dringend eine Waffe, und doch war es,

als seien meine schärfsten Pfeile, meine Worte, mir allesamt aus dem Mund gefallen und als hielte ich nichts in der Hand als einen leeren Köcher, gefüllt nur noch mit der geschwundenen Aussicht, zu verletzen.

Aertes atmete tief ein, verschränkte die Arme. Seine Haut hatte den weichen samtigen Schimmer von Fell. Ich rümpfte die Nase und drehte mich weg. »Aertes, Sie irren sich. Eine Frau, ganz gleich, was für einen Charakter sie haben mag, ihrer Magie zu berauben, ist keine gute oder freundschaftliche Tat.«

Nach einem kurzen Schweigen ertönte wieder seine Stimme, jetzt nicht mehr als ein Flüstern. »Ich kann Ihnen nicht verzeihen«, sagte er. »Ich lebe für meine Kunst. Sie ist meine Seele.«

»Dann kennen wir beide das Gefühl. Ihre Kunst ist nicht die einzige! Sie sind ein selbstgefälliger Angeber!« Glaubte er etwa, nur er allein könne anderen Beleidigungen entgegenschleudern?

Schade, gerade als es so aussah, als bekäme ich einen neuen Köcher voller Pfeile, nahm er mir die Möglichkeit, den Angriff fortzusetzen. »Wir segeln mit der Flut«, sagte er. »Ich danke Ihnen, meine Dame. Sie haben mir viel Material für das große Epos geliefert, an dem ich schreibe, obwohl mich die Art und Weise, in der ich es bekam, bekümmert.«

»Na dann, guten Wind. Möge Ihre Reise... gefahrlos sein«, sagte ich und schaute ihn nicht an, obwohl ich spürte, daß er an der Tür wartete. Er wollte nicht wegfahren, das weiß ich genau. »Bitte, halten Sie sich nicht auf, Aertes. Denn anderswo wartet man doch bestimmt schon auf Sie...«

»Dessen können Sie sicher sein!« sagte er. »Mir wird klar, daß ich mich geirrt habe, als ich die gorgonengleichen Legenden für eine Erfindung hielt, Circe. Das haben Sie mich gelehrt, denn sie sind lebendig, zumindest in Ihnen. Möge Ihr königlicher Vater Sie noch lange an diesen Felsen gekettet lassen. Sie verdienen keine andere Behausung!«

Bei diesen Worten fiel die Tür zu. Er verließ mich.

Und jetzt stehe ich neben den Wellen, halte Helena an mich gedrückt, und gemeinsam werfen wir die Phiole mit dem Blut ins Wasser. Aertes ist gestern abend fortgesegelt, aber sein kriecherischer, hundeartiger Geist, das weiß ich, steckt noch in den Vorhängen meiner Gemächer. Er wird ewig in ihnen haften, jaulen und schnüffeln. Mit seinen eitlen Worten konnte er mich nicht täuschen; ich weiß, daß er gelogen hat. Er wird nie wieder auftreten. Niemals! Er kann nicht! Meine magische Kraft ist zu stark. Er ist jetzt ein Hund, feige und durch die Peitsche zur Unterwürfigkeit erzogen. Hat er nicht selbst gesagt, ich verwandelte Männer in wilde Tiere? Soll er ruhig denken, daß die Entfernung meinen Einfluß schwächt, wenn ihm das Spaß macht. Die Zeit wird beweisen, daß ich recht habe.

Eines Abends, in der exotischen Hauptstadt eines weit entfernten Landes, im Schein eines milderen Mondes, zwischen den mottenverhangenen Zweigen von Bäumen in sommerlicher Blüte wird er noch einmal versuchen, vor einem Publikum aufzutreten. Ich sehe ihn jetzt schon vor mir: seine stolze Schönheit, seine glänzende Haut, sein Haar... doch auf dem Höhepunkt seines Vortrags wird ihm mein Gesicht erscheinen, und seine hübschen Worte werden ihm aus dem Mund wehen wie duftende Blütenblätter im Wind. Wie ein Hund wird er dem Lob nachjagen, das er nicht mehr verdient; er wird mit dem Schwanz wedeln und mit demütig blinzelnden Hundeaugen um Liebe und Bewunderung betteln. Mein Gesicht wird vor ihm erscheinen. Er wird sich erinnern.

Die Männer sind Dummköpfe – alle. Ich habe es bewiesen. Ich bin mächtig, hier auf meiner Insel.

Aus dem Englischen von Karin Kanbach

Primo Levi

Lilith

Im Laufe weniger Minuten hatte sich der Himmel geschwärzt, und es begann zu regnen. Bald darauf schwoll der Regen an und wurde zu einem anhaltenden Guß, und die fette Erde des Bauplatzes verwandelte sich in eine spannentiefe Schlammschicht; nicht nur das Arbeiten mit der Schaufel, selbst das Aufrechtstehen wurde unmöglich. Der Kapo befragte den zivilen Polier und sagte uns dann, jeder sollte Schutz suchen, wo er wollte. Um uns verstreut lagen große Stücke von Eisenröhren, fünf, sechs Meter lang und einen Meter im Durchmesser. Ich kroch in ein solches Rohr hinein und traf in der Mitte mit dem »Tischler« zusammen, der auf denselben Gedanken verfallen und vom andern Ende in das Rohr gekrochen war.

Bei uns war der »Tischler« nur unter dieser Berufsbezeichnung bekannt. Es gab außerdem den »Schmied«, den »Russen«, den »Blödian«, zwei »Schneider« (nämlich: den »Schneider« und den »andern Schneider«), den »Galizier« und den »Langen«; ich war lange Zeit der »Italiener« und dann entweder Primo oder Alberto, weil ich mit einem anderen verwechselt wurde.

Der Tischler war also Tischler und sonst nichts, aber er sah nicht aus wie ein Tischler, und wir argwöhnten alle, daß er gar keiner sei; es war seinerzeit gang und gäbe, daß sich ein Diplomingenieur als Mechaniker oder ein Journalist als Drucker registrieren ließ: so konnte man auf eine bessere Arbeit als die eines Handlangers hoffen, ohne den Zorn der Nazis auf die Intellektuellen zu entfesseln. Wie dem auch sei, der Tischler war der Zimmererwerkstatt zugeteilt worden und kam mit dem Handwerk ganz gut zurecht. Er sprach, was für einen polnischen Juden ungewohnt war, ein bißchen Italienisch: das hatte ihm sein Vater beigebracht, der 1917 von den Italienern gefangengenommen und in ein Lager, jawohl, in ein *Lager*, irgendwo in der Nähe von Turin, gebracht worden war. Die Mehrzahl der Kameraden seines Vaters war an der spanischen Grippe gestorben, und tatsächlich kann man heute noch ihre exotischen Namen, ungarische, polnische, kroatische, deutsche Namen, an einer Urnenhalle auf dem Turiner Hauptfriedhof lesen, ein Besuch, der einen mit Leid erfüllt, wenn man an all diese über die Welt verstreuten Toten denkt. Auch sein Vater war erkrankt, aber geheilt worden.

Das Italienisch des Tischlers war amüsant und mangelhaft: es bestand hauptsächlich aus Fetzen von Libretti italienischer Opern, für die sein Vater geschwärmt hatte. Oftmals hatte ich ihn bei der Arbeit vor sich hin trällern hören: »Ich büße dies mit meinem Blute« und: »Lasset uns trinken aus heiterem Kelche.« Seine Muttersprache war Jiddisch, aber er sprach auch Deutsch, und wir verstanden uns ohne Mühe. Den Tischler mochte ich, weil er sich nicht dem Stumpfsinn überließ: sein Schritt war trotz der Holzpantinen flink, seine Rede sorgsam und präzise, seine Miene lebhaft, lachend und traurig. Manchmal gab er abends eine Vorstellung auf jiddisch, wobei er Anekdötchen erzählte oder Abzählreime rezitierte, und mir tat es leid, daß ich sie nicht verstand. Bisweilen sang er auch, und dann klatschte niemand Beifall, sondern alle blickten zu Boden, doch wenn er fertig war, bat man ihn, noch einmal von vorn zu beginnen.

Diese unsere gleichsam hündische Begegnung auf allen vieren hatte ihn erheitert: wenn es doch jeden Tag so gegossen hätte! Aber dies war ein besonderer Tag: es regnete ihm zuliebe, denn dies war sein Geburtstag: fünfundzwanzig wurde er. Nun wollte es der Zufall, daß ich an demselben Tag ebenfalls fünfundzwanzig wurde: wir waren Zwillinge. Der Tischler sagte, dies sei ein Datum zum Feiern, denn wir würden wohl schwerlich unseren nächsten Geburtstag noch feiern können. Er holte einen halben Apfel aus der Tasche, schnitt eine Scheibe davon ab und schenkte sie mir, und das war in einem Jahr Haft das einzige Mal, daß ich von einer Frucht kostete.

Wir schauten schweigend und genossen den köstlichen säuerlichen Geschmack wie eine Sinfonie. In der Röhre uns gegenüber hatte eine Frau Zuflucht gesucht: jung, in schwarze Tücher gehüllt, vielleicht eine Ukrainerin von der Organisation Todt. Sie hatte ein breites rotes Gesicht, das vom Regen glänzte, sie schaute uns an und lachte; provozierend gleichgültig kratzte sie sich unterm Rock, löste dann ihr Haar, kämmte sich in aller Ruhe und begann sich die Zöpfe neu zu flechten. Es passierte seinerzeit höchst selten, daß man eine Frau aus der Nähe zu Gesicht bekam, und es war eine süße und grausame Erfahrung, die einen ermattet zurückließ.

Der Tischler merkte, daß ich sie betrachtete, und fragte mich, ob ich verheiratet sei. Nein, das war ich nicht; er fixierte mich mit drolliger Strenge im Blick, in unserem Alter Junggeselle zu sein ist Sünde. Dennoch wandte er sich um und betrachtete seinerseits eine Weile das Mädchen. Sie war fertig mit dem Zöpfeflechten, hatte sich in ihrer Röhre hingekauert und trällerte mit wiegendem Kopfe vor sich hin.

»Das ist Lilith«, sagte der Tischler plötzlich zu mir.

»Kennst du sie? So heißt sie?«

»Ich kenne sie nicht, aber ich erkenne sie. Das ist sie, Lilith, Adams erste Frau. Weißt du nicht die Geschichte von Lilith?«

Ich wußte sie nicht, und er lachte nachsichtig; man weiß ja, die Westjuden sind alle Epikureer, *Apikojrssim*, Ungläubige. Dann fuhr er fort: »Hättest du die Bibel genau gelesen, würdest du dich erinnern, daß die Geschichte von der Schöpfung der Frau zweimal erzählt wird, auf zweierlei Art: aber ach, euch da lehren sie ein bißchen Hebräisch mit dreizehn, und aus ist...«

Es begann sich eine typische Situation und ein Spiel abzuzeichnen, das ich gern hatte, der Disput zwischen dem Frommen und dem Ungläubigen, der per Definition unwissend ist und den der Gegner, indem er ihm seinen Irrtum aufzeigt, zum

»Zähnefletschen« bringt. Ich nahm meine Rolle an und erwiderte mit gebührender Dreistigkeit: »Ja, sie wird zweimal erzählt, aber das zweite Mal ist nur der Kommentar zum ersten Mal.«

»Falsch. So begreift es, wer nicht durchdringt die Oberfläche. Schau mal, wenn du richtig liest und nachdenkst über das, was du liest, dann merkst du, daß in der ersten Erzählung nur geschrieben steht: ›Gott erschuf sie als Mann und Weib‹: das heißt, er hat sie gleich erschaffen, aus dem gleichen Staub. Auf der folgenden Seite aber wird erzählt, daß Gott Adam formt, und dann denkt er, es ist nicht gut, daß der Mann allein sei, und er nimmt ihm eine Rippe und macht aus der Rippe ein Weib; ja eigentlich eine ›Männin‹, eine Mannfrau. Da, siehst du, ist keine Gleichheit nicht mehr: und so glauben manche, daß verschieden sind nicht nur die beiden Geschichten, sondern auch die beiden Frauen, und daß die erste nicht war Eva, die Rippe vom Manne, sondern daß sie vielmehr war Lilith. Nun, die Geschichte von Eva ist niedergeschrieben, und es kennen sie alle; die Geschichte von Lilith hingegen wird nur erzählt, und so kennen sie wenige; genauer, die Geschichten, denn es sind viele. Ich will dir ein paar erzählen, weil heute unser Geburtstag ist und es regnet, und weil es heute meine Rolle ist, zu erzählen und zu glauben: der Ungläubige bist heute du.

Die erste Geschichte sagt, daß der Herr sie machte nicht nur gleich, sondern daß er machte aus dem Ton eine einzige Form, ja vielmehr einen Golem, eine formlose Form. Es war eine Gestalt mit zwei Rücken, also Mann und Weib bereits vereinigt; dann trennte er sie mit einem Schnitt, aber sie waren voller Begierde, wieder zusammenzukommen, und Adam wollte sogleich, daß Lilith sich sollte legen auf die Erde. Lilith wollte davon nichts wissen: warum ich drunter? Sind wir denn etwa nicht gleich, zwei Hälften gemacht aus demselben Teig? Adam versuchte sie zu zwingen, aber sie waren auch gleich an Kraft, und er vermochte es nicht, und da bat er Gott um Hilfe: der war doch selber ein Mann und würde ihm recht geben. Und wirklich gab Gott ihm recht, Lilith aber empörte sich: entweder gleiche Rechte oder gar nichts; und da die beiden Männer auf ihrem Willen beharrten, verfluchte sie den Namen des Herrn, wurde zu einer Teufelin, flog wie ein Pfeil davon und ließ sich nieder auf dem Meeresgrunde. Manche behaupten sogar, sie wüßten darüber noch Genaueres, und sie erzählen, daß Lilith haust im Roten Meer, aber daß sie sich erhebt alle Nächte zum Flug und streift durch die Welt, daß sie an den Fenstern der Häuser entlangrauscht, wo neugeborene Kinder sind, und versucht, sie zu ersticken. Man muß auf der Hut sein; wenn sie eintritt, fängt man sie unter einer umgestürzten Schüssel, dann kann sie keinen Schaden anrichten.

Ein andermal schlüpft sie in den Leib eines Mannes, und der Mann wird besessen von Geistern; dann ist das beste Heilmittel, ihn zu bringen vor einen Notar oder ein Rabbinergericht und auszufertigen eine Urkunde in gebührender Form, in der der Mann erklärt, daß er will verstoßen die Teufelin. Weshalb lachst du? Sicher glaub ich auch nicht daran, aber es gefällt mir, diese Geschichten zu erzählen, es gefiel mir, als man sie mir erzählte, und es täte mir leid, wenn sie gingen verschütt. Übrigens stehe ich nicht dafür ein, daß ich nicht etwas von mir hinzugesetzt habe: und vielleicht setzen alle etwas hinzu, die sie erzählen, und so entstehen die Geschichten.«

Man vernahm ein entferntes Getöse, und bald darauf rollte ein Raupenschlepper an uns vorüber. Er zog einen Schneepflug hinter sich her, aber der durchschnittene Schlamm floß gleich hinter dem Gerät wieder zusammen: wie Adam und Lilith, dachte ich. Gut für uns; so würden wir noch einige Zeit ausruhen können.

»Dann ist da die Geschichte mit dem Samen. Sie ist gierig nach Samen vom Manne und lauert ständig dort, wo Samen kann vergossen werden: besonders in den Bettüchern. All der Samen, der nicht gelangt an den einzigen erlaubten Ort, in die Gebärmutter des Eheweibs nämlich, gehört ihr: all der Samen, den jeder Mann hat vergeudet in seinem Leben, im Traum oder auf lasterhafte oder ehebrecherische Weise. Du verstehst, davon bekommt sie eine Menge, und so ist sie allezeit schwan-

ger und ständig am Gebären. Da sie eine Teufelin ist, gebiert sie
Teufel, aber diese richten keinen großen Schaden an, auch
wenn sie noch so gern möchten. Es sind boshafte kleine Geister
ohne Körper: sie lassen die Milch sauer werden und den Wein,
sie laufen nachts über die Tennen und verfitzen den Mädchen
die Haare.

Aber es sind auch Söhne des Mannes, jedes Mannes: illegi-
time Söhne, aber wenn ihr Vater stirbt, kommen sie zum
Begräbnis, zusammen mit den rechtmäßigen Söhnen, was sind
ihre Halbbrüder. Sie flattern um die Totenlichter wie Nachtfal-
ter, sie kreischen und verlangen ihren Anteil an der Erbschaft.
Du lachst, weil du eben bist ein Epikureer, und deine Rolle ist
Lachen: oder vielleicht hast du nie vergossen deinen Samen.
Aber es kann geschehen, daß du herauskommst von hier und
daß du lebst und siehst bei einem Begräbnis, wie der Rabbi mit
seinem Gefolge Kreise zieht siebenmal um den Toten: da
errichtet er einen Schutz um den Toten, damit seine körperlo-
sen Söhne ihm nicht möchten ein Leid antun.

Aber ich muß dir noch erzählen die wunderlichste Geschichte, und es ist nicht zu verwundern, daß sie wunderlich
ist, denn sie steht geschrieben in den Büchern der Kabbalisten,
und das waren Leute ohne Furcht. Du weißt, Gott hat Adam
geschaffen, und gleich danach hat er begriffen, daß es nicht gut
war, daß der Mann allein sei, und er hat ihm beigesellt eine
Gefährtin. Ja, und die Kabbalisten sagen nun, daß es auch für
Gott nicht gut war, allein zu sein, und daß er sich darum zu
allem Anfang die Schechina genommen hat, das heißt seine
eigene Herrlichkeit in der Schöpfung; und so ist die Schechina
geworden Gottes Weib und damit die Mutter aller Völker. Als
der Tempel in Jerusalem ist zerstört worden von den Römern
und wir verstreut und versklavt, da ist die Schechina in Zorn
geraten und hat sich gelöst von Gott und ist mit uns in die
Fremde gekommen. Ich will dir sagen, auch ich habe das gedacht manches Mal, daß auch die Schechina eine Sklavin geworden und daß sie hier bei uns ist, in dieser Fremde innerhalb
der Fremde, in diesem Haus voller Schlamm und Leid.

So ist Gott allein geblieben, doch wie es geht so vielen, er hat die Einsamkeit nicht aushalten können und die Versuchung, und er hat sich genommen eine Liebste: und weißt du, wen? Sie, Lilith, die Teufelin, und das war ein unerhörter Skandal. Denn es soll gewesen sein wie bei einem Streit, wenn man auf eine Kränkung mit einer noch schlimmeren Kränkung antwortet, und so hat der Streit nie ein Ende, sondern wächst an wie ein Erdrutsch. Denn du mußt wissen, diese Liebelei, die unanständige, hat noch kein Ende und wird so bald nicht haben ein Ende: einesteils ist sie die Ursache des Übels, das geschieht auf Erden; andererseits ist sie die Wirkung dieses Übels. Solange Gott wird fortfahren zu sündigen mit Lilith, werden auf Erden Blut und Leid sein; eines Tages aber wird ein Mächtiger kommen, der, auf den alle warten, und er wird Lilith den Tod geben und wird ein Ende machen mit Gottes Hurerei und mit unserem Exil. Jawohl, Italiener, auch mit deinem und mit meinem: Masl tow, einen Guten Stern.«

Der Stern ist für mich recht gut gewesen, nicht aber für den Tischler: doch es ist mir wirklich passiert, daß ich viele Jahre später einem Begräbnis beiwohnte, das sich so vollzog, wie er es geschildert hatte, mit dem schützenden Tanz um den Sarg. Und es ist unerklärbar, daß das Schicksal einen Epikureer erwählt hat, um dieses fromme und ruchlose Märchen nachzuerzählen, das aus Poesie, Unwissenheit, aus verwegenem Scharfsinn und jener unheilbaren Traurigkeit gewoben ist, welche aus den Trümmern verlorener Kulturen emporwächst.

Aus dem Italienischen von Joachim Meinart

ISAAC B. SINGER

Hanka

Diese Reise war von Anfang an unvernünftig. Erstens lohnte es sich finanziell nicht, New York und meine Arbeit für zweieinhalb Monate zu verlassen, um auf eine Vortragsreise nach Argentinien zu gehen; zweitens hätte ich ein Flugzeug nehmen sollen, anstatt achtzehn Tage an eine Schiffsreise zu verschwenden. Aber ich hatte den Vertrag unterschrieben und von meinem Agenten Chaskel Poliva ein Rundreisebillett erster Klasse auf der »Là Plata« erhalten. In jenem Sommer dauerte die Hitze bis in den Oktober. Am Tage meiner Abreise zeigte das Thermometer dreiunddreißig Grad. Vor jeder Reise überfielen mich Vorahnungen und Ängste: ich würde krank werden; das Schiff würde untergehen; irgendein anderes Unheil würde geschehen. Eine innere Stimme warnte mich: Fahre nicht! Hätte ich es mir jedoch zur Gewohnheit gemacht, nach diesen Vorahnungen zu handeln, dann wäre ich nie nach Amerika gekommen, sondern in Polen von den Nazis umgebracht worden.

Wie sich herausstellte, fehlte es mir an nichts. Meine Kabine war wie ein Salon, mit zwei viereckigen Fenstern, einem Sofa, einem Schreibtisch und Bildern an den Wänden. Das Badezimmer hatte sowohl eine Wanne wie eine Dusche. Die Anzahl der Passagiere war klein, meist Südamerikaner, und das Personal zahlreich. Im Speisesaal hatte ich einen besonderen Weinkellner, der mein Glas sofort nachfüllte, wenn ich nur einen Schluck Wein getrunken hatte. Mittags und abends spielte eine Kapelle von fünf Mann. Jeden zweiten Tag gab der Kapitän eine Cocktailparty. Aber aus irgendeinem Grunde machte ich auf dem Schiff keinerlei Bekanntschaften. Die wenigen englischsprechenden Passagiere blieben unter sich. Die Männer, alles junge, mindestens einmeterachtzig große Riesen, spielten shovel-board und tummelten sich im Schwimmbassin. Die Frauen waren für meinen Geschmack zu groß und zu athletisch. Am Abend tanzten alle oder saßen an der Bar, tranken und rauchten. Ich hatte mich dazu entschlossen, allein zu bleiben, und es schien, als ob die anderen meine Entscheidung spürten. Niemand sprach auch nur ein Wort mit mir. Ich fing an, darüber nachzusinnen, ob ich vielleicht durch Zauberei einer von denen geworden war, die zwar sehen, aber nicht gesehen werden. Nach einiger Zeit ging ich nicht mehr zu den Cocktailparties und ließ mir meine Mahlzeiten in meiner Kabine servieren. In Trinidad und in Brasilien, wo das Schiff je einen Tag anlegte, wanderte ich allein umher. Ich hatte mir nur wenig zu lesen mitgenommen, da ich sicher gewesen war, an Bord eine Bibliothek vorzufinden. Aber diese bestand nur aus einem einzigen Bücherschrank mit Glastüren, der vielleicht fünfzig Bände auf spanisch und ein Dutzend auf englisch enthielt, alles langweilige Reisebeschreibungen von vor hundert Jahren. Dieser Bücherschrank wurde unter Verschluß gehalten, und jedesmal, wenn ich ein Buch austauschen wollte, entstand eine große Verwirrung, weil man nicht wußte, wer wohl den Schlüssel hätte; man schickte mich von einem zum andern. Schließlich schrieb ein Offizier mit Achselstücken meinen Namen auf, die Nummer meiner Luxuskabine und die Titel und Verfasser der Bücher. Dazu brauchte er mindestens fünfzehn Minuten.

Als sich das Schiff dem Äquator näherte, ging ich während des Tages nicht mehr an Deck. Die Sonne brannte wie eine Flamme. Die Tage waren kürzer geworden, und die Nacht brach schnell herein. Eben war es noch hell, im nächsten Augenblick war es dunkel. Die Sonne ging nicht unter, sie fiel ins Wasser wie ein Meteor. Spätabends, wenn ich kurz an Deck ging, schlug mir ein heißer Wind ins Gesicht. Vom Meer her kam ein leidenschaftliches Tosen, das alle Schranken zu durchbrechen schien: »Wir müssen zeugen, uns vermehren! Wir müssen alle Kräfte der Lust erschöpfen!« Die Wellen glühten wie Lava, und ich glaubte, die Vielheit der lebenden Wesen – Algen, Wale, Seeungeheuer – von der Oberfläche bis auf den Meeresgrund in einer Orgie schwelgen zu sehen. Unsterblichkeit war hier das Gesetz. Der ganze Planet war in rasender Bewegung. Von Zeit zu Zeit hörte ich meinen Namen rufen: der Geist des Abgrunds rief mich, am nächtlichen Tanz teilzunehmen.

In Buenos Aires holten mich Chaskel Poliva – ein kleiner, runder Mensch – und eine junge Frau ab, die sich als eine Verwandte vorstellte. Ihr Name war Hanka, und sie war, wie sie sagte, eine Urenkelin des ersten Mannes meiner Tante Jentl. In Wirklichkeit war Hanka nicht verwandt mit mir, denn mein Onkel Aaron war Jentls dritter Mann. Hanka war klein, mager, hatte eine pechschwarze Mähne, volle Lippen und Augen schwarz wie Onyx. Sie trug ein dunkles Kleid und einen schwarzen, breitrandigen Hut. Sie mochte dreißig oder fünfunddreißig sein. Hanka erzählte mir sofort, daß sie in Warschau von jemandem im »judenfreien« Teil der Stadt versteckt worden sei – so war sie vor den Nazis gerettet worden. Sie sagte, sie sei Tänzerin, aber noch ehe sie es gesagt hatte, hatte ich es an ihren Beinmuskeln gesehen. Ich fragte sie, wo sie tanze, und sie antwortete: »Bei jüdischen Veranstaltungen und zu meinem eigenen Zores.«

Chaskel Poliva fuhr uns in seinem Wagen zum Hotel Cosmopolitan in der Junín Straße, die einmal als Hauptstraße des Bordellviertels berühmt gewesen war. Poliva erzählte, daß die ganze Nachbarschaft gesäubert worden sei und alle Literaten jetzt in diesem Hotel wohnten. Zu dritt gingen wir zum Abendessen in ein Restaurant an der Avenida Corrientes, und Chaskel Poliva überreichte mir den Plan für meine vierwöchige argentinische Tour. Ich hatte Vorträge in Buenos Aires zu halten, im Théâtre Soleil und im Haus der Jüdischen Gemeinde, außerdem mußte ich nach Rosario, Mar del Plata und zu den jüdischen Kolonien in Moisés Ville und in Entre Rios fahren. Die Warschauer Gesellschaft, die Jiddische Sektion des PEN-Clubs, die Journalisten der Zeitung, in der meine Arbeiten erschienen, und eine Anzahl jiddischer Schulen, sie alle hatten Empfänge vorbereitet.

Als Poliva einen Augenblick mit mir allein war, fragte er mich: »Wer ist diese Frau? Sie sagt, sie tanze auf jüdischen Veranstaltungen, aber ich habe sie nie gesehen. Während wir auf Sie warteten, bat ich sie, mir ihre Adresse und Telephonnummer zu geben, falls ich sie erreichen wollte, aber sie weigerte sich. Wer ist sie?«

»Ich weiß es wirklich nicht.«

Chaskel Poliva hatte noch eine Verabredung an diesem Abend und verließ uns nach dem Essen. Ich wollte die Rechnung begleichen – warum sollte er für eine Frau bezahlen, die angeblich meine Verwandte war? –, aber er erlaubte es nicht. Ich bemerkte, daß Hanka nichts gegessen hatte – sie hatte nur ein Glas Wein getrunken. Sie begleitete mich zu meinem Hotel zurück. Perón war kurz zuvor vertrieben worden, und Argentinien befand sich mitten in einer politischen und vielleicht auch wirtschaftlichen Krise. In Buenos Aires, so schien es, gab es nicht genügend Elektrizität. Die Straßen waren nur schwach beleuchtet. Hier und da sah man einen Polizisten, der ein automatisches Gewehr trug. Hanka nahm meinen Arm, und wir gingen die Avenida Corrientes entlang. Ich konnte an ihr keine äußerliche Ähnlichkeit mit meiner Tante Jentl entdecken, aber sie sprach in der gleichen Art wie sie: sie sprang von einem Thema zum andern und brachte Namen, Orte und Jahreszahlen durcheinander. Sie fragte mich: »Ist dies dein erster Besuch in Argentinien? Das Klima hier ist verrückt und die Leute auch. In Warschau gab es das Frühlingsfieber; hier wird das ganze Jahr hindurch gefiebert. Wenn es heiß ist, schmilzt man von der Hitze. Wenn die Regenzeit beginnt, dringt die Kälte einem in die Knochen. Man lebt tatsächlich wie in einem riesigen Dschungel. Die Städte sind Oasen in den Pampas. In früheren Jahren fielen die armen jüdischen Einwanderer Zuhältern und Huren in die Hände. Später hat man diese aus der Gemeinde ausgeschlossen, sie mußten eine eigene Synagoge bauen und einen eigenen Friedhof anlegen. Die Juden, die nach dem großen Massenmord hier ankamen, sind verlorene Seelen. Wie kommt es, daß man dich nicht ins Spanische übersetzt? Wann hast du meine Urgroßmutter Jentl zuletzt gesehen? Ich selbst habe sie nicht gekannt, aber sie hinterließ mir als Erbstück eine Kette mit einem Medaillon, die vielleicht zweihundert Jahre alt war. Ich mußte sie verkaufen – für Brot. Hier ist dein Hotel. Wenn du noch nicht müde bist, komme ich noch ein wenig mit dir hinauf.«

Wir fuhren mit dem Lift in den sechsten Stock. Von Kindheit an habe ich eine Vorliebe für Balkone; mein Zimmer hatte einen Balkon, und wir gingen gleich hinaus. Es gab damals nicht viele Hochhäuser in Buenos Aires, so konnten wir einen Teil der Stadt überblicken. Ich brachte zwei Stühle hinaus, und wir setzten uns. Hanka sagte: »Du wirst dich sicher wundern, warum ich gekommen bin. Solange ich noch nahe Verwandte hatte – Vater, Mutter, Bruder, Schwester –, habe ich mir nicht viel aus ihnen gemacht. Jetzt, da alle nur noch Asche sind, sehne ich mich nach Angehörigen, und seien sie auch noch so weitläufig verwandt. Ich lese jiddische Zeitungen. In deinen Geschichten kommt oft die Tante Jentl vor. Hat sie dir wirklich alle diese unheimlichen Sachen erzählt? Wahrscheinlich hast du sie erfunden. In meinem Leben sind Dinge geschehen, die man unmöglich erzählen kann. Ich bin allein, vollkommen allein.«

»Eine junge Frau muß nicht allein bleiben.«

»Das sind nur Worte. Es gibt Geschehnisse, die einen wie ein Blatt vom Baum reißen, und keine Macht der Erde kann es wieder anwachsen lassen. Der Wind trägt den Menschen von seinen Wurzeln hinweg. Es gibt im Hebräischen einen Namen dafür, aber ich habe ihn vergessen.«

»Na-v'nad – ›Unstet und flüchtig sollst du sein auf Erden‹.«

»Ja, das ist es.«

Ich nahm an, es würde zu einer kurzen Affäre mit Hanka kommen. Aber als ich versuchte, sie zu umarmen, schien sie zurückzuschrecken. Ich küßte sie, und ihre Lippen waren kalt. Sie sagte: »Ich kann dich verstehen – du bist ein Mann. Du wirst hier eine Menge Frauen finden, wenn du dich umsiehst.

Du wirst sie sogar finden, ohne dich umzusehen. Aber du bist ein normaler Mensch, kein Nekrophiler. Ich gehöre einem ausgerotteten Stamm an, und wir sind nicht geeignet für Sex.«

Da meine Vorlesung im Théâtre Soleil um ein paar Tage verschoben worden war, versprach Hanka, am nächsten Abend wiederzukommen. Ich fragte sie nach ihrer Telephonnummer, und sie antwortete, daß das Telephon außer Betrieb sei. In Buenos Aires müsse man Monate warten, bis etwas repariert werde, das kaputt ist. Ehe sie ging, erwähnte Hanka nebenbei, daß sie bei ihrer Suche nach Verwandten in Buenos Aires meinen Vetter zweiten Grades Jechiel – der seinen Namen in Julio geändert hatte – gefunden habe. Jechiel war der Sohn meines Großonkels Avigdor. Ich war Jechiel zweimal begegnet – einmal im Dorf Tiszewicz, ein andermal in Warschau, wohin er zur ärztlichen Behandlung gekommen war. Jechiel war etwa zehn Jahre älter als ich – groß, dunkel und abgemagert. Ich erinnerte mich, daß er an Tuberkulose litt und daß Onkel Avigdor ihn zu einem Lungenspezialisten nach Warschau gebracht hatte. Ich war überzeugt, Jechiel hätte den Massenmord nicht überlebt, und jetzt erfuhr ich, daß er am Leben und in Argentinien war. Hanka erzählte mir Einzelheiten. Er war mit Frau und Tochter nach Argentinien gekommen, aber er ließ sich scheiden und heiratete ein Mädchen aus Frampol, das er im Konzentrationslager kennengelernt hatte. Er wurde Hausierer – ein Klinkenputzer, wie man das in Buenos Aires nannte. Seine zweite Frau war Analphabetin und hatte Angst, allein aus dem Haus zu gehen. Sie hatte kein Wort Spanisch gelernt. Wenn sie in ein Geschäft gehen mußte, um Brot und Kartoffeln zu kaufen, mußte Jechiel sie begleiten. Seit einiger Zeit litt Jechiel unter Asthma und hatte die Hausiererei aufgeben müssen. Er lebte von einer Rente – welcher Art, wußte Hanka nicht: vielleicht von der Stadt oder von einer wohltätigen Institution.

Ich war müde nach dem langen Tag, und sowie Hanka gegangen war, fiel ich in den Kleidern auf mein Bett und schlief ein.

Nach einigen Stunden wachte ich auf und ging auf den Balkon hinaus. Es war ein seltsames Gefühl, Tausende von Kilometern von meinem jetzigen Zuhause entfernt, in einem fremden Land zu sein. In den Vereinigten Staaten wurde es schon Herbst; in Argentinien war Frühling. Während ich geschlafen hatte, mußte es geregnet haben, denn die Junín Straße glänzte. Alte Häuser säumten die Straße; die Geschäfte waren mit Eisenstangen verbarrikadiert. Ich konnte die Dächer und Teile der Ziegelmauern von Häusern in benachbarten Straßen sehen. Hier und da flackerte ein rötliches Licht in einem Fenster. War jemand krank? War jemand gestorben? In Warschau, als Kind, hatte ich oft schaurige Geschichten über Buenos Aires gehört: ein Zuhälter hatte ein armes Mädchen, eine Waise, in diese böse Stadt verschleppt und versucht, sie mit allerlei Tand und Versprechungen zu verführen; als das nicht verfing, hatte er sie mißhandelt, an den Haaren gezogen und sie mit Nadeln in die Finger gestochen. Unsere Nachbarin Basia sprach oft darüber mit meiner Schwester Hinda. Basia sagte dann: »Was konnte das Mädchen tun? Sie schleppten sie auf ein Schiff und hielten sie in Ketten. Ihre Unschuld hatte sie schon verloren. Man verkaufte sie an ein Bordell, und sie hatte zu tun, was man ihr sagte. Früher oder später entwickelte sich ein kleiner Wurm in ihrem Blut, und damit konnte man nicht lange leben. Nach sieben Jahren Schande fielen ihr Haare und Zähne aus, ihre Nase verfaulte, und das Spiel war aus. Da sie entehrt war, begrub man sie außerhalb der Friedhofsmauern.« Ich erinnerte mich, daß meine Schwester fragte: »Lebendig?«

Jetzt war Warschau zerstört, und ich befand mich in Buenos Aires, in einer Gegend, wo derartige Unglücksfälle sich zugetragen haben sollen. Sowohl Basia wie meine Schwester Hinda waren tot, und ich war nicht mehr der kleine Junge, sondern ein Schriftsteller in mittleren Jahren, der nach Argentinien gekommen war, um Kultur zu verbreiten.

Es regnete den ganzen nächsten Tag. Vielleicht aus den gleichen Gründen, aus denen ein Mangel an elektrischem Strom herrschte, funktionierte auch das Telephon nicht richtig –

während ein Mann Jiddisch zu mir sprach, hörte ich plötzlich eine Frau lachen und auf spanisch schreien. Am Abend kam Hanka. Da wir nicht ausgehen konnten, bestellte ich das Abendessen aufs Zimmer. Ich fragte Hanka, was sie essen möchte, und sie sagte: »Nichts.«

»Was verstehst du unter nichts?«

»Ein Glas Tee.«

Ich hörte nicht auf sie und bestellte ein Fleischgericht für sie und ein vegetarisches Essen für mich. Ich aß alles auf; Hanka berührte das Essen auf ihrem Teller kaum. Wie Tante Jentl spuckte sie Geschichten aus.

»Man wußte im ganzen Haus, daß er ein jüdisches Mädchen versteckte. Die Mieter wußten es bestimmt. Im ›judenreinen‹ Teil der Stadt gab es *szmalkownicy*, ›Abschöpfer‹ – so wurden sie genannt –, die den letzten Pfennig von den Juden erpreßten, und dann verrieten sie sie an die Nazis. Mein christlicher Beschützer – Andrzej war sein Name – hatte kein Geld. Jeden Augenblick hätte irgend jemand die Gestapo benachrichtigen können, und man hätte uns alle erschossen – mich, Andrzej, Stasiek, seinen Sohn, und Maria, seine Frau. Was sage ich? Erschießen war noch die leichteste Strafe. Man hätte uns gefoltert. Alle Mieter hätten für das Verbrechen mit ihrem Leben bezahlt. Ich sagte oft zu ihm: ›Andrzej, mein Lieber, du hast genug getan. Ich darf euch nicht alle ins Verderben ziehen.‹ Aber er sagte: ›Geh nicht fort, geh nicht. Ich kann dich nicht in den sicheren Tod gehen lassen. Vielleicht gibt es doch einen Gott.‹ Ich war in einem Alkoven versteckt, der keine Fenster hatte, und vor die Tür hatten sie einen Schrank gerückt, um den Eingang zu verdecken. Von der Rückseite des Schrankes hatten sie ein Brett herausgenommen, und durch die Öffnung reichten sie mir das Essen und, verzeih, nahmen den Nachttopf entgegen. Wenn ich meine kleine Lampe auslöschte, wurde es dunkel wie im Grab. Er kam zu mir, und beide, sein Sohn und seine Frau, wußten es. Maria litt an einer Frauenkrankheit. Der Sohn war auch krank. Als Kind bekam er die Skrofulose oder eine Drüsenkrankheit, und er brauchte keine Frau. Ich glaube,

er hatte auch keinen Bartwuchs. Er hatte eine Leidenschaft –
Zeitunglesen. Er las sämtliche Warschauer Zeitungen, auch
die Anzeigen. Ob Andrzej mich befriedigte? Ich war nicht auf
Befriedigung aus. Ich war zufrieden, wenn es ihm Entspannung
brachte. Von zu vielem Lesen waren meine Augen schlecht
geworden. Ich litt unter solchen Verstopfungen, daß nur Rizi-
nusöl mir helfen konnte. Ja, ich lag in meinem Grab. Aber
wenn man lange genug in einem Grab gelegen hat, gewöhnt
man sich daran und will sich nicht mehr davon trennen. Er
hatte mir eine Kapsel mit Zyankali gegeben. Er und seine Frau
und auch ihr Sohn trugen solche Kapseln bei sich. Wir lebten
alle mit dem Tod, und du sollst wissen, daß man sich in den
Tod verlieben kann. Wer einmal den Tod geliebt hat, kann
nichts anderes mehr lieben. Als die Befreiung kam und man
mir sagte, ich könne gehen, wollte ich nicht. Ich klammerte
mich an die Schwelle wie ein Ochse, der zum Schlachthaus
geführt werden soll.

Wie ich nach Argentinien kam und was sich zwischen mir
und José zugetragen hat, ist eine Geschichte für ein anderes Mal.
Ich habe ihm nichts vorgemacht. Ich sagte zu ihm: ›José, wenn
dir deine Frau nicht lebendig genug ist, wozu brauchst du eine
Leiche?‹ Aber die Männer glauben mir nicht. Wenn sie eine Frau
sehen, die jung ist, nicht häßlich, und die auch tanzen kann, wie
kann sie da tot sein? Außerdem hatte ich nicht die Kraft, in eine
Fabrik zu gehen und dort unter den spanischen Frauen zu arbeiten. Er kaufte mir ein Haus, und das wurde mein zweites Grab
– ein Luxusgrab, mit Blumentöpfen, Nippsachen und einem
Flügel. Er wünschte, daß ich tanzte, und ich tanzte. Was ist
dabei, es ist auch nicht schlimmer als Sweater stricken oder
Knöpfe annähen. Den ganzen Tag saß ich allein und wartete
auf ihn. Am Abend kam er, betrunken und schlechter Laune.
Einen Tag sprach er mit mir und erzählte Geschichten; am
nächsten war er stumm. Ich wußte, daß er früher oder später
aufhören würde, mit mir zu sprechen. Als das dann geschah,
war ich nicht überrascht, und ich versuchte auch nicht, ihn
zum Reden zu bringen, weil ich wußte, daß es so vom Schick-

sal bestimmt war. Über ein Jahr lang hielt er sein Schweigen aufrecht. Schließlich sagte ich zu ihm: ›José, geh.‹ Er küßte mich auf die Stirn und ging. Ich habe ihn nie wiedergesehen.«

Die Pläne für meine Vortragsreise fingen an schiefzugehen. Die Veranstaltung in Rosario wurde abgesagt, weil der Präsident der Organisation eine Herzattacke erlitten hatte. Der Verwaltungsrat des Jüdischen Gemeindehauses in Buenos Aires hatte sich aus politischen Gründen zerstritten, und die Unterstützung, die man den kleineren Gruppen auf dem Lande, vor denen ich sprechen sollte, zugesagt hatte, wurde einbehalten. In Mar del Plata war plötzlich der Saal, in dem ich meinen Vortrag halten sollte, nicht verfügbar. Zu den Schwierigkeiten der Tour kam noch hinzu, daß sich das Wetter in Buenos Aires von Tag zu Tag verschlechterte. Es blitzte und donnerte, und aus den Provinzen hörte man von Stürmen und Überschwemmungen. Auch die Post schien nicht zu funktionieren. Die Fahnen eines neuen Buches hätten per Luftpost aus New York kommen sollen, aber sie kamen nicht, und ich machte mir Sorgen, daß das Buch ohne meine letzten Korrekturen erscheinen würde. Einmal blieb ich zwischen dem vierten und fünften Stock im Lift stecken und mußte fast zwei Stunden auf meine Befreiung warten. Man hatte mir in New York versichert, in Buenos Aires würde ich keinen Heuschnupfen bekommen, weil dort Frühling sei. Aber ich bekam Niesanfälle, meine Augen tränten, mein Hals schwoll zu – und ich hatte nicht einmal meine Antihistamine bei mir. Chaskel Poliva suchte mich nicht mehr auf, ich vermutete, er war im Begriff, die ganze Vortragsreise abzusagen. Ich war bereit, nach New York zurückzukehren – aber wie sollte ich mich nach einem Schiff erkundigen, wenn das Telephon nicht funktionierte und ich kein Wort Spanisch konnte.

Hanka kam jeden Abend zu mir, immer zur gleichen Zeit – ich glaube, sogar zur gleichen Minute. Sie trat geräuschlos ein. Ich blickte auf, und da stand sie, in der Dämmerung, ein von Schatten umgebenes Bild. Ich bestellte das Abendessen, und

Hanka fing ihren Monolog an, in dem ruhigen, einförmigen
Tonfall, der mich an Tante Jentl erinnerte. Eines Abends
sprach Hanka von ihrer Kindheit in Warschau. Sie hatten in der
Hoźa Straße gelebt, einer nichtjüdischen Wohngegend. Ihr
Vater, ein Fabrikant, war immer verschuldet gewesen – am
Rande des Bankrotts. Ihre Mutter hatte ihre Kleider in Paris
gekauft. Im Sommer hatten sie die Ferien in Zoppot, im Winter
in Zakopane verbracht. Hankas Bruder Zdzisław war in eine
Privatschule gegangen. Ihre ältere Schwester Edzia hatte sich
für den Tanz begeistert, aber die Mutter hatte darauf bestan-
den, daß nicht sie, sondern Hanka eine neue Pawlowa oder Isa-
dora Duncan werden sollte. Die Tanzlehrerin war eine Sadi-
stin. Obwohl sie selbst häßlich war und ein Krüppel, verlangte
sie von ihren Schülern Perfektion. Sie hatte die Augen eines
Habichts, und sie zischte wie eine Schlange. Sie hatte Hanka
wegen ihres Judentums verhöhnt. Hanka sagte: »Meine Eltern
hatten für alle Kümmernisse ein Heilmittel – Assimilation.
Wir sollten hundertprozentige Polen sein. Aber was für Polen
konnten wir sein, wenn mein Großvater Ascher, der Sohn deiner Tante Jentl, nicht einmal Polnisch sprechen konnte? Wann
immer er uns besuchte, starben wir fast vor Scham. Mein müt-
terlicher Großvater, Judl, sprach gebrochen Polnisch. Er hat
mir einmal erzählt, daß wir von spanischen Juden abstamm-
ten. Man hatte sie im fünfzehnten Jahrhundert aus Spanien
vertrieben, und unsere Ahnen wanderten erst nach Deutschland und dann, während des Hundertjährigen Krieges, nach
Polen. Ich spürte das Jüdische in mir. Edzia und Zdzisław
waren beide blond und hatten blaue Augen, aber ich war dunkel. Schon früh begann ich mich mit den ewigen Fragen zu
beschäftigen: Warum wird man geboren? Warum muß man
sterben? Was verlangt Gott von uns? Warum gibt es soviel Leiden? Meine Mutter bestand darauf, daß ich polnische und fran-
zösische Romane lesen sollte, aber ich las heimlich in der
Bibel. In den Sprüchen Salomons las ich die Worte ›Lieblich
und schön sein ist nichts‹, und ich verliebte mich in das Buch.
Vielleicht weil ich gezwungen worden war, aus meinem Kör-

per ein Idol zu machen, begann ich das Fleisch zu hassen.
Meine Mutter und meine Schwester waren von der Schönheit
der Filmschauspielerinnen fasziniert. In der Tanzschule wurde
nur von Hüften, Schenkeln, Beinen und Brüsten gesprochen.
Wenn ein Mädchen nur ein Viertelpfund zugenommen hatte,
machte die Lehrerin ihr eine Szene. Mir erschien all das klein-
lich und vulgär. Durch das viele Tanzen und Üben zogen wir
uns Ballen und überentwickelte Beinmuskeln zu. Ich bekam
viele Komplimente für mein Tanzen, aber ich war von dem
Dibbuk eines alten Talmudisten besessen, einem jener weiß-
bärtigen Alten, die zu uns kamen, um Almosen zu erbitten,
und die vom Dienstmädchen davongejagt wurden. Mein Dibbuk fragte mich immer wieder: ›Für wen wirst du tanzen – für
die Nazis?‹ Kurz vor dem Krieg, als polnische Studenten die
Juden durch den Sächsischen Garten jagten und mein Bruder
Zdzisław während der Vorlesungen an der Universität stehen
mußte, weil er sich weigerte, auf den Gettobänken zu sitzen,
wurde er Zionist. Aber mir war klar geworden, daß die weltli-
chen Juden in Palästina auch nur bemüht waren, die Christen
nachzuahmen. Mein Bruder spielte Fußball. Er stemmte
Gewichte, um seine Muskeln zu entwickeln. Wie tragisch, daß
meine ganze Familie, die das Leben so liebte, in den Konzentra-
tionslagern umgekommen ist, während mich das Schicksal
nach Argentinien verschlagen hat.

Ich lernte schnell Spanisch – die Worte schienen in mich
zurückzuströmen. Ich versuchte, bei jüdischen Veranstaltungen zu tanzen. Aber hier ist alles so wurzellos. Hier glaubt man
daran, daß der Jüdische Staat ein für allemal unser Unglück
beenden wird. Das ist schierer Optimismus. Wir sind von Hor-
den von Feinden umgeben, die das gleiche Ziel haben wie Hit-
ler – uns zu vernichten. Zehnmal mag es ihnen nicht gelingen –
aber beim elften Mal wird die Katastrophe hereinbrechen. Ich
sehe, wie man die Juden ins Meer treibt. Ich höre das Klagen der
Frauen und Kinder. Warum gilt der Selbstmord als sündhaft?
Meiner Überzeugung nach wäre es geradezu tugendhaft, den
Körper und all seine Unzulänglichkeiten loszuwerden.«

An jenem Abend fragte ich Hanka nicht, als sie ging, wann sie wiederkommen würde. Meine Vorlesung im Théâtre Soleil war für den folgenden Tag angekündigt, und ich erwartete, daß sie dorthin kommen würde. In der vorigen Nacht hatte ich wenig geschlafen, und ich ging zu Bett und schlief sofort ein. Ich erwachte mit dem Gefühl, jemand flüstere mir ins Ohr. Ich versuchte, die Nachttischlampe anzuknipsen, aber es gelang mir nicht. Ich tastete nach dem Schalter an der Wand, ich konnte ihn nicht finden. Ich hatte mein Jackett mit meinem Paß und den Reiseschecks über einen Stuhl gehängt; der Stuhl war nicht mehr da. War ich bestohlen worden? Wie ein Blinder tappte ich im Zimmer umher, stolperte und schlug mein Knie an. Nach einiger Zeit stieß ich gegen den Stuhl. Niemand hatte meinen Paß oder die Reiseschecks gestohlen. Aber meine Düsternis verging nicht. Ich erinnerte mich, einen schlechten Traum gehabt zu haben, und im Dunkeln versuchte ich, mich daran zu erinnern. Sowie ich meine Augen schloß, war ich bei den Toten. Sie taten unaussprechliche Dinge. Ihre Worte waren Wahnsinn.

»Ich werde sie nicht mehr in mein Zimmer lassen«, murmelte ich. »Diese Hanka ist mein Todesengel.«

Ich setzte mich auf den Bettrand, raffte die Decke um meine Schultern und zog die Bilanz meiner Seele. Diese Reise hatte all meine Ängste aufgerührt. Für meine Vorlesung »Die Literatur und das Übersinnliche« hatte ich keine Notizen gemacht und befürchtete, daß ich plötzlich die Sprache verlieren könnte; ich sah eine blutige Revolution in Argentinien voraus, einen Atomkrieg zwischen den Vereinigten Staaten und Rußland; ich würde schwer krank werden. Absurde Vorstellungen schossen mir durch den Kopf: Was würde geschehen, wenn ich ins Bett ginge und dort ein Krokodil fände? Was würde geschehen, wenn die Erde sich in zwei Teile spalten und mein Teil auf ein anderes Sternbild fliegen würde? Wäre es nicht möglich, daß meine Reise nach Argentinien in Wirklichkeit den Übertritt in die nächste Welt bedeutete? Ich hatte ein unheimliches Gefühl von Hankas Gegenwart. In der linken Ecke des Zimmers sah ich eine Silhouette, einen dichten Kern, der sich von der ihn umgebenden Dunkelheit abhob und die schattenhafte Gestalt eines Körpers annahm – Schultern, Kopf, Haar. Obwohl ich das Gesicht nicht erkennen konnte, spürte ich in dem lauernden Phantom Spott über meine Feigheit. Gott im Himmel, diese Reise erweckte alle Ängste meiner Vorschulzeit, als ich Angst hatte, allein zu schlafen, weil Monstren um mein Bett schlichen, an meinen Schläfenlocken zerrten und mich mit schrecklichen Stimmen ankreischten. In meiner Angst betete ich zu Gott, mich davor zu bewahren, in die Hände der Bösen zu fallen. Offenbar wurde mein Gebet erhört, denn plötzlich ging das Licht an. Ich sah im Spiegel mein Gesicht – weiß, wie nach einer Krankheit. Ich ging zur Tür, um mich zu vergewissern, daß sie verschlossen war. Dann humpelte ich zurück in mein Bett.

Am nächsten Tag sprach ich im Théâtre Soleil. Der Saal war voll mit Leuten, obwohl draußen heftiger Regen fiel. Ich erblickte im Publikum so viele bekannte Gesichter, daß ich meinen Augen nicht traute. Allerdings konnte ich mich nicht auf ihre Namen besinnen, aber sie erinnerten mich an Freunde und Bekannte aus Bilgoraj, Lublin und Warschau. War es möglich, daß so viele sich vor den Nazis in Sicherheit gebracht hatten und zu meinem Vortrag gekommen waren? In der Regel, wenn ich über das Übersinnliche spreche, gibt es Zwischenrufe aus dem Publikum – manchmal sogar Proteste. Aber hier herrschte, als ich geendet hatte, unheimliches Schweigen. Ich hätte mich gern unter das Publikum gemischt, um diese wiederauferstandenen Gestalten meiner Vergangenheit zu begrüßen; statt dessen führte mich Chaskel Poliva hinter die Bühne, und als es soweit war, daß ich in den Saal gehen konnte, waren die Lichter bereits gelöscht und die Sitze leer. Ich sagte: »Soll ich jetzt zu den Geistern sprechen?«

Als ob er meine Gedanken gelesen hätte, fragte Poliva: »Wo ist Ihre sogenannte Cousine? Ich habe sie nicht im Saal gesehen.«

»Nein, sie ist nicht gekommen.«

»Ich will mich nicht in Ihre Privatangelegenheiten mischen, aber tun Sie mir den Gefallen und werden Sie sie los. Es tut Ihnen nicht gut, wenn sie immer hinter Ihnen herläuft.«

»Nein. Aber wie kommen Sie darauf?«

Chaskel Poliva zögerte. »Sie erschreckt mich. Sie wird Ihnen Unglück bringen.«

»Glauben Sie an solche Sachen?«

»Wenn man dreißig Jahre lang Impresario gewesen ist, dann muß man an sie glauben.«

Ich war eingeschlafen, und es war Abend geworden. War es der Tag nach meinem Vortrag oder einige Tage später? Ich öffnete meine Augen, da stand Hanka neben meinem Bett. Aus ihren Augen sprach Verlegenheit, als ob sie um meinen Zustand wüßte und sich schuldig fühlte. Sie sagte: »Wir sollten heute abend zu deinem Vetter Julio gehen.«

Ich hatte mir vorgenommen, ihr zu sagen: »Ich kann dich nicht wiedersehen«, aber statt dessen fragte ich: »Wo wohnt Julio?«

»Nicht weit von hier. Du hast gesagt, daß du gerne zu Fuß gehen würdest.«

Normalerweise würde ich sie zum Abendessen eingeladen haben, aber ich hatte nicht die Absicht, bis spät in die Nacht mit ihr die Zeit zu vergeuden. Vielleicht würde Julio uns etwas zu essen vorsetzen. Halb im Schlaf stand ich auf, und wir gingen hinaus auf die Avenida Corrientes. Hier und da brannte eine Straßenlaterne, bewaffnete Soldaten patrouillierten in den Straßen. Alle Geschäfte waren geschlossen. Es lag etwas von Ausgangssperre und Pogromstimmung in der Luft. Wir gingen schweigend, wie ein Paar, das sich gestritten hat, aber doch gemeinsame Besuche machen muß. Die Corrientes ist eine der längsten Straßen der Welt. Wir liefen schon eine Stunde. Jedesmal, wenn ich fragte, ob wir unserem Bestimmungsort schon nahe wären, antwortete Hanka, daß wir noch ein Stück zu gehen hätten. Nach einiger Zeit bogen wir von der Corrientes ab. Es schien, daß Julio in einem Vorort wohnte.

Wir gingen an Fabriken vorbei, deren Schlote nicht rauchten und deren Fenster vergittert waren, an dunklen Garagen, an Lagerhäusern, deren Fenster fest verschlossen waren, und an von Unkraut überwucherten Grundstücken. Die wenigen Privathäuser, die man sah, waren alt, ihre Höfe von Zäunen umschlossen. Ich wurde unruhig und blickte Hanka von der Seite an. Ich konnte ihr Gesicht nicht erkennen – sah nur zwei dunkle Augen. Unsichtbare Hunde bellten; unsichtbare Katzen miauten und kreischten. Ich war nicht hungrig, aber ein unangenehmer Geschmack füllte meinen Mund. Düstere Ahnungen überfielen mich wie Heuschrecken: ist dies mein letzter Gang? Führt sie mich in eine Mörderhöhle? Vielleicht ist sie ein weiblicher Dämon und wird bald ihre Gänsefüße und ihre Schweineschnauze enthüllen?

Als ob Hanka gespürt hätte, daß ihr Schweigen mich beunruhigte, wurde sie plötzlich gesprächig. Wir kamen an einem langgestreckten Haus vorbei, fensterlos, von den Resten eines Zaunes umgeben, mit einem einsamen Kaktus davor. Hanka begann: »Hier leben die alten Spanier. In den Häusern gibt es keine Heizung – die Öfen sind zum Kochen, nicht zum Heizen. Wenn es regnet, frieren sie. Sie haben ein Getränk, das sie Maté nennen. Sie decken sich mit zerrissenen Kleidern zu, schlürfen Maté und legen Karten. Sie sind Katholiken, aber selbst am Sonntag sind die Kirchen halb leer. Die Männer gehen nicht hin, nur die Frauen. Das sind Hexen, die zum Teufel beten, nicht zu Gott. Für sie ist die Zeit stehengeblieben – sie gehören eigentlich in die Zeit der Königin Isabella und Torquemadas. José hat viele Bücher zurückgelassen, und seitdem ich nicht mehr tanze und keine Freunde habe, lese ich viel. Ich kenne Argentinien. Manchmal glaube ich, in einer früheren Inkarnation hier gelebt zu haben. Die Männer träumen noch immer von der Inquisition und von Autodafés. Die Frauen murmeln Beschwörungen und behexen ihre Feinde. Mit vierzig sind sie runzelig und verblüht. Die Männer nehmen sich Geliebte, die sofort Kinder in die Welt setzen und nach ein paar Jahren genauso eifersüchtig, verbittert und schäbig sind wie diese

Frauen. Sie wissen es wahrscheinlich selbst nicht, aber viele von ihnen sind Nachkommen der Marranen. Irgendwo in weitabliegenden Gegenden gibt es noch Sekten, die am Freitagabend die Kerzen anzünden und noch andere jüdische Bräuche halten. Wir sind da.«

Wir betraten eine Gasse, die noch im Bau war. Sie war ungepflastert, und es gab noch keinen Bürgersteig. Wir mußten unseren Weg zwischen Bretterhaufen, Ziegelsteinen und Zement finden. Häuser ohne Dächer, ohne Fensterscheiben wurden sichtbar. Das Haus, in dem Julio wohnte, war schmal und niedrig. Hanka klopfte, aber niemand kam. Sie stieß die Tür auf, und wir gingen durch einen winzigen Eingang in ein schwach beleuchtetes Zimmer, dessen einzige Möbel zwei Stühle und eine Kommode waren. Auf einem Stuhl saß Jechiel. Ich erkannte ihn nur, weil ich wußte, daß er es war. Er sah uralt aus, aber durch das gealterte Gesicht hindurch, wie hinter einer Maske, erschien der Jechiel früherer Zeiten. Sein Schädel war kahl, an der Seite wuchsen ein paar Haarbüschel, die weder grau noch schwarz, sondern farblos waren. Er hatte eingefallene Backen, ein spitzes Kinn, den Hals eines gerupften Huhnes und die Nase eines Alkoholikers. Die Hälfte seiner Stirn und eine Seite seines Gesichts waren von einem roten Ausschlag bedeckt. Jechiel hob die Augenlider nicht, als wir eintraten. Den ganzen Abend sah ich seine Augen nicht. Auf dem ersten Stuhl saß eine gedrungene, unförmige Frau mit aschfarbenem, unordentlichem Haar; sie trug ein schäbiges Hauskleid. Ihr Gesicht war rund und teigig, ihre Augen waren ausdruckslos und wäßrig, wie man sie in Irrenanstalten sieht. Es war schwer zu sagen, ob sie vierzig oder sechzig war. Sie rührte sich nicht. Sie erinnerte mich an eine ausgestopfte Puppe.

Nach dem, was Hanka mir von ihnen erzählt hatte, nahm ich an, daß sie sie gut kannte und ihnen von mir berichtet hatte. Aber es schien, als ob sie sie zum erstenmal traf.

Ich sagte: »Jechiel, ich bin dein Vetter Isaak, der Sohn von Bath-Seba. Wir haben uns einmal in Tiszewicz getroffen und später in Warschau.«

»Sí.«

»Erkennst du mich?«

»Sí.«

»Du hast dein Jiddisch vergessen?« fragte ich.

»No.«

Nein, er hatte Jiddisch nicht vergessen, aber es machte den Eindruck, als habe er vergessen, wie man spricht. Er döste und gähnte. Ich mußte die Worte aus ihm herausziehen. All meine Fragen beantwortete er entweder mit »Sí«, »No« oder »Bueno«. Weder er noch seine Frau machten die geringste Anstrengung, uns Stühle zu bringen oder auch nur ein Glas Tee. Obwohl ich nicht groß bin, berührte mein Kopf fast die Decke. Hanka lehnte schweigend an der Wand. Ihr Gesicht hatte jeden Ausdruck verloren. Ich ging hinüber zu Jechiels Frau und fragte sie: »Kennen Sie noch jemanden in Frampol?«

Sehr lange kam keine Antwort; dann sagte sie: »Niemanden.«

»Wie hieß Ihr Vater?«

Sie überlegte, als ob sie sich erst erinnern müßte. »Avram Itcha.«

»Was war sein Beruf?«

Wieder eine lange Pause. »Er war Schuhmacher.«

Nach einer halben Stunde war ich es müde, aus diesen stummen Menschen Antworten herauszuziehen. Die Ermattung, die sie ausstrahlten, verwirrte mich. Jedesmal, wenn ich Jechiel anredete, fuhr er auf, als ob ich ihn geweckt hätte.

»Wenn du willst, kannst du mich im Hotel Cosmopolitan erreichen«, sagte ich schließlich.

»Sí.«

Jechiels Frau gab keinen Laut von sich, als ich mich von ihr verabschiedete. Jechiel murmelte etwas Unverständliches und sank in seinem Stuhl zusammen. Ich glaubte, ihn schnarchen zu hören. Draußen sagte ich zu Hanka: »Wenn das möglich ist, dann ist alles möglich.«

»Wir hätten nicht am Abend kommen sollen«, sagte Hanka.

»Sie sind beide krank. Er leidet an Asthma, und sie hat ein

schwaches Herz. Ich habe dir doch erzählt, daß sie sich in
Auschwitz kennengelernt haben. Hast du nicht an ihren
Armen die eintätowierten Nummern gesehen?«

»Nein.«

»Wer an der Schwelle des Todes gestanden hat, bleibt tot.«

Ich hatte diese Worte von Hanka und von anderen Flüchtlin-
gen schon früher gehört, aber in dieser dunklen Gasse machten
sie mich schaudern. Ich sagte: »Was immer du bist, bitte
besorge mir ein Taxi.«

»Sí.«

Hanka umarmte mich. Sie lehnte sich gegen mich, klammerte sich an mich. Ich bewegte mich nicht. Schweigend standen wir in der Gasse, und ein feiner Regen begann zu fallen.
Jemand löschte das Licht in Julios Haus, und es wurde um uns
so dunkel wie in Tiszewicz.

Die Sonne schien, der Himmel war wolkenlos, er glänzte blau
und sommerlich. Die Luft roch nach Meer, Mango und Oran-
genbäumen. Blüten fielen von den Zweigen. Die Brise erinnerte mich an die Weichsel und an Warschau. Wie das Wetter,
so hatte sich auch meine Vortragsreise geklärt. Alle möglichen
Institutionen hatten mich eingeladen, Vorträge zu halten, und
gaben mir Festessen. Schulkinder ehrten mich mit Tänzen und
Gesang. Es war verwirrend, daß man von einem Schriftsteller
so viel Aufhebens machte, aber Argentinien liegt weit ab, und
wenn ein Gast kommt, empfängt man ihn mit übertriebener
Freundlichkeit.

Chaskel Poliva sagte: »Das kommt nur davon, daß Sie sich
von Hanka befreit haben.«

Ich hatte mich nicht von ihr befreit. Ich suchte sie. Seit dem
Abend, an dem wir Julio besucht hatten, war Hanka nicht mehr
zu mir gekommen. Und ich hatte keine Möglichkeit, sie zu
erreichen. Ich wußte nicht, wo sie wohnte; ich kannte nicht
einmal ihren Familiennamen. Ich hatte sie mehrfach nach
ihrer Adresse gefragt, aber sie war der Antwort immer ausgewi-
chen. Auch von Julio hörte ich nichts. Wie genau ich auch die

kleine Gasse beschrieb, niemand konnte sie identifizieren. Ich sah im Telephonbuch nach – Julios Name war nicht darin.

Ich ging spät auf mein Zimmer. Es war mir zur Gewohnheit geworden, am Abend auf den Balkon zu treten. Ein kühler Wind wehte und brachte mir Grüße aus der Antarktis und vom Südpol. Ich blickte hinauf und sah andere Sterne, andere Konstellationen als die gewohnten. Einige Sternbilder erinnerten mich an Konsonanten, Vokale und musikalische Bezeichnungen, die ich in der Vorschule gelernt hatte – ein Alef, ein He, ein Schurek, ein Segol, ein Zere, ein Schalchelet. Die Mondsichel schien verkehrt herum zu hängen, als ob sie die himmlischen Felder rückwärts ernten wollte. Über den Dächern der Junín Straße erstreckte sich der südliche Himmel, seltsam nah und göttlich fern, gleich einer kosmischen Illumination eines Buches ohne Anfang und Ende – das nur vom Verfasser selbst gelesen und verstanden werden konnte. Ich rief Hanka zu: »Warum bist du weggelaufen? Wo immer du bist, kehre zurück. Ohne dich kann es keine Welt geben. Du bist ein ewiger Buchstabe in Gottes pergamentener Rolle.«

In Mar del Plata stand der Saal wieder zur Verfügung, und ich fuhr mit Chaskel Poliva dorthin. Im Zug sagte er zu mir: »Sie werden das vielleicht verrückt finden, aber hier in Argentinien ist der Kommunismus ein Spiel der Reichen. Ein armer Mann kann nicht Mitglied der Kommunistischen Partei werden. Fragen Sie mich nicht. So ist es. Die reichen Juden, die Villen in Mar del Plata besitzen und die heute abend zu Ihrem Vortrag kommen werden, sind alle Linke. Tun Sie mir den Gefallen und sprechen Sie nicht zu ihnen über Mystizismus. Daran glauben sie nicht. Sie plappern dauernd von der sozialen Revolution, aber wenn die Revolution kommt, werden sie ihre ersten Opfer sein.«

»Das ist ja schon ein Mysterium an sich.«

»Ja, aber wir wollen doch, daß Ihr Vortrag ein Erfolg wird.«
Ich tat, wie Poliva mich geheißen hatte. Ich erwähnte die verborgenen Kräfte nicht. Nach dem Vortrag las ich noch eine humoristische Skizze. Als ich geendet hatte und die Diskus-

sion begann, erhob sich ein alter Mann und fragte nach meiner
Neigung zum Übersinnlichen. Bald hagelte es von allen Seiten
Fragen über dieses Thema. An jenem Abend zeigten die reichen
Juden von Mar del Plata großes Interesse an Telepathie, Hellse-
hen, Dibbuks, Vorahnungen und Reinkarnation: »Wenn es ein
Leben nach dem Tode gibt, warum rächen sich dann die gemor-
deten Juden nicht an den Nazis?« – »Wenn es Telepathie gibt,
wozu brauchen wir dann das Telephon?« – »Wenn es möglich
ist, unbelebte Gegenstände durch Gedanken zu beeinflussen,
wie kommt es dann, daß die Bank im Kasino so hohe Profite
einstreicht, nur weil sie eine Chance mehr hat als die Spieler?«
Ich antwortete, daß, wenn die Existenz Gottes, der Seele, des
Jenseits, der Vorsehung und alles andere, das mit der Metaphy-
sik zu tun hat, wissenschaftlich bewiesen wäre, der Mensch
die größte ihm verliehene Gabe verlöre – die freie Wahl.

Der Vorsitzende kündigte an, daß die nächste Frage die letzte
sein müsse, und ein junger Mann stand auf und fragte: »Haben
Sie persönliche Erfahrungen dieser Art gemacht? Haben Sie je
einen Geist gesehen?«

Ich antwortete: »All meine Erfahrungen waren mehrdeutig.
Keine würde als Beweis ausreichen. Trotzdem wird mein
Glaube an die Geister immer stärker.«

Man applaudierte. Als ich mich verbeugte und mich
bedankte, sah ich Hanka. Sie saß im Publikum und klatschte.
Sie trug das gleiche schwarze Kleid und den gleichen schwarzen Hut, den sie bei allen unseren Begegnungen getragen hatte.
Sie lächelte und zwinkerte mir zu. Ich war verblüfft. War sie
mir nach Mar del Plata nachgereist? Ich schaute noch einmal
hin, und sie war verschwunden. Nein, es war eine Halluzina-
tion gewesen. Sie hatte nur einen Augenblick gedauert. Aber
über diesen Augenblick werde ich zeit meines Lebens nachsin-
nen.

Aus dem amerikanischen Englisch von Ellen Otten

Aura – die Magie der Verführung

HENRY MILLER

Maharani der Nacht

Vor nicht allzu langer Zeit wanderte ich durch die Straßen von
New York. Geliebter alter Broadway! Es war Nacht und der
Himmel von einem orientalischen Blau, so blau wie das Gold
an der Decke der *Pagode*, Rue de Babylone, wenn der Motor zu
surren beginnt. Ich kam genau unterhalb der Stelle vorüber, wo
wir uns zum erstenmal begegneten. Ich stand einen Augenblick dort und blickte zu den rot erleuchteten Fenstern empor.
Die Musik klang, wie sie immer klang: beschwingt, gepfeffert,
bezaubernd. Ich war allein mitten unter Millionen Menschen.
Wie ich so dastand, wurde mir bewußt, daß ich nicht mehr an
sie dachte; nur noch an dieses Buch, an dem ich jetzt schreibe,
und das Buch war für mich wichtiger geworden als sie, als alles,
was uns widerfahren war. Wird dieses Buch die Wahrheit sein,
die ganze Wahrheit und nichts als die Wahrheit, so wahr mir
Gott helfe? Indem ich mich wieder unter die Menge mischte,
rang ich mit diesem Gedanken der »Wahrheit«. Jahrelang habe
ich diese Geschichte zu erzählen versucht, und immer lastete
das Problem der Wahrheit auf mir wie ein Alptraum. Wiederholt habe ich anderen Leuten unsere Lebensumstände berichtet und immer die Wahrheit erzählt. Aber die Wahrheit kann
auch eine Lüge sein. Die Wahrheit genügt nicht. Die Wahrheit
ist nur der Kern eines unerschöpflichen Ganzen.

Ich erinnere mich, daß mich bei unserer ersten Trennung
diese Idee des Ganzen bei den Haaren packte. Als sie mich verließ, gab sie vor – oder glaubte es vielleicht selber –, es sei zu
unserem Besten. Ich wußte in meinem Herzen, daß sie sich von
mir freizumachen versuchte, war jedoch zu feige, es mir einzu-

gestehen. Aber als ich merkte, daß sie ohne mich auskam, sei es auch nur für kurze Zeit, begann die Wahrheit, die ich auszusperren versucht hatte, mit beunruhigender Schnelligkeit zu wachsen und Boden zu gewinnen. Es schmerzte mehr als alles, was ich bisher erlebt hatte, aber es war auch heilsam. Als in mir völlige Leere war und die Einsamkeit einen solchen Grad erreicht hatte, daß sie nicht mehr gesteigert werden konnte, fühlte ich plötzlich, daß diese unerträgliche Wahrheit, wollte ich weiterleben, in etwas Größeres einmünden mußte als in den Rahmen persönlichen Mißgeschicks. Ich fühlte, daß ich unmerklich in einen anderen Bereich eingeschwenkt war, einen Bereich von festerer, elastischer Struktur, dem die schrecklichste Wahrheit nichts anhaben konnte. Ich setzte mich hin, um ihr einen Brief zu schreiben, in dem ich ihr mitteilte, ich sei über den Gedanken, sie zu verlieren, so unglücklich, daß ich beschlossen hätte, ein Buch über sie zu schreiben, ein Buch, das sie unsterblich machen würde. Es würde ein Buch werden, sagte ich, wie noch niemand eines gesehen habe. Ich schrieb hingerissen weiter und brach plötzlich mittendrin ab und fragte mich, warum ich so glücklich war.

Während ich unter den Fenstern des Tanzlokals vorüberging und wieder an dieses Buch dachte, wurde mir plötzlich klar, daß unser Leben sein Ende erreicht hatte: mir kam zu Bewußtsein, daß das von mir geplante Buch nichts anderes war als ein Grabmal, in dem ich sie und das Ich, das ihr gehört hatte, begraben wollte. Das ist nun schon einige Zeit her, und seitdem habe ich nicht aufgehört, mich zu bemühen, dieses Buch zu schreiben. Warum ist es so schwierig? Warum? Weil der Gedanke an ein »Ende« mir unerträglich ist.

In diesem grausamen und unerbittlichen Wissen vom Ende liegt die Wahrheit. Wir können die Wahrheit kennen und sie hinnehmen, oder wir können das Wissen von ihr zurückweisen und weder sterben noch wiedergeboren werden. Man kann immer so weiterleben, ein negatives Leben, das ebenso festgefügt und vollständig oder ebenso zerfallen und bruchstückhaft ist wie das Atom. Und wenn wir diesen Weg weit genug verfolgen, kann sogar diese atomare Ewigkeit sich in Nichts auflösen und das Universum zerfallen.

Seit Jahren habe ich nun diese Geschichte zu erzählen versucht; jedesmal, wenn ich anfing, wählte ich einen anderen Weg. Ich bin wie ein Forschungsreisender, der die Welt umsegeln will und es für überflüssig hält, einen Kompaß mitzunehmen. Außerdem ist die Geschichte dadurch, daß ich so lange von ihr geträumt habe, einer großen befestigten Stadt ähnlich geworden, und ich, der sie wieder und wieder träumt, stehe vor der Stadt, ein Wanderer, der sich von Tor zu Tor schleppt, zu erschöpft, um einzutreten. Und wie vor dem Wanderer weicht die Stadt, in der meine Geschichte sich abspielt, ständig vor mir zurück. Immer sichtbar, doch unerreichbar, wie eine in den Wolken schwebende gespenstische Zitadelle. Von den hochragenden zinnenbewehrten Mauern schwingen sich Scharen riesiger weißer Gänse in geschlossener, keilförmiger Ordnung herab. Mit den Spitzen ihrer blauweißen Schwingen wischen sie die Träume weg, die meinen Blick trüben. Meine Füße suchen verwirrt einen Halt; kaum habe ich festen Boden gefunden, bin ich wiederum verloren. Ich wandere ziellos, um einen festen, unerschütterlichen Standpunkt zu finden, von dem aus ich mein Leben überblicken kann, aber hinter mir liegt nur ein Gewirr kreuz und quer verlaufender Pfade, im Kreis herumtappender Spuren, das spasmodische Umherstolpern des Huhns, dem man gerade den Kopf abgeschlagen hat.

Sooft ich mir das seltsame Muster, das mein Leben bildet, zu deuten versuche, wenn ich sozusagen auf den Urgrund zurückgreife, fällt mir unvermeidlich meine erste Liebe ein. Es scheint mir, als rühre alles von dieser verfehlten Geschichte her. Es war eine seltsame, masochistische Geschichte, lächerlich und tragisch zugleich. Vielleicht war es mir zwei- oder dreimal vergönnt gewesen, ihr einen Kuß zu geben, einen Kuß, wie man ihn einer Göttin vorbehält. Vielleicht war ich mehrmals mit ihr allein. Jedenfalls hätte sie sich nie träumen lassen, daß ich über ein Jahr lang allabendlich an ihrem Hause vorüberging in der Hoffnung, durchs Fenster einen Schimmer von ihr zu erhaschen. Jeden Abend stand ich nach dem Essen vom Tisch auf und schlug den langen Weg ein, der zu ihrem Hause führte. Nie war sie am Fenster, wenn ich vorüberkam, und nie hatte ich den Mut, vor dem Haus stehenzubleiben und zu warten. Ich ging davor auf und ab, auf und ab, aber nie sah ich auch nur eine Spur von ihr. Warum schrieb ich ihr nicht? Warum rief ich sie nicht an? Ich erinnere mich, daß ich einmal soviel Mut aufbrachte, sie ins Theater einzuladen. Ich kam mit einem Veilchenstrauß bei ihr an, es war das erste und einzige Mal, daß ich Blumen für eine Frau kaufte. Beim Verlassen des Theaters lösten sich die Veilchen von ihrer Brust und fielen zu Boden; in meiner Verwirrung trat ich darauf. Ich bat sie, sie liegen zu lassen, aber sie bestand darauf, sie wieder aufzulesen. Ich dachte, wie linkisch, wie unbeholfen ich sei – erst viel später fiel mir das Lächeln wieder ein, das sie mir zugeworfen hatte, als sie sich bückte, um die Veilchen aufzuheben.

Es war ein völliges Fiasko. Am Schluß ergriff ich die Flucht. In Wirklichkeit floh ich vor einer anderen Frau, aber am Tag, bevor ich die Stadt verließ, beschloß ich, sie noch einmal aufzusuchen. Es war Nachmittag, und sie kam auf die Straße heraus, um mit mir in dem kleinen, von einem Gitter versperrten Torweg zu reden. Sie war bereits mit einem anderen Mann verlobt und gab vor, glücklich darüber zu sein, aber ich vermochte doch, so blind ich auch war, zu sehen, daß sie nicht so glücklich sein konnte, wie sie behauptete. Hätte ich nur das richtige Wort gefunden, ich bin sicher, sie hätte den anderen fallenlassen; vielleicht wäre sie sogar mit mir auf und davon gegangen. Ich zog es vor, mich selbst zu bestrafen. Ich sagte ihr beiläufig Lebewohl und ging wie ein Toter die Straße hinunter. Am nächsten Morgen war ich unterwegs zur Küste, entschlossen, ein neues Leben zu beginnen.

Dieses neue Leben war auch ein Fiasko. Am Schluß strandete ich auf einer Ranch in Chula Vista, der elendeste Mensch, der je den Fuß auf die Erde gesetzt hat. Da war dieses Mädchen,

das ich liebte, und da war auch die andere Frau, für die ich nur
tiefes Mitleid empfand. Zwei Jahre hatte ich mit dieser anderen
Frau zusammengelebt; mir kam es wie ein ganzes Leben vor.
Ich war einundzwanzig Jahre alt, während sie zugab, sechsund-
dreißig zu sein. Sooft ich sie ansah, sagte ich mir: wenn ich
dreißig bin, ist sie fünfundvierzig, wenn ich vierzig bin, fünf-
undfünfzig, wenn ich fünfzig bin, fünfundsechzig. Sie hatte
feine Fältchen unter den Augen, Lachfältchen, aber eben doch
Fältchen. Wenn ich sie küßte, schienen sie mir ein dutzendmal
vergrößert. Sie lachte häufig, aber ihre Augen blickten traurig,
schrecklich traurig. Es waren armenische Augen. Ihr einstmals
rotes Haar war nun wasserstoffblond. Sonst war sie anbetungs-
würdig: ein venusgleicher Körper, eine venushafte Seele, treu,
liebenswert, dankbar, alle Tugenden, die eine Frau haben soll,
nur war sie fünfzehn Jahre älter. Dieser Unterschied von fünfzehn Jahren machte mich verrückt. Wenn ich mit ihr ausging,
dachte ich nur: Wie wird das heute in zehn Jahren sein? Oder
aber: Für wie alt hält man sie heute? Sehe ich alt genug für sie
aus? Sobald wir wieder nach Hause kamen, war alles in Ordnung. Während wir die Treppe hinaufstiegen, steckte ich ihr
den Finger zwischen die Beine, was sie wiehern ließ wie ein
Pferd. Wenn ihr Sohn, der beinahe so alt war wie ich, schon im
Bett lag, schlossen wir die Türen und riegelten uns in der
Küche ein. Sie lag auf dem schmalen Küchentisch, und ich ver-
paßte ihr einen. Es war herrlich. Und es wurde noch herrlicher
dadurch, daß ich mir bei jeder solchen Gelegenheit sagte: *Das
ist das letzte Mal, morgen haue ich ab!* Und dann stieg ich, da
sie Hausmeisterin war, in den Keller hinunter und rollte die
Mülltonnen für sie heraus. Morgens, wenn der Sohn an die
Arbeit gegangen war, stieg ich aufs Dach und lüftete das Bett-
zeug. Sie und der Sohn hatten Tb. Manchmal gab es nichts zu
essen. Manchmal preßte mir die Hoffnungslosigkeit des Ganzen die Kehle zu, dann zog ich mich an und machte einen Spaziergang. Ab und zu vergaß ich zurückzukehren und fühlte
mich dann elender als je, denn ich wußte, daß sie mit diesen
großen traurigen Augen auf mich warten würde. Ich ging zu ihr

zurück wie ein Mensch, der eine heilige Pflicht zu erfüllen hat. Ich legte mich aufs Bett und ließ mich von ihr liebkosen; ich betrachtete nachdenklich die Fältchen unter ihren Augen und ihre Haarwurzeln, die rot nachwuchsen. Während ich so dalag, dachte ich oft an die andere, die ich liebte, und fragte mich, ob sie sich wohl auch dazu hinlegte, oder... Diese langen Wanderungen, die ich in den dreihundertfünfundsechzig Tagen des Jahres machte! Ich rief sie mir wieder vor Augen, während ich neben dieser anderen Frau lag. Wie oft habe ich seitdem aufs neue diese Wanderungen durchlebt! Sie führten mich durch die traurigsten, freudlosesten, häßlichsten Straßen, die der Mensch jemals geschaffen hat. Voller Qual erlebe ich wieder diese Wanderungen, diese Straßen, diese ersten gescheiterten Hoffnungen. Das Fenster ist da, aber ohne Mélisande; auch der Garten, aber ohne einen goldenen Glanz. Hin und her, das Fenster bleibt immer leer. Der Abendstern steht tief am Himmel; Tristan erscheint, dann Fidelio, und dann Oberon. Der hydraköpfige Hund bellt mit all seinen Mäulern; obwohl keine Sümpfe in der Nähe sind, höre ich überall Frösche quaken. Immer dieselben Häuser, dieselben Busse, alles dasselbe. Sie versteckt sich hinterm Vorhang, sie wartet, bis ich vorüberkomme, tut dies oder jenes... *aber sie ist nicht da, nie, nie, nie.* Ist es eine große Oper, oder spielt da ein Leierkasten? Es ist Amato, der seine goldene Lunge zum Bersten bringt; es ist das *Rubaiyat*, es ist der Mount Everest, es ist eine mondlose Nacht, ein Schluchzen in der Morgendämmerung, ein Knabe, der sich etwas einredet, der gestiefelte Kater, der Mauna Loa; es ist Fuchspelz oder Astrachan, es ist stoff- und zeitlos, es ist endlos und beginnt immer wieder, unter dem Herzen, tief in der Kehle, in den Fußsohlen, und warum um Christi willen nicht nur einmal, ein einziges Mal, nur ein Schatten oder Zittern des Vorhangs, oder ein Hauch gegen die Fensterscheibe, einmal etwas, und sei es auch nur eine Lüge, um dieser Qual ein Ende zu bereiten, dieses Hin und Her, dieses Hin- und Herwandern zu beenden... Auf dem Heimweg. Dieselben Häuser, dieselben Laternenpfähle, immer dasselbe. Ich gehe an meiner Wohnung vorüber, vorbei am Friedhof, vorbei an den Gasometern, vorbei an den Wagenschuppen, vorbei am Wasserturm, hinaus aufs offene Land. Ich setze mich an den Straßenrand, den Kopf in den Händen, und schluchze. Armes Schwein, das ich bin, kann ich mein Herz nicht genügend zusammenziehen, um die Adern zu sprengen. Ich würde gerne vor Kummer ersticken, statt dessen bringe ich einen Felsen zur Welt.

Inzwischen wartet die andere. Ich sehe sie noch auf der niedrigen Vortreppe sitzen und mit ihren großen, schmerzerfüllten Augen auf mich warten; ihr Gesicht war bleich, und sie zitterte vor gespannter Erwartung. Ich glaubte immer, es sei *Mitleid*, was mich zurückführte, aber jetzt, wie ich auf sie zugehe und den Blick in ihren Augen sehe, weiß ich nicht mehr, was es ist; ich weiß nur, daß wir hineingehen und uns zusammenlegen werden, und sie wird halb lachend, halb weinend aufstehen und sehr still werden und mich beobachten, mich studieren, während ich herumgehe, ohne mich jemals zu fragen, was mich quält, denn das ist das einzige, wovor sie sich fürchtet, das zu wissen sie Angst hat. *Ich liebe dich nicht!* Kann sie es mich nicht schreien hören? *Ich liebe dich nicht!* Immer wieder schreie ich es mit aufeinandergepreßten Lippen hinaus, mit Haß im Herzen, mit Verzweiflung, mit hoffnungsloser Wut. Aber die Worte kommen nie über meine Lippen. Ich sehe sie an, und meine Zunge ist gebunden. Ich bringe es nicht fertig... Zeit, Zeit, unendlich viel Zeit steht uns zur Verfügung und nichts als Lügen, sie auszufüllen. Nun, ich will nicht mein ganzes Leben von Anfang an bis zu dem verhängnisvollen Augenblick wiederholen – das wäre zu lang, zu schmerzhaft. Nebenbei bemerkt, hat mich mein Leben wirklich zu diesem Kulminationspunkt geführt? Ich bezweifle es. Ich glaube, es gab zahllose Augenblicke, in denen ich die Möglichkeit hatte, einen Anfang zu machen, aber mir fehlte die Kraft und der Glaube. An dem fraglichen Abend trat ich bewußt aus mir selbst heraus: ich trat heraus aus dem alten Leben und hinein in ein neues. Es bedurfte nicht der geringsten Anstrengung. Ich war damals dreißig Jahre alt. Ich hatte eine Frau und ein Kind und was man eine »verant-

wortliche Position« nennt. So sehen die Tatsachen aus, und die
Tatsachen besagen nichts. Die Wahrheit ist, daß mein Wunsch
so groß, so stark war, daß er Wirklichkeit wurde. In einem solchen Augenblick hat es nicht viel Bedeutung, was der Mensch
tut, nur das zählt, was er *ist*. In einem solchen Augenblick wird
der Mensch zum Engel. Genau das geschah mit mir: *ich wurde
ein Engel*. Das Wertvolle an einem Engel ist nicht die Reinheit,
sondern die Tatsache, daß er fliegen kann. Ein Engel kann überall und jeden Augenblick ausbrechen und seinen Himmel finden; er hat die Macht, ins Niedrigste hinabzusteigen und sich
nach Belieben wieder daraus zu befreien, wenn er will. In der
fraglichen Nacht begriff ich das ganz. Ich war rein, nicht
menschlich, ich war losgelöst und hatte Schwingen. Die Vergangenheit war von mir genommen, und ich machte mir keine
Sorgen um die Zukunft. Ich war jenseits aller Ekstase. Als ich
mein Büro verließ, faltete ich meine Flügel zusammen und verbarg sie unter meinem Rock.

Die Tanzdiele lag dem Seiteneingang des Theaters genau
gegenüber, wo ich gewöhnlich nachmittags saß, statt mich
nach Arbeit umzusehen. Es war eine Straße voller Theater, und
ich pflegte stundenlang ununterbrochen dazusitzen und den
kühnsten Träumen nachzuhängen. Das ganze Theaterleben
New Yorks schien in dieser einen Straße konzentriert zu sein.
Es war der Broadway, war Erfolg, Ruhm, Flitterglanz, Farbe, der
eiserne Vorhang und das Guckloch im Vorhang. Auf den Stufen
der Theatertreppe sitzend, starrte ich unentwegt hinüber auf
die Tanzdiele, auf die Reihe roter Laternen, die selbst an Som-
mernachmittagen brannten. In jedem Fenster lief ein Ventila-
tor, der die Musik auf die Straße zu wirbeln schien, wo sie von
dem rasselnden Lärm des Verkehrs gebrochen wurde. Schräg
gegenüber der Tanzdiele war eine Bedürfnisanstalt, wo ich
auch dann und wann saß in der Hoffnung, eine Frau auftreiben
oder einen Pump anlegen zu können. Oberhalb der Bedürfnisanstalt stand auf der Straße ein Kiosk mit ausländischen Zeitungen und Zeitschriften; allein schon der Anblick dieser Zeitungen, der fremden Sprachen, in denen sie gedruckt waren,

reiche aus, mich für den ganzen Tag aus dem Gleichgewicht
zu bringen.

Ohne jede Absicht stieg ich die Stufen zu der Tanzdiele hinauf und ging geradewegs zu dem Schalterfensterchen der Bude,
in der Nick, der Grieche, mit einer Rolle Eintrittskarten saß.
Wie das Pissoir drunten und die Stufen der Theatertreppe
schwebt mir jetzt die Hand des Griechen als ein einmaliges
und abgesondertes Ding vor – diese riesige, behaarte Hand
eines Unholds aus einem skandinavischen Schauermärchen.
Immer war es die Hand, die zu mir sprach, die Hand, die sagte:
»Miss Mara kommt heute abend nicht« oder »Ja, Miss Mara
kommt heute abend sehr spät«. Es war diese Hand, von der ich
als Kind träumte, wenn ich in dem Zimmer mit vergittertem
Fenster schlief. In meinem fiebrigen Schlaf leuchtete dieses
Fenster plötzlich auf, um den an die Gitterstäbe sich klam-
mernden Unhold zu zeigen. Nacht für Nacht suchte mich dieses behaarte Ungeheuer heim, an die Gitterstäbe gekrallt und
mit den Zähnen knirschend. Ich wachte in kalten Schweiß
gebadet auf, das Haus war finster, im Zimmer herrschte völlige
Stille.

Am Rande der Tanzfläche stehend, sehe ich sie auf mich
zukommen; sie kommt mit vollen Segeln daher, ihr großes volles Gesicht ruht wunderbar auf der schlanken Säule ihres Hal-
ses. Ich sehe eine Frau von vielleicht achtzehn, vielleicht aber
auch dreißig Jahren: mit blauschwarzem Haar und einem großen, bleichen Gesicht, das voll und weiß ist, in dem die Augen
leuchtend glänzen. Sie trägt ein Kleid aus blauem Duvetine.
Ich sehe noch deutlich die Fülle ihres Körpers vor mir, ihre
Haare waren fein, glatt und an der Seite gescheitelt wie die
eines Mannes. Ich erinnere mich noch an das Lächeln, das sie
mir zuwarf – ein wissendes, geheimnisvolles, flüchtiges
Lächeln –, das plötzlich wie ein Windstoß aufsprang.

Ihr ganzes Wesen drückte sich im Gesicht aus. Ich hätte den
Kopf nehmen und mit ihm heimgehen können; ich hätte ihn
nachts neben mich aufs Kopfkissen legen und ihn lieben können. Der Mund und die Augen, wenn sie sich auftaten, strahl-

ten ihr ganzes Wesen aus. Es war ein Licht, das aus einer unbekannten Quelle kam, einem tief in der Erde verborgenen Mittelpunkt. Ich konnte an nichts anderes denken als an dieses Gesicht, an das Seltsame, das Mutterschoßhafte dieses Lächelns und seine verschlingende Unmittelbarkeit. Das Lächeln war so schmerzlich kurz und flüchtig, daß es wie das Aufblitzen eines Messers wirkte. Dieses Lächeln, dieses Gesicht wurden hoch auf einem langen, weißen Hals getragen, dem starken, schwanengleichen Hals eines Mediums – und der Verlorenen und Verdammten.

Ich stehe an der Ecke der Straße unter den roten Lichtern und warte darauf, daß sie herunterkommt. Es ist etwa zwei Uhr morgens, und sie ist mit ihrer Arbeit fertig. Ich stehe mit einer Blume im Knopfloch am Broadway und fühle mich völlig leergefegt und allein. Fast den ganzen Abend haben wir uns über Strindberg unterhalten, über eine seiner Gestalten namens Henriette. Ich hörte mit so gespannter Aufmerksamkeit zu, daß ich in Trance verfiel. Es war, als ob wir mit den ersten Sätzen ein Rennen in entgegengesetzter Richtung begonnen hätten. Henriette! Kaum war der Name gefallen, begann sie über sich selbst zu sprechen, ohne Henriette je ganz fallenzulassen. Henriette war durch einen langen, unsichtbaren Faden mit ihr verbunden, an dem sie unmerklich mit einem Finger zog, ähnlich wie ein Straßenhändler, der ein wenig abseits von dem schwarzen Tuch auf dem Gehsteig steht und scheinbar nichts mit dem kleinen mechanischen Spielzeug zu tun hat, das auf dem Tuch herumhüpft, sich aber durch die zuckende Bewegung seines kleinen Fingers verrät, an dem der schwarze Faden befestigt ist. Sie schien zu sagen: Henriette, das bin ich, sie ist mein wahres Ich. Ich sollte glauben, Henriette sei wirklich die Verkörperung des Bösen. Sie sagte es so natürlich, so unschuldig, mit einer fast übermenschlichen Offenheit – wie konnte ich glauben, daß sie das wirklich meinte? Ich konnte nur lächeln, um ihr zu zeigen, daß ich davon überzeugt war.

Plötzlich fühle ich sie kommen. Ich wende den Kopf. Richtig, da kommt sie, mit vollen Segeln und leuchtenden Augen.

Zum erstenmal nehme ich ihre Haltung wahr. Sie kommt heran wie ein Vogel, ein menschlicher, in einen großen weichen Pelz gehüllter Vogel. Kommt mit Volldampf daher; ich möchte schreien, ein Signal hinausschmettern, das die Welt die Ohren spitzen läßt. Was für ein Gang! Es ist kein Gehen, es ist ein Gleiten. Groß, majestätisch, in der Fülle ihres Fleisches, selbstbeherrscht durchschneidet sie den Rauch, die Jazzmusik und den Rotlichtschimmer wie die Königinmutter aller schlüpfrigen babylonischen Huren. Das spielt sich am Broadway ab, direkt der Bedürfnisanstalt gegenüber. Der Broadway ist ihr Reich. Das hier ist der Broadway, ist New York, ist Amerika. Sie ist Amerika auf zwei Beinen, mit Flügeln und Geschlecht. Sie ist das Lubet, das Abscheuliche und das Veredelte, mit einem kleinen Spritzer Salzsäure, Nitroglyzerin, Laudanum und pulverisiertem Onyx. Sie hat Fülle und Erhabenheit, sie ist Amerika, »right or wrong«, auf beiden Seiten eingerahmt vom Meer. Zum erstenmal in meinem Leben trifft mich der ganze Kontinent mit voller Wucht, ein Schlag zwischen beide Augen. Das ist Amerika, Büffel oder Nichtbüffel, Amerika, der Schleifstein von Hoffnung und Enttäuschung. Alles, was Amerika ausmachte, machte auch sie aus: Knochen, Blut, Muskel, Augapfel, Gang, Rhythmus, Haltung, Zuversicht, Schamlosigkeit und leeres Gedärm. Sie erdrückt mich fast, das volle Gesicht schimmert wie Kalzium. Der große weiche Pelz gleitet von ihrer Schulter. Sie beachtet es nicht. Es scheint ihr gleichgültig zu sein, ob ihre Kleider von ihr abfallen. Alles kümmert sie einen Dreck. Das ist Amerika, das wie ein Blitz in das Glaswarenhaus rotblütiger Hysterie niederfährt. Amurrika mit oder ohne Pelz, mit oder ohne Schuhe. Amurrika cod. Und haut ab, ihr Saukerle, bevor wir euch umlegen! Es ist mir in die Eingeweide gefahren. Ich zittere. Etwas kommt auf mich zu, und es gibt kein Ausweichen. Sie kommt, den Kopf voraus, durch die dicke Fensterscheibe. Wenn sie nur eine Sekunde stehenbliebe, nur einen Augenblick von mir lassen wollte. Aber nein, sie gewährt mir keinen Augenblick. Rasch, unbarmherzig, gebieterisch wie das

Schicksal selber stürzt sie auf mich, ein Schwert, das mich durch und durch spaltet...

Sie hat meine Hand ergriffen und hält sie fest. Ich gehe ohne Furcht an ihrer Seite. In mir funkeln die Sterne; in mir ist ein großes, blaues Gewölbe, wo noch vor einem Augenblick wild die Maschinen stampften.

Sein ganzes Leben lang kann man auf einen solchen Augenblick warten. Die Frau, der zu begegnen man nie gehofft hat, sitzt vor einem, und sie spricht und sieht genauso aus wie die Person, von der man geträumt hat. Aber am seltsamsten von allem ist, daß man sich nie zuvor bewußt wurde, von ihr geträumt zu haben. Die ganze Vergangenheit ist wie ein langer Schlaf, der vergessen wäre, hätte es keinen Traum gegeben. Und auch den Traum hätte man vergessen können, wäre nicht die Erinnerung gewesen; aber das Erinnern ist im Blut, und das Blut ist wie ein Ozean, in dem alles weggeschwemmt wird, außer was neu und substantieller ist als selbst das Leben: die *Wirklichkeit.*

Wir sitzen in einer kleinen Nische in dem chinesischen Restaurant auf der anderen Seite der Straße. Aus dem Augenwinkel fange ich das Flimmern der Leuchtbuchstaben auf, die am Himmel hin und her zucken. Sie spricht weiter über Henriette, vielleicht auch über sich selbst. Ihre kleine schwarze Kappe, ihre Handtasche und ihr Pelz liegen neben ihr auf der Bank. Alle paar Augenblicke zündet sie eine neue Zigarette an, die verqualmt, während sie spricht. Ihre Rede hat weder Anfang noch Ende, sie bricht wie eine Flamme aus ihr hervor und verzehrt alles Erreichbare. Man weiß nicht, an welcher Stelle sie begann. Plötzlich ist sie mitten in einer langen, neubegonnenen Geschichte, aber es ist immer dieselbe. Ihre Rede ist so formlos wie ein Traum: es gibt keine Gleitschienen, keine Kulissen, keine Abgänge, keine Pausen. Ich habe das Gefühl, in einem tiefen Netz von Worten zu versinken, mich mühsam zum Rande des Netzes emporzuarbeiten, in ihre Augen zu blicken und zu versuchen, darin einen Reflex der Bedeutung ihrer Worte zu finden – aber ich kann nichts finden,

nichts außer meinem eigenen, in dem grundlosen Quell flimmernden Bild. Obwohl sie von nichts anderem als von sich selber spricht, kann ich mir nicht das leiseste Bild von ihrem
Wesen machen. Sie lehnt sich vor, die Ellbogen auf den Tisch
gestützt, und ihre Worte überschwemmen mich; Welle um
Welle brandet über mich hin, und doch baut sich nichts in mir
auf, woran sich mein Geist klammern könnte. Sie erzählt mir
von ihrem Vater, von dem seltsamen Leben, das sie am Rande
von Sherwood Forest, wo sie geboren wurde, führten; wenigstens wollte sie mir das erzählen, aber nun spricht sie wieder
über Henriette, oder von Dostojewski? – ich bin mir nicht
sicher –, aber jedenfalls merke ich plötzlich, daß sie nicht mehr
darüber spricht, sondern über einen Mann, der sie eines Abends
nach Hause brachte und, als sie auf der Vortreppe standen und
sich gute Nacht sagten, sich plötzlich bückte und ihr unter den
Rock griff. Sie hält einen Augenblick inne, wie um mir zu versichern, daß es diese Geschichte ist, worüber sie sprechen
möchte. Ich sehe sie verwirrt an. Ich kann mir nicht vorstellen,
wie wir auf dieses Thema gekommen sind. *Was für ein Mann!*
Was hat er zu ihr gesagt? Ich lasse sie weiterreden, da ich vermute, sie würde darauf zurückkommen, aber nein, sie eilt mir
schon wieder voraus, und nun, scheint es, ist der Mann, *dieser*
Mann, bereits tot, ein Selbstmord, und sie versucht mir begreif-
lich zu machen, daß das ein schrecklicher Schlag für sie war,
aber in Wirklichkeit ist ihren Worten zu entnehmen, daß sie
stolz darauf ist, einen Mann zum Selbstmord getrieben zu
haben. Ich kann mir den Mann nicht tot vorstellen; ich sehe
ihn nur, wie er auf den Stufen der Vortreppe stand und ihr den
Rock hochhob, ein Mann ohne Namen, aber lebendig und für
immer in der Bewegung erstarrt, mit der er sich bückt, um
ihren Rock hochzuheben. Da ist noch ein anderer Mann, ihr
Vater, und ich sehe ihn mit einer Reihe von Rennpferden oder
manchmal in einem kleinen, vor den Toren Wiens gelegenen
Gasthof. Oder häufiger sehe ich ihn auf dem Dach dieses Gast-
hofs, wie er zum Zeitvertreib Drachen steigen läßt. Und ich
kann den Mann, der ihr Vater war, und den, in den sie sich toll

verliebt hatte, nicht auseinanderhalten. Es gibt jemanden in ihrem Leben, von dem sie lieber nicht sprechen möchte, aber doch kommt sie immer wieder auf ihn zurück, und obwohl ich nicht sicher bin, daß es sich *nicht* um den Mann handelt, der ihr den Rock hochgehoben hat, bin ich ebensowenig sicher, daß nicht der Mann gemeint ist, der Selbstmord beging. Vielleicht handelt es sich um den Mann, von dem sie zu sprechen begann, als wir uns zum Essen setzten. Ich entsinne mich jetzt, daß sie, gerade als wir Platz nahmen, ziemlich aufgeregt von einem Mann zu sprechen begann, den sie soeben hatte in die Cafeteria hereinkommen sehen. Sie nannte sogar seinen Namen, aber ich vergaß ihn augenblicklich. Doch erinnere ich mich, wie sie sagte, sie habe mit ihm zusammengelebt, und wie sie hinzufügte, daß er etwas getan habe, was ihr mißfallen hatte – was, sagte sie nicht –, sie war ihm daher davongelaufen, hatte ihn ohne ein Wort der Erklärung stehenlassen. Und dann, gerade als wir in das chinesische Lokal hereinkamen, begegneten sie sich unter der Tür, und sie zitterte noch, als wir uns in unsere kleine Nische setzten... Einen langen Augenblick habe ich ein höchst unbehagliches Gefühl. Vielleicht war jedes Wort, das sie sagte, eine Lüge. Keine gewöhnliche Lüge, nein, etwas Schlimmeres, etwas Unbeschreibliches. Manchmal freilich bricht auf diese Weise die Wahrheit hervor, besonders wenn man glaubt, man werde seinen Begleiter nie wiedersehen. Manchmal kann man einem völlig Fremden erzählen, was man nie wagen würde, seinem engsten Freund anzuvertrauen. Es ist dasselbe, wie wenn man mitten in einer Gesellschaft einschläft; man beschäftigt sich so sehr mit sich selbst, daß man einschläft. Und im tiefen Schlaf beginnt man mit jemandem zu sprechen, jemand, der die ganze Zeit im gleichen Raum mit einem war und daher alles versteht, obwohl man mitten im Satz beginnt. Und vielleicht schläft auch diese andere Person ein oder hatte immer schon geschlafen, und darum ist es so leicht, ihm das Herz auszuschütten, und wenn er kein störendes Wort sagt, dann weißt du, daß das, was du ihm erzählst, wirklich und wahr ist und daß du hellwach bist und es keine andere Wirklichkeit gibt, als mitten im Schlaf hellwach zu sein. Nie zuvor war ich gleichzeitig so hellwach und tief im Schlaf gewesen. Hätte das Ungeheuer meiner Träume wirklich die Gitterstäbe auseinandergebogen und mich bei der Hand ergriffen, so wäre ich auf den Tod erschrocken und wäre daher heute tot, das heißt für ewig in Schlaf gesunken und daher immer frei, und nichts mehr erschiene mir an der Wahrheit seltsam oder unwahr, auch wenn das Geschehene nicht geschah. Was geschah, mußte vor langer Zeit, zweifellos in der Nacht, geschehen sein. Und was in diesem Augenblick geschieht, geschieht auch vor langer Zeit in der Nacht und ist nicht wahrer als der Traum von dem Ungeheuer und den Gitterstäben, die nicht nachgeben wollten, nur daß jetzt die Gitterstäbe zerbrochen sind und daß sie, die ich fürchtete, mich bei der Hand hält, ohne daß ein Unterschied besteht zwischen dem, was ich fürchtete, und dem, was ist, denn ich schlief, und jetzt bin ich hellwach im Schlaf, und es gibt nichts mehr zu fürchten und nichts zu erwarten oder zu erhoffen, sondern nur das, was ist und kein Ende kennt.

Sie möchte gehen. Gehen... Wieder ihr Hüftenwiegen, das schlüpfrige Gleiten, mit dem sie aus der Tanzdiele herunterkam und in mich hineinschritt. Wieder ihre Worte... »Plötzlich, ohne jeden Grund, beugte er sich herunter und hob mir den Rock hoch.« Sie legte sich ihren Pelz um den Hals; die kleine schwarze Kappe hebt ihr Gesicht wie eine Kamee hervor. Das runde volle Gesicht mit den slawischen Backenknochen. Wie konnte ich es träumen, ohne es je gesehen zu haben? Wie konnte ich wissen, daß sie so aufstehen würde, so nah und voll, das Gesicht bleich und blühend wie eine Magnolie? Ich zittere, als mich ihr voller Schenkel streift. Sie scheint sogar ein wenig größer als ich zu sein, obwohl das nicht der Fall ist. Es ist nur die Art, wie sie ihr Kinn hält. Sie achtet nicht darauf, wohin sie geht. Sie schreitet *über* die Dinge hinweg, weiter und weiter mit weit geöffneten Augen, die in den Raum starren. Keine Vergangenheit, keine Zukunft. Sogar die Gegenwart scheint fraglich. Das Ich scheint sie verlassen zu haben; ihr

Leib eilt vorwärts; der Hals ist voll und straff, weiß und gerundet wie das Gesicht. Ihre tiefe, kehlige Stimme spricht weiter, kein Anfang, kein Ende. Nicht die Zeit oder das Verstreichen der Zeit kommt mir zum Bewußtsein, sondern die Zeitlosigkeit. Die kleine Gebärmutter, die in ihrer Kehle sitzt, ist mit der großen im Becken gekoppelt. Das Taxi wartet am Gehsteig, und sie kaut noch immer auf der kosmologischen Spreu des äußeren Ich herum. Ich ergreife das Sprachrohr und setze mich mit der doppelten Gebärmutter in Verbindung. Hallo, hallo, sind Sie da? Brechen wir auf! Machen wir weiter – Taxis, Schiffe, Züge, Motorboote, Küsten, Wanzen, Überlandstraßen, Seitenwege, Ruinen; Relikte, Alte Welt, Neue Welt, Mole, Landesteg; große Geburtszange, schwingendes Trapez, Graben, Delta, Alligatoren, Krokodile, Reden, Reden und wieder Reden, und wieder neue Straßen und noch mehr Staub in den Augen, noch ein Regenbogen, noch mehr Wolkenbrüche, Frühstücke, mehr Hautcremes und Schönheitswasser. Und wenn alle Straßen begangen sind und nur noch der von unseren gehetzten Füßen aufgewirbelte Staub übriggeblieben ist, wird doch die Erinnerung bleiben an dein großes, volles, weißes, ach so weißes Gesicht und den breiten Mund mit geöffneten, frischen Lippen und den kalkweißen Zähnen, von denen jeder vollkommen ist, und an dieser Erinnerung kann sich unmöglich etwas ändern, denn sie ist, wie deine Zähne, vollkommen…

Es ist Sonntag, der erste Sonntag meines neuen Lebens, und ich trage das Hundehalsband, das du mir um den Hals gelegt hast. Ein neues Leben breitet sich vor mir aus. Es beginnt mit dem Ruhetag. Ich liege zurückgelehnt auf einem breiten grünen Blatt und beobachte, wie die Sonne in deinem Schoß zerbirst. Wie sie prasselt und knattert! Alles das eigens für mich, was? Wenn du nur eine Million Sonnen in dir hättest! Wenn ich nur ewig hier liegen und das himmlische Feuerwerk genießen könnte!

Ich schwebe liegend über der Oberfläche des Mondes. Die

Welt ist in mutterschoßhafter Trance: das innere und das
äußere Ich sind im Gleichgewicht. Du hast mir soviel versprochen, daß es nichts ausmacht, wenn ich nie wieder hier herauskomme. Es scheint mir genau fünfundzwanzigtausendneunhundertundsechzig Jahre her zu sein, daß ich im dunklen Mutterleib des Geschlechts geschlafen habe. Mir scheint, als hätte ich vielleicht dreihundertundfünfundsechzig Jahre zu lange geschlafen. Aber jedenfalls bin ich jetzt im richtigen Haus, unter den Sechsen, und was hinter mir liegt und was vor mir liegt, ist gut. Du kommst zu mir verkleidet als Venus, aber du bist Lilith, und ich weiß es. Mein ganzes Leben ist in der Schwebe; diesen Luxus will ich mir einen Tag lang gestatten. Morgen werde ich die Waagschalen zwingen, sich zu neigen. Morgen wird Schluß sein mit dem Gleichgewicht; wenn ich es je wiederfinde, dann im Blute und nicht in den Sternen. Es ist gut, daß du mir soviel versprichst. Ich habe nötig, daß man mir fast alles verspricht, denn ich habe zu lange im Schatten der Sonne gelebt. Ich will Licht und Keuschheit – und ein Sonnenfeuer im Leibe. Ich will betrogen und enttäuscht sein, um in das obere Triangel zu gelangen und nicht mehr dauernd den Planeten zu verlassen, um in den Raum zu fliegen. Ich glaube alles, was du mir sagst, aber ich weiß auch, daß alles anders ausgehen wird. In meinen Augen bist du ein Stern und eine Falle, ein Stein, den man in die Waagschale wirft, ein Richter mit verbundenen Augen, eine Grube, in die man stürzt, ein Weg, auf dem man geht, ein Kreuz und ein Pfeil. Bis jetzt wanderte ich in Gegenrichtung zur Sonne; von nun an wandere ich zwei Wege, wie Sonne und Mond. Von nun an bekenne ich mich zu zwei Geschlechtern, zwei Hemisphären, zwei Himmeln, von allem zwei. Von nun an will ich doppelgelenkig und doppelgeschlechtlich sein. Alles, was geschieht, wird zweimal geschehen. Ich werde wie ein Gast auf dieser Erde sein, der an ihren Segnungen teilhat und ihre Gaben mitnimmt. Ich werde weder dienen noch mir dienen lassen. Ich werde das Ende in mir suchen.

Wieder blicke ich zur Sonne – mein erster voller Blick. Sie ist

blutrot, und Menschen gehen auf den Dächern umher. Alles,
was über dem Horizont liegt, ist mir klar. Es ist wie Ostersonn-
tag. Tod und Geburt liegen hinter mir. Ich will jetzt unter den
Lebenskrankheiten leben. Ich will das geistige Leben der Pyg-
mäen führen, das geheime Leben des kleinen Mannes in der
Wildnis des Busches. Inneres und Äußeres haben die Plätze
getauscht. Nicht mehr das Gleichgewicht ist das Ziel – die
Waagschalen müssen vernichtet werden. Laß mich dich noch
einmal all diese sonnigen Dinge versprechen hören, die du in
dir trägst. Laß mich einen Tag lang zu glauben versuchen, während ich im Freien ruhe, daß die Sonne gute Botschaften bringt.
Laß mich in Glanz verfaulen, während die Sonne in deinem
Schoße birst. Ich glaube uneingeschränkt all deine Lügen. Ich
nehme dich als die Verkörperung des Bösen, als die Zerstörerin
der Seele, die Maharani der Nacht. Hänge deinen Schoß an
meine Wand, damit ich mich an dich erinnere. Wir müssen aufbrechen. Morgen, morgen...

September 1938, Villa Seurat, Paris.

Aus dem amerikanischen Englisch von Kurt Wagenseil

ANAÏS NIN

Mein Portrait der Maharani

Ein erschreckend weißes Gesicht, brennende Augen. June Mansfield, Henrys Frau. Als sie aus der Dunkelheit meines Gartens auf mich ins Licht der Haustür zukam, sah ich zum erstenmal die schönste Frau der Welt.

Als ich vor Jahren einmal versuchte, mir wahre Schönheit vorzustellen, schuf ich in meiner Phantasie genau diese Frau. Ich hatte mir sogar vorgestellt, daß sie eine Jüdin sei. Die Tönung ihrer Haut, ihr Profil, ihre Zähne, ich kannte alles schon seit langer Zeit.

Ihre Schönheit überwältigte mich. Als ich ihr gegenübersaß, hatte ich das Gefühl, alles, auch das Verrückteste, für sie tun zu können, alles, worum sie mich bat. Henry verblaßte. Sie war Farbe, Glanz, Fremdartigkeit.

Sie ist ganz mit ihrer Rolle im Leben beschäftigt. Ich kenne den Grund: Ihre Schönheit bringt ihr Dramen und Erlebnisse. Gedanken bedeuten wenig. Ich sah in ihr die Karikatur einer theatralischen und dramatischen Figur. Kostüme, Posen, Sprechweise. Sie ist eine hervorragende Schauspielerin. Nicht mehr. Zu ihrem Kern vermochte ich nicht vorzudringen. Alles, was Henry über sie gesagt hatte, traf zu.

Am Schluß des Abends fühlte ich mich wie ein Mann: wahnsinnig verliebt in ihr Gesicht und ihren Körper, die so vieles verhießen, und ich haßte die Person, die andere in ihr schufen. Andere fühlen, weil es sie gibt; andere schreiben Gedichte, weil es sie gibt; andere hassen, weil es sie gibt; und andere, wie Henry, lieben sie gegen den eigenen Willen.

June. In der Nacht träumte ich von ihr, als wäre sie sehr

klein, sehr zart, und ich liebte sie. Ich liebte eine Kleinheit, die ich in ihren Worten entdeckt hatte: den übertriebenen Stolz, einen verletzten Stolz. Ihr fehlt der Kern der Sicherheit, sie giert unersättlich nach Bewunderung. Sie lebt von ihren Spiegelbildern in den Augen anderer. Sie wagt nicht, sie selbst zu sein. Es gibt keine June Mansfield. Das weiß sie. Je mehr sie geliebt wird, desto sicherer weiß sie es. Sie weiß, daß es eine wunderschöne Frau gibt, die gestern abend meine Unerfahrenheit zum Anlaß nahm, die Tiefe ihres Wissens zu vergessen.

Ein erschreckend weißes Gesicht, das ins Dunkel des Gartens zurückweicht. Als sie fortgeht, posiert sie für mich. Ich möchte hinauslaufen und ihre phantastische Schönheit küssen, sie küssen und sagen: »Du nimmst ein Spiegelbild von mir mit, einen Teil von mir. Ich habe dich erträumt, ich habe deine Existenz herbeigewünscht. Du wirst ewig Teil meines Lebens sein. Wenn ich dich liebe, dann muß das so sein, weil wir einmal dieselben Phantasien, denselben Wahnsinn, dieselbe Bühne geteilt haben.

Die einzige Kraft, die dich zusammenhält, ist deine Liebe zu Henry, und darum liebst du ihn. Er tut dir weh, aber er hält deinen Leib und deine Seele zusammen. Er integriert dich. Er geißelt und peitscht dich in eine sporadische Ganzheit. Ich habe Hugo.«

Ich wollte sie wiedersehen. Ich dachte, Hugo würde sie lieben. Es erschien mir so selbstverständlich, daß jeder sie liebte. Ich sprach mit Hugo über sie. Und empfand keine Eifersucht.

Als sie wieder aus der Dunkelheit kam, schien sie für mich noch schöner zu sein als zuvor. Außerdem schien sie aufrichtiger zu sein. Ich sagte mir: »Bei Hugo sind die Menschen immer aufrichtiger.« Überdies dachte ich, das komme daher, daß sie unbefangener war. Was Hugo dachte, vermochte ich nicht zu sagen. Sie ging in unser Schlafzimmer hinauf, um ihren Mantel abzulegen. Sekundenlang blieb sie mitten auf der Treppe stehen, wo das Licht sie von der türkisgrünen Wand abhob. Blondes Haar, bleiches Gesicht, dämonisch spitz zulaufende

Augenbrauen, ein grausames Lächeln mit einem entwaffnenden Grübchen. Heimtückisch, unendlich begehrenswert, zog sie mich zu sich wie zum Tod.

Unten verbündeten sich Henry und June. Sie erzählten uns von ihren Auseinandersetzungen, Zusammenbrüchen, Zwistigkeiten. Hugo, dem heftige Gefühle stets Unbehagen bereiten, versuchte die scharfen Kanten durch Lachen zu glätten, die Dissonanzen, das Häßliche, das Angsteinflößende zu mildern, ihren Geheimnissen das Lastende zu nehmen. Verbindlich und vernünftig wie ein Franzose löste er jede Möglichkeit eines Dramas auf. Es hätte zu einer sehr heftigen, unmenschlichen, schrecklichen Szene zwischen June und Henry kommen können, doch Hugo ersparte uns diese Erfahrung.

Später machte ich ihm klar, er habe uns alle am Leben gehindert, er habe bewirkt, daß ein lebensvoller Augenblick an uns vorübergegangen sei. Ich schämte mich über seinen Optimismus, seinen Versuch, die Dinge zu beschönigen. Er begriff. Er versprach mir, daran zu denken. Ohne mich würde er durch seinen gewohnten Konventionalismus völlig ausgeschlossen bleiben.

Wir verbrachten ein fröhliches Abendessen zusammen. Dann gingen wir ins Grand Guignol. Im Wagen saßen June und ich nebeneinander und plauderten einträchtig.

»Als Henry dich mir beschrieb«, sagte sie, »hat er die wichtigsten Dinge ausgelassen. Er hat dich überhaupt nicht getroffen.« Das erkannte sie sofort; sie und ich, wir hatten einander auf Anhieb verstanden, in jeder Einzelheit und jeder Nuance.

Im Theater. Wie schwierig ist es, Henry zu bemerken, während sie dasitzt, strahlend und mit maskenhaftem Gesicht. Pause. Sie und ich, wir wollen rauchen, Henry und Hugo dagegen nicht. Welch ein Aufsehen, als wir zusammen hinausgehen! Ich sage zu ihr: »Du bist die einzige Frau, die den Ansprüchen meiner Phantasie gerecht wird.« Sie antwortet: »Wie gut, daß ich bald fortgehe. Du würdest mich sehr schnell demaskieren. Einer Frau gegenüber bin ich machtlos. Ich weiß nicht, wie man mit Frauen umgeht.«

Spricht sie die Wahrheit? Nein. Im Wagen hat sie mir von ihrer Freundin Jean erzählt, der Bildhauerin und Dichterin. »Jean hatte ein wunderschönes Gesicht.« Und dann setzt sie hastig hinzu: »Ich spreche nicht von einer normalen Frau. Jeans Gesicht, ihre Schönheit waren eher die eines Mannes.« Sie hält inne. »Jeans Hände waren so schön, so ungeheuer geschmeidig, weil sie soviel mit Ton umging. Die Fingerspitzen liefen schmal zu.« Warum ärgert es mich, daß June Jeans Hände lobt? Eifersucht? Und dann ihre Behauptung, ihr Leben sei von Männern beherrscht gewesen, sie wisse nicht, wie man mit Frauen umgeht. Lügnerin!

Sie musterte mich aufmerksam und sagt: »Ich dachte, deine Augen seien blau. Sie sind seltsam und schön, grau und golden unter den langen, schwarzen Wimpern. Du bist die graziöseste Frau, die ich jemals gesehen habe. Du schreitest nicht – du gleitest.« Wir sprechen über die Farben, die wir lieben. Sie trägt immer nur Schwarz und Purpurrot.

Wir kehren an unsere Plätze zurück. Sie wendet sich ständig an mich statt an Hugo. Als wir das Theater verlassen, nehme ich ihren Arm. Dann legt sie ihre Hand auf die meine; wir verschränken unsere Hände. Sie sagt: »Neulich abends in Montparnasse tat es mir weh, deinen Namen zu hören. Ich möchte nicht, daß sich billige Männer in dein Leben stehlen. Ich möchte dich... beschützen.«

Im Café sehe ich Asche unter der Haut ihres Gesichts. Auflösung. Mich überfällt eine schreckliche Angst. Ich möchte sie in meine Arme schließen. Ich spüre, wie sie sich in den Tod zurückzieht, und bin bereit, ihr in den Tod zu folgen, sie zu umarmen. Sie stirbt vor meinen Augen. Ihre quälende, strenge Schönheit stirbt. Ihre seltsame, männliche Kraft.

Ich finde keinen Sinn in ihren Worten. Ich bin fasziniert von ihren Augen und ihrem Mund, ihrem schlecht geschminkten, verfärbten Mund. Weiß sie, daß ich das Gefühl habe, bewegungsunfähig, gelähmt zu sein, völlig in ihr verloren?

Sie erschauert vor Kälte unter ihrem Umhang. »Würdest du mit mir zu Mittag essen, bevor du abreist?« frage ich sie.

Sie ist froh, daß sie abreist. Henry liebt sie nur unvollkommen und brutal. Er verletzt ihren Stolz, weil er das Gegenteil von ihr begehrt: häßliche, gewöhnliche, passive Frauen. Er kann ihre positive Lebenseinstellung nicht ertragen, ihre Kraft. Ich hasse Henry jetzt aus tiefstem Herzen. Ich hasse Männer, die sich vor der Stärke der Frauen fürchten. Vermutlich hat Jean ihre Stärke, ihre destruktive Kraft geliebt. Denn June ist Zerstörung.

Meine Stärke ist – wie Hugo mir später erklärt, als ich entdecke, daß er June haßt – weich, indirekt, behutsam, andeutend, kreativ, zärtlich, weiblich. Ihre ist wie die eines Mannes. Hugo sagt, sie hat einen männlichen Hals, eine männliche Stimme und grobe Hände. Ob ich das nicht merke? Nein, ich merke es nicht, und wenn ich es merke, ist es mir gleichgültig. Hugo gibt zu, daß er eifersüchtig ist. Sie haben sich vom ersten Augenblick an gehaßt.

»Glaubt sie, daß sie mit ihrer weiblichen Einfühlsamkeit und Feinsinnigkeit irgend etwas an dir lieben kann, das ich nicht bereits liebe?«

Es stimmt. Hugo ist unendlich zärtlich zu mir, doch während er über June spricht, denke ich an unsere verschränkten Hände. Sie berührt nicht dasselbe sexuelle Zentrum meines Wesens, das die Männer berühren; das erreicht sie nicht. Doch was in mir berührt sie denn? Ich habe sie begehrt, als sei ich ein Mann, aber ich habe mir auch gewünscht, sie mit den Augen, den Händen, den Sinnen zu lieben, die nur allein die Frauen besitzen. Es ist eine sanfte, behutsame Penetration.

Ich hasse Henry, weil er es wagt, ihren ungeheuren und oberflächlichen Stolz auf sich selbst zu verletzen. Junes Überlegenheit weckt seinen Haß, ja sogar den Wunsch nach Rache. Er mustert mein liebenswürdiges, reizloses Dienstmädchen Emilia. Seine Beleidigung bewirkt, daß ich June liebe.

Ich liebe sie für all das, was sie zu sein wagt, für ihre Härte, ihre Grausamkeit, ihren Egoismus, ihre Perversität, ihre dämonische Zerstörungskraft. Ohne Zögern würde sie mich zu

Asche zermalmen. Sie ist eine bis an die äußerste Grenze vollendete Persönlichkeit. Ich bewundere ihren Mut zu verletzen
und bin bereit, diesem Mut geopfert zu werden. Sie wird die
Summe meines Selbst dem ihren zufügen. Sie wird June sein:
plus allem, was in mir ist.

Aus dem amerikanischen Englisch von Gisela Stege

Marguerite Duras

Die Nacht im Casino von T. Beach

Über die neunzehn Jahre, die dieser Nacht vorangingen, möchte ich nicht mehr oder kaum mehr wissen, als ich sage, mich interessiert höchstens ihr chronologischer Ablauf, auch wenn sie eine magische Minute in sich bergen, der ich meine Bekanntschaft mit Lol V. Stein verdanke. Ich will davon nichts wissen, weil ihre Jugend innerhalb dieser Geschichte die erdrückende Gegenwart dieser Frau in meinem Leben in den Augen des Lesers ein wenig verdrängen würde. Ich werde sie also suchen und sie da fassen, wo es mir notwendig erscheint, im Augenblick, wo sie, wie ich meine, beginnt, mir entgegenzukommen, genau in dem Augenblick, da die letzten Gäste, zwei Frauen, durch die Tür des Ballsaals im städtischen Casino von T. Beach treten.

Das Orchester hörte auf zu spielen. Ein Tanz war zu Ende.
Die Tanzfläche hatte sich langsam geleert. Sie war leer.
Die ältere der beiden Frauen war einen Augenblick stehengeblieben, um sich unter den Anwesenden umzusehen, dann hatte sie sich lächelnd zu dem jungen Mädchen gewandt, das sie begleitete. Zweifellos war es ihre Tochter. Beide waren groß und von gleichem Wuchs. Aber fand sich das junge Mädchen noch linkisch mit Größe und dem ein wenig eckigen Körper ab, so trug ihre Mutter diese unbequemen Eigenschaften wie die Insignien einer dunklen Verneinung der Natur. Ihre Eleganz, in Ruhe und Bewegung, wirkte beunruhigend, erzählt Tatiana.
– Sie waren heute morgen am Strand, sagte Michael Richardson, Lols Verlobter.

Er war stehengeblieben, hatte die Neuankömmlinge angesehen und Lol zur Bar und den Grünpflanzen am Ende des Saals
hinübergeführt.

Sie hatten die Tanzfläche überquert und sich in dieselbe
Richtung gewandt.

Lol war erstarrt und blickte ebenso wie er dieser Schönheit
entgegen, der verlassenen, schlaffen Schönheit eines toten
Vogels. Sie war mager. Sicher war sie es immer gewesen. Diese
Magerkeit hatte sie – Tatiana erinnerte sich genau – in ein
weitausgeschnittenes, enges schwarzes Kleid aus doppeltem
Tüll gehüllt. So, wie sie war, so gekleidet, wollte sie sein, und
sie war es ihrem Wunsch gemäß – unwiderruflich. Der bewun-
derungswürdige Knochenbau ihres Körpers und ihres Gesichts
ließ sich gerade ahnen. Wie sie in diesem Augenblick erschien,
genauso würde sie sterben und ihr begehrter Leib mit ihr. Wer
war sie? Später erfuhren sie es: Anne-Marie Stretter. War sie
schön? Wie alt mochte sie sein? Was hatte sie erlebt, das den
anderen unbekannt geblieben war? Auf welchem geheimnisvollen Pfad war sie zu dem gelangt, was sich als ein fröhlicher,
strahlender Pessimismus gab, als lächelnde Lässigkeit, leicht
wie ein Schatten, wie Asche? Nur eine von ihrem Wesen
geprägte Kühnheit schien sie aufrecht zu halten. Wie anmutig
aber war diese Kühnheit, anmutig wie sie selbst. Sie schienen
beide über Wiesen zu gehen, ein und derselbe Schritt führte sie,
wohin sie auch gingen. Wohin? Nichts konnte dieser Frau noch
geschehen, nichts mehr, nichts, dachte Tatiana. Nur ihr Tod,
dachte sie.

Hatte sie im Vorbeigehen Michael Richardson angesehen?
Hatte der leere Blick, den sie über den Ballsaal gleiten ließ, ihn
gestreift? Unmöglich, das zu wissen, unmöglich darum, zu
wissen, wann meine Geschichte Lol V. Steins beginnt. Ihr
Blick – aus der Nähe bemerkte man, daß diese Eigenart auf
einer fast unangenehmen Farblosigkeit der Pupille beruhte –
kam aus der gesamten Augenoberfläche, er war schwer zu
erfassen. Das Haar war rot gefärbt, sie flammte von Röte – eine
Eva der See, die das Licht wohl häßlicher machte.

Hatten sie sich wiedererkannt, als sie an ihm vorbeiging?

Als Michael Richardson sich zu Lol umwandte und sie zum letztenmal in ihrem Leben zum Tanz aufforderte, hatte Tatiana Karl an ihm eine Blässe und eine so gewaltige plötzliche Verwirrung bemerkt, daß ihr klar wurde: auch er hatte die eben eingetretene Frau sehr genau angesehen.

Zweifellos entging Lol seine Veränderung nicht. Sie fand sich ihr gegenüber, so schien es, ohne sie zu fürchten oder jemals gefürchtet zu haben, ohne erstaunt zu sein; die Art seiner Wandlung schien ihr vertraut: sie gehörte zur Person Michael Richardsons, sie bezog sich auf ihn, so wie Lol ihn bisher gekannt hatte.

Er war anders geworden. Alle konnten das sehen. Sehen, daß er nicht mehr derjenige war, für den man ihn gehalten hatte. Lol beobachtete ihn, beobachtete, wie er sich veränderte.

Michael Richardsons Augen hatten sich aufgehellt. Seine Gesichtszüge waren fester geworden, vollkommen gereift. Man konnte Schmerz darin lesen, aber alten Schmerz, den der Kindheit.

Wer ihn so wiedersah, begriff sofort, daß nichts, kein Wort und keine Gewalt der Welt, etwas über die Wandlung Michael Richardsons vermocht hätte. Daß er sie jetzt zu Ende leben mußte. Sie begann schon Gestalt anzunehmen, die neue Geschichte Michael Richardsons.

Kein Schmerz schien bei Lol diese Aussicht und Gewißheit zu begleiten.

Tatiana fand sie selbst verändert. Gespannt verfolgte sie das Geschehen, sie ermaß die Ungeheuerlichkeit, die Genauigkeit, mit der es wie ein Uhrwerk ablief. Lol hätte nicht faszinierter sein können, wenn sie das Ergebnis nicht nur herbeigeführt, sondern auch über seinen Erfolg zu entscheiden gehabt hätte.

Sie tanzte noch einmal mit Michael Richardson. Es war das letzte Mal.

Die Frau war allein, ein wenig abseits von der Bar, ihre Tochter hatte sich einer Gruppe von Bekannten in der Nähe der Saaltür angeschlossen. Michael Richardson ging so aufgewühlt zu ihr, daß einem angst wurde bei dem Gedanken, er könnte abgewiesen werden. Auch Lol wartete, starren Blicks. Die Frau wies ihn nicht ab.

Sie waren zur Tanzfläche gegangen. Lol hatte ihnen zugesehen – eine sehr alte Frau, deren Herz von allen Bindungen frei ist, blickt so ihren Kindern nach. Sie schien sie zu lieben.

– Ich muß diese Frau um einen Tanz bitten.

Tatiana hatte sein neues Benehmen genau beobachtet, hatte gesehen, wie er zu ihr ging, als ginge er zur Hinrichtung, sich verbeugte, wartete. Sie hatte leicht die Augenbrauen gerunzelt. Hatte auch sie ihn wiedererkannt, weil sie ihn heute morgen am Strand gesehen hatte, und nur darum?

Tatiana war bei Lol geblieben.

Gleichzeitig mit Michael Richardson war Lol instinktiv einige Schritte auf Anne-Marie Stretter zugegangen. Tatiana war ihr gefolgt. Da sahen sie es: Die Frau öffnete leicht den Mund, nicht um etwas zu sagen, sondern vor entzücktem Erstaunen über das neue Gesicht dieses Mannes, den sie vormittags erblickt hatte. An ihrer plötzlichen Verlegenheit, als sie sich in seinen Armen befand, an ihrem benommenen, von der Schnelligkeit des Ereignisses erstarrten Gesichtsausdruck sah Tatiana, daß dieselbe Verwirrung, die ihn gepackt hatte, nun auch sie überkam.

Lol war zur Bar und den Grünpflanzen zurückgegangen, Tatiana mit ihr.

Sie hatten getanzt. Und wieder getanzt. Er, die Augen auf die nackte Stelle ihrer Schultern gesenkt. Sie, kleiner als er, blickte nur in die Ferne des Ballsaals. Sie hatten nicht miteinander gesprochen.

Als der erste Tanz zu Ende war, war Michael Richardson zu Lol gekommen, wie er es immer bisher getan hatte. Seine Augen flehten um Hilfe, um Zustimmung. Lol hatte ihn angelächelt. Dann, nach dem folgenden Tanz, war er nicht zu Lol zurückgekehrt.

Anne-Marie Stretter und Michael Richardson hatten sich nicht mehr getrennt.

Die Nacht schritt fort, es schien, als hätten sich Lols Gelegenheiten zum Leiden noch weiter verringert, als hätte der Schmerz noch nicht die Stelle gefunden, durch die er sich einschleichen konnte, als hätte sie das uralte Einmaleins der Liebesqualen vergessen.

Beim ersten Schimmer der Morgendämmerung am Ende der Nacht hatte Tatiana gesehen, wie sehr sie gealtert waren. Obwohl Michael Richardson jünger als die Frau war, hatte er sie eingeholt, und alle drei zusammen – Lol mit ihnen – waren sie unendlich viel älter geworden, Hunderte von Jahren, hatten sie ein Alter erreicht, wie es in Irren schläft.

Ungefähr um dieselbe Zeit sprachen sie beim Tanzen einige Worte miteinander. In den Pausen bewahrten sie beide vollkommenes Schweigen, sie standen beieinander, weit, immer gleich weit von allen anderen entfernt. Während des Tanzens verschränkten sie die Hände, sonst waren sie sich einander nicht näher gekommen als das erste Mal, da sie sich angeblickt hatten.

Lol befand sich immer noch dort, wo das Ereignis sie überrascht hatte, als Anne-Marie Stretter eingetreten war, hinter den Grünpflanzen der Bar.

Auch Tatiana, ihre beste Freundin, war immer noch dort und streichelte ihre Hand, die auf einem kleinen Tisch unter den Blumen ruhte. Ja, Tatiana war es gewesen, die ihr während der ganzen Nacht so ihre Freundschaft gezeigt hatte.

Im Morgengrauen hatte Michael Richardsons Blick jemanden im Hintergrund des Saals gesucht. Er hatte Lol nicht entdeckt.

Lange schon war Anne-Marie Stretters Tochter verschwunden. Ihre Mutter hatte, wie es schien, weder ihren Aufbruch noch ihre Abwesenheit bemerkt.

Zweifellos hatte Lol, ebenso wie Tatiana und die beiden, noch gar nicht an jenen anderen Aspekt der Ereignisse gedacht, an deren Ende bei Tagesanbruch.

Das Orchester hörte auf zu spielen. Der Ballsaal schien fast leer. Nur einige Paare waren noch übrig, darunter die beiden und hinter den Grünpflanzen Lol und jenes andere junge Mädchen, Tatiana Karl. Sie hatten nicht bemerkt, daß das Orchester verstummt war: in dem Augenblick, da es eigentlich wieder hätte beginnen müssen, waren sie wie Automaten zusammengetreten, ohne zu hören, daß die Musik schwieg. In diesem Augenblick waren die Musiker im Gänsemarsch an ihnen vorbeigegangen, mit ihren in Särgen verwahrten Geigen. Sie hatten eine Handbewegung gemacht, wie um sie aufzuhalten, um mit ihnen zu sprechen vielleicht, jedoch vergebens.

Michael Richardson strich sich mit der Hand über die Stirn, suchte im Saal nach irgendeinem Zeichen der Ewigkeit. Lol V. Steins Lächeln in diesem Augenblick war eines, er jedoch sah es nicht.

Still und lange hatten sie sich betrachtet, sie wußten nicht, was sie tun und wie sie dieser Nacht entrinnen sollten.

In jenem Augenblick war eine ältere Frau, Lols Mutter, in den Saal getreten. Sie hatte sie beschimpft und gefragt, was sie mit ihrem Kind gemacht hatten.

Wer hatte Lols Mutter berichten können, was sich in jener Nacht auf dem Ball im Casino von T. Beach zugetragen hatte? Tatiana Karl war es nicht, Tatiana Karl hatte Lol V. Stein nicht verlassen. War sie aus eigenem Antrieb gekommen?

Sie blickten sich um, suchten denjenigen, dem diese Beschimpfungen galten. Sie antworteten nicht.

Als die Mutter ihr Kind hinter den Grünpflanzen entdeckte, erfüllte eine schmerzliche und zärtliche Klage den leeren Saal.

Die Mutter war zu Lol geeilt, hatte sie berührt, und jetzt endlich hatte Lol den Tisch losgelassen. Erst in diesem Augenblick hatte sie dunkel begriffen – ohne noch genau zu erkennen, wie es sein würde –, daß ein Ende sich abzeichnete. Die Barriere, die ihre Mutter zwischen den beiden und ihr darstellte, war ein Vorzeichen dafür. Mit einer heftigen Handbewegung stieß sie sie zu Boden. Die gefühlvolle, schlammige Klage verstummte.

Lol schrie zum erstenmal. Da legten sich wieder Hände um ihre Schultern. Sicher erkannte sie sie nicht. Sie entzog ihr Gesicht jeglicher Berührung.

Sie begannen sich zu bewegen, auf die Wände zuzugehen, auf der Suche nach imaginären Türen. Draußen herrschte dasselbe morgendliche Zwielicht wie drinnen im Saal. Schließlich hatten sie die Richtung der wirklichen Tür gefunden und begonnen, sehr langsam dorthinüber zu gehen.

Lol hatte unaufhörlich vernünftige Dinge geschrien: es sei noch nicht spät, im Sommer täusche die Zeit. Sie hatte Michael Richardson angefleht, ihr Glauben zu schenken. Aber da sie weitergingen, war sie – man hatte versucht, sie daran zu hindern, aber sie hatte sich losgerissen – zur Tür gelaufen und hatte sich gegen die Türflügel geworfen. Die am Fußboden verriegelte Tür hatte ihr standgehalten.

Mit niedergeschlagenen Augen gingen sie an ihr vorüber. Anne-Marie Stretter begann hinabzusteigen und dann er, Michael Richardson. Lol folgte ihnen mit den Augen durch die Gärten. Als sie die beiden nicht mehr sah, fiel sie bewußtlos zu Boden.

Aus dem Französischen von Katharina Zimmer

CARLOS FUENTES

Aura

I

Du liest die Annonce. Ein solches Angebot wird nicht alle Tage gemacht. Wieder und wieder liest du die Anzeige. Sie scheint sich an dich zu richten, an keinen anderen.

Zerstreut läßt du die Asche deiner Zigarette in die Teetasse fallen, die du in diesem schäbigen, schmutzigen Café geleert hast. Du wirst sie wieder lesen: Junger Historiker gesucht. Ordentlich. Gewissenhaft. Perfekte Kenntnisse des Französischen, der Umgangssprache. In der Lage, Sekretärsarbeiten auszuführen. Und wieder: Jung, Französischkenntnisse, möglichst längerer Frankreichaufenthalt. Dreitausend Pesos monatlich, alle Mahlzeiten und komfortables, sonniges Zimmer mit Arbeitsplatz. Nur noch dein Name fehlte. Nur eine Mitteilung in schwarzem, fetterem Druck fehlte noch: Felipe Montero. Gesucht wird Felipe Montero, ehemaliger Stipendiat an der Sorbonne, Historiker, vollgestopft mit nutzlosen Daten, gewohnt, in vergilbten Dokumenten zu stöbern, Hilfslehrer an Privatschulen, neunhundert Pesos monatlich. Aber wäre auch das zu lesen, so würdest du mißtrauisch und hieltest es für einen Scherz. Donceles 815. Persönliche Vorstellung. Kein Telefon. Du greifst nach deiner Mappe und läßt das Trinkgeld liegen. Du fragst dich, ob ein anderer junger Historiker, in der gleichen Lage wie du, die Anzeige schon gelesen hat, dir zuvorgekommen ist und die Stelle erhalten hat. Du verdrängst dies wieder, während du zur Straßenecke gehst. Du wartest auf den Bus, zündest dir eine Zigarette an und durchläufst in Gedanken die Daten, die du gegenwärtig haben mußt, damit dich deine verschlafenen Schüler respektieren. Du mußt dich vorbereiten. Jetzt kommt der Bus, und du starrst auf die Spitzen deiner schwarzen Schuhe. Du mußt dich vorbereiten. Du steckst die Hand in die Tasche und spielst mit den Kupfermünzen, zuletzt klaubst du dreißig Centavos heraus, umschließt sie mit der Faust und streckst den Arm aus, um energisch den Griff zu pakken und aufzuspringen – denn der Bus hält nie ganz –, bahnst dir dann einen Weg nach vorn, zahlst die dreißig Centavos, zwängst dich zwischen die Fahrgäste, die sich im Gang drängeln, hältst dich mit der Rechten an der Stange, preßt die Mappe gegen deine Seite und legst die linke Hand über die hintere Hosentasche, wo du deine Geldscheine aufbewahrst.

Du wirst diesen Tag wie jeden anderen verbringen und dich der Anzeige erst wieder am nächsten Morgen entsinnen, wenn du im gleichen Café Platz nimmst, das Frühstück bestellst und die Zeitung aufschlägst. Wenn du zum Anzeigenteil gelangst, werden sie wieder da sein, die auffallenden Lettern: Junger Historiker... So wurde also gestern niemand eingestellt. Du wirst die Anzeige wieder lesen und bei der letzten Zeile verweilen – viertausend Pesos.

Die Vorstellung, daß jemand in der Donceles-Straße wohnt, wird dich verwundern. Immer hast du geglaubt, der alte Stadtkern sei unbewohnt. Du gehst langsam und suchst die Nummer 815 unter den alten Patrizierhäusern aus der Kolonialzeit, die in Reparaturwerkstätten, Uhrmacherläden, Schuhgeschäfte oder Drogerien verwandelt wurden. Die Nummern hat man geändert, übermalt, vertauscht. Eine 13 neben einer 200; auf einer alten Kachel steht 47 und darüber mit Kreide: *jetzt* 924. Du wirst zur ersten Etage aufsehen. Dort hat sich nichts geändert. Dort stören keine Musikautomaten, die Neonlichter der Straße scheinen nicht hinauf, der Ramsch in den Schaufenstern schmückt dieses zweite Gesicht der Häuser nicht. Einheit aus *Tezontlé*[1], Nischen mit verstümmelten, von Tauben

---

1 Anm. d. Übers.: vulkanischer Stein

gekrönten Heiligen, behauene Quader des mexikanischen Barocks, Balkone mit Gittern, kupferne Luken und Regenrinnen, Wasserspeier aus Sandstein. Und die Fenster sind von langen, grünlichen Vorhängen verdunkelt, wie jenes Fenster, von dem sich jemand zurückzieht, da du es betrachtest, da du das Portal mit dem bizarren Rankenwerk betrachtest, und du senkst den Blick zu der abblätternden Wand und entdeckst die Nummer 815, *vormals* 69.

Vergeblich schlägst du den Klopfer gegen die Tür, diesen kupfernen Hundekopf, der so abgenutzt, so verschliffen ist, daß er dem Kopf eines Hundefötus in einem naturkundlichen Museum gleicht. Es scheint dir, als grinse der Hund dich an, und du läßt das frostige Metall los. Die Tür gibt unter dem leichten Druck deiner Finger nach, aber bevor du eintrittst, wirfst du einen letzten Blick über die Schulter und runzelst die Stirn, da die lange Reihe wartender Lastwagen und Personenautos knattert, hupt und die ungesunden Dämpfe ihrer Hast ausstößt. Vergebens versuchst du, ein einziges Bild dieser eintönigen Außenwelt zu behalten.

Du schließt die Tür hinter dir und spähst in die Dunkelheit eines überdachten Eingangs – eines Patio, denn du riechst das Moos, die Feuchtigkeit der Pflanzen, die verrotteten Wurzeln, einen schweren betäubenden Duft. Vergeblich suchst du ein Licht, das dir den Weg weist, und tastest in deiner Jackentasche nach den Streichhölzern, als eine dünne, brüchige Stimme von fern zu dir dringt.

»Nein... das ist nicht nötig. Bitte gehen Sie dreizehn Schritte geradeaus, dann gelangen Sie zu einer Treppe auf der rechten Seite. Kommen Sie diese bitte herauf. Es sind zweiundzwanzig Stufen. Zählen Sie bitte.«

Dreizehn. Rechts. Zweiundzwanzig.

Der Geruch von Feuchtigkeit und verrotteten Pflanzen wird dich umgeben, während du deine Schritte zählst, erst auf den Steinfliesen, dann auf dem knarrenden, von Feuchtigkeit und Moder schwammigen Holz. Leise zählst du bis zweiundzwanzig, dann bleibst du mit der Streichholzschachtel in der Hand

und der Mappe unterm Arm stehen, berührst die Tür, die nach
altem, feuchtem Fichtenholz riecht, suchst eine Klinke;
schließlich stößt du sie auf und fühlst jetzt einen Teppich
unter den Füßen, einen dünnen, schlecht gelegten Teppich,
über den du stolpern wirst. Dann bemerkst du das andere Licht,
das gräulich hereinsickert und in dem sich die Umrisse abzeichnen. »Señora«, sagst du monoton, weil du dich einer Frau-
enstimme zu erinnern glaubst. »Señora...«

»Jetzt nach links. Die erste Tür. Bitte seien Sie so freundlich.«

Du stößt die Tür auf – schon erwartest du nicht mehr, daß
eine richtig geschlossen sein könnte; schon weißt du, daß alle
Schwingtüren sind –, und die im Raum verstreuten Lichter verfangen sich in deinen Wimpern, als würdest du durch ein feines
Seidengespinst sehen. Du hast nur Augen für den wechselnden
Widerschein der Wände, wo Dutzende von Lichtern flackern.
Schließlich erkennst du, daß es Leuchter sind, die auf Konsolen
stehen oder zwischen den ungleichen Abständen der Täfelung
hängen. Sie werfen einen schwachen Schimmer auf andere
strahlende Dinge, auf Silberherzen, Kristallflakons und ge-
rahmte Spiegel; erst hinter diesem flackernden Glanz wirst du
das Bett im Hintergrund sehen und das Zeichen einer Hand, die
dich mit langsamer Bewegung herzuwinken scheint.

Schließlich, da du diesem Firmament von Votivlichtern den
Rücken kehrst, wirst du sie sehen. Du stolperst zum Fußende
des Bettes und mußt daran vorbei, damit du zum Kopfende
gelangst, wo sich eine schmächtige Gestalt in den ungeheuren
Ausmaßen dieses Bettes verliert. Als du die Hand ausstreckst,
berührst du keine andere Hand, sondern die Ohren und das
dicke, wollige Fell eines Wesens, das lautlos und unbeirrt kaut,
während es dir rote Augen zuwendet. Du lächelst und streichelst das Kaninchen, das neben der Hand kauert, welche
schließlich die deine ergreift; lange bleiben die kalten Finger in
deiner schwitzenden Hand, drehen sie dann um und nähern
deine ausgestreckten Finger dem Spitzenkissen, das du, um
loszukommen, berührst.

»Felipe Montero. Ich habe Ihre Annonce gelesen.«

»Ja, ich weiß. Leider kann ich Ihnen keinen Stuhl anbieten.«

»Das macht nichts. Ich stehe gern.«

»Gut. Zeigen Sie sich bitte im Profil. Nein, ich kann es nicht deutlich erkennen. Wenden Sie sich zum Licht. So. Schön.«

»Ich habe Ihre Annonce gelesen...«

»Ja, natürlich. Sie haben sie gelesen. Halten Sie sich für geeignet? Avez-vous fait des études?«

»A Paris, madame.«

»Ah, oui, ça me fait plaisir, toujours, d'entendre... oui... vous savez... on était tellement habitué... et après...«

Du wirst beiseite treten, damit das gesammelte Licht des Silbers, der Kerzen und des Kristalls auf die seidene Haube fällt, die sehr weißes Haar bedecken muß und ein vor Alter fast kindliches Gesicht umrahmt. Der hochgeschlossene weiße Kragen, der bis zu den von der Haube bedeckten Ohren reicht, die Laken und Federkissen verbergen den ganzen Körper, bis auf die Arme, die in einen Wollschal gehüllt sind, und die blassen Hände, die über ihrem Bauch liegen. Du kannst dich nur an ihr Gesicht halten, bis dir eine Bewegung des Kaninchens erlaubt, verstohlen nach den Krusten und Brotkrümeln zu blicken, die auf der glanzlosen, verschossenen roten Seide der Kissen verstreut sind.

»Ich komme zum Kern der Sache. Es bleiben mir nicht mehr viele Jahre, Señor Montero, und darum habe ich mit einem lebenslänglichen Grundsatz gebrochen und eine Anzeige in die Zeitung gesetzt.«

»Ja, deshalb bin ich hier.«

»Ja. So nehmen Sie also an.«

»Nun, ich wüßte gern ein wenig mehr...«

»Natürlich. Sie wundern sich.«

Sie wird dich ertappen, wie du den Nachttisch musterst, die verschiedenfarbenen Flaschen, Gläser und Aluminiumlöffel, die Reihe der Pillen- und Tablettenschachteln und die übrigen, mit weißlichen Flüssigkeiten befleckten Gläser, die in Reichweite ihrer Hand auf dem Boden stehen. Da das Kaninchen vom Bett springt und in der Dunkelheit verschwindet, wirst du bemerken, daß ihr Lager kaum höher als der Boden ist.

»Ich kann Ihnen viertausend Pesos bieten.«

»Ja, so hieß es in der heutigen Anzeige.«

»Ah, dann ist sie schon erschienen.«

»Ja, sie ist schon erschienen.«

»Es handelt sich um die Papiere meines Mannes, des Generals Llorente. Sie sollen geordnet werden, bevor ich sterbe. Ich habe unlängst beschlossen, sie zu veröffentlichen.«

»Und der General selbst, ist er nicht in der Lage...?«

»Er starb vor sechzig Jahren. Es sind seine nicht abgeschlossenen Memoiren. Sie müssen vollendet werden, bevor ich sterbe.«

»Aber...«

»Ich werde Ihnen alles mitteilen. Sie werden lernen, im Stil meines Mannes zu schreiben. Es wird genügen, daß Sie seine Manuskripte ordnen und lesen, damit Sie seine Prosa faszinieren wird... ihre Durchsichtigkeit... ihre...«

»Ja, ich verstehe.«

»Saga, Saga. Wo bist du? Ici, Saga...«

»Wer?«

»Meine Gefährtin.«

»Das Kaninchen?«

»Ja. Sie wird zurückkommen.«

Du wirst den Blick heben, den du gesenkt hattest, und ihre Lippen werden schon geschlossen sein, aber du vernimmst ihre Worte – »wird zurückkommen« – noch einmal, als spräche die alte Frau sie in eben diesem Augenblick. Ihre Lippen bewegen sich nicht. Du schaust zurück und bist durch den flimmernden Lichterkranz der religiösen Gegenstände geblendet. Als du sie wieder ansiehst, sind ihre Augen weit geöffnet, klar, flüssig, riesig, fast ganz aus dem gelblichen Weiß der Hornhaut, so daß nur der schwarze Punkt der Pupille diese Klarheit unterbricht, die sich Minuten vorher hinter den schweren Falten ihrer gesenkten Lider verlor, wie um diesen Blick zu schützen, der sich jetzt auf dem Grund seiner trockenen Höhle verbirgt –

sich zurückzieht, denkst du. »Dann werden Sie also bleiben. Ihr Zimmer ist oben. Dort ist es hell.«

»Vielleicht, Señora, wäre es besser, ich würde Sie nicht stören. Ich könnte mein jetziges Zimmer behalten und zu Hause an dem Manuskript arbeiten...«

»Es gehört zu meinen Bedingungen, daß Sie hier wohnen. Es bleibt nicht viel Zeit.«

»Aura...«

Zum erstenmal, seit du das Zimmer betreten hast, wird sich die alte Frau bewegen. Als sie wieder die Hand ausstreckt, spürst du den erregten Atem neben dir, und zwischen dich und die Señora streckt sich eine andere Hand, um die Finger der alten Frau zu berühren. Du siehst zur Seite, und ein Mädchen steht da, ein Mädchen, dessen Körper du nicht vollständig erkennen kannst, so dicht steht es neben dir, und so überraschend war seine Ankunft, ohne das leiseste Geräusch – nicht einmal eines jener Geräusche, die man zwar nicht hört, die jedoch wirklich sind, da man sich ihrer sogleich erinnert, da sie trotz allem lauter sind als die Stille um sie her.

»Ich habe Ihnen gesagt, sie würde zurückkommen...«

»Wer?«

»Aura. Meine Gefährtin. Meine Nichte.«

»Guten Tag.«

Das Mädchen wird den Kopf neigen, und im gleichen Augenblick wird die alte Frau die Geste nachahmen.

»Das ist Señor Montero. Er wird bei uns wohnen.«

Du wirst ein paar Schritte machen, damit dich das Licht der Kerzen nicht blendet. Das Mädchen hält die Augen geschlossen, die Hände über eine Hüfte verschlungen; es sieht dich nicht an. Dann öffnet es allmählich die Augen, als fürchte es den Glanz des Zimmers. Endlich wirst du diese meergrünen Augen sehen, wie sie fluten, zu Gischt zerstäuben, wieder zu ruhigem Grün werden, um sich darauf von neuem wie eine Welle zu entflammen. Du erblickst sie und sagst dir, daß dies nicht wahr ist, daß diese schönen grünen Augen genau allen anderen schönen grünen Augen gleichen, die du gekannt hast oder noch kennen wirst. Aber du täuschst dich nicht, diese Augen fluten und verändern sich, als böten sie dir eine Landschaft, die nur du erraten und begehren kannst.

»Ja, ich werde bei Ihnen bleiben.«

II

Die alte Frau wird lächeln, ja, mit ihrer dünnen Stimme lachen und sagen, sie danke dir für deine Bereitwilligkeit, und das Mädchen wird dich zu deinem Zimmer führen. Währenddessen denkst du an das Gehalt von viertausend Pesos, und daß es wohl eine angenehme Arbeit sein wird, denn du liebst gewissenhafte Nachforschungen ohne physische Anstrengungen, ohne die Notwendigkeit, hierhin und dorthin zu gehen, ohne die lästigen und unvermeidlichen Begegnungen mit anderen Leuten. An all dies denkst du, während du dem Mädchen folgst – und dir wird bewußt, daß du ihr mit den Ohren, statt mit den Augen, daß du dem Rascheln ihres Rocks, dem Knistern des Tafts folgst – und dich schon danach sehnst, ihr wieder in die Augen zu sehen. Du steigst die Stufen hinter diesem Geräusch in der Dunkelheit empor, und noch immer hast du dich nicht an die Finsternis gewöhnt. Dir fällt ein, daß es etwa sechs Uhr abends sein muß, und die Lichtflut überrascht dich, als Aura die Tür zu deinem Zimmer – wieder eine Tür ohne Schloß – aufstößt, beiseite tritt und sagt: »Das ist Ihr Zimmer. Wir erwarten Sie in einer Stunde zum Abendessen.«

Und sie wird sich mit dem Rascheln des Tafts entfernen, ohne daß du ihr Gesicht noch einmal sehen konntest. Du schließt die Tür – drückst sie hinter dir zu – und blickst zu dem ungewöhnlichen Oberlicht empor, das als Dach dient. Du lächelst, als dir zu Bewußtsein kommt, daß das Abendlicht genügt hat, um dich nach der Dunkelheit des übrigen Hauses zu blenden. Gut gelaunt probierst du die Matratze auf dem goldschimmernden Metallbett aus und siehst dich im Zimmer um: ein roter Wollteppich, eine olivgrün und golden gemu-

sterte Tapete, ein mit rotem Samt bezogener Sessel, ein alter
Nußbaumschreibtisch mit grüner Lederauflage, eine altmo-
dische Petroleumlampe, das sanfte Licht deiner nächtlichen
Forschungen, und ein Bücherbord in Reichweite über dem
Schreibtisch. Du gehst zur anderen Tür, und wie du sie aufstößt, entdeckst du ein altmodisches Badezimmer: eine vier-
beinige Wanne mit gemalten Blümchen auf dem Porzellan,
eine blaue Waschschüssel und eine unbequeme Toilette. Du
betrachtest dich im großen, ovalen Spiegel des Kleiderschran-
kes – ebenfalls aus Nußbaum –, der im Bad steht, bewegst
deine schweren Brauen und vollen Lippen, und dein Atem
beschlägt den Spiegel; du schließt deine schwarzen Augen, und
wenn du sie wieder öffnest, wird die Trübung verflogen sein.
Du hörst auf, den Atem anzuhalten, und fährst mit der Hand
durch dein dunkles, glattes Haar, berührst dein genau gezeich-
netes Profil, deine mageren Wangen. Da der Dunst von neuem
dein Gesicht verbirgt, wirst du den Namen wiederholen: Aura.

Nachdem du zwei Zigaretten auf dem Bett geraucht hast,
schaust du auf die Uhr, ziehst deine Jacke an und kämmst dich.
Dann stößt du die Tür auf und versuchst dich des Weges zu entsinnen, den du heraufgekommen bist. Gern würdest du die
Türe offen lassen, damit dir das Lampenlicht leuchten könnte,
doch ist es nicht möglich, da sie durch Federn zufällt. Du könntest dich damit unterhalten, diese Tür hin und her pendeln zu
lassen. Du könntest die Lampe mit hinunter nehmen. Du verzichtest darauf, denn schon weißt du, daß dieses Haus immer
dunkel sein wird, daß es dich immer wieder von neuem zwingen wird, es mit dem Tastsinn zu erkennen. Vorsichtig wie ein
Blinder tastest du dich mit ausgestreckten Armen an der Wand
entlang, bis du mit der Schulter unbeabsichtigt den Lichtschal-
ter streifst. Blinzelnd bleibst du in der erleuchteten Mitte des
langen, kahlen Ganges stehen. An seinem Ende siehst du das
Geländer und die Wendeltreppe.

Beim Hinuntergehen zählst du die Stufen; noch eine Eigenart, zu der dich dich Señora Llorentes Haus sofort gezwungen hat.
Unterm Zählen weichst du einen Schritt zurück, als die rötli-

chen Augen des Kaninchens vor dir auftauchen, das gleich darauf kehrtmacht und davonhoppelt.

Du wirst keine Zeit haben, in der Diele stehenzubleiben, da Aura dich mit einem Leuchter in der Hand an einer angelehnten Tür aus dunklem Glas erwartet. Lächelnd gehst du auf sie zu, doch hältst du inne, als du das schmerzliche Miauen mehrerer Katzen hörst – ja, schon in Reichweite von Aura hältst du inne, um dich zu vergewissern, daß es Katzen sind –, dann folgst du ihr zum Salon. »Es sind die Katzen«, wird Aura sagen. »In diesem Viertel gibt es viele Ratten.«

Sie durchqueren den Salon: Möbel mit verblichenen Seidenbezügen, Medaillen und Glaskugeln; Teppiche mit persischen Mustern, Bilder mit ländlichen Szenen, grüne, zugezogene Samtvorhänge. Auch Aura ist grün gekleidet.

»Gefällt Ihnen Ihr Zimmer?«

»Ja. Aber ich muß noch meine Sachen…«

»Nicht nötig. Der Diener hat sie schon geholt.«

»Sie hätten sich nicht solche Mühe machen sollen.«

Du betrittst – immer noch hinter ihr – das Eßzimmer. Sie wird den Leuchter in die Mitte des Tisches stellen; eine feuchte Kälte weht dich an. Sämtliche Wände sind mit dunklem Holz getäfelt, im gotischen Stil geschnitzt, mit Spitzbögen und durchbrochenen Rosetten. Als du Platz nimmst, bemerkst du, daß vier Gedecke aufgelegt wurden. Zwei große Schüsseln mit Silberdeckeln stehen auf dem Tisch, und eine alte Flasche schimmert unter einer grünlichen Schicht.

Aura wird den Deckel von einer der Schüsseln lüften. Du atmest den stechenden Geruch der Nieren in Zwiebelsoße, die sie dir serviert, während du zu der alten Flasche greifst und die geschliffenen roten Gläser mit der dicken roten Flüssigkeit füllst. Aus Neugier versuchst du, das Etikett zu lesen, aber der Schmutz hat es verdunkelt. Aura legt dir ganze geschmorte Tomaten auf den Teller.

»Entschuldigen Sie«, sagst du und wirfst einen Blick auf die beiden übrigen Gedecke und die beiden leeren Stühle. »Erwarten wir noch jemand?«

Aura fährt fort, die Tomaten zu servieren.

»Nein, Señora Consuelo fühlt sich heute abend etwas schwach. Sie wird nicht mit uns essen.«

»Señora Consuelo? Ihre Tante?«

»Ja. Sie möchten sie bitte nach dem Essen besuchen.«

Sie essen schweigend. Sie trinken den ungewöhnlich schweren Wein, und du wendest die Augen ab, damit Aura nicht deinen dreisten, gebannten Blick gewahren soll, den du nicht beherrschen kannst. Du möchtest dir noch immer die Züge des Mädchens einprägen, aber jedesmal, wenn du wegsiehst, sind sie dir wieder entschwunden, und ein unwiderstehlicher Drang wird dich zwingen, sie von neuem anzusehen. Wie gewöhnlich hat sie den Blick gesenkt. Während du nach den Zigaretten in deiner Rocktasche suchst, berührst du den Schlüssel, entsinnst dich und sagst zu Aura:

»Ah, ich vergaß, daß eine meiner Schreibtischschubladen abgeschlossen ist. Ich verwahre dort meine Papiere.« Und sie wird flüstern: »Dann... wollen Sie ausgehen?« Es klingt wie ein Vorwurf. Du fühlst dich verwirrt und streckst ihr die Hand mit dem Schlüssel entgegen, der von einem Finger baumelt.

»Es eilt nicht.«

Aber sie weicht der Berührung deiner Hände aus; die ihren ruhen in ihrem Schoß. Schließlich blickt sie auf, und wieder zweifelst du an deinen Sinnen, schreibst dem Wein deine Verwirrung zu, den Taumel, welchen diese glänzenden, klaren grünen Augen in dir erregen, stehst auf und stellst dich hinter Aura, streichelst die hölzerne Rückenlehne des gotischen Stuhles, ohne es zu wagen, ihre nackten Schultern oder ihren reglosen Kopf zu berühren. Du versuchst, dich wieder in die Gewalt zu bekommen, indem du deine Aufmerksamkeit von ihr abwendest und auf das unmerkliche Geräusch einer Tür hinter dir lauschst, die zur Küche führen muß, indem du die beiden räumlichen Elemente dieses Zimmers unterscheidest: den geschlossenen Lichtkreis, den der Leuchter verbreitet und der den Tisch und einen Teil der geschnitzten Wand erhellt, sowie den größeren Kreis der Dunkelheit, der ihn umschließt.

Endlich findest du den Mut, zu ihr zu treten, ihre glatte Hand zu nehmen, zu öffnen und den Schlüsselring als Pfand hineinzulegen.

Sie wird die Hand schließen, deinen Blick suchen, »danke« flüstern, aufstehen und eilig das Zimmer verlassen.

Du setzt dich auf Auras Platz, streckst die Beine aus und zündest dir eine Zigarette an; ein nie gekanntes Vergnügen erfüllt dich, ein Vergnügen, von dem du wußtest, daß es ein Teil deiner selbst war, aber das du erst jetzt voll erlebst, indem du es befreist und verströmen läßt, da du weißt, daß es diesmal Erwiderung finden wird... Und Señora Consuelo erwartet dich, Aura hat es dir gesagt. Sie erwartet dich nach dem Essen...

Du hast dir nun den Weg gemerkt. Mit dem Leuchter in der Hand durchquerst du den Salon und die Diele. Die erste Tür ist die der alten Frau. Du klopfst mit den Knöcheln dagegen, aber es kommt keine Antwort. Du klopfst noch einmal. Dann stößt du die Tür auf; sie erwartet dich ja. Vorsichtig trittst du ein und murmelst: »Señora... Señora...«

Sie wird dich nicht gehört haben, denn du findest sie kniend vor der Wand mit den Devotionalien, den Kopf auf die geballten Fäuste gestützt. Du siehst sie von weitem: auf den Knien, mit dem groben Wollhemd bekleidet, den Kopf in die schmalen Schultern eingesunken; sie ist dünn, ja ausgemergelt wie eine mittelalterliche Skulptur; ihre Beine ragen wie zwei dürre Stecken unter dem Hemd hervor und sind von Wundrose entzündet. Du denkst daran, wie diese rauhe Wolle beständig gegen ihre Haut scheuern muß, da hebt sie plötzlich die Fäuste und schlägt kraftlos ins Leere, als liefere sie eine Schlacht gegen die Bilder, die du beim Näherkommen allmählich unterscheidest – Christus, Maria, St. Sebastian, St. Lucia, der Erzengel Michael und die grinsenden Teufel, die einzig fröhlichen Gestalten in dieser Ikonographie des Leids und des Zorns, fröhlich, weil sie auf diesem alten, von Kerzen angestrahlten Stich ihre Mistgabeln in das Fleisch der Verdammten bohren, Kessel voll siedenden Wassers über sie ausleeren, die Frauen vergewaltigen, sich betrinken und all die Freiheiten genießen, die den Heiligen verboten sind. Du näherst dich der Hauptszene, die von den Tränen der Mater Dolorosa, dem Blut des Gekreuzigten, dem Frohlocken Luzifers und dem Zorn des Erzengels umgeben ist, näherst dich den in Alkohol konservierten Eingeweiden, den Silberherzen. Señora Consuelo kniet davor, droht mit den Fäusten, und als du noch näher trittst, hörst du sie stammeln: »Komm, Stadt Gottes! Gabriel, stoß in deine Trompete! Ah, wie lang die Welt sich beim Sterben aufhält.«

Sie wird sich gegen die Brust schlagen, bis sie vor den Heiligenbildern und Kerzen in einem Hustenanfall zusammenbricht. Du nimmst sie bei den Ellbogen, und während du sie behutsam zum Bett führst, wunderst du dich, wie klein sie ist, fast ein Kind, gebeugt, niedergedrückt, mit verkrümmtem Rückgrat. Du weißt, daß sie ohne deine Hilfe auf Händen und Knien zu ihrem Lager hätte kriechen müssen. Du hilfst ihr in das große Bett mit seinen Brotkrumen und alten Federkissen, deckst sie zu und wartest, bis sich ihr Atem wieder beruhigt, während unfreiwillige Tränen über ihre durchscheinenden Wangen laufen.

»Verzeihen Sie... verzeihen Sie, Señor Montero. Uns Alten bleibt nur noch... das Vergnügen der Demut... Bitte geben Sie mir mein Taschentuch.«

»Señorita Aura sagte mir...«

»Ja, richtig. Wir dürfen keine Zeit verlieren. Wir sollten... wir sollten so bald wie möglich mit der Arbeit beginnen... Danke...«

»Versuchen Sie, sich auszuruhen.«

»Danke... Hier...«

Die alte Frau wird die Hände zum Kragen heben, ihn aufknöpfen und den Kopf senken, um das zerknitterte violette Band abzustreifen, das sie dir jetzt reicht. Es wiegt schwer, denn ein Kupferschlüssel hängt daran.

»In der Ecke dort... Öffnen Sie die Truhe, und bringen Sie mir die Papiere, die zuoberst auf der rechten Seite liegen... Sie sind mit einem gelben Band zusammengebunden...«

»Ich sehe nicht sehr gut...«

»Ah, ja... ich bin so an die Dunkelheit gewöhnt. Zu meiner Rechten... Gehen Sie geradeaus, und Sie werden auf die Truhe stoßen. Wir wurden eingemauert, Señor Montero. Man hat rings um uns her gebaut und uns vom Licht abgeschnitten. Man wollte mich zum Verkauf zwingen. Aber nicht vor meinem Tod. Dies Haus ist für uns voller Erinnerungen. Erst wenn ich tot bin, wird man mich hier herausbringen... Ja, das ist es. Danke. Sie können anfangen, diesen Teil zu lesen. Den Rest werde ich Ihnen später geben. Gute Nacht, Señor Montero. Danke. Schauen Sie, Ihr Leuchter ist erloschen. Stecken Sie ihn bitte draußen wieder an. Nein, nein, behalten Sie den Schlüssel. Ich vertraue Ihnen.«

»Señora... In der Ecke dort ist ein Rattennest...«

»Ratten? Ich komme nie dort hin...«

»Sie sollten die Katzen hereinlassen.«

»Katzen? Was für Katzen? Gute Nacht. Ich möchte schlafen. Ich bin sehr müde.«

»Gute Nacht.«

III

Noch am gleichen Abend liest du die vergilbten Papiere, die mit senffarbener Tinte beschrieben sind, einige davon hat achtlos verstreute Tabakasche durchlöchert, andere haben Fliegen beschmutzt. General Llorentes Französisch besitzt nicht die Vorzüge, die ihm seine Frau zuschrieb. Du sagst dir, daß du den Stil beträchtlich verbessern, die weitschweifige Erzählung vergangener Ereignisse straffen wirst: die Kindheit auf einer Hacienda in Oaxaca, dann die Militärschule in Frankreich, die Freundschaft mit dem Duc de Morny und den engsten Vertrauten von Napoleon III., die Rückkehr nach Mexiko im Regimentsstab von Maximilian, die Zeremonien und Empfänge des Kaiserreichs, die Schlachten, die Niederlage 1867, das Exil in Frankreich. Nichts, was andere nicht schon beschrieben hätten. Während du dich ausziehst, denkst du an die verworrenen

Begriffe der alten Frau, an den falschen Wert, den sie diesen Memoiren zuschreibt. Lächelnd und mit dem Gedanken an die viertausend Pesos gehst du zu Bett.

Du schläfst traumlos, bis dich um sechs Uhr früh eine Flut von Licht weckt, denn das Glasdach hat keine Vorhänge. Du bedeckst dein Gesicht mit dem Kissen und versuchst, wieder einzuschlafen. Zehn Minuten später gibst du deinen Vorsatz auf und gehst ins Bad, wo jemand alle deine Sachen ordentlich auf einen Tisch gestellt und deine wenigen Anzüge in den Schrank gehängt hat. Als du eben mit dem Rasieren fertig bist, zerreißt flehentliches, qualvolles Miauen die morgendliche Stille.

Mit einem entsetzlichen, schrillen Jammerlaut dringt es an dein Ohr. Du versuchst seinen Ursprung zu ergründen und öffnest die Tür zum Gang, aber dort hörst du nichts. Diese Schreie kommen von oben, vom Fenster herein. Hastig kletterst du auf den Stuhl, vom Stuhl auf den Schreibtisch, und indem du dich am Bücherbrett festhältst, gelingt es dir, das Oberlicht zu erreichen, eines seiner Fenster zu öffnen, dich mit Anstrengung hochzuziehen, um auf den Garten neben dem Haus zu blicken, ein Geviert von Eiben und wuchernden Brombeerhecken, wo fünf, sechs, sieben Katzen – du kannst sie nicht zählen, kannst dich nicht länger als eine Sekunde dort oben halten – aneinandergekettet sind, sich in Flammen winden und dichten Rauch verbreiten, der nach verbranntem Fell stinkt. Als du wieder auf den Lehnstuhl springst, zweifelst du, ob du das alles wirklich gesehen hast; vielleicht ist dies Bild nur deiner Phantasie entsprungen, hat sich mit den fürchterlichen Schreien verbunden, die noch andauern, dann seltener werden und schließlich verstummen.

Du schlüpfst in dein Hemd, wischst deine schwarzen Schuhe flüchtig mit einem Stück Papier ab und horchst auf den Ruf einer Glocke, welche die Gänge des Hauses zu durcheilen und sich deiner Tür zu nähern scheint. Du trittst auf den Gang hinaus; Aura erscheint mit der Glocke in der Hand, neigt, als sie dich sieht, den Kopf und sagt, das Frühstück sei bereit. Du versuchst, sie zurückzuhalten, aber schon wird sie die Wendeltreppe hinabsteigen und dabei mit der schwarzgestrichenen Glocke läuten, als wolle sie ein ganzes Armenhaus, ein ganzes Internat wecken. Hinter dir tut sich die Schlafzimmertür der alten Frau auf, und du erblickst eine Hand, die durch die kaum geöffnete Tür langt, ein Nachtgeschirr in die Diele stellt und die Tür wieder schließt. Im Eßzimmer ist dein Frühstück schon serviert, aber diesmal liegt nur ein Gedeck auf. Du ißt hastig, kehrst zur Diele zurück und klopfst an Señora Consuelos Tür. Ihre dünne, schrille Stimme bittet dich herein. Nichts wird sich verändert haben: die ständige Dunkelheit, der Glanz der Leuchter und der silbernen Wunder. »Guten Morgen, Señor Montero. Haben Sie gut geschlafen?«

»Ja. Ich habe noch lange gelesen.«

Die alte Dame wird eine Handbewegung machen, als wolle sie dich fortschicken.

»Nein, nein, nein. Ich will Ihre Meinung nicht hören. Arbeiten Sie an den Blättern, und sobald Sie fertig sind, gebe ich Ihnen die anderen.«

»Gut, Señora. Dürfte ich wohl Ihren Garten benutzen?«

»Welchen Garten, Señor Montero?«

»Den hinter meinem Zimmer.«

»Dies Haus hat keinen Garten. Wir haben unseren Garten verloren, als rings um uns her gebaut wurde.«

»Ich glaube, ich könnte im Freien besser arbeiten.«

»Dies Haus hat nur den dunklen Patio, durch den Sie hereinkamen. Meine Nichte zieht dort ein paar Schattenpflanzen. Aber das ist alles.«

»Schon gut, Señora.«

»Ich möchte gerne den ganzen Tag über ruhen. Besuchen Sie mich heute abend.«

Du verbringst den ganzen Morgen über den Papieren, indem du die Passagen, die du zu übernehmen gedenkst, ins reine schreibst, andere, die du schwach findest, neu formulierst, eine Zigarette nach der anderen rauchst und überlegst, daß du die Arbeit hinziehen mußt, damit diese Sinekure so lange wie möglich dauert. Wenn es dir gelänge, mindestens zwölftausend Pesos zu sparen, könntest du fast ein Jahr auf nichts anderes als deine eigene Arbeit verwenden, die du hinausgeschoben, ja schon nahezu vergessen hast. Deine große umfassende Arbeit über die spanischen Entdeckungen und Eroberungen in Amerika, ein Werk, das all die verstreuten Chroniken zusammenfaßt, sie verständlich macht und die Beziehungen zwischen allen Unternehmen in Spaniens goldenem Zeitalter, zwischen den großen Leitbildern und dem Hauptereignis der Renaissance darstellt. Schließlich schiebst du die langweiligen Seiten des Generals beiseite und beginnst, Notizen und Stichworte für deine eigene Arbeit niederzuschreiben. Die Zeit verfliegt, und erst als du wieder die Glocke vernimmst, schaust du auf die Uhr, ziehst deine Jacke an und gehst ins Eßzimmer hinunter. Aura wird schon auf ihrem Platz sitzen, während sich diesmal an der Stirnseite des Tisches auch Señora Llorente – eingehüllt in ihren Schal und das Nachthemd – mit der Haube auf dem Kopf über den Teller beugen wird. Aber auch das vierte Gedeck ist aufgelegt. Beiläufig bemerkst du es; es stört dich nicht mehr. Wenn der Preis für deine zukünftige schöpferische Freiheit darin besteht, alle Manieren dieser alten Frau hinzunehmen, dann kannst du ihn mühelos zahlen. Du beobachtest, wie sie ihre Suppe schlürft, und versuchst ihr Alter zu schätzen. Es gibt einen Zeitpunkt, nach dem es nicht mehr möglich ist, das Fortschreiten der Jahre zu erkennen, und Señora Consuelo hat diese Grenze schon lange überschritten. In dem Teil der Memoiren, den du bis jetzt gelesen hast, hat sie der General nicht erwähnt. Aber wenn der General zur Zeit der französischen Invasion zweiundvierzig war und 1901, vierzig Jahre später, starb, muß er bei seinem Tod zweiundachtzig gewesen sein. Er muß die Señora nach der Niederlage von Querétaro und seinem Exil geheiratet haben, aber damals müßte sie noch ein sehr junges Mädchen gewesen sein...

Die Daten werden sich verwirren, denn jetzt redet die Señora mit ihrem dünnen, schrillen Flüstern, mit vogelartigem Krächzen, sie redet mit Aura, und du hörst, während du dich dem

Essen widmest, die lange Aufzählung von Klagen, Schmerzen, befürchteten Krankheiten. Klagen über die Arzneikosten, über die Feuchtigkeit des Hauses und so fort. Du möchtest gern diese häusliche Unterhaltung beenden und nach dem Diener fragen, der gestern deine Sachen geholt hat, den du jedoch noch immer nicht gesehen hast, der nie bei Tisch aufwartet; gerade willst du dich nach ihm erkundigen, als du plötzlich staunend bemerkst, daß Aura bis zu diesem Augenblick kein Wort gesagt hat, daß sie mit einer mechanischen Ergebenheit ißt, als warte sie auf einen Anstoß von außen, um zu Messer und Gabel zu greifen, ein Stück Niere – ja, es gibt wieder Nieren, anscheinend das Lieblingsessen in diesem Haus – abzuschneiden und zum Munde zu führen. Du blickst rasch von der Tante zur Nichte und von der Nichte zur Tante, aber in diesem Augenblick erstarrt Señora Consuelo, und gleichzeitig legt Aura ihr Messer auf den Teller und erstarrt ebenfalls, und du erinnerst dich, daß die Señora nur den Bruchteil einer Sekunde zuvor das gleiche tat.

Mehrere Minuten des Schweigens folgen, während denen du zu Ende ißt und sie dich reglos wie Statuen beobachten. Schließlich sagt die Señora:

»Es hat mich ermüdet. Ich sollte nicht bei Tisch essen. Komm, Aura, begleite mich auf mein Zimmer.«

Die Señora wird versuchen, deine Aufmerksamkeit zu bannen, sie wird dir in die Augen sehen, damit auch du sie ansehen mußt, obwohl ihre Worte an Aura gerichtet sind. Es kostet dich Mühe, von diesem Blick freizukommen – er ist wieder weit, klar und gelblich, frei von den Falten und Runzeln, die ihn gewöhnlich verhängen – und Aura zu betrachten, die ihrerseits angestrengt ins Leere starrt und schweigend die Lippen bewegt. Sie steht mit Bewegungen auf, die dich an Träume erinnern, faßt die Arme der gebückten alten Frau und führt sie langsam aus dem Eßzimmer.

Du bleibst allein und gießt dir den Kaffee ein, der schon seit Beginn des Essens dastand, den kalten Kaffee, den du in kleinen Schlucken trinkst, während du die Stirn runzelst und dich

fragst, ob die Señora nicht eine geheime Macht über das Mädchen besitzt, ob deine schöne Aura in ihrem grünen Kleid nicht
gegen ihren Willen in diesem düsteren alten Haus eingesperrt
ist. Aber wie einfach wäre es für sie zu fliehen, während die
Señora in ihrem schattigen Zimmer schläft. Und du versäumst
auch nicht, den anderen Weg zu erwägen, der sich vor deiner
Phantasie auftut: vielleicht hofft Aura, du werdest sie aus den
Fesseln befreien, in welche sie die launische, verrückte Alte –
aus welchen Gründen auch immer – gebunden hat. Dir fällt
ein, wie Aura vor wenigen Minuten leblos und von Entsetzen
gelähmt kein Wort vor der Tyrannin über die Lippen brachte,
sondern diese nur lautlos bewegte, als erflehe sie von dir
stumm ihre Freiheit, in einem Maße versklavt, daß sie jede
Regung der Señora nachahmte, als wäre ihr nur das erlaubt,
was die Alte tut. Das Bild so völliger Unterjochung empört
dich. Diesmal gehst du zu der anderen Tür, die sich am Fuß der
Treppe neben dem Zimmer der alten Frau auf die Diele öffnet:
dort muß Aura wohnen, da es sonst kein anderes Zimmer im
Hause gibt. Du stößt die Tür auf und trittst ein; dieses Zimmer
ist ebenfalls dunkel, mit weißgetünchten Wänden, einzig von
dem schwarzen Kruzifix geschmückt. Zur Linken entdeckst
du eine Tür, die zum Schlafzimmer der Witwe führen muß.
Auf Zehenspitzen näherst du dich ihr, legst eine Hand gegen
das Holz und... verzichtest auf dein Vorhaben. Du mußt Aura
allein sprechen.

Und wenn Aura deine Hilfe wünscht, wird sie auf dein Zimmer kommen. Du gehst hinauf, vergißt die vergilbten Manu-
skriptseiten und deine eigenen Notizen und denkst allein an
die unfaßliche Schönheit deiner Aura – je mehr du an sie
denkst, desto mehr wirst du sie zur Deinen machen, nicht nur
wegen ihrer Schönheit und weil du sie begehrst, sondern auch
weil du sie befreien möchtest; du wirst ein moralisches Motiv
für dein Begehren gefunden haben, wirst dich unschuldig und
selbstzufrieden fühlen –, und als du den Ruf der Glocke wieder
hörst, gehst du nicht zum Abendessen hinunter, da du eine
Szene wie jene von heute nachmittag nicht noch einmal ertra-

gen würdest. Vielleicht wird Aura dies begreifen und nach dem Abendessen heraufkommen, um nach dir zu sehen.

Du zwingst dich, an den Papieren weiterzuarbeiten. Als du müde bist, ziehst du dich gemächlich aus, fällst ins Bett, schläfst dort ein, und zum erstenmal seit vielen Jahren träumst du, träumst nur von einem, träumst von der fleischlosen Hand, die mit einer Glocke auf dich zukommt und schreit, du solltest weggehen, alle sollten weggehen; und als das Gesicht mit seinen leeren Augenhöhlen das deine berührt, erwachst du schweißgebadet mit einem erstickten Schrei und fühlst Hände dein Gesicht und Haar liebkosen, Lippen, die mit leiser Stimme flüstern, dich trösten und dich um Ruhe und Zärtlichkeit bitten. Du streckst die Hände nach dem fremden nackten Körper aus, an dessen Hals sich jetzt leicht ein Schlüssel bewegen wird, und als du den Schlüssel erkennst, erkennst du die Frau, die über dir liegt, dich küßt, deinen ganzen Körper mit Küssen bedeckt. Du kannst sie im Dunkel der sternenlosen Nacht nicht sehen, aber du riechst den Duft der Patio-Pflanzen in ihrem Haar, spürst ihre glatte, begehrliche Haut in deinen Armen, berührst auf ihren Brüsten die verästelte Blüte der zarten Adern, küßt sie wieder und drängst sie nicht um Worte.

Als du dich erschöpft aus ihrer Umarmung löst, hörst du ihr erstes Flüstern: »Du bist mein Mann.« Du bejahst. Der Tag breche an, und sie erwarte dich heute nacht auf ihrem Zimmer, wird sie sagen und davongehen. Wieder bejahst du, ehe du in Schlaf sinkst – erleichtert, leer, frei von Begehren –, und deine Fingerspitzen fühlen noch immer Auras Körper, ihr Zittern, ihre Hingabe: das Mädchen Aura.

Es kostet dich Mühe aufzuwachen. Mehrmals klopft es an der Tür, bis du schlaftrunken und ächzend das Bett verläßt. Auf der anderen Seite der Tür wird Aura sagen, du solltest nicht öffnen, Señora Consuelo wolle dich sprechen und erwarte dich in ihrem Zimmer.

Zehn Minuten später betrittst du das Sanktuarium der Witwe. Sie lehnt gegen die Spitzenkissen, und du näherst dich dem reglosen Gesicht, den Augen, die hinter schlaffen, runzligen, totenblassen Lidern verborgen sind, bemerkst die verquollenen Falten der Wangen, die völlige Schlaffheit der Haut.

Ohne die Augen zu öffnen, wird sie dich fragen: »Haben Sie den Schlüssel mitgebracht?«

»Ja, ich glaube schon... Ja, da ist er.«

»Sie können den zweiten Teil lesen. Er liegt an der gleichen Stelle – mit dem blauen Band.«

Du gehst diesmal voller Ekel zu der Truhe, um welche die Ratten wimmeln, mit ihren kleinen glitzernden Augen aus den Spalten der verrotteten Dielenbretter hervorspähen, zu den Löchern in der verwitterten Wand huschen. Du öffnest die Truhe und nimmst den zweiten Packen Papiere heraus, dann kehrst du an das Fußende des Bettes zurück; Señora Consuelo streichelt ihr weißes Kaninchen.

Aus ihrer zugeknöpften Kehle wird ein krächzendes Lachen aufsteigen. »Haben Sie Tiere gern?«

»Nein, nicht besonders. Vielleicht weil ich nie welche hatte.«

»Sie sind gute Freunde, gute Gefährten. Vor allem wenn man alt und einsam wird.«

»Ja, so wird es sein.«

»Sie sind natürliche Geschöpfe, Señor Montero. Geschöpfe ohne Versuchungen.«

»Wie heißt es doch?«

»Das Kaninchen? Saga. Sie ist klug. Sie folgt ihren Instinkten. Sie ist natürlich und frei.«

»Ich dachte, es wäre ein männliches Kaninchen.«

»Ah, dann kennen Sie den Unterschied noch nicht.«

»Nun, das Wichtigste ist, daß Sie sich nicht so allein fühlen.«

»Wir sollen allein bleiben, denn es heißt, Einsamkeit sei notwendig, um zur Heiligkeit zu gelangen. Man hat vergessen, daß die Versuchung in der Einsamkeit noch größer ist.«

»Ich verstehe Sie nicht, Señora.«

»Um so besser, um so besser. Sie können jetzt an Ihrer Arbeit weitermachen.«

Du kehrst ihr den Rücken, gehst zur Tür und verläßt das Zimmer. In der Diele knirschst du mit den Zähnen. Warum hast du nicht den Mut, ihr zu sagen, daß du das Mädchen liebst? Warum gehst du nicht hinein und sagst ihr ein für allemal, daß du Aura mitzunehmen gedenkst, sobald deine Arbeit beendet ist? Du näherst dich wieder der Tür, beginnst sie noch immer zögernd aufzudrücken, und durch den Spalt siehst du Señora Consuelo aufrecht und verwandelt im Zimmer stehen, einen Uniformrock in den Armen, einen blauen Rock mit Goldknöpfen, roten Epauletten und strahlenden Medaillen mit dem gekrönten Adler – einen Rock, den die alte Frau wild beißt, zärtlich küßt, über ihre Schultern hängt, um sich damit in ein paar taumelnden Tanzschritten zu drehen. Du schließt die Tür.

Ja: »Sie war fünfzehn, als ich ihr begegnete«, liest du im zweiten Teil der Memoiren. *Elle avait quinze ans lorsque je l'ai connue et, si j'ose le dire, ce sont ses yeux verts qui on fait ma perdition.* Consuelos grüne Augen. Consuelo, die 1867 fünfzehn Jahre zählte, als General Llorente sie heiratete und mit ins Exil nach Paris nahm. *Ma jeune poupée*, schrieb der General in einem Augenblick der Inspiration, *ma jeune poupée aux yeux verts; je t'ai comblée d'amour.* Er beschrieb das Haus, in dem sie lebten, die Ausfahrten, die Bälle, die Kutschen, die Welt des Zweiten Kaiserreichs, ohne rechte Anschaulichkeit freilich. *J'ai même supporté ta haine des chats, moi qu'aimais tellement les jolies bêtes...* Eines Tages überraschte er sie mit hochgehobener Krinoline und gespreizten Beinen, wie sie eine Katze quälte, und er wußte nicht, wie ihre Aufmerksamkeit erregen, denn ihm schien, *tu faisais ça d'une façon si sinnocente, par pur enfantillage.* Tatsächlich erregte ihn der Vorfall so sehr, daß – wenn man ihm glauben darf – er sie in dieser Nacht mit maßloser Leidenschaft liebte, *parce que tu m'avais dit que torturer les chats était ta manière à toi de rendre notre amour favorable, par un sacrifice symbolique...* Señora Consuelo muß heute hundertneun Jahre alt sein. Du schließt den Manuskriptband. Beim Tode ihres Mannes neunundvierzig.

*Tu sais si bien t'habiller, ma douce Consuelo, toujours drappé
dans des velours verts, verts comme tes yeux. Je pense que tu
seras toujours belle, même dans cent ans* ... Immer grün gekleidet. Immer schön, selbst noch in hundert Jahren. *Tu es si fière de
ta beauté; que ne ferais-tu pas pour rester toujour jeune!*

IV

Da du wieder den Manuskriptband schließt, weißt du, daß
Aura in diesem Haus lebt, um die Illusion von Jugend und
Schönheit in dieser armen, wahnsinnigen Alten zu verewigen.
Aura, die wie ein Spiegel hier gehalten wird, wie eine zusätzli-
che Ikone an dieser Votivwand, die übersät ist mit Reliquien,
konservierten Herzen, Heiligen und Teufeln der Phantasie.

Du legst das Manuskript beiseite und gehst hinunter, indem
du den einzigen Platz errätst, wo Aura morgens sein kann, den
Platz, den ihr diese geizige Alte zugewiesen haben wird.

Ja, in der Küche findest du sie, in dem Augenblick, als sie
gerade einen Bock schlachtet. Der Dampf, der von der offenen
Kehle aufsteigt, der Geruch des vergossenen Blutes, die glasigen, aufgerissenen Augen des Tieres erregen dir Übelkeit.
Hinter diesem Bild verliert sich eine schlecht gekleidete Aura
mit wirrem Haar, die dich ohne ein Zeichen des Erkennens
ansieht und mit dem Schlachten fortfährt.

Du wendest dich ab. Diesmal wirst du wirklich mit der alten
Frau sprechen, wirst ihr ihre Habgier und schreckliche Tyrannei ins Gesicht schleudern. Mit einem Stoß öffnest du die Tür.
Sie steht hinter dem Lichtschleier und vollzieht ein Ritual mit
der Luft, du siehst, wie sich ihre Hände bewegen, eine ausgestreckt und zusammengepreßt, als halte sie etwas mühsam in
die Höhe, und die andere um etwas Unsichtbares geklammert,
mit dem sie wieder und wieder an der gleichen Stelle ins Leere
stößt. Dann wird sie sich die Hände an der Brust wischen, seuf-
zen und von neuem die Luft zerschneiden, als ob – ja, du wirst
es deutlich sehen – als ob sie ein Tier häute...

Du rennst durch die Diele, den Salon, das Eßzimmer in die Küche, wo Aura langsam und in ihre Arbeit versunken das Zicklein häutet, ohne deine Ankunft oder deine Worte zu hören, und dich ansieht, als wärst du aus Luft.

Langsam steigst du zu deinem Zimmer hinauf, trittst ein und stemmst dich gegen die Tür, als fürchtetest du, jemand könne dir folgen. Keuchend, schwitzend, überwältigt von deinem lähmenden Argwohn, deiner Gewißheit. Wenn jetzt etwas oder jemand herein wollte, wärst du zu keinem Widerstand fähig, würdest du dich von der Tür entfernen und es geschehen lassen. Fieberhaft ziehst du den Armsessel zu der Tür ohne Schloß, schiebst das Bett dagegen und läßt dich darauf fallen – erschöpft, willenlos, mit geschlossenen Augen, die Arme um dein Kissen geschlungen, dein Kissen, das dir nicht gehört; nichts gehört dir...

Du sinkst in eine Betäubung, in die Tiefen eines Traumes, der dein einziger Ausweg, deine einzige Abwehr des Wahnsinns ist. »Sie ist verrückt, sie ist verrückt«, wiederholst du dir, um dich einzuschläfern, und wieder erblickst du die Alte, wie sie den Bock aus Luft mit einem Messer aus Luft häutet.

»Sie ist verrückt, sie ist verrückt...«,

in den Tiefen des dunklen Abgrundes, in deinem lautlosen Traum, mit aufgerissenen schweigenden Mündern wirst du sie aus den schwarzen Tiefen des Abgrundes auf dich zukommen, auf dich zukriechen sehen.

Lautlos

wird sie ihre fleischlose Hand bewegen, wird auf dich zukommen, bis ihr Gesicht das deine berührt und du das blutige Zahnfleisch der Alten, dies Zahnfleisch ohne Zähne, siehst; du schreist, und sie entfernt sich darauf, indem sie die Hand bewegt, die gelben Zähne aus der blutbefleckten Schürze zieht und in den Abgrund streut: Dein Schrei ist das Echo von Auras Schrei, die im Traum vor dir steht und schreit, weil Hände ihren grünen Taftrock zerrissen haben, und

ihr geschorener Kopf

– die zerrissenen Falten des Rockes hält sie in den Händen –

wendet sich dir zu und lacht lautlos, mit den Zähnen der Alten
über den eigenen, während ihre Beine, Auras nackte Beine, zer-
brechen und in den Abgrund stürzen...

Du hörst das Klopfen an der Tür und danach die Glocke, die
Glocke, die zum Abendessen ruft. Dein Kopf schmerzt so sehr,
daß du die Ziffern und die Zeiger der Uhr nicht erkennen
kannst, aber du weißt, es ist spät – hinter dem Oberlicht über
deinem Kopf ziehen die Nachtwolken vorbei. Mühsam, benommen und hungrig stehst du auf. Du hältst den Glaskrug
unter den Hahn der Badewanne, wartest, bis das Wasser fließt
und den Krug füllt, den du zurückziehst und in die Schüssel
leerst. Du wäschst dein Gesicht, bürstest die Zähne mit deiner
abgenutzten Zahnbürste, die mit grünlicher Paste beschmiert
ist, besprengst dein Haar – ohne zu bemerken, daß du alles in
der falschen Reihenfolge tust –, kämmst dich sorgfältig vor
dem ovalen Spiegel des Nußbaumschrankes, bindest die Krawatte, ziehst die Jacke an und gehst in das leere Eßzimmer hinunter, wo nur ein Gedeck aufliegt – deines.

Und neben deinem Teller liegt unter der Serviette ein Ding,
das du mit den Fingern streichelst, eine unansehnliche kleine
Puppe aus Lumpen, die mit Sägemehl gefüllt ist, das aus der
schlecht genähten Schulter rinnt; das Gesicht ist mit Tusche
gezeichnet, der Körper nackt, nur durch ein paar Pinselstriche
markiert. Mit der rechten Hand ißt du das kalte Abendessen –
Nieren, Tomaten, Wein –, in den Fingern der Linken hältst du
die Puppe. Die Puppe in der einen, die Gabel in der anderen
Hand, ißt du mechanisch, ohne anfänglich deine hypnotisierte
Haltung zu bemerken, bis du dann einen Grund für deinen
drückenden Schlaf, deinen Alptraum ahnst, bis dir auffällt, wie
deine schlafwandlerischen Bewegungen denen von Aura und
der alten Frau gleichen. Angeekelt betrachtest du die abscheuliche Puppe, wie deine Finger sie streicheln, und allmählich
fürchtest du eine verborgene Krankheit, eine Ansteckung. Du
läßt sie auf den Boden fallen und wischst dir die Lippen mit der
Serviette. Als du auf die Uhr siehst, erinnerst du dich, daß Aura
dich in ihrem Zimmer erwartet.

Vorsichtig gehst du zu Señora Consuelos Tür, aber kein Laut kommt von drinnen. Wieder schaust du auf deine Uhr, es ist noch nicht neun. Du beschließt, dich zu dem dunklen, überdeckten Patio hinabzutasten, den du nicht wieder aufgesucht hast, seit du ihn am Tag deiner Ankunft, ohne etwas zu erkennen, durchquert hast.

Du berührst die feuchten, bemoosten Mauern, atmest die duftgeschwängerte Luft und versuchst die verschiedenen Gerüche zu unterscheiden, die schweren üppigen Aromen zu erkennen, die dich umgeben. Das Flackern deines Streichholzes beleuchtet den schmalen, dampfigen Patio, der mit Steinfliesen ausgelegt ist und in dem rundherum Pflanzen im lockeren, rötlichen Erdreich wachsen. Du erkennst die hohen, verzweigten Formen, die ihre Schatten im Licht des Streichholzes auf die Mauern werfen. Aber es brennt herab, versengt deine Finger, und du mußt ein neues anzünden, um all die Blumen, Früchte und Stengel zu erkennen, von denen du in alten Chroniken gelesen hast, die vergessenen Kräuter mit ihrem betäubenden Duft: die langen, breiten, gespaltenen Blätter des Bilsenkrauts mit seinen gewundenen Stengeln und Blüten, die außen gelb und innen rot sind; die spitzen herzförmigen Blätter des Bittersüß; den aschenen Flaum der Königskerze mit ihren Blütendolden; den verästelten Strauch des Pfaffenhütleins mit seinen weißlichen Blüten; das Belladonna. Im Schein deines Streichholzes erwachen sie zum Leben, sanft wiegen sie sich mit ihren Schatten, während du dich an die Verwendung dieses Herbariums erinnerst, das die Pupillen weitet, Schmerz lindert, die Wehen beschwichtigt, tröstet, den Willen schwächt und eine wollüstige Ruhe erzeugt.

Als das dritte Streichholz erlischt, bleibst du mit den Düften allein. Langsam gehst du zur Diele hinauf, horchst wieder an Señora Consuelos Tür und schleichst dann auf Zehenspitzen zur Tür von Aura. Ohne anzuklopfen, stößt du sie auf und betrittst das kahle Zimmer, wo ein Lichtkreis das Bett, das große mexikanische Kruzifix und die Frau beleuchtet, die auf dich zukommen wird, sobald die Tür geschlossen ist.

Aura ist grün gekleidet, sie trägt ein Taftkleid, das – als die
Frau auf dich zugeht – ihre mondfarbenen Schenkel enthüllt.
Die Frau, wirst du wiederholen, als sie näher kommt, die Frau,
nicht das Mädchen von gestern – du berührst Auras Finger, ihre
Taille –, das Mädchen von gestern konnte nicht älter als zwanzig gewesen sein; die Frau von heute – und du liebkost ihr loses
schwarzes Haar, ihre blassen Wangen – scheint vierzig. Zwischen gestern und heute hat sich etwas um ihre grünen Augen
verhärtet; das Rot ihrer Lippen ist über die einstigen Umrisse
hinausgegangen, als wolle sie eine glückliche Grimasse, ein
verwirrtes Lächeln festhalten, als wechsle in ihrem Lächeln
wie bei jener Pflanze im Patio der Geschmack des Honigs mit
dem der Bitterkeit. Es bleibt dir keine Zeit weiterzudenken.

»Setz dich aufs Bett, Felipe.«

»Ja.«

»Wir wollen spielen. Du brauchst nichts zu tun. Überlaß
alles mir.«

Während du auf dem Bett sitzt, suchst du die Quelle dieses
diffusen, opalenen Lichtes, in dem sich die Dinge und die
Gegenwart Auras kaum von der goldenen Atmosphäre unterscheiden, die sie einhüllt. Sie wird bemerken, wie du empor-
schaust und nach einer Lichtquelle suchst. An ihrer Stimme
erkennst du, daß sie vor dir kniet.

»Der Himmel ist weder hoch noch tief. Er ist zugleich über
uns und unter uns.«

Sie wird dir Schuhe und Strümpfe ausziehen und deine bloßen Füße streicheln.

Du spürst das laue Wasser, das deine Fußsohlen badet und
umschmeichelt, und während Aura sie mit einem groben Tuch
wäscht, wirft sie hin und wieder flüchtige Blicke nach dem
Christus aus schwarzem Holz. Schließlich läßt sie von deinen
Füßen ab, nimmt dich bei der Hand, steckt ein paar Veilchen in
ihr offenes Haar und schließt dich in die Arme, summt eine
Melodie, einen Walzer, den du mit ihr tanzt; vom Raunen ihrer
Stimme erfaßt, drehst du dich zum langsamen ernsten Takt,
den sie angibt und der sehr verschieden ist von den leichten

Bewegungen ihrer Hände, die dein Hemd aufknöpfen, deine Brust streicheln, deinen Nacken suchen und umschlingen. Auch du murmelst dies Lied ohne Worte, diese Melodie, die von selbst aus deiner Kehle aufsteigt. Sie drehen sich beide zusammen im Kreise, immer dichter beim Bett; du erstickst zuletzt das Lied mit deinen hungrigen Küssen auf Auras Mund, beendest den Tanz mit deinen ungeduldigen Küssen auf ihre Schultern und Brüste.

Du hältst das leere Kleid in Händen. Aura, die auf dem Bett kauert, preßt das Ding gegen ihre Schenkel, streichelt es, lockt dich mit der Hand herbei. Sie streichelt die dünne Oblate, zerbricht sie auf ihren Schenkeln, ohne der Brösel zu achten, die über ihre Hüften rieseln, und sie bietet dir die Hälfte des Gebäcks, das du zur gleichen Zeit wie sie zum Munde führst und mühsam schluckst. Dann fällst du auf Auras nackten Körper, auf ihre Arme, die von einer Seite des Bettes zur anderen ausgebreitet sind wie die Arme des schwarzen Kruzifixes an der Wand, mit dem Lendenschurz aus scharlachroter Seide, den gespreizten Knien, seiner verwundeten Seite, seiner Dornenkrone auf der silberdurchwirkten schwarzen Perücke. Aura wird sich wie ein Altar auftun.

Du flüsterst Auras Namen in Auras Ohr. Du fühlst die vollen Arme der Frau auf deinem Rücken, hörst ihre warme Stimme an deinem Ohr:

»Wirst du mich immer lieben?«

»Immer, Aura. Ich werde dich immer lieben.«

»Immer? Schwörst du es?«

»Ich schwöre es.«

»Auch wenn ich alt werde? Auch wenn ich meine Schönheit verliere? Auch wenn mein Haar weiß wird?«

»Immer, meine Geliebte, immer.«

»Selbst wenn ich sterbe, Felipe? Wirst du mich immer lieben, selbst wenn ich sterbe?«

»Immer, immer. Ich schwöre es. Nichts kann mich von dir trennen.«

»Komm, Felipe, komm…«

Beim Erwachen suchst du Auras Schulter, aber du berührst nur das noch warme Kissen und die weißen Laken, die dich einhüllen.

Du flüsterst wieder ihren Namen.

Du schlägst die Augen auf und siehst sie am Fußende des Bettes stehen, lächelnd, aber ohne dich anzusehen. Langsam geht sie zur Ecke des Zimmers, setzt sich auf den Boden, legt ihre Arme auf die schwarzen Knie, die aus der Dunkelheit auftauchen, die du vergeblich zu durchdringen suchst, streichelt die runzlige Hand, die aus dem sich lichtenden Dunkel hervorkommt. Sie kauert zu Füßen der alten Señora Consuelo, die in einem Lehnstuhl sitzt, den du zuvor nicht wahrgenommen hast. Señora Consuelo lächelt dir zu, nickt dir gemeinsam mit Aura zu, die ihren Kopf im gleichen Rhythmus wie die Alte bewegt; beide lächeln dir zu, danken dir. Willenlos liegst du da und denkst, daß die alte Frau die ganze Zeit über im Zimmer war; du erinnerst dich ihrer Bewegungen, ihrer Stimme, ihres Tanzes, sooft du dir auch sagst, daß sie nicht da war.

Die beiden werden sich im gleichen Augenblick erheben, Consuelo von ihrem Stuhl, Aura vom Boden. Sie werden dir den Rücken kehren, langsam zu der Türe gehen, die zum Schlafzimmer der Witwe führt, gemeinsam den Raum betreten, wo die Lichter vor den Heiligenbildern flackern, werden die Tür hinter sich schließen und dich in Auras Bett schlafen lassen.

V

Du schläfst erschöpft und unbefriedigend. Im Traum hast du schon diese unbestimmte Melancholie gefühlt, diesen Druck auf dem Zwerchfell, diese Traurigkeit, über die deine Phantasie keine Gewalt hat. Zwar verfügst du über Auras Zimmer, doch du schläfst allein, fern dem Körper, von dem du glauben wirst, du habest ihn besessen.

Als du aufwachst, suchst du eine andere Gegenwart im Zimmer und weißt, daß nicht Aura dich beunruhigt, sondern eher die doppelte Gegenwart von etwas, das während der vergangenen Nacht erzeugt wurde. Du preßt die Hände gegen die Schläfen, versuchst deine verstörten Sinne zu beruhigen; jene dumpfe Traurigkeit flüstert dir leise, in der unfaßlichen Erinnerung der Vorahnung ein, daß du deine andere Hälfte suchst, daß die unfruchtbare Empfängnis der vergangenen Nacht dein eigenes Doppel hervorgebracht hat.

Und du hörst auf zu denken, denn es gibt stärkere Dinge als die Phantasie: die Gewohnheit, die dich zwingt aufzustehen, ein Bad neben dem Zimmer zu suchen, und als du keines findest, die Lider zu reiben und auf die Diele hinauszutreten, zum zweiten Stock emporzusteigen, während du die dicke Bitternis deiner Zunge schmeckst, dein Zimmer zu betreten, indem du über die Bartstoppeln auf deinen Backen streichst, die Hähne der Badewanne aufzudrehen und in das warme Wasser zu gleiten, dich zu entspannen und nichts mehr zu denken.

Beim Abtrocknen wirst du an die Alte und das Mädchen denken, wie sie dir eng umschlungen zulächelten, ehe sie eng umschlungen das Zimmer verließen. Du denkst daran, daß sie stets, wenn sie zusammen sind, das gleiche tun: sie umarmen sich, lächeln, essen, reden, kommen und gehen zur gleichen Zeit, als ob eine die andere nachahme, als ob vom Willen der einen die Existenz der anderen abhinge... Du schneidest dich ein bißchen in die Backe, während du beim Rasieren an diese Dinge denkst; du versuchst, dich wieder in die Gewalt zu bekommen. Nachdem du mit deiner Toilette fertig bist, zählst du die Dinge in deiner Reiseapotheke, die Flaschen und Tuben, die der Diener, den du noch nie gesehen hast, aus deiner Pension geholt hat. Du murmelst die Namen dieser Dinge, faßt sie an, liest die Inhaltsangaben und Gebrauchsanweisungen, sagst dir die Markenbezeichnungen vor, klammerst dich an diese Dinge, um jenes andere zu vergessen, jenes namenlose, ohne Etikett, ohne rationalen Gehalt. Was erwartet Aura von dir?

fragst du dich zuletzt und schließt die Reiseapotheke mit
einem Ruck. Was will sie?

Es antwortet dir der dumpfe Rhythmus ihrer Glocke, die den
Gang entlangkommt und dich zum Frühstück ruft. Mit nack-
tem Oberkörper gehst du zur Tür. Als du sie öffnest, steht dir
Aura gegenüber; es wird Aura sein, denn du siehst den grünen
Taft, den sie immer trägt, obwohl ein grünlicher Schleier ihr
Gesicht verhüllt. Du faßt sie beim Handgelenk, das zittert…

»Das Frühstück ist fertig…«, wird sie mit der schwächsten
Stimme sagen, die du je gehört hast.

»Aura, genug mit dem Schwindel.«

»Schwindel?«

»Sag mir, ob Señora Consuelo dich daran hindert, fortzuge-
hen, dein eigenes Leben zu leben. Warum mußte sie dabei sein,
als du und ich…? Sag, daß du mit mir fortgehen wirst,
sobald…«

»Fortgehen? Wohin?«

»Hinaus in die Welt. Um zusammen zu leben. Du kannst
dich nicht auf ewig an deine Tante gebunden fühlen… Warum
diese Ergebenheit? Liebst du sie so sehr?«

»Sie lieben…«

»Ja. Warum mußt du dich derart opfern?«

»Sie lieben? Sie liebt mich. Sie opfert sich für mich.«

»Aber sie ist eine alte Frau, fast ein Leichnam. Du kannst
nicht…«

»Sie hat mehr Leben als ich. Ja, sie ist alt und abstoßend…
Felipe, ich möchte nicht wieder… ich möchte nicht so sein wie
sie… eine andere…«

»Sie versucht, dich lebend zu begraben. Du mußt wiedergeboren werden, Aura.«

»Man muß sterben, bevor man wiedergeboren wird… Nein,
das verstehst du nicht. Vergiß es, Felipe; hab Vertrauen zu
mir.«

»Wenn du mir erklären würdest…«

»Hab Vertrauen zu mir. Sie wird heute den ganzen Tag ausgehen…«

»Sie?«

»Ja, die andere.«

»Sie geht aus? Aber wenn sie doch nie…«

»Doch, manchmal geht sie aus. Sie nimmt all ihre Kraft zusammen und geht aus. Heute wird sie ausgehen. Den ganzen Tag… Du und ich könnten…«

»Fortgehen?«

»Wenn du willst…«

»Nein, vielleicht noch nicht. Ich stehe unter Vertrag. Aber sobald ich die Arbeit beendet habe…«

»Ah, ja. Aber sie wird den ganzen Tag ausgehen. Wir könnten etwas tun…«

»Was?«

»Ich werde dich heute abend im Schlafzimmer meiner Tante erwarten. Ich werde dich erwarten wie immer.«

Sie wird sich abwenden und ihre Glocke läuten, wie die Aussätzigen es tun, um ihre Ankunft anzuzeigen, um die Unvorsichtigen zu warnen: »Aus dem Weg, aus dem Weg.« Du ziehst Hemd und Jacke an und folgst den vereinzelten Glockenlauten, die dir zum Eßzimmer vorauseilen. Als du den Salon betrittst, hörst du sie nicht mehr; gebückt und auf einen knorrigen Stock gestützt, kommt dir die Witwe Llorente aus dem Eßzimmer entgegen; sie trägt ein weißes Kleid und einen zerknitterten, verfleckten Gazeschleier. Ohne dich anzusehen, geht sie klein und faltig vorbei, schneuzt sich in ein Taschentuch, schneuzt sich und spuckt unentwegt aus, wobei sie murmelt:

»Ich werde heute nicht zu Hause sein, Señor Montero. Ich habe Vertrauen in Ihre Arbeit. Machen Sie bitte weiter. Die Memoiren meines Mannes müssen veröffentlicht werden.«

Sie wird sich entfernen, wird auf den Stock gestützt mit den kleinen Füßen einer altertümlichen Puppe über die Teppiche gehen und dabei spucken und niesen, als wolle sie etwas aus ihren Atemwegen, aus ihren verklebten Lungen herausschleudern. Es kostet dich Überwindung, ihr nicht mit den Augen zu folgen, doch beherrschst du die Neugier, die du beim Anblick des vergilbten Brautkleides fühlst, das sie zuunterst aus der Truhe ihres Schlafzimmers hervorgeholt hat.

Kaum rührst du den kalten schwarzen Kaffee an, der dich im Eßzimmer erwartet. Eine Stunde verharrst du rauchend auf dem hohen, alten gotischen Stuhl und wartest auf die Geräusche, die dich nie erreichen, bis du sicher bist, daß die alte Frau das Haus verlassen hat und dich nicht ertappen wird. Denn seit einer Stunde umklammert deine Hand den Truhenschlüssel, und jetzt gehst du geräuschlos durch den Salon zur Diele, wo du fünfzehn weitere Minuten – deine Uhr wird die Zeit anzeigen – mit dem Ohr an Señora Consuelos Tür wartest, dieser Tür, die du dann behutsam aufstößt, bis du hinter dem Spinnennetz der Andachtskerzen das leere, zerwühlte Bett erkennst, auf dem das Kaninchen seine roten Rüben knabbert; das Bett, das immer mit Brosamen übersät ist und das du jetzt zaghaft betastest, als glaubtest du, die winzige Alte sei vielleicht zwischen den Falten der Laken versteckt.

Du gehst zu der Ecke, wo die Truhe steht, dabei trittst du auf den Schwanz einer Ratte, die quietschend dem Druck deiner Schuhsohle entflieht und davonrennt, um die anderen zu warnen. Du näherst den Kupferschlüssel dem schweren, verrosteten Beschlag, der knarrt, als du den Schlüssel ins Schloß steckst und das Hängeschloß entfernst, dann hebst du den Deckel und hörst die rostigen Scharniere ächzen. Du nimmst den dritten Teil der Memoiren heraus – mit rotem Band –, und darunter entdeckst du alte, steife Fotografien mit Eselsohren. Ohne sie anzusehen, nimmst du sie auch an dich, preßt den ganzen Schatz gegen die Brust, hastest geräuschlos hinaus, ohne die Truhe zu schließen, ohne an den Hunger der Ratten zu denken. Du überschreitest die Schwelle, schließt die Tür, lehnst dich in der Diele gegen die Wand, bis du wieder normal atmest, und steigst dann zu deinem Zimmer hinauf.

Dort oben wirst du die neuen Seiten lesen, die Fortsetzung, die Ereignisse eines sterbenden Jahrhunderts. In seiner blumigsten Sprache beschreibt General Llorente die Persönlichkeit von Eugenia de Montijo, zollt der Gestalt Napoleons III. seine

Anerkennung, holt seinen kriegerischsten Wortschatz hervor, um den französischen Krieg mit Preußen zu verkünden, füllt ganze Seiten mit seinem Schmerz angesichts der Niederlage, ruft alle Ehrenmänner gegen das republikanische Ungeheuer auf, sieht einen Hoffnungsschimmer in General Boulanger, sehnt sich nach Mexiko und findet, daß sich in der Dreyfus-Affäre die Ehre – immer die Ehre – der Armee wieder behauptet hat.

Die vergilbten Seiten zerfallen bei deiner Berührung, du achtest nicht mehr darauf, dich interessiert nur noch, wo die Frau mit den grünen Augen wieder auftaucht. »Ich weiß, warum du manchmal weinst, Consuelo. Ich konnte dir keine Kinder schenken, dir, die du doch so vor Leben sprühst...« Und später: »Consuelo, du sollst Gott nicht versuchen. Wir müssen uns fügen. Genügt dir meine Liebe nicht? Ich weiß, daß du mich liebst; ich fühle es. Ich verlange nicht, daß du dich damit abfindest, denn das hieße, dich beleidigen. Ich bitte dich nur, in der großen Liebe, die du nach deinen Worten für mich empfindest, etwas Ausreichendes zu sehen, etwas, was uns beide erfüllen kann, ohne die Notwendigkeit, sich in krankhafte Vorstellungen zu flüchten...« Und auf einer anderen Seite: »Ich habe Consuelo gesagt, daß diese Arzneitränke völlig nutzlos sind. Sie besteht darauf, ihre eigenen Pflanzen im Garten zu ziehen. Sie sagt, sie mache sich nichts vor. Die Kräuter sollten nicht so sehr den Körper als die Seele stärken.« Später: »Ich fand sie im Delirium, wie sie das Kissen umarmte und rief: ›Ja, ja, ja, es ist mir gelungen, ich habe ihr Gestalt verliehen! Ich kann sie beschwören, mit meinem eigenen Leben kann ich ihr Leben einhauchen!‹ Ich mußte den Arzt holen. Er sagte mir, er könne sie nicht beruhigen, da sie unter der Wirkung von Narkotika und nicht von Stimulanzien stünde...« Und schließlich: »Heute morgen fand ich sie, als sie barfuß durch die Gänge lief. Ich wollte sie aufhalten. Ohne mich anzusehen, ging sie vorbei, doch ihre Worte waren an mich gerichtet. ›Halt mich nicht auf‹, sagte sie. ›Ich gehe meiner Jugend entgegen, und meine Jugend kommt mir entgegen. Sie kommt schon herein, sie ist

im Garten, sie kommt zurück...‹ Consuelo, arme Consuelo...
Consuelo, selbst der Teufel war einmal ein Engel...«

Es wird nichts mehr folgen. Hier enden die Memoiren des
Generals Llorente: »*Consuelo, le démon aussi était un ange,
avant...*«

Und nach der letzten Seite die Bilder. Das Bild eines älteren
Herrn in Militäruniform, mit folgenden Worten in einer Ecke
der alten Fotografie: *Moulin, Photographe, 35, Boulevard
Haussmann* und das Datum 1894. Dann die Fotografie von
Aura. Aura mit ihren grünen Augen, das schwarze Haar in Lok-
ken gelegt, wie sie sich auf eine dorische Säule stützt, eine
gemalte Landschaft im Hintergrund, die Landschaft der Lorelei
am Rhein. Das Kleid ist bis zum Hals geschlossen, in einer
Hand hält sie ein Taschentuch, unter dem Rock der Cul de
Paris. Aura, darunter mit weißer Tinte das Datum 1876 und auf
der Rückseite des Daguerreotyps mit krakeliger Handschrift:
Fait pour notre dixième anniversaire de mariage und eine
Unterschrift in der gleichen Hand: *Consuelo Llorente.* Auf der
dritten Fotografie wirst du Aura auf einer Bank im Garten
zusammen mit dem Alten sitzen sehen, der diesmal Zivil trägt.
Die Fotografie ist ein wenig unscharf; Aura wird nicht so jung
aussehen wie auf dem ersten Bild, aber sie ist es, er ist es, es
ist... du bist es.

Gebannt starrst du auf die Fotografie, dann hältst du sie
gegen das Oberlicht, deckst General Llorentes weißen Bart mit
der Hand zu und stellst ihn dir mit schwarzem Haar vor, und du
findest stets dich selbst: verwischt, verloren, vergessen, aber
du, du, du.

Dir wirbelt der Kopf, du bist überwältigt vom Rhythmus
jenes fernen Walzers, der zum Anblick, zum Gefühl, zum
Geruch der feuchten und duftenden Pflanzen noch hinzu-
kommt. Entkräftet sinkst du aufs Bett, berührst deine Backen,
deine Augen, deine Nase, als fürchtest du, eine unsichtbare
Hand habe die Maske heruntergerissen, die du siebenundzwan-
zig Jahre lang getragen hast; jene Züge aus Gummi und Papp-
maché, die ein Vierteljahrhundert lang dein wahres Antlitz

verborgen haben, dein Gesicht von einst, das du vergessen hattest. Du vergräbst deinen Kopf im Kissen und suchst zu hindern, daß die Luft die Züge zerreißt, die dir gehören, die du nicht verlieren möchtest. So verharrst du – das Gesicht im Kissen, die Augen darunter weit aufgerissen – und wartest auf das, was kommen muß, was du nicht wirst hindern können. Du wirst nicht mehr auf deine Uhr sehen können, diesen unbrauchbaren Gegenstand, der die falsche Zeit der menschlichen Eitelkeit mißt, diese kleinen Zeiger, welche träge die langen Stunden anzeigen: sie wurden erfunden, um über die wahre Zeit zu täuschen, die Zeit, die mit so tödlicher, so schimpflicher Schnelligkeit verfliegt, daß keine Uhr sie messen kann. Ein Leben, ein Jahrhundert, fünfzig Jahre; du wirst dir diese lügnerischen Maße nicht länger vorstellen, wirst diesen gestaltlosen Staub nicht länger in Händen halten können.

Als du dich von deinem Kissen löst, wirst du entdecken, daß dich tiefe Dunkelheit umgibt. Die Nacht wird hereingebrochen sein.

Die Nacht wird hereingebrochen sein. Hinter den hohen Scheiben werden die eiligen, schwarzen Wolken vorbeijagen, das trübe Licht überziehen, das sich müht, sie aufzulösen, um sein bleiches, lächelndes Rund zu zeigen. Einen Augenblick wird der Mond auftauchen, ehe ihn dunkler Dunst von neuem verhüllt.

Du wirst nicht mehr hoffen, nicht einmal auf deine Uhr wirst du sehen. Du wirst die Treppen hinaufeilen, die dich von dieser Zelle mit ihren alten Papieren und verblichenen Daguerreotypen wegführen, wirst an der Tür von Señora Consuelos Zimmer stehenbleiben und deiner eigenen Stimme lauschen, die nach all diesen Stunden des Schweigens dumpf und verwandelt klingt: »Aura...« Noch einmal: »Aura...«

Du wirst das Zimmer betreten. Die Votivlichter werden erloschen sein. Dir wird einfallen, daß die Alte den ganzen Tag fort war und die Kerzen ohne die Achtsamkeit der frommen Frau niedergebrannt sein müssen. Im Dunkeln wirst du dich zum Bett tasten.

»Aura...«

Und du wirst das schwache Rascheln von Taft auf den Dek-
ken und Atemzüge hören, die im gleichen Rhythmus gehen
wie deine eigenen. Du wirst die Hand ausstrecken, um Auras
grünes Kleid zu berühren, und wirst Auras Stimme verneh-
men:

»Nein. Faß mich nicht an... Leg dich neben mich...«

Du wirst die Bettkante finden, die Beine hinaufschwingen
und ausgestreckt reglos warten, nicht ohne einen Schauder.

»Sie kann jede Minute zurückkommen...«

»Sie wird nicht mehr zurückkommen.«

»Nie?«

»Ich bin erschöpft. Sie hat sich erschöpft. Ich konnte sie nie
länger als drei Tage bei mir halten.«

»Aura...«

Du möchtest deine Hand Auras Brüsten nähern. Sie wird dir
den Rücken kehren, du wirst es an der neuen Entfernung ihrer
Stimme merken.

»Nein... Faß mich nicht an...«

»Aura... ich liebe dich.«

»Ja, du liebst mich. Du wirst mich immer lieben, hast du
gestern gesagt...«

»Ich werde dich immer lieben. Ich kann nicht leben ohne
deine Küsse, deinen Körper...«

»Küsse mein Gesicht, nur mein Gesicht.«

Du wirst deine Lippen dem Kopf neben dir nähern, wirst wieder Auras langes Haar streicheln und die zerbrechliche Frau leidenschaftlich bei den Schultern packen, ohne ihrer scharfen
Klage zu achten; du wirst das Taftkleid herunterreißen, sie
umarmen, sie klein, verloren, nackt und ohne Kraft in deinen
Armen fühlen; trotz ihres klagenden Widerstands, ihres
schwachen Protests wirst du ihr Gesicht küssen, ohne zu denken, ohne zu unterscheiden, und du wirst ihre welken Brüste
berühren, als ein Strahl Mondlicht sanft hereinfällt und dich
überrascht, dich zwingt, das Gesicht abzuwenden, die Spalte in
der Mauer zu suchen, durch die das Mondlicht eindringt, dies

Loch, das die Ratten genagt haben, dies Auge, durch das ein Strahl silbernen Mondlichts hereinsickert. Er fällt auf Auras weißes Haar, auf das verwitterte Gesicht, das bleich, vertrocknet und runzlig ist wie eine gedörrte Pflaume. Du wirst deine Lippen von den fleischlosen Lippen entfernen, die du geküßt hast, von den zahnlosen Kiefern, die sich vor dir auftun; im Mondlicht wirst du den nackten Körper der alten Frau, der Señora Consuelo, sehen, den schlaffen, verbrauchten kleinen alten Körper, der leicht zittert, weil du ihn berührst, weil du ihn liebst, weil du doch zurückgekehrt bist...

Du wirst dein Gesicht, deine offenen Augen in das silberweiße Haar von Consuelo tauchen, und die Frau wird dich wieder umarmen, wenn der Mond erlischt, wenn die Wolken die Fackel verdecken, euch beide in Dunkel hüllen und sich für einige Zeit die Erinnerung, die fleischgewordene Erinnerung der Jugend, vom Boden erhebt.

»Sie wird zurückkommen, Felipe. Gemeinsam werden wir sie zurückbringen. Laß mich meine Kraft wiederfinden, und ich werde sie zurückbringen...«

Aus dem Spanischen von Christa Wegen

Ein Echo

Umberto Eco

Nonita

Das vorliegende Manuskript ist uns vom Oberaufseher des kommunalen Gefängnisses einer piemontesischen Kleinstadt übergeben worden. Die unbestimmten Angaben, die der Mann über den mysteriösen Häftling gemacht hat, der es in seiner Zelle zurückließ, der Nebel, der das Schicksal des Verfassers umgibt, und eine gewisse allgemeine, unerklärliche Reserviertheit derer, die den Schreiber dieser Zeilen gekannt haben, lassen uns keine andere Wahl, als uns mit dem zu begnügen, was wir wissen, und in aller Bescheidenheit den erhaltenen Teil des Manuskripts (das übrige ist von Mäusen zerfressen) hier wiederzugeben, so daß sich der Leser ein Bild von dem außergewöhnlichen Schicksal dieses Umberto Umberto machen kann (doch war jener mysteriöse Häftling nicht womöglich Vladimir Nabokov, den es seltsamerweise in die piemontesischen Hügel verschlagen hatte, und zeigt dieses Manuskript nicht die Kehrseite des proteischen Immoralisten?), auf daß man diesen Seiten schließlich entnehme, was ihre verborgene Lehre ist: maskiert unter Libertinage eine Lehre von höchster Moral.

Nonita. Blume meiner Jugend, Unruhe meiner Nächte. Werde ich dich je wiedersehen? Nonita. Nonita. Nonita. Drei Silben, wie eine Negation aus Süße: No. Ni. Ta. Nonita, mögest du mir in Erinnerung bleiben, bis dein Bild Finsternis ist und dein Ort Grab.

Ich heiße Umberto Umberto. Als die Sache geschah, unterlag ich glühend dem Sieg der Jugend. Nach Aussage derer, die mich kannten (nicht derer, die mich jetzt sehen, Leser, abgemagert in dieser Zelle, während der erste Anflug eines Prophetenbartes mir die Wangen verhärtet), nach Aussage derer, die mich zu jener Zeit kannten, war ich ein strammer Ephebe mit einem Schatten von Melancholie, den ich vermutlich den meridionalen Genen eines kalabrischen Ahnen verdanke. Die Mädchen, die ich kannte, begehrten mich mit der ganzen Heftigkeit ihres blühenden Leibes und machten mich zur tellurischen Unruhe ihrer Nächte. Doch ich entsinne mich kaum jener Mädchen, denn ich war grausige Beute einer ganz anderen Leidenschaft, und meine Blicke streiften kaum ihre Wangen, wenn sie im Gegenlicht golden erglänzten von einem seidigen und transparenten Flaum.

Ich liebte, geneigter Leser, und zwar mit der Tollheit meiner eifernden Jahre, ich liebte jene, die du mit zerstreuter Fühllosigkeit »die Alten« nennen würdest. Ich begehrte aus tiefster Tiefe meiner blutjungen Fasern jene Geschöpfe, die schon gezeichnet sind von der Strenge eines unerbittlichen Alters, gebeugt vom schicksalsschweren Gewicht ihrer achtzig Jahre, grausig ausgehöhlt vom begehrenswerten Gespenst der Vergreisung. Um sie zu bezeichnen, diese der Mehrheit unbekannten Frauen, denen die schlüpfrige Indifferenz der habituellen *usagers* rescher fünfundzwanzigjähriger Friulanerinnen keine Beachtung schenkt, werde ich, Leser – auch hierin beherrscht von den Anfällen einer ungestümen Gelehrtheit, die mir jede Geste der Unschuld verwehrt –, einen Ausdruck verwenden, den für treffend zu halten ich nicht verzage: Pärzchen, *parquettes*.

Ihr, die ihr über mich richtet *(toi, hypocrite lecteur, mon semblable, mon frère)*, was wißt ihr schon von der morgendlichen Jagdbeute, die sich im Sumpf dieser unserer unterirdischen Welt dem listenreichen Liebhaber kleiner Parzen bietet! Ihr, die ihr nachmittags durch die städtischen Anlagen streift auf eurer banalen Jagd nach soeben erblühten Mädchen, was wißt ihr von der verstohlenen, einsamen, grinsenden Jagd, die der Liebhaber kleiner Parzen zwischen den Parkbänken alter

Gärten betreiben kann, im weihrauchgeschwängerten Dunkel der Kirchen, auf den Kieswegen stiller Friedhöfe in der Vorstadt, sonntags an den Ecken der Altersheime, vor den Toren der Nachtasyle, in den psalmodierenden Reihen der Heiligenprozession, bei den Wohltätigkeitsveranstaltungen, auf der Lauer in einem amourösen, überaus engen und leider erbarmungslos keuschen Hinterhalt, um aus der Nähe jene vulkanisch zerfurchten Gesichter zu sehen, jene wäßrigen, vom Star getrübten Augen, das Zittern der ausgedörrten Lippen, eingezogen in die erlesene Höhlung eines zahnlosen Mundes, zuweilen benetzt von einem schimmernden Strom ekstatischen Speichels, die knotigen Hände nervös im schlüpfrigen und provozierenden Tremolo eines unendlich langsam gebeteten Rosenkranzes!

Kann ich dir jemals, freundlicher Leser, das verzweifelte Schmachten nach jener flüchtigen Augenbeute vermitteln, das spasmische Beben bei gewissen kaum wahrnehmbaren Kontakten, eine flüchtige Ellenbogenberührung im Gedränge der Trambahn (»Pardon, Madame, wollen Sie sich nicht setzen?« Oh, satanischer Freund, wie wagtest du es, den feuchten Dankesblick anzunehmen und das knappe »Vielen Dank, junger Mann« – du, der du lieber an Ort und Stelle deine bacchantisch wüste Komödie der Besitzergreifung inszeniert hättest), das leichte Streifen eines venerablen Knies, *strisciando* von deiner Wade berührt zwischen zwei Sitzreihen in der nachmittäglichen Leere eines Vorstadtkinos, oder – sporadischer Augenblick engsten Kontaktes – das verhalten zärtliche Drücken des knochigen Arms einer Greisin, der du mit beflissener Pfadfindermiene über die Straße halfst!

Die Wechselfälle meines naßforschen Alters bescherten mir freilich auch andere Begegnungen. Wie ich schon sagte, ich hatte einen gewissen Charme mit meinen gebräunten Wangen und den zarten Zügen eines von morbider Virilität befallenen Mädchens. Ich ignorierte durchaus nicht die Liebe der Heranwachsenden, doch ich unterzog mich ihr wie einer Pflichtübung, um meinem Alter Genüge zu tun. Ich entsinne mich

eines Abends im Mai, kurz vor Sonnenuntergang, als ich im
Garten einer aristokratischen Villa – es war im Varesischen,
unweit des roten Sees der sinkenden Sonne – im Schatten eines
Busches mit einer entkleideten, ganz von Sommersprossen
bedeckten Siebzehnjährigen lag, die sich in einem wahrhaft
beängstigenden Rausch von Liebesgefühlen befand. Und
gerade als ich ihr lustlos den ersehnten Merkurstab meiner
schwellenden Wundertätigkeit überließ, sah ich, Leser, erriet
ich gleichsam in einem Fenster der Beletage die Gestalt einer
altersschwachen Amme, krumm vorgebeugt, im Begriff, sich
die formlose Masse eines schwarzen Baumwollstrumpfes vom
Bein zu streifen. Der plötzliche Anblick jenes geschwollenen
Gliedes, gezeichnet von Krampfadern und gestreichelt vom
ungeschickten Auf und Ab der alten Hände in ihrem Bemühen,
das Knäuel des Strumpfes aufzurollen, erschien mir (oh, meine
begehrlichen Augen!) wie ein gräßliches und beneidenswertes
Phallussymbol, umschmeichelt von einer jungfräulichen
Geste. Und im selben Moment, erfaßt von einer durch die
Distanz noch verstärkten Ekstase, explodierte ich röchelnd in
einem Erguß biologischer Einwilligung, den das Mädchen
(unvorsichtiges Küken, wie ich dich haßte!) stöhnend aufnahm
wie ein Tribut an den eigenen unreifen Zauber.

Hast du je begriffen, du mein törichtes Werkzeug aufgescho-
bener Lüste, daß du damals die Speise vom Tisch einer anderen
naschtest, oder ließ die dumpfe Eitelkeit deiner unreifen Jahre
mich dir als ein feuriger, unvergeßlicher, sündenfroher Komplize erscheinen? Tags darauf abgereist mit der Familie,
schicktest du mir nach einer Woche eine Postkarte mit der
Unterschrift »Deine alte Freundin«. Ahntest du die Wahrheit,
wolltest du mir deinen Scharfblick durch den gezielten
Gebrauch dieses Adjektivs enthüllen, oder war es nur der jar-
gonhafte Ausfall einer Gymnasiastin im Krieg mit den üblichen philologisch geschraubten Brieffloskeln?

Wie starrte ich seither zitternd auf jenes Fenster, stets in der
Hoffnung, die gebrechliche Silhouette einer Greisin im Bade zu
sehen! Wie viele Abende saß ich halbversteckt unter Bäumen,

meiner gewohnten Ausschweifung hingegeben, die Augen unverwandt auf die hinter einem Vorhang erkennbare Schattengestalt einer zarten Muhme vor einem Teller mit Brei geheftet! Und dann die fürchterliche Enttäuschung, jäh und blitzartig *(tiens donc, le salaud!)*, wenn die Gestalt sich dem Trug der chinesischen Schatten entzog und am Fenster erschien als das, was sie war: eine nackte Tänzerin mit strammen Brüsten und den ambraschimmernden Hüften einer andalusischen Stute!

So verbrachte ich Monate und Jahre friedlos auf der vergeblichen Jagd nach verehrungswürdigen Pärzchen, nimmermüde einer Suche ergeben, die, ich weiß es, ihren unzerstörbaren Ursprung aus dem Augenblick meiner Geburt bezog, als eine alte, zahnlose Hebamme (Resultat der vergeblichen Suche meines Vaters, der zu jener Nachtstunde keine andere gefunden hatte als diese, die schon mit einem Fuß im Grabe stand!) mich aus dem viskosen Gefängnis des Mutterschoßes befreite und mir im Licht des Lebens ihr Gesicht offenbarte – das unsterbliche Gesicht einer *jeune parque*.

Ich suche hier keine Rechtfertigung vor euch, die ihr mich lest *(à la guerre comme à la guerre)*, doch ich möchte hier wenigstens erklären, wie schicksalhaft die Koinzidenz der Ereignisse war, die mich zu jenem Siege führte.

Das Fest, zu dem man mich eingeladen hatte, war eine schale Petting-Party von jungen Mannequins und kaum der Pubertät entwachsenen Studenten. Die geschmeidige Wollust jener willigen Mädchen, die lässige Art, wie sie im Ungestüm einer Tanzfigur ihre Brüste in offenen Blusen darboten, widerte mich an. Schon wollte ich fluchtartig jenen Ort des banalen Handelns mit noch intakten Leisten verlassen, als ein schriller, fast kreischender Ton (und finde ich je den passenden Ausdruck für die schwindelerregend hohe Frequenz, das heisere Abklingen der schon ermatteten Stimmbänder, *l'allure suprême de ce cri centenaire?*), als die bebende Klage einer uralten Frau die Versammlung in Schweigen stürzte. Und im Türrahmen sah ich sie, sah das Gesicht der fernen Parze meines pränatalen

Schocks, umgeben von wallendem Enthusiasmus der lasziv-
weißen Haare, den zusammengefallenen Körper, der sich eckig
unter dem Stoff der glatten schwarzen Bluse abzeichnete, die
dürren, längst unerbittlich krumm gewordenen Beine, die
zarte Linie ihrer verletzlichen Schenkel unter der altmodi-
schen Schamhaftigkeit des verehrungswürdigen Rockes.

Das fade Mädchen, das uns eingeladen hatte, rang sich
demonstrativ eine Geste der Höflichkeit ab, hob die Augen
zum Himmel und sagte: »Meine *Nonna*«...

Hier endet das erhaltene Manuskript. Aus den spärlichen
Resten, die noch zu entziffern sind, läßt sich schließen, daß die
Geschichte wie folgt weiterging. Wenige Tage später entführt
Umberto Umberto die Großmutter seiner Gastgeberin und
flieht mit ihr auf dem Fahrrad nach Piemont. Zunächst führt er
sie in ein Heim für mittellose Senioren, wo er die Nacht mit ihr
verbringt, und erfährt dabei, daß er nicht der erste in ihrem
Leben ist. Bei Tagesanbruch, als er im Garten eine Zigarette
raucht, wird er von einem zwielichtigen jungen Mann ange-
sprochen, der ihn fragt, ob die Alte wirklich seine *Nonna* sei.
Besorgt verläßt er das Altersheim mit Nonita und macht sich
auf eine schwindelerregende Wanderschaft kreuz und quer
durch Piemont. Er besucht die Weinmesse von Canelli, das
Trüffelfest von Alba, nimmt teil an der Parade von Gianduja in
Caglianetto, am Viehmarkt von Nizza Monferrato, an der
Wahl der Schönen Müllerin in Ivrea, am Sackhüpfen auf der
Kirchweih von Condove. Am Ende dieser Irrfahrt durch die
Weiten des Landes bemerkt er, daß ihm seit einiger Zeit ein
junger Pfadfinder auf einer Lambretta folgt, der jede Begegnung
mit ihm vermeidet. An dem Tag, als er in der Ortschaft Incisa
Scappacino seine Nonita zur Pediküre bringt und sie einen
Moment allein läßt, um sich Zigaretten zu kaufen, findet er
sich bei der Rückkehr von der Alten verlassen: Sie ist mit dem
Verführer geflohen. Er verbringt einige Monate in tiefster Verzweiflung und findet schließlich die Greisin wieder, zurück
aus einem Schönheitssalon, wohin sie der Verführer gebracht

hatte. Ihr Gesicht ist faltenlos, ihr Haar kupferblond gefärbt, der Mund wieder voll und blühend. Angesichts dieses Verrats wird Umberto Umberto von einem Gefühl abgrundtiefen Mitleids und stiller Verzweiflung gepackt. Ohne ein Wort zu sagen, besorgt er sich eine doppelläufige Flinte und macht sich auf die Suche nach dem Unseligen. Er findet ihn auf einem Campingplatz, wo er gerade zwei Hölzchen aneinanderreibt, um Feuer zu machen. Er schießt einmal, zweimal, dreimal auf ihn, immer daneben, bis er von zwei Priestern mit schwarzen Baskenmützen und Lederjacken ergriffen wird. In flagranti ertappt, wird er zu sechs Monaten Haft wegen unbefugten Waffentragens und Jagens außerhalb der Saison verurteilt.

Aus dem Italienischen von Burkhart Kroeber

Zu den Autoren / Quellennachweise

Mercedes Abad ist eine junge spanische Schriftstellerin, die mit dem renommierten Literaturpreis für Erotik »La Sonrisa Vertical« ausgezeichnet worden ist.
EINE ERSTAUNLICHE FRAU – AUS: SITTLICHE VERFEHLUNGEN. Aus dem Spanischen von Willi Zurbrüggen. Copyright © für die deutsche Ausgabe Vito von Eichborn & Co. Verlag KG, Frankfurt am Main 1991.

Reinaldo Arenas wurde 1943 in der Provinz Hoguín, Kuba, geboren. Als schriftstellerischer, politischer und sexueller Dissident im Kuba Castros mußte er seine Manuskripte ins Ausland schmuggeln, wo sie in zahlreichen Sprachen veröffentlicht wurden. 1980 floh er in die Vereinigten Staaten. Von Aids gezeichnet, wählte er 1990 in New York den Freitod.
MONA – Aus: Reinaldo Arenas, REISE NACH HAVANNA. Copyright © 1990 by Reinaldo Arenas © by Mondadori España, S.A. 1990. Copyright © der deutschsprachigen Ausgabe 1994 bei Edition diá, Berlin. Aus dem Spanischen von Klaus Laabs. Abdruck mit freundlicher Genehmigung A. C. E. R. Agencia Literaria, Madrid.
Deutsche Erstveröffentlichung.

Ingeborg Bachmann, die letzte grande dame der deutschen Literatur, wurde 1926 in Klagenfurt geboren und studierte Rechtswissenschaften und Philosophie. Sie lebte viele Jahre in Rom, wo sie 1973 unter ungeklärten Umständen starb. Ihr Werk wurde u. a. mit dem Preis der »Gruppe 47« ausgezeichnet.

UNDINE GEHT – Aus: Ingeborg Bachmann, Gesammelte Werke Band II. Copyright © R. Piper & Co. Verlag, München 1978.

Jorge Luis Borges wurde 1899 in Buenos Aires geboren und starb 1986 in Genf. Ohne sein wegweisendes und bahnbrecherisches Werk, wäre die moderne hispanische Literatur undenkbar. Die Vielzahl seiner Themen und die Perfektion seiner Formen in Erzählung, Essay und Lyrik machten ihn schon zu Lebzeiten zum Klassiker der Weltliteratur.
DIE WITWE TSCHING, SEERÄUBERIN – Aus: Jorge Luis Borges, Gesammelte Werke, Erzählungen 1, UNIVERSALGESCHICHTE DER NIEDERTRACHT. Nach der Übersetzung von Karl August Horst, bearbeitet von Gisbert Haefs. Copyright © 1981 Carl Hanser Verlag, München und Wien.

Charles Bukowski, 1920 in Andernach geboren, lebte seit dem dritten Lebensjahr in Los Angeles. Nach Jobs als Tankwart, Schlachthof- und Hafenarbeiter begann er mit 35 Jahren zu schreiben und veröffentlichte über 40 Prosa- und Lyrikbände. Er starb 1994.
GOTTESANBETERIN – Aus: Charles Bukowski, HOT WATER MUSIC. Aus dem amerikanischen Englisch von Carl Weissner. Copyright © der deutschsprachigen Ausgabe 1985, 1988 by Verlag Kiepenheuer & Witsch, Köln.

Angela Carter wurde 1940 in Eastbourne/England geboren. Nach dem Studium bereiste sie die ganze Welt, lebte zwei Jahre in Japan, lehrte an verschiedenen Universitäten und lebt heute in London.
SCHWARZE VENUS – Aus: Angela Carter, SCHWARZE VENUS, ERZÄHLUNGEN. Aus dem Englischen von Joachim Kalka. Copyright © für die deutsche Erstausgabe 1990 beim Deutschen Taschenbuch-Verlag, München.

Sandra Cisneros wurde 1951 als Tochter eines mexikanischen Vaters und einer mexikanisch-amerikanischen Mutter geboren. Sie lebt heute in San Antonio, Texas, und gilt als eine der wichtigen amerikanischen Autorinnen, die das Leben von Frauen zwischen zwei Kulturen beschreiben.

HEIRATE BLOSS KEINEN MEXIKANER – Aus: Sandra Cisneros, KLEINE WUNDER. Aus dem amerikanischen Englisch von Helga Pfetsch und Silvia Morawetz. Copyright © der deutschsprachigen Ausgabe 1992 beim Wilhelm Goldmann Verlag, München. Abdruck mit freundlicher Genehmigung der Susan Bergholz Literary Services und der Agence Hoffmann, München.

Storm Constantine wurde 1956 in Stafford, England, geboren, wo sie auch heute noch lebt. Sie hat mehrere phantastische Romane veröffentlicht.

GIFT INS MEER GIESSEN – Originaltitel: »Poisoning the Sea«. Copyright © by Storm Constantine 1992, zuerst veröffentlicht in der Anthologie »The Dedalus Book of Femmes Fatales« im Dedalus Verlag, Cambridgeshire. Copyright © 1993 der deutschen Übersetzung von Karin Kanbach beim Wilhelm Goldmann Verlag, München.
Deutsche Erstveröffentlichung.

Julio Cortázar wurde 1914 in Brüssel geboren und lebte bis 1951 in Argentinien. Dann ließ er sich als Übersetzer und Dolmetscher in Paris nieder, wo er 1984 starb. Sein umfangreiches und subtiles Werk machte ihn zu einem der profiliertesten Vertreter der modernen lateinamerikanischen Literatur.

ALLE LIEBEN GLENDA – Aus: Julio Cortázar, ALLE LIEBEN GLENDA, ERZÄHLUNGEN. Aus dem Spanischen von Rudolf Wittkopf. Copyright © Suhrkamp Verlag, Frankfurt am Main 1989.

Marguerite Duras, die 1914 in Giadiuh/Indochina geboren wurde und heute in Frankreich lebt, ist sowohl durch ihre Romane als auch ihre Dramen, Hörspiele und Filme in Deutschland bekannt geworden.

DIE NACHT IM CASINO VON T. BEACH – Aus: Marguerite Duras,

DIE VERZÜCKUNG DER LOL V. STEIN. Aus dem Französischen von Katharina Zimmer. Copyright © Suhrkamp Verlag, Frankfurt am Main 1966.

Umberto Eco wurde 1932 in Alessandria geboren und lebt heute in Mailand. Er ist Bestsellerautor, Journalist, Professor für Semiotik an der Universität Bologna und bekleidet den Rang eines internationalen Medienfürsten.
NONITA – Aus: Umberto Eco, PLATON IM STRIPTEASE-LOKAL. Aus dem Italienischen von Burkhart Kroeber. Copyright © der deutschen Ausgabe Carl Hanser Verlag, München und Wien 1990.

Carlos Fuentes wurde 1928 in Mexiko geboren. Er studierte Jura und bekleidete mehrere diplomatische Ämter, bevor er sich ganz der Schriftstellerei widmete. Er lebt hauptsächlich in Paris und den USA. Sein literarisches Werk hat ihn wohl zu dem bekanntesten mexikanischen Schriftsteller der Gegenwart gemacht.
AURA. Aus dem Spanischen von Christa Wegen. Copyright © 1956 by Carlos Fuentes. Copyright © für die deutschen Rechte bei der Deutschen Verlags-Anstalt GmbH, Stuttgart 1966.

Marcus Hansmann wurde 1966 geboren und studierte an der Akademie der Bildenden Künste in Kassel.
AMOR FIA UND ELEONORA – Aus: JAHRESZEITEN DES VERLANGENS. Copyright © Bollmann Verlag 1992.

Primo Levi wurde 1919 in Turin geboren und studierte Chemie. 1944 wurde er als Jude und Mitglied der Resistenza nach Auschwitz deportiert. Er überlebte und kehrte in einer endlosen Odyssee nach Italien zurück, wo er bis 1977 in der chemischen Industrie arbeitete. Danach war er freier Schriftsteller. Er starb 1987 in Turin.
LILITH – Aus dem gleichnamigen (bei Einaudi Editore, Turin, erschienenen) Erzählband, mit freundlicher Genehmigung des

Carl Hanser Verlags, München und Wien. Übertragen von Joachim Meinart.

Henry Miller, der 1891 in New York geborene deutschstämmige Außenseiter der modernen amerikanischen Literatur, wuchs in den Straßen Brooklyns auf. Neun Jahre gehörte er dann den Pariser Kreisen der »American Exiles« an. In Amerika jahrelang als Pornograph gebrandmarkt, verdankt er die Veröffentlichung seiner ersten Werke dem Mut eines Pariser Verlegers. Henry Miller starb 1980 in Pacific Palisades, Kalifornien.
MAHARANI DER NACHT – Aus: Henry Miller, WENDEKREIS DES STEINBOCKS. Aus dem amerikanischen Englisch von Kurt Wagenseil. Copyright © 1964 by Rowohlt Verlag GmbH, Reinbek.

Alberto Moravia wurde 1907 in Rom geboren und war in seiner Jugend wegen einer schweren Krankheit jahrelang ans Bett gefesselt. Nach seiner Genesung begann er 1925 zu schreiben. In seiner Heimat von den Faschisten verfemt, ging er als Zeitungskorrespondent ins Ausland. Sein Werk wurde mit zahlreichen Preisen ausgezeichnet.
LADY GODIVA – Aus: Alberto Moravia, EIN ANDERES LEBEN, veröffentlicht im Rowohlt Taschenbuch Verlag GmbH, Reinbek bei Hamburg 1977. Aus dem Italienischen von Piero und Peter A. Rismondo. Abdruck mit freundlicher Genehmigung der Agentur Eulama, Rom.

Anaïs Nin, eine der legendären Frauengestalten dieses Jahrhunderts, wurde 1903 in Paris als Tochter eines spanischen Komponisten und einer französisch-dänischen Mutter geboren. Von Jugend an stand sie im künstlerischen und literarischen Leben. Ihr schriftstellerisches Werk ist stark von der Psychoanalyse geprägt. Seit 1940 lebte Anaïs Nin in den USA. Sie starb 1977 in Los Angeles.
MEIN PORTRAIT DER MAHARANI – Aus: Anaïs Nin, HENRY, JUNE & ICH. Übertragen von Gisela Stege. Copyright © der deutschsprachigen Ausgabe beim Scherz Verlag, Bern und München.

Lourdes Ortiz wurde 1943 in Madrid geboren und studierte Literatur. Sie lehrt heute an der Schauspielschule von Madrid und hat mehrere Romane, Theaterstücke und Essays veröffentlicht.
MONA LISA. Aus dem Spanischen von Orlando Grossegesse. Entnommen dem dtv-Band »Frauen in Spanien«. Copyright © der deutschen Erstausgabe 1989 beim Deutschen Taschenbuch-Verlag, München.

Juan Carlos Onetti, der grand old man der Literatur Uruguays, wurde 1909 in Montevideo geboren. In Buenos Aires war er Leiter der Agentur Reuter und Herausgeber von Zeitschriften. 1945 kehrte er nach Montevideo zurück und setzte sein umfangreiches Prosawerk, das von Eros, Tod und Zerstörung beherrscht wird, fort. 1975 mußte Onetti nach dreimonatiger Inhaftierung nach Spanien emigrieren.
DAS SO GEFÜRCHTETE INFERNO – Aus: Juan Carlos Onetti, SO TRAURIG WIE SIE. Aus dem Spanischen von Wilhelm Muster. Copyright © der deutschen Ausgabe Suhrkamp Verlag, Frankfurt am Main 1981.

Isaac Bashevis Singer wurde 1904 in Radzymin geboren und wuchs in Warschau auf. Er genoß eine traditionell jüdische Erziehung und begann mit zweiundzwanzig zu schreiben. 1935 emigrierte er in die USA. Er starb 1991 in Miami. Nicht zuletzt für seine Verdienste um die Bewahrung der jiddischen Sprache und Geisteswelt in einem vielschichtigen literarischen Werk wurde Singer 1978 mit dem Nobelpreis für Literatur ausgezeichnet.
HANKA – Aus: Isaac B. Singer, LEIDENSCHAFTEN. GESCHICHTEN AUS DER NEUEN UND DER ALTEN WELT. Aus dem Amerikanischen von Ellen Otten. Copyright © 1977 Carl Hanser Verlag, München und Wien.

Antonio Tabucchi wurde 1943 in Vecchiano bei Pisa geboren, lehrt als Professor portugiesische Sprache und Literatur und lebt heute in Genua. Er ist einer der wichtigsten Repräsentanten der jüngeren italienischen Gegenwartsliteratur.

Junichirō Tanizaki, der 1885 geborene Nestor der zeitgenössischen japanischen Literatur, war lange ein favorisierter Kandidat für den Nobelpreis. Er veröffentlichte 119 Werke, die den Kontrast zwischen Tradition und Moderne in immer neuen Problemstellungen gestalten. Mit großer Subtilität schuf er eine ihm eigene sexuelle Vexierwelt. Er starb 1965.